21世纪经济学系列教材

新制度经济学原理

PRINCIPLES OF NEW INSTITUTIONAL ECONOMICS

（第二版）

胡乐明　刘　刚　李晓阳　著

中国人民大学出版社
·北京·

21 世纪经济学系列教材

总　序

改革开放以来，经济社会的发展对中国经济学教育、教学产生了重要的影响，提出了新的要求。为了使经济学教育、教学根植于我国改革开放和现代化建设的肥沃土壤，服务于时代和实践的需求，中国人民大学出版社从本世纪初就开始组织国内知名经济学者编写适应新时期经济学教学的"21世纪经济学系列教材"。

十多年来，21世纪经济学系列教材已经逐步推出了许多适合中国特点的经济学教科书，影响了一批又一批的青年学子。这其中，我国经济学界杰出教育家、西方经济学学科主要奠基人之一高鸿业先生主编的《西方经济学》，已成为我国高校经济学专业的权威教材，读者早已超过千万！中国马克思主义政治经济学的奠基人宋涛先生的《政治经济学教程》，对马克思主义政治经济学在中国的传播、普及和发展发挥了重要作用。该系列已经出版的其他教材，如孙久文教授的《区域经济学教程》、彭刚教授的《发展经济学教程》、王则柯教授的《博弈论教程》、黄卫平教授的《国际经济学教程》等等，都产生了广泛的影响，为中国的经济学教育做出了贡献。

近几年来，中国的经济学教育、教学面临新的形势，取得了长足的进步：一是我国经济学界教育思想、教育观念已经发生了重大转变，更加重视素质教育；二是教学内容有了重大改革，在学科专业调整建设、课程体系、教学内容改革方面取得了进展；三是教育、教学方法有了重大进步，更加重视理论联系实际，实验、实践、案例教学逐步加强，现代化教学手段被广泛应用。

有鉴于此，为了应对新的形势与变化，中国人民大学出版社在认真调查研究高等学校经济学专业本科培养方案和课程教学大纲的基础上，组织专家学者，经过反复研究论证、合理定位、精心写作、吐故纳新，进一步整合优化了"21世纪经济学系列教材"。这套教材将涵盖经济学专业所有的基础课、主干课、核心课，使学生通过《政治经济学》《微观经济学》《宏观经济学》等基础理论教材的学习，掌握经济学的基础理论，培养厚实的经济学理论功底；通过《产业经济学》《区域经济学》《国际经济学》等应用类主干课程教材的学习，掌握现实经济部门的运行和发展；通过《经济学说史》《经济思想史》《世界经济史》等经济史学类教材的学习，理解经济学的发展和演变规律；通过《计量经济学》《统计学》等经济学方法类教材的学习，掌握经济学的思考方法和具体的研究方法；通过《博弈论》《行为经济学》等专业教材的学习，了解经济学理论的前沿进展；通过《西方经济学典型题题解》《政治经济学学习与教学手册》等基础课程的配套教辅书的学习，牢固掌握所学经济学理论。

这套教材的编写特色主要体现在以下几个方面：

第一，作者阵容强大，教学经验丰富。作者大都是来自中国人民大学、北京大学、清华大学、南开大学、复旦大学、浙江大学、武汉大学等国内重点大学的学科带头人，有很高的科研水平和丰富的教学经验。

第二，在教材编写和内容安排上，强调基础知识、基本理论、基本技能。同时充分吸收国内外优秀教材的优点，定位明确，体系科学，概念准确，深入浅出。

第三，融合本学科现有的研究成果，反映本学科研究的最新进展，反映中国改革开放和现代化建设实践中的新成果，反映当今世界发生的深刻变革对经济学理论和实践产生的影响。

第四，教材重视加入现实经济生活中的案例、新闻素材等内容，使教材的可读性更强，更能够与当前中国经济现实结合起来，使学生能够学以致用。

中国人民大学出版社希望通过这套教材的出版，与广大教师、学生一起研究和探讨，进一步提高中国经济学教材的编写水平，提高经济学教学质量，为经济学的发展，为具有创新能力与实践能力、具有国际视野又了解中国国情的高层次经济学人才的培养做出新的贡献。

前言

对于财经类专业的学生和有志于从事经济学研究的人们来说，学习新制度经济学正变得越来越“必要”。如果不了解交易费用、产权、契约和团队生产这些基本的新制度经济学概念，不仅难以参与经济学理论研讨、撰写学术论文，就连阅读常见的财经新闻和媒体解读也会变得困难。新制度经济学的基本概念和基本原理已经悄然成为不可或缺的基本常识之一。围绕制度问题展开讨论，或者在制度层面形成分析的结论，已经成为国内经济学界甚至是社会科学界常见的“思维范式”之一。

从国际范围看，新制度经济学形成于20世纪60年代，其发展和传播不过半个世纪。20世纪80年代末新制度经济学传入我国，引起我国学者的广泛兴趣。在随后的90年代中后期，产权理论、企业理论和国家理论已然成为研究热点；90年代末，国内形成了学习新制度经济学的热潮。进入21世纪，随着新制度经济学的逐步普及，专门推介和研讨新制度经济学的研究有趋冷的态势，但是新制度经济学的概念、命题和研究方法已逐步渗透到经济学各领域，以制度为主题和归宿的“思维范式”基本形成。

新制度经济学因对现实世界具有较强的解释力，又被称为“真实世界的经济学”。新制度经济学能够在我国以迅猛的速度兴盛起来，与改革开放的时代背景密不可分。改革开放40年，我国处于急剧变革的社会转型期，经济学界亟须对纷繁复杂的变革进行“制度解答”。新制度经济学直面制度问题的独特视角和理论框架无疑契合了国内经济学界的这一需要，其兴盛自然“水到渠成”。现在，在多数高校财经类院系的课堂上，新制度经济学已经成为一门重要的独立课程。

一、编写思路

虽然新制度经济学以其新颖的思想和生动的分析引人入胜，但是要编写一本高质量的教材难度很高。新制度经济学理论体系尚未成熟，新成果层出不穷，争论接连不断，基本共识和学术规范尚待整理。虽然很多思想已经广为人知并且被广泛应用，但是就内容和逻辑系统而言，尚未形成以教材式规范来呈现的普遍共识和结论。虽然围绕着新制度经济学的讨论非常热烈，但是按照教材式规范来梳理和归纳其理论体系的努力则相对较少。

作为一个兴起仅半个世纪的新经济学分支，就其在国际经济学界的地位和现状来说，新制度经济学的这种教学现状是可以接受的，或者说是符合学术发展常态和基本规律的。但是，考虑到新制度经济学在中国广泛深入的影响，对于那些急于打好新制度经济学理论基础、有志于从事制度分析的学生和其他初学者而言，这种状况很可能是令他们失望的。很多初学者接触新制度经济学时的印象是相近的：初学时方法新颖、观点深刻、引人入胜；深入学习后则发现体系庞杂、概念和逻辑不统一、争议众多却难寻共识，令人感到无所适从、无处下手。近年来，许多曾经有志于新制度经济学研究的学生和青年学者转向金融、产业或管理学方向，很大程度就是因为这方面的困难令他们望而却步。

在国外，被作为教材使用的新制度经济学文献并未完全采用教材式规范来编写。最早的新制度经济学教材只是新制度经济学经典论文的汇编，进而演变为新制度经济学不同学派观点的文献综述；即使是最新的"教材"也呈现出明显的"思想史杂陈"特征，明显区别于其他成熟的经济学分支。同时，这些不同时期的文献具有明显的承继关系，大体勾勒出了在"新制度经济学"标签下的经典内容，也为各国学者进入新制度经济学领域提供了相应的入门资料，但是距离一本成熟的本专科教材还有明显的距离，尤其在概念、术语、逻辑和前提假定方面"各行其是"，与国内初学者"奠定入门根基"的要求相去甚远。

在国内，许多研究新制度经济学的学者试图"另辟蹊径"，按照自己的理解构建一个新制度经济学的理论体系，重新加工一套符合国内教学要求的新制度经济学教材。他们在逻辑框架和教材体系的构建方面进行了很多非常好的尝试，推进了国内新制度经济学体系的完善和推广。但是由于这些教材明显从属于作者的"一家之言"，其内容体系往往与学术界已形成共识的体系结构具有明显的差别，一些通常被视为"共识"和"必备常识"的基本内容可能被略去，造成初学者理论体系上的缺漏。更令人担心的是，初学者由于难以明确区分哪些内容是新制度经济学的学术共识和基本常识，哪些是作者的个人理解，容易被"误导"。为此，初学者进入深入学习阶段后，还需要专门根据其他文献所搭建起来的内容体系从头学习，重新在比较与综合的过程中来摸索新制度经济学的基本内容和基本常识。教材编写者出于节约初学者时间、降低入门难度而做的努力可能"事与愿违"。

我们认为，有必要在"思想史杂陈"和"一家之言"两条路线之间寻求一条中间路线，我们称之为"比较—综合"式路线，严格依据国际公认的新制度经济学经典内容确定教材内容，同时以成熟的经济学教科书的教材规范对这些内容进行清晰严谨的编写。这就是这本教材编写的基本原则，以国际范围内已经形成的基本框架和理论体系作为新制度经济学教材的基本内容；按照教材式规范对国际范围内不同学派、不同观点进行比较与综合，将其共识和基本常识进行整理归纳，同时基于国际范围内已经形成的新制度经济学逻辑思路和理论范式对这些基本共识进行逻辑上的"梳通"，使其形成一个既符合国际共识又具有教材规范的逻辑体系。

从 2002 年我们主持和参与的第一本新制度经济学著作《真实世界的经济学——新制

度经济学纵览》出版至今，我们一直在探索实践这条"比较—综合"式路线。在已经完成的三本书中，我们始终坚持依据国际共识来确定新制度经济学的基本内容，即以产权理论、交易费用理论、契约理论、企业理论、国家理论、法经济学、制度变迁和新经济史等几部分内容为全书的基本构成。同时，在表述方式和逻辑架构方面，我们也不断尝试由文献梳理、思想史归结、理论推介逐步向教材范式靠近，尝试以教材式规范来呈现这些内容，尝试把经济学教材的逻辑惯例和新制度经济学的习惯思维范式结合起来，规范贯通新制度经济学的内容体系。希望本书能够成为带领初学者进入新制度经济学领域的一本适用教材。

二、基本内容与结构思路

除绪论部分外，本书在总体结构上分为三部分：第一部分为**方法论**，介绍新制度经济学的基础理论，包括交易费用理论、产权理论和契约理论；第二部分为**微观理论**，基于第一部分的方法论原理研究企业、国家、法律等具体的制度安排；第三部分为**宏观和动态理论**，具体讨论制度变迁的基本原理及动态过程。

第一部分的方法论，首先从资源配置问题切入，引出"制度重要"命题和交易费用分析方法，明确交易为经济关系的基本单位以及实现资源配置的基本手段，确定交易费用分析法为讨论资源配置效率的基本分析方法；其次运用交易费用分析方法，从"外部性"问题入手，引出产权的基本概念，纠正新古典经济学的误解，将资源配置原则的适用对象确定为产权，再进一步讨论什么样的产权安排能够节约交易费用，使资源配置达到"效率标准"；最后以契约理论来分析契约的谈判、签订和执行过程，介绍交易费用学派与产权学派对交易过程和资源配置过程的分析。

第二部分的微观理论，将新制度经济学的上述方法论原理应用于企业、国家和法律等具体的制度安排。关于企业，通过科斯提出的企业与市场之间的替代关系问题引出关于企业性质的讨论，介绍交易费用学派与产权学派对企业交易功能和生产功能的分析，进而展开关于企业扩张和纵向一体化的分析；在明确了企业基本性质和基本功能的基础上，进一步深入企业内部分析其"委托—代理"问题，探讨什么样的制度安排可以实现企业内部最优的资源配置结果和最佳的公司治理效果。关于国家，首先通过比较和综合"暴力论"与"契约论"两种关于国家起源和功能的基本理论，明确国家的本质属性并分析国家的基本作用；在明确了国家本质和作用的基础上，进一步深入国家机器的内部，分析"代议制"等具体制度条件下的国内和国际政治交易，探讨国内民主制与国际政治关系的最佳产权安排。关于法律，首先介绍法经济学的基本流派和基本方法，再展开对部门法的具体分析，探讨侵权等行为的经济学逻辑，最后从节约交易费用和提高资源配置效率的角度就法律的基本问题作出判断。

第三部分的宏观和动态理论，首先明确制度变迁的基本原理，通过讨论制度供求均衡的变化来探讨制度变迁的具体方式，引入经济学演化分析和演化经济学的研究方法探讨制度变迁的动态过程，然后讨论制度变迁与经济增长的相互关系，介绍制度分析在经济史领域的应用。

此外，需要强调的是，除了结构和逻辑上的不足，新制度经济学在思想倾向上的问题更值得关注。新制度经济学深受奥地利学派影响，并兴起于崇尚自由主义的芝加哥大学，**在思想上具有非常明显的自由主义倾向和意识形态偏见，是“新自由主义经济学”的典型代表。**这一点在新制度经济学的相关理论上体现得非常明显，如仅局限于私有产权范围来认识产权问题、对市场手段过于崇拜、排斥公共行为和政府监管以及“盲目自由化”倾向等问题都普遍地存于新制度经济学的各部分内容之中。对于这些问题，本书也从逻辑和思想上进行了必要的辨别与澄清。其实，只要读者将新制度经济学的理论置于严谨的逻辑结构之中，那么，要洞察其原有的意识形态偏见也是非常容易的。

三、授课建议

本书较为全面地介绍了新制度经济学领域的主要理论。在教学中可视具体需要对各部分内容进行取舍，取舍的次序我们做如下建议：对于初学者而言，掌握本书的方法论部分是其重点，“新经济史学”和“法经济学”交由学生自主学习，“国家理论”可进行有选择的学习。另外，“公司治理”部分可以视学生的兴趣，只介绍公司治理的基本问题，最后两节内容做选择性学习。第三章“契约理论”的模型解析部分可以只做简单的原则性介绍，因为“信息经济学”课程通常也会介绍这些模型。本书第九章“制度变迁的演化分析”介绍的是演化经济学基础概念和研究方法的内容，也可以视教学需要进行适当删选。

与其他的教材版本不同，参照国外教材的经典做法，我们在各章的最后为学生的深入思考提供了一些具有启发性的“思考・深化”题目，这些题目来自我们对新制度经济学的专业思考以及在授课过程中与学生互动的心得。从教学实践来看，如果能够针对这些题目开展相应的教学讨论课程，教师和学生可能会有不少意外收获。新制度经济学往往在高年级本科生和研究生阶段开设，有深度的讨论课往往会产生很好的教学效果。

在第一版的基础上，李晓阳教授加入了这一版教材的修订工作，本书是我们三人合作的成果，凝聚着我们共同的付出。在本书的写作过程中，我们参阅了国内外众多学者的著述，他们的智慧是本书得以完成的基础，在此，我们向他们致以衷心的感谢。尤其感谢复旦大学法学院张建伟博士和中山大学朱富强博士所提供的帮助，感谢曲阜师范大学经济学院研究生朱灏、朱宝清和单凯为本次修订提供的帮助。显然，本书的任何价值都应由各方分享，错误和遗漏则应由我们负责。我们衷心希望学界同仁不吝指正。

胡乐明　刘　刚　李晓阳

目 录

绪 论

从20世纪60年代开始，制度分析在西方经济学界受到越来越多的关注，70—80年代，新制度经济学兴起。1991年、1993年、2009年和2016年新制度经济学的四位代表人物科斯、诺思、威廉姆森和哈特先后获得诺贝尔经济学奖，提升了新制度经济学的影响力。其实，在经济学中制度分析的传统由来已久，新制度经济学只是这一传统流传至今所形成的众多经济学分支之一。

第一节 新制度经济学的渊源与发展

一、制度分析的理论渊源与演变历程

在新古典经济学数理化和模型化分析方法“一统天下”的背景下，重视制度分析具有重要的理论创新意义，甚至具有方法论上的革命意义。但是，追溯到古典经济学，制度分析应当视为经济学研究的重要传统之一，对制度因素的重视有着悠久历史。古典经济学家，如大卫·休谟、詹姆斯·斯图亚特、亚当·斯密都很重视制度的作用。可以说，制度分析思想是伴随着经济学的诞生而同时出现的，在亚当·斯密的《国民财富的性质和原因的研究》（即《国富论》）一书里就蕴含着丰富的制度分析思想。

斯密整理了关于经验和习俗的大量资料，并结合他所旁征博引的历史细节（如关于白银、谷物贸易及阿姆斯特丹银行），对制度（如教育制度）进行了详尽无遗的分析，构筑起一个所谓的“简单天赋自由体制”，也就是我们现在所指的自由竞争、自动调节的市场模式。在斯密看来，每个人可以自由平等地、并受制度保护地拥有排他性产权，这是“天赋人权”，应该是永恒的自然。私有产权不仅是对个体积极性的根本激励，而且是形成和维持社会秩序的根本动力，资本主义市场经济产生的根本原因就在于财产权利制度的变化。斯密把人类经济制度划分为渔猎时期、游牧时期、农耕时期和工商业时期四个阶段，

并认为，在渔猎时期没有国家也没有统治，根本的原因在于不存在私有财产，或者说，私有财产很少，既无产生产权和国家制度的需要，也没有支持其发生的经济可能；在游牧时期，之所以出现国家等一系列社会制度，是由于产生了财产占有上的阶层分化，拥有了财产的人既需要建立国家来保护其产权，也需要以制度来维持其追逐财产积累的秩序；农耕时期，早期公国的形成是以土地独立的排他性所有权为基础的，贵族领主对待私有财产积累态度转变后，才形成了后期城市经济；在工商业时期，分工、交换和合作成为社会经济的主导，通过市场扩张私有产权不仅具有可能，而且成为新兴阶级发展的根本动力，从而形成自由资本主义竞争经济制度。这样，斯密通过"简单体制"找到了个人自由与社会经济发展的互补性，不仅说明了人们之间存在着和谐一致的合作，而且存在着矛盾和冲突（哈奇森，1992）。

在斯密之后，李嘉图和西尼尔等人更强调抽象和演绎的分析，以非历史主义的分析来取代斯密的历史—制度主义传统。马克思和恩格斯则以其历史唯物主义的分析方法继承和发扬了斯密的这一传统。

马克思与恩格斯把生产和交换作为分析经济社会的两个基本角度，全面考察了分工和交换、生产方式和交换方式、生产力和生产关系及其矛盾运动。他们注重人与人之间利益矛盾和利益冲突的分析，同时对"人的全面自由发展"和"全体自由人的联合"也给予了高度的重视，从而以人与人之间关系的交互影响为基础，科学描绘了历史发展的动态过程。

新制度经济学大师诺思（1992）不得不承认："在详细描述长期变迁的各种现存理论中，马克思的分析框架是最有说服力的"。他指出，马克思的著作试图将技术变迁与制度变迁结合起来。马克思最早阐述的生产力与生产关系的相互关系，是将技术限制与制约同人类组织的局限性结合起来所做的先驱性努力。"马克思主义的框架之所以是目前对长期变革最有力的论述，恰好是因为它将新古典框架舍弃的全部要素都包括在内：制度、所有权、国家和意识形态。马克思所强调的所有权在有效率的经济组织中的重要作用以及现存所有权体系与新技术的生产潜力之间紧张关系在发展的观点，堪称是一项重大的贡献。在马克思主义体系中，正是技术变革造成紧张状态，而变革又是通过阶级斗争实现的"（诺思，1992）。

德国历史学派继承和发展了历史分析传统，在制度分析传统的发展进程中，发挥了重要的承上启下的作用。德国历史学派的传统在美国制度学派（institutional school）那里得到了继承。**美国制度学派包括以凡勃伦、康芒斯及米契尔为代表的早期制度主义和以加尔布雷思为代表的新制度主义（neo-institutionalism）。他们在分析方法上抨击新古典经济学，把整体主义和社会进化主义作为基本的方法论基础，全面动态地透视了资本主义现代市场经济。**在新制度经济学出现之后，美国制度学派也被称为旧制度经济学。

一般认为，早期制度主义是德国历史学派在美国的变种，并在一定程度上受到了马克思的影响。他们认为，新古典经济理论拒绝对广阔文化环境中的经济行为进行多视角探讨，那种没有滞后的、摩擦的即抽象掉制度等人文因素的市场价格静态模型，并不能充分反映现实世界。因而他们强调制度因素（如法律、社会文化、历史及习惯和伦理因素等）对社会经济生活的影响，并反对在缺乏制度的体现的情况下在强调均衡、最优和纯粹竞争市场的模型中进行一味的求解计算，主张应当着重对现实世界的各类问题进行理论和经验分析（塞缪尔斯，1996）。

但是，除了在强调制度分析和重视对现实问题的考察上颇为接近外，凡勃伦、康芒斯和米契尔几无共同的观点，他们并没有形成统一的理论体系。凡勃伦是公认的制度学派的创始人，其代表作是1899年的《有闲阶级论》。他强调对社会文化心理和习惯的分析，特别是科学技术的进步对这种所谓“制度”的影响，其思想成为以加尔布雷思为代表的新制度主义的主要来源。康芒斯是早期制度学派的又一位重要的代表人物，他的代表作《制度经济学》可以说是第一部系统性的制度经济学著作。康芒斯强调集体行动在控制个体行动方面的作用，关注法律、产权和组织以及它们的演变和影响，其研究与科斯等人的新制度经济学联系较近。米契尔则热衷于搜集大量统计资料，认为分析制度因素的作用要以经济统计资料为基础，其《经济周期论》就是一部以大量统计史料为依据，论证各周期阶段的必然连续过程的系统著作。

在凡勃伦看来，制度是大多数人所共有的一些“固定的思维习惯”，即“广泛存在的社会习惯”。换言之，制度无非是一种自然习俗，由于习惯化和被人广泛接受，这种习俗成为一种社会的公理化和必不可少的东西。今天的制度是当前公认的某种生活方式。在此基础上，他展开了其“制度导向”的研究。他认为，制度随环境的变化而变化，并随人们思想习惯的变化而实现，但由于本能和思想习惯不可能发生根本变化，制度只能有渐进的量的改变，即演进而无质的变化；制度的演进不可预期，它没有任何指向性，也没有始点和终点；在技术—制度关系中，技术是动态因素，制度是静态因素，技术起决定作用，二者的冲突则决定了制度的演化和整个社会结构的变化。这种演化经济思想也使凡勃伦被公认为是演化经济学的先驱。

康芒斯出身寒微，他的《制度经济学》是一部有着严密体系的制度分析的精品。在他看来，制度就是“集体行动对个体行动的控制”。所谓集体行动，范围很广，从无组织的习俗到有组织的“运营机构”，如家庭、公司、工会以及政府或国家。通俗地说，制度就是在社会一定范围内每个人必须遵守的行为准则或规范。他指出，“集体控制采取一种禁例的方式”，规定“个人能、不能、必须这样、必须不这样，可以或者不可以做。他‘能’或者‘不能’，因为集体行动会或者不会帮助他；他‘必须这样’或者‘必须不这样’，因为集体行动会强迫他；他‘可以’，因为集体行动会准许他并且保护他；他‘不可以’，因为集体行动会阻止他”，因而制度最简单的定义就是“集体行动抑制、解放和扩张个体行动”（康芒斯，1981）。在他看来，在集体行动中，最重要的是法律制度，因而他遵循集体主义方法论，着重以法律的观点来分析社会经济体系的运行。他还认为，稀缺性不仅是冲突的根源，也是同情、合作和私有财产的根据，并导致了人为秩序即集体行动，因而他把稀缺性作为其全部理论的出发点，并以“交易”作为其制度经济分析的基本单位。在他看来，社会经济关系的本质是交易，整个社会就是由无数种交易所组成的一种有机组织，而“交易是一种所有权的关系——人与人之间的关系”，因而他宣称“所有权”是制度经济学的基础，并主张以国家和法律机构作为一切交易契约的仲裁人。康芒斯对“交易”的泛化以及他对交易的分类，对以科斯为代表的现代制度主义者产生了重要的影响。

美国制度学派在20世纪三四十年代曾颇为消沉。在此期间，艾尔斯、伯利和米恩斯等人为制度学派的发展起到承前启后的作用。艾尔斯根据技术进步和社会评价标准的变化分析了工业社会的演进趋势。他认为，进步就是技术价值取代制度价值的过程，技术进步创造出工业生活方式，带来了富裕、知识和理性，技术的误用则是由制度决定的目的错误所引导的。技术行为与制度行为是相互矛盾的，科学和技术的冲击倾向于缩小制度行为的范围。伯利和米恩斯在较有影响的《现代公司与私有财产》（1932）一书中，从社会和企业结构的角度分析了资本主义社会的经济问题，着重分析了所有权和管理权的分离及其对资本主义权力结构的影响。

20 世纪 50 年代起，美国制度学派在加尔布雷思的倡导下重整旗鼓，称为“新制度主义”。需要注意的是，它与以科斯为代表的新制度经济学有着明显的区别。**新制度主义是一个强烈批评社会现实和新古典方法的经济学流派，是凡勃伦传统的新发展，形成了区别于新古典经济学研究方法的社会演化分析体系。**新制度经济学则热衷于考察制度非中性环境下如何实现制度分析与新古典理论的耦合。加尔布雷思沿着凡勃伦-艾尔斯传统，在其内容广泛、数量众多的著作中，提出了一系列引人注目的术语，如“抗衡力量”“丰裕社会”“新工业国”“二元系统”“专家组合”“传统智慧”“信念解放”等，分析了市场与社会组织制度和权力结构的整合，社会经济组织中抗衡力量的存在和种种表现及国家对协调双方力量的作用，反映了应用政治模式处理解决问题的尝试。此外，在劳动经济学、产业组织、经济发展、农业和资源经济学等领域，加尔布雷思等人引入权力结构和信仰体系，也发表了许多有价值的关于社会控制和变化的言论。

应该说，德国历史学派和美国旧制度经济学派在坚持了制度分析传统的同时，也否定了经济学一般理论，尤其是否定了新古典经济学的均衡分析和边际分析在制度分析中的应用。在以新古典经济学为主流的西方经济学界，旧制度经济学派和“新制度主义”学派的制度分析显得很“不像经济学”。也正是在这个意义上，新制度经济学“应运而生”了。

与旧制度经济学不同，在分析方法上，新制度经济学与占主流地位的新古典经济学走得很近：新制度经济学把新古典经济学中的均衡分析和边际分析等方法应用于制度分析。新制度经济学试图把制度分析纳入新古典经济学的分析框架，补充和丰富了占据主流地位的新古典经济学。这种追求与新古典经济学相耦合的制度分析显得“很像经济学”，也让西方的经济学家们看到了将制度分析融入主流经济学的可能，这也正是新制度经济学的“新意”所在。

对于传统的制度分析，科斯曾尖刻地指出，新制度经济学与美国制度学派没有任何理论上的渊源关系，在某种程度上二者在理论上还是对立的。制度学派不是理论性的，而是反理论的。他们没有提出一个实证的理论学说，除了一堆需要理论来整理不然就只能一把火烧掉的描述性材料外，没有任何东西流传下来（科斯，1994）。这种说法过于尖刻，也有欠公允。事实上，以科斯和威廉姆森等人为代表的新制度经济学在相当大的程度上继承了康芒斯的理论传统。

二、新制度经济学的形成与发展

一般认为，新制度经济学的源头可以追溯到科斯 1937 年的文章《企业的性质》。在这篇文章中，科斯提到了市场交易的成本，认为企业出现的实质就在于企业以其内部的行政管理来替代市场上的商品交易，从而节约市场交易费用。在其 1959 年的《联邦通信委员会》一文中，科斯提出了以明晰产权安排来解决外部性问题的办法，在其 1960 年的论文《社会成本问题》中，科斯更系统地阐述了这一思想，并明确使用了“交易费用”的概念。科斯反对新古典经济学教条式的经济学研究，主张理论分析要贴近现实，并广泛采用案例分析和经验研究。但同时，科斯也采用新古典经济学的边际分析、均衡分析等方法来分析制度问题，努力把制度分析纳入主流经济学的分析框架之中。也正是基于这种分析方法上的“新意”，威廉姆森才将这种理论与美国的旧制度经济学区分开来，将其命名为“新制度经济学”。

在《企业的性质》一文中，新古典经济学式的分析方法就体现得非常明显，如在讨论企业与市场的界限问题时科斯认为：“当我们考虑企业应多大时，边际原理就会顺利地发挥作用。这个问题始终是，在组织权威下增加额外交易要付出代价吗？在边际点上，在企业内部组织交易的成本或是等于在另一个企业中的组织成本，或是等于由价格机制‘组织’这笔交易所包含的成本。实业家们不断地进行实验，多控制一点或少控制一点交易，用这个办法来维持均衡。这就为静态分析提供了均衡状态。”

科斯的思想被后来的学者广泛讨论和不断发展。阿罗、张五常、威廉姆森等人发展了科斯的交易费用理论，阿尔钦、德姆塞茨、巴泽尔、哈特等人发展了科斯关于产权安排的理论。这两个侧重点不同的分支也构成了新制度经济学的“交易费用”和“产权安排”两个不同的分析思路。同时，契约经济学、新组织经济学也随之发展起来，关于企业的性质和公司治理结构的分析构成了新制度经济学中的企业理论。诺思、福格尔等人也开始用交易费用和产权的分析思路，借助经济计量分析手段来研究制度变迁问题，逐步形成了制度变迁理论与国家理论和新经济史学。新制度经济学与其他学科的交叉更是愈演愈烈：新制度经济学与法学相结合，形成了法经济学；新制度经济学与政治学、公共选择理论相结合，形成了交易费用政治学，并推动了宪政经济学的发展；新制度经济学与发展经济学相结合，形成了发展经济学的制度学派。近年来，随着博弈论、计量分析、数理模型分析在新制度经济学中的应用，使新制度经济学更为数理化和模型化，新制度经济学许多理论命题不可计量、难以进行定量分析的问题也正在逐步被克服。

三、制度分析的其他传统

需要注意的是，现代的制度分析还有其他几种不同的理论传统：

(1) 凡勃伦传统与演化经济学。该流派的代表人物有博尔丁、霍奇逊、尼尔森、温特、塞缪尔斯等人。他们主要继承了凡勃伦的演化经济思想和他对新古典主义的批判精神，强调经济的整体、演化观点，倡导结构分析。也就是说，他们坚持凡勃伦传统用进化论思想分析制度与经济的互动和整体演进。

(2) 威克塞尔传统与公共选择学派。该流派的代表人物主要有布坎南、塔洛克等人。他们将政治过程纳入经济分析中，并注意到利益集团斗争在经济决策、政治决策中的重要性。

(3) 奥地利传统与新奥地利学派。最著名的代表人物是哈耶克，他遵循奥地利经济学家门格尔、米塞斯的个人主义和主观主义方法论传统，主张将注意力从古典经济学所强调的“被定价的”客体，转移到“从事定价的”主体研究上来。

(4) 马克思传统与左翼制度主义。代表人物是布罗姆利，他在《经济利益和经济制度——公共政策的理论基础》一书中声称其著作是马克思主义的分析，并且包容了斯密和马克思两者的观点。这些学者力图在马克思的制度分析和主流制度主义之间寻找某种均衡。法国调节学派和美国的社会积累结构学派也对西方的后现代生产方式和制度结构进行了深入研究。

第二节 新制度经济学的研究对象

一、制度的概念

新制度经济学的研究对象是制度。**制度是指有约束力的规则体系，这些规则可以是正式的法律法规，也可以是非正式的风俗习惯、道德伦理。**在新制度经济学看来，市场、货币、企业、国家等现实经济现象都是不同的制度安排。

科斯（1990）认为，“当代制度经济学应该从人的实际出发来研究人，实际的人是在由现实制度所赋予的制约条件中活动的”。与此类似，诺思（1992）也认为，“制度经济学的目标是研究制度演进背景下人们如何在现实世界中作出决定和这些决定又如何改变世界”。他们都强调了经济学应该研究人、现实制度与经济活动以及它们之间的相互关系。这种观点也已经被大部分新制度经济学家所接受，他们大都试图运用新古典理论的方法，研究不同制度结构对现实经济活动的激励和约束作用，并以此来确定“最有效率的”制度“解”。

制度的概念有很多，前面已经提到旧制度经济学家凡勃伦、康芒斯的制度概念，这里再介绍舒尔茨和诺思的制度概念。

舒尔茨在其经典的《制度与人的经济价值的不断提高》（1968）一文中给出了一个制度的简明定义：“一种行为规则，这些规则涉及社会、政治及经济行为。”他还对制度进行了富有经验意义的分类：(1) 用于降低交易费用的制度（如货币、期货市场）；(2) 用于影响生产要素的所有者之间配置风险的制度（如合约、分成制、合作社、保险、公共安全计划）；(3) 用于提供职能组织与个人收入流之间的联系的制度（如财产、资历和劳动者的其他权利）；(4) 用于确立公共物品和服务的生产与分配的框架的制度（如学校、农业实验站）。总之，凡是制约人们行为的政治、经济、法律、社会规则都属于“制度”。

诺思对制度的解释较多。在《经济史中的结构与变迁》中，他指出，“制度是一系列被制定出来的规则、守法秩序和行为道德、伦理规范，它旨在约束主体福利或效应最大化利益的个人行为。”在《制度、制度变迁与经济绩效》中，他认为，“制度是一个社会的游戏规则，更规范地说，它们是决定人们的相互关系而人为设定的一些制约”。在为《新制度经济学前沿》撰写的序言中，他说道，“制度是社会的博弈规则，并且会提供特定的激励框架，从而形成各种经济、政治、社会组织”。

二、制度的分类

制度的构成和分类，也是制度的概念的重要组成部分，学者们往往在给出制度概念的同时，也对制度进行了相应的分类。这里只介绍应用较广的诺思对制度构成所做的分类。在诺思看来，制度的重要组成部分为正式规则、非正式规则及两者的实施特征。

正式规则即约束人们行为关系的有意识的契约安排，包括政治规则、经济规则和一般性契约，也就是包括从宪法到成文法和不成文法，到特殊的细则，最后到个别契约等这样一系列的人们有意识创设的行为规则（宪法、法令和契约）。可细分为：界定每个人在分工中的"责任"的规则；界定每个人的"选择空间"，即可以干什么、不可以干什么的规则；违反上述规则的惩罚规则；约定交易各方如何度量投入与产出的"度量衡"规则。

非正式约束即从未被人有意识地设计过的规则，是人们在长期交往中无意识形成的行为规则。主要包括价值信念、道德观念、风俗习性、意识形态等，它们在正式规则没有"定义"的地方起着约束人们行为关系的作用。在非正式约束中，意识形态居于重要地位。

在诺思看来，意识形态是一种行为方式，这种行为方式通过提供给人们一种"世界观"而使行为决策更为经济。意识形态作为个人与其环境达成的"协议"有助于节约信息费用，克服"集体行动"中的"搭便车"问题，并能减少强制执行法律与法院的费用。因而，阿罗曾指出，"雇员听从命令和市民服从法律的程度，远大于以控制机制所做的解释"。

一般来说，正式约束可以在一夜之间发生变化，非正式约束的改变却是长期的过程；正式约束一般是可移植的，而非正式约束则是不可移植的。正式约束只有在与非正式约束相容的情况下才能发挥作用，否则就会出现"紧张"，其"紧张"程度取决于正式规则与非正式约束的偏离程度。

诺思在1993年获诺贝尔经济学奖演讲时指出，离开了非正式规则的土壤，"将要成功的西方市场经济制度的正式政治经济规则搬到第三世界和东欧，就不再是取得良好的经济实绩的充分条件"。因此，非正式约束为正式规则的变迁指出了成本较小的方向。

正式规则与非正式规则如何实施也是制度的重要组成部分，制度的实施可以由专门的机构如政府、法庭等作为第三方，以法律等手段来实施；也可以由交易的对方作为第二方，通过报复、威胁等手段来实施；也可以由经济主体自己作为第一方，通过自律行为来实施，这就是制度的实施规则。得不到实施的规则是没有约束力的，也不构成制度；同样的规则其实施力度不同，也会形成不同的制度。

巴泽尔曾举过这样一个例子："假定有一公告，装有100万美元的一个包裹将给予在某地点排队的第一个人。那么第一个听到该公告的人可能会马上冲到此地，以等候包裹的到来。但是，如果排队秩序没有维持的话，这100万美元的最后得主就可能是某位开着装甲车、拿着机关枪的人。如果缺乏治安，第一个听到该公告的人也许就不会枉费心力去排这个队，除非他或她有能力与拿着机关枪的人有效地进行竞争。"

三、制度的功能

制度的功能是在现实经济活动中发挥激励和约束作用，这种作用从静态上体现为维系复杂的经济系统运转的作用；而从动态上则体现为推动经济增长、加快经济发展的作用。在新制度经济学看来，制度的作用是在信息不完全的条件下，通过限制有限理性和机会主义行为，保证现实经济活动能够有效率地运行。

总体来说，制度的作用，表现在通过市场、企业、货币、法律等制度安排，为现实的复杂的经济系统提供正式与非正式的规则约束，保证经济主体之间的分工协作与正当竞争，激励各经济主体的积极性，减少经济运行中的摩擦。

今天，人类社会的现代文明是一个分工明确、竞争激烈的复杂系统，而制度则是维持这一系统正常运行的关键因素。

斯蒂格利茨在其《经济学》教科书中这样写道："假如另一个星球上的生物能够俯瞰地球上发达的现代经济，他们可能会把人类的活动比作一个巨大的蚂蚁王国。这些奇怪的人蚁似乎各有分工，有的负责警卫，有的喂养幼仔，有的收集食物，有的分配食物。有些人蚁还花费大量的时间摆弄纸张，在书上做笔记，或者在电脑旁敲打键盘。另一些在工厂工作拧螺丝、开机器，等等。谁决定了哪些人做什么？这似乎并不是什么独裁者或者超智能的电脑来发号施令。然而，由于某种原因，人们以一种合理的协调方式完成了大量的工作。经济学的中心目标之一就是理解一个复杂的经济是如何运行的——为什么某些人做这件事，某些人做那件事？"

四、复杂的经济系统的寓言:《我，铅笔》

制度维系着人类社会复杂的经济系统，相应地，这个系统越复杂，制度的作用也就体现得越充分。在对复杂经济系统的经典描述中，伦纳德·里德的作品《我，铅笔》独具一格，引人入胜，也发人深省，它以第一人称的方式讲述了这样一个关于铅笔的故事：

> 在这个地球上，没有一个人能了解我是如何被制造出来的。这听起来实在有点荒唐，是不是？尤其是当我们得知，在美国，每年要生产15亿支我，就更荒唐了。
>
> 把我拿起来仔细端详一下，你看到了什么？没有多少东西——也就是些木头、漆、印制的标签、石墨、一丁点儿金属，还有一块橡皮。
>
> 我的家谱得从一棵树算起，一棵生长在加利福尼亚州北部和俄勒冈州的挺拔的雪松。现在，你可以想象一下，锯子、卡车、绳子以及无数用于砍伐和把雪松圆木搬运到铁道旁的各种设备。再想想制造砍伐和运输工具的形形色色的人和数不胜数的技能：开采矿石，冶炼钢铁，再将其加工成锯子、轴、发动机；要种植大麻，经过复杂的工序将其加工成粗壮的绳子；伐木场要有床铺，有帐篷，要做饭，要消耗各种食物。哎呀，忘了说了，在伐木工喝的每杯咖啡背后，也有成千上万的人的劳作！
>
> 圆木被装船运输到加利福尼亚的圣莱安德罗……
>
> 想想圣莱安德罗的木材加工厂。雪松圆木被切割成铅笔那么长的薄板条，只有1/4英寸厚。要在烘干炉内将这些板条烘干，然后，涂上颜色……
>
> 我的"铅笔芯"本身——它其实根本就不含铅——就相当复杂。石墨开采自锡兰。想想那些矿工和制造他们所用的工具的人，以及那些制作用轮船运输石墨的纸袋子的工人，还有那些装船的人，还有那些造船的人。甚至，守护沿途灯塔的人也为我的诞生出了一把力——还有港口的领航员们。
>
> 石墨要与产自密西西比河床的黏土混合，在精炼过程中，还要用到氢氧化铵。然后，要添加增湿剂……经过一道又一道机器，这些混合物最后看起来是在源源不断地挤出来……按尺寸切断，晾干，再在华氏1 850度的温度下烘烤数个小时。……还要

用一种滚热的混合物处理铅笔芯。

我的雪松木杆上涂了六层漆。你知道油漆的全部成分吗？谁能想到蓖麻子和蓖麻油也是我的前身的一个组成部分？它们确实都是。啊，仅仅是把油漆调制成一种美丽的黄颜色的工序，所涉及的各种各样的人们的技巧，就数不胜数了。

…………

我，铅笔，是种种奇迹的复杂的结合：树、锌、铜、石墨，等等等等。然而，在这些大自然所显现的种种奇迹之外，还有一个更为非凡的奇迹：人的种种创造精神的聚合——成百上千万微不足道的实际知识，自然地、自发地整合到一起，从而对人的需求和欲望作出反应，在这个过程中，竟然没有任何人来主宰！只有上帝才能造树，因此我也坚持，正是上帝，才造出了我。人是不可能指挥这成百上千万的实际知识聚集到一起造出我来的，就像他不可能把分子聚合到一起造出一棵树一样。

第三节　新制度经济学的分析框架与主要内容

一、新古典经济学的分析框架

一般来说，经济学家们进行经济分析都要选择一个分析框架，不同的分析框架对经济分析的结果往往有非常大的影响。但是，不管经济学家选择何种分析框架，一般都有其基本假设，并将经济分析分为四个层次：第一个层次，是人们决策的经济环境或制度环境；第二个层次，是个体的经济（自利）行为；第三个层次，是分析不同个体行为交互作用产生的结局；第四个层次，是与价值判断有关的所谓福利分析（或规范分析），在这一层次，经济学家们会依据前面的分析，提出什么是对全社会最好的经济状况这类涉及价值判断的问题。

新制度经济学的分析框架是在对新古典经济学分析框架的批判和继承中发展起来的。因此，在学习新制度分析框架之前，有必要先了解新古典经济学的分析框架是怎样的。

（一）新古典经济学的基本假设

一般来说，新古典经济学都认同以下几个假设条件：

(1) 最大化假设。把人看做“经济人”，即利己的人。消费者追求效应最大化或厂商追求利润最大化。

(2) 完全信息假设。新古典经济学的多数理论具有完全信息假设，即认为经济主体都具有完全的获取经济活动所需的所有信息的能力。并且，交易双方所掌握的跟交易有关的信息相同，即信息对称。

(3) 完全理性假设。认为经济主体都具有对所有信息进行充分分析，作出正确判断的能力。完全理性假设与完全信息假设相结合，可以得出新古典经济学的确定性假设：对经济主体来说，既然可以获得足够的信息并进行完全正确的处理，那么就必然可以明确地把握现实世界各方面的特征，现实世界的未知性和不确定性也就消失了。

(4) 市场经济假设。市场经济秩序已经建立，并基本建立在私有产权的基础上，相关制度已经完善而且既定不变。

（二）新古典经济学分析框架的四个层次

第一个层次，新古典经济学一般假定市场制度和私有产权既定不变，并用生产函数描述生产条件，用效用函数描述人的偏好和欲求，用预算约束描述选择集。

第二个层次，在经济个体是理性经济人的假设之下，用最优决策理论分析他们的经济行为，即假定消费者追求效用最大化，厂商追求利润最大化，并分别分析他们的消费行为和生产行为。

第三个层次，一般是用均衡分析方法分析个体的交互作用的结果。以上三个层次的分析一般被称为实证分析。

第四个层次，一般以“帕累托最优”为效率评价的标准，并以此来证明完全竞争的市场经济符合这一标准。这一层次的分析是规范分析。

（三）对新古典经济学分析框架的批评

主流经济学一直遭到来自各方面的批评，就是在主流经济学家内部也不乏批评的声音。一般认为，新古典经济学的分析框架存在以下缺陷：

（1）制度环境不应只有完全竞争市场和私有产权，还应考虑更复杂的制度，而且不确定性和信息问题也应放进对经济环境的描述中。

（2）经济个体未必按照目标函数最大化原则进行决策，而是可能采取模仿、简单的直观决策方法，或一些固定的常规方法进行决策。

（3）新古典经济学把非线性系统进行线性化处理，并忽略外部性问题，也是其明显缺陷……

由于存在诸多缺陷，新古典经济学只具有有限的解释力，而无法对现实世界里的许多重大经济问题和经济现象作出令人信服的解释。

因此，在20世纪60年代以后，随着“寻求解释”的浪潮不断上涨，在批评正统经济学的过程中产生了许多经济学分支，如信息经济学、演化经济学、博弈论经济学等，新制度经济学也是在这一背景下兴起的。

在科斯等新制度经济学家看来，亚当·斯密以后的经济学家主要致力于模型化那只“看不见的手”，他们从远离现实的假设出发，以数学形式主义的分析工具着力分析他们心目中的而不是现实中的经济体系，使经济理论成了“象牙塔”中的“黑板经济学”。在这一理论体系中，“事实/理论的比率是极低的”，它几乎无须现实经济体系的详细知识，且致力于排斥这种知识的理论进展（科斯，1994）。企业和市场都是有名无实的，理性的个人不过是一台比动物“多几个齿轮”“多几条弹簧”并按确定程序运转的机器。尽管他们狭窄的视野聚焦于价格的决定，市场交易却被简单地视为无阻碍、无摩擦瞬时完成的过程；在价格机制的引导下，企业和家庭则仅仅是一部部计算机器，它们的功能就是将最大化方案投入价格/数量矩阵中。“生产的制度结构”被置于无足轻重的地位，法律和政府的存在仅仅是作为保护私有产权和自由竞争的工具。也就是说，在正统经济学那里，制度是中性的、不重要的。与之不同，以科斯等人为代表的新制度经济学家则从现实世界存在的问题出发，着重研究制度的构成、运行以及制度在经济生活中的作用。

二、新制度经济学的分析框架

在基本假设、四个分析层次方面，新制度经济学既改造了新古典经济学又与新古典经济学有相通之处。

（一）新制度经济学的基本假设

出于对新古典“过于抽象”的批评，为了更为接近现实，新制度经济学放松了新古典经济学的前提假设。

一般认为新制度经济学基本保留了新古典主义的三个要素：稳定性偏好、理性选择和均衡分析（埃格特森，1996），但放弃了完全理性、完全信息及确定性等基本假设。

（1）**不完全信息假设。经济主体不可能具有获得其所需的所有信息的完全能力。**在不完全信息的条件下，交易双方所获得的信息可能不相等，即存在信息不对称问题。

（2）**有限理性假设。新制度经济学家们认为，要更深刻地理解现实世界的制度与经济运行，就必须承认人们只有有限处理和分析信息的能力。**有限理性与不完全信息假设一起，也推翻了新古典经济学确定性的假设，即在经济主体不能获得完全的信息，不能对信息作出完全正确的分析判断的条件下，现实世界就不再是确定的了，而是一个充满未知和风险的不确定的世界。

有的文献中“有限理性”概念指的是：人们只有有限的获取和处理信息的能力。可见这种有限理性假设也包括我们所讲的“不完全信息”假设。

“有限理性”最早由西蒙在《管理行为》（1947）一书中提出，并被新制度经济学家广泛采纳。在西蒙看来，“传统经济理论对人的智力做了极其苛刻的假定，为的是产生那些非常动人的数学模型，用来表示简化的世界”。事实上，尽管可以假设人们主观上追求理性，却难以具备完全理性，即人们“总是意欲理性，却只能有限理性”。其原因在于，环境的不确定性、信息的不完全性及人们对环境与信息的计算能力和认识能力的有限性。克雷普斯（Kreps，1990）指出，“一个具有有限理性的人将发现最大化其效用的成本是极高的。他将发现他无法预测到所有的偶然事件，并认识到自己的能力有限，这样，他会在事前为可能会发生的意外事件做事后准备”。因此，在有限理性的前提下，人们不可能依靠完全契约来处理复杂的现实问题，人们需要设立各种制度安排来规范人们的行为，建立良好的秩序，以减少未来不确定性以及因不完全契约引起纠纷所可能带来的损失。

（3）个人主义的效用最大化假设。新制度经济学认为，个人总是在一定约束条件下最大化自己的效用，在新制度经济学中，一个人无论是政府官员还是企业主，都被认为是在其选择集内进行自己的选择，追求自己的目标函数最大化。同时，新制度经济学坚持了奥地利学派的个人主义观念，坚持认为任何组织（如企业、团体、政府等）的集体行动，其行为准则，不能像个人那样简单套用效用最大化假设，而是需要研究其微观个体成员的行为，以及这些行为交互的影响，才能最终解释其集体行动的基本准则。

（4）**机会主义假设。人们的一种狡诈的自私自利倾向，包括投机取巧、见机行事、有意隐瞒歪曲信息，甚至欺骗和违约等。**

机会主义作为一种潜在的行为倾向，只要条件具备，如信息不对称、“小数目条件”等，就会转化为现实的行为。威廉姆森指出，虽然有限理性阻止完全契约的订立，但如果经济主体完全值得信赖，那么还有不完全契约可以依赖。但是，由于人们“欺诈性地追求自我利益的倾向”的存在，契约结构就变得十分重要。

当然，也有研究发现机会主义倾向往往被人际交往互动所产生的信任所抑制。格兰诺维特（Granovetter，1985）研究发现人们的善意（goodwill）可以有效地遏制机会主义行为的发生。多尔（Dore，1992）研究认为经济交易双方彼此间的友善有助于避免争端，增加满足感，促成不少不能用制度与契约规制的行为的有效实施，即便造成损失意外也可由交易双方共同承担。如果对善意的期待获得满足，就会激发出后继的交易；如果在随后的交易中善意持续得到满足，便产生信任并期望长期维系这种交易关系。

在新制度经济学看来，如果不存在不完全信息、有限理性和机会主义行为，就根本不必对经济制度进行研究；但是，现实经济必须在交易费用大于零和不完全信息的环境中运行，所以制度的经济分析是十分重要的。

（二）新制度经济学分析框架的四个层次

第一个层次，新制度经济学认为市场经济制度和私有产权制度不是既定不变的，有其产生和变迁的过程。而这些基本制度环境的变迁运动，及其对现实经济活动的影响，正是新制度经济学所要讨论的。

第二个层次，个人追求效应最大化。新制度经济学通过把效用最大化假说扩展至所有人的选择，而抛弃了新古典理论的二分法——家庭追求效用最大化，企业追求利润最大化（De Alessi，1983）。企业、政府等组织不再以一个整体来追求其自身利益的最大化，而是企业主、员工、官员、公务员等组织成员追求其个人效应的最大化。

第三个层次，通过一般均衡分析，来分析个体交互作用的均衡结果。并以此来分析确定制度形态及其变迁的各方博弈的“均衡解”。

第四个层次，采用新古典的“帕累托最优”的效率标准为价值评价的标准，而不是伦理和道德标准。

三、新制度经济学的基本特征

通过以上对新制度经济学分析框架的介绍，我们基本上可以概括出新制度经济学的如下特征：

（1）新制度经济学是运用经济学方法而不是心理学和伦理学的方法来分析制度，并且基本是用新古典经济学的理论和方法来分析制度的，但特别强调案例研究和经验分析。

（2）对制度的分析是围绕新古典经济学的主题——资源配置问题而展开的。

（3）对制度的效率评价标准坚持新古典经济学的标准——帕累托最优标准，而不是伦理学的标准。

（4）新制度经济学基本是建立在自由主义哲学基础之上的，它强调产权界定、制度安排的目的在于颂扬私有产权，使市场机制充分发挥作用。正因为如此，新制度经济学一般被归于“新自由主义经济学”。

关于新制度经济学，威廉姆森（Williamson，1975）曾有这样的概括性总结：

（1）新制度经济学充分相信，制度有深刻的效率因素。无数的争论文章都从效率角度比较了经济组织的微观特征。由于新制度经济学坚持了“理性精神”，因而保持了与主流经济学的联系。

（2）新制度经济学坚信资本主义经济制度的重要性不仅在于技术本质，也在于管理方式结构。后者导致不同组织形式中信息传递、激励机制和分权控制的区别。

（3）新制度经济学的比较方法是，一种可行的形式与另一种可行的形式相比较，而不是与抽象的无摩擦的理想形式相比较。其中，交易费用是一个关键性的比较概念。

（4）新制度经济学认为，经济组织的中心问题是活动者的行动属性，行为假设的严重失败会导致制度经济学事业的危机。

应该说，威廉姆森的这一评述基本反映了新制度经济学的特色，也指出了它与新古典经济学的关联。

四、新制度经济学的理论分支

新制度经济学在其涉足的众多领域已形成了以下较为成熟的主要理论分支：

（1）交易费用理论。在科斯的原创性贡献之后，经过威廉姆森等人的极力发挥与传播，交易费用理论已成为新制度经济学中极富扩张力的理论框架。其内容主要包括“交易”的一般化、交易费用及其测度、交易的契约安排等。交易费用理论架起了制度分析与新古典理论间至关重要的联系。

（2）产权理论。在科斯之后，经德姆塞茨、阿尔钦、张五常和巴泽尔等人的努力，产权理论已成为新制度经济学的重要组成部分。其内容主要包括产权的性质、产权制度的效率比较、产权制度的演进等，旨在说明如何通过界定、使用和变更产权安排，降低或消除市场机制运行的社会成本，改善资源配置。

（3）契约理论。继科斯在《企业的性质》一文中提出以管理者权威来协调交易与契约的执行之后，威廉姆森提出针对不同的交易应当选择不同的契约，并建立相应的治理结构。在对威廉姆森这一思想进行模型化的过程中，格罗斯曼和哈特等人逐步背离了交易费用理论，开创了以强调“重新谈判”为重要特点的不完全契约理论。①

（4）团队生产理论。阿尔钦和德姆塞茨 1972 年在他们合作的《生产、信息费用与经济组织》一文中提出的团队生产理论，明确了团队生产是指由多种要素所有者联合进行的生产，生产中需要多个不同的要素参与，这些要素分别属于不同的所有者，这些所有者相互合作形成一个团队进行生产；而生产的总产出高于参与生产的各要素的分产出之和，即生产的总产出也不能再分解为几部分要素投入的独立产出之和。

（5）组织理论。在科斯对“企业的性质”所作出的解释引起关注之后，对人类社会经济活动中的各种组织形式加以解释，一直是新制度经济学中一个较为活跃的研究领域，并构筑起相对成熟的理论框架。其内容主要包括企业理论和国家理论等，旨在说明各种组织形式的经济逻辑。企业理论以及国家理论均可以视作该分支内容。

（6）法经济学。最早将经济分析运用于法学研究的有意大利刑法学家贝卡里亚，之后，马克思、康芒斯、阿尔钦、科斯、斯蒂格勒、奥尔森、波斯纳等逐渐丰富了法律的经济分析，并进而形成了独立的法经济学科。波斯纳堪称法经济学之集大成者。法经济学是一门运用现代经济理论来分析法律的形成、法律的框架和法律的运作以及法律制度所产生的经济影响的学科，是完整的新制度经济学不可或缺的重要组成部分。

（7）制度变迁理论。科斯理论中所蕴含的制度选择与演化思想，经诺思和戴维斯等人

---

① 梅纳尔. 制度、契约与组织. 北京：经济科学出版社，2003：445－446.

的发挥，衍生出新制度经济学的制度变迁模型。其内容主要包括制度的起源、制度的供求及均衡、制度创新与变迁等，旨在说明制度因素在经济增长与发展过程中的内生性。

（8）新经济史学。诺思和福格尔等人将制度和交易费用理念应用于经济史的研究，并结合数量分析，通过对长期的制度变迁及其经济绩效的分析，逐步形成了新经济史学。他们对经济史研究中的众多问题，以新制度经济学的方法提出了新的见解，并进行了相应的数量分析。

【本章小结】

制度分析是经济学的重要的理论传统，以亚当·斯密和马克思等人为代表的古典经济学时期的经济学家，都将制度分析作为经济学的基本分析方法之一。虽然新古典经济学摒弃了制度分析传统，但是德国历史学派和美国制度经济学派继承古典经济学的“历史—制度”分析传统，否定新古典经济学理论体系，在制度分析传统上具有承上启下的作用。新制度经济学是重新将制度分析与新古典经济学研究方法相耦合的结果。

美国制度学派的代表人物是凡勃伦、康芒斯和米契尔，他们重视制度分析和社会现实问题。凡勃伦是美国制度学派的创始人，他重视对社会心理和习惯的分析，是演化经济学的先驱。康芒斯关注集体行动对个人行为的影响，将交易作为制度分析的基本单位，对于新制度经济学以交易和交易费用为核心的理论体系影响深远。米契尔重视从统计资料和经济周期的研究中探讨制度因素。此后，在20世纪30—40年代，艾尔斯、伯利和米恩斯等人为制度学派的发展起到了承前启后的作用，20世纪50年代加尔布雷思继承这一传统，在美国形成“新制度主义”学派，以特有的理论分析社会权力结构、信仰体系等制度问题，抨击新古典经济学的研究方法。

新制度经济学打破了制度分析与新古典经济学理论“互不相容”的局面，试图把制度分析纳入新古典经济学的分析框架，补充和丰富新古典经济学，追求与新古典经济学的耦合，这正是新制度经济学的“新意”所在，也是新制度经济学能够在新古典经济学统治下的西方经济学界占有一席之地的内在原因。新制度经济学源于科斯1937年的论文《企业的性质》，其分析方法以“交易费用”分析为核心，主张理论分析要贴近现实，广泛采用案例分析和经验研究，采用新古典经济学的边际分析、均衡分析等方法来分析制度问题，努力把制度分析纳入主流经济学的分析框架之中。新制度经济学的分析方法在后来的发展中形成了“交易费用”和“产权安排”两个理论分支，成为现代制度研究的重要构成部分。现代的制度分析其他的理论传统和经济学分支有：凡勃伦传统与演化经济学、威克塞尔传统与公共选择学派、奥地利传统与新奥地利学派、马克思传统与左翼制度主义。

新制度经济学的研究对象是制度。制度是指有约束力的规则体系，分为正式规则、非正式规则及两者的实施特征。制度的功能是在现实经济活动中发挥激励和约束作用。

经济学分析框架可分为经济环境、个体行为、交互作用结果和福利分析四个层次。新古典经济学的分析框架具有最大化假设、完全信息假设、完全理性假设和市场经济假设，新制度经济学以不完全信息假设、有限理性假设、个人主义的效用最大化假设和机会主义假设代替传统的新古典经济学假设，在分析框架的四个层次上形成了不同于新古典经济学的新特征。

【关键术语】

美国制度学派	新制度主义	制度
正式规则	非正式规则	不完全信息
有限理性	机会主义	

【思考·深化】

1. 2008年诺贝尔经济学奖获得者克鲁格曼曾经这样解释经济学家对某些非常有价值的经济学思想的抛弃、漠视以及最终的重拾和发展。他举了这样一个例子：在15世纪欧洲人绘制非洲地图时，使用第二手和第三手材料，其内容比较丰富，包含了关于非洲内陆的很多信息。但是，在18世纪随着欧洲人绘图水平的提高，地图中的非洲内陆地区反而变成了一片空白。出现这一反差的原因在于"绘制地图的工艺的提高对资料的可靠性提出了更高的要求。像'从沙漠边缘出发向南走六天，你会看到一条由东向西的大河'这样的二手报告不再被当作绘制地图的依据。现在只有装备有六分仪和指南针的可靠的信息提供者考察过并提供的地形特征信息才是合格的资料。因此，以前的地图中拥挤（可能还使人迷惑）的内陆地区就成为'最黑暗的非洲'，一片空白。"① 类比之下，克鲁格曼认为在经济学领域"为什么有的思想被人接受，而有的却被拒之门外呢？答案对于局外人也许有些神秘，但对于从事经济学研究的人而言再明显不过了，那就是只有可以模型化的思想才会得到垂青。现代经济学里一个经过适当模型化的思想对于经济学家的意义就与经过正规勘察的地区对18世纪绘制地图工匠的意义一样。"② 克鲁格曼也基于这一说法解释某些经济思想的境遇："从1960年到1980年之间，超发展理论事实上被埋没了，主要是因为发展经济学的创始人不能十分清晰地表述自己的观点，使得他们很难与其他经济学家交流基本的思想，甚至这些创始人彼此之间也难以沟通。直到最近，经济学发生了变化，才使人们有可能重新思考发展经济学家的观点，找回遗失的重要思想。"③

通过本章第一节的介绍，我们可以很清楚地了解到，类似的问题也发生在制度分析思想史上：制度分析在经济学中是一个历史悠久的思想传统，只是在随后经济学发展过程中逐步被遗失了，新制度经济学的出现则推动了这一思想重返主流经济学。

请结合上述材料谈一下，在你看来，克鲁格曼的上述说法能否完全解释和预测制度分析在经济学发展中的遗失与重拾过程？

2. 著名自由主义经济学家米尔顿·弗里德曼，对本章第二节所选列的里德的经济学寓言《我，铅笔》非常推崇，他在为该文撰写的导语中指出，这是论证"看不见的手"从而批评政府干预的有力材料："更令人叹为观止的是，铅笔在源源不断地生产出来。没有

① 克鲁格曼. 发展、地理学与经济理论. 北京：北京大学出版社，2000：2.
② 同①6.
③ 同①8.

一个人坐在一个中央办公机构对这成千上万的人发布命令。也没有军警来执行这些无人发布的命令。这些人生活在不同的地方，讲着不同的语言，信奉着不同的宗教，甚至可能彼此憎恶，然而，所有这些差异并没有妨碍他们合作生产一支铅笔。这是如何发生的？亚当·斯密在两百年前就给了我们答案。”可见在弗里德曼看来，《我，铅笔》中所揭示的庞大的社会分工系统会如斯密所分析的那样，在“看不见的手”的安排下井然有序地运行。但是，在现实中我们却经常发现市场运行并非总是井然有序，经济危机经常爆发，某一领域出现问题并引发危机之后，环环相扣的社会分工体系反而成为推动危机在各领域迅速蔓延的基本载体，最终导致全球性的经济危机。

结合上述材料，请就社会分工体系与市场经济的稳定性谈谈你的看法。

3. 在本章第三节关于“有限理性”的介绍中，根据克雷普斯的解释，人们放弃最大化效用状态是因为选择出这种状态的“成本很高”。但是，如果决策者是因为“找到”某个状态的成本太高而放弃这种状态，这似乎依然符合经济学中的“理性”原则。这里似乎存在一个悖论：如果一个学者分析说，选择一个最佳的状态需要付出太高的成本，那么，我们可以肯定，这个学者所提到的“最佳”状态，是一个没有考虑选择成本的条件下的“最佳状态”①。相应地，如果我们把“选择成本”考虑进去，那么，人们选择的那些所谓的“次优状态”，同样是符合理性选择的效用最大化的决策。

但是，如果我们假定模型中所分析的选择行为是一种考虑了“选择成本”的选择，将会导致一个更为严重的悖论：如果选择本身要考虑到其“选择成本”，那么对于决策者来说所付出的“选择成本”是否合算，取决于选择出的状态有“多好”。但是，在进行这样的盘算和考量之前，决策者不可能知道自己能够选择出的“最佳状态”② 会“好”到什么程度（或者说，如果决策者知道了“最佳状态”会有多“好”，他也就不需要再付出任何“选择成本”去进行这样的盘算和考量了），但是，既然无法预知最终选择出的“最佳状态”能有多好，决策者也就不可能知道自己所付出的“选择成本”是否合算。

针对上述思想，就能否将“选择成本”纳入理性决策模型，谈谈你的看法，同时谈一谈你对“理性选择”原则和“有限理性”思想的认识。

---

① 在没考虑“选择成本”的条件下将某种状态表述为“最佳状态”并不构成错误，实际上需要请读者注意的是，在我们接下来的行文中，也必须重复这样的“错误”。

② 我们这里讲的“最佳状态”，同样是在没有考虑到“选择成本”条件下的最佳状态，下同。

第一篇

方法论

本篇介绍新制度经济学的方法论原理。新制度经济学方法论的核心特征是制度分析与新古典分析框架的耦合：将制度分析引入新古典经济学，改造新古典经济学研究资源配置问题的分析框架；将新古典经济学边际分析和均衡分析引入制度分析，使制度分析进入主流经济学轨道。具体而言，新制度经济学的分析方法包括交易费用理论和产权理论。这两部分理论可以参照新古典经济学的“资源配置”原理来安排其逻辑架构。

首先，新制度经济学认为，新古典经济学关于资源配置问题的研究框架，建立在极端理想化的前提下，过度地简化了资源配置过程，忽略了其中的制度问题，在一个假设的“无摩擦力”的理想世界中进行简化分析，导致理论脱离现实。① 因此，新古典经济学以交易费用来描述资源配置过程中形成的“摩擦力”，强调资源配置过程的复杂性，使经济学重回“真实世界”。因此，在逻辑上本书选择从“交易费用”概念开始，通过与新古典经济学资源配置分析框架的比较，明确新制度经济学所强调的“摩擦力”和“真实经济世界”，使读者能够对新制度经济学分析方法的核心理念和核心分析工具有一个明确的印象。

其次，有了交易费用的概念就不难理解“制度重要”命题：制度安排的优劣将决定交易费用的高低，从而影响资源配置效率。同时，制度安排的优劣又取决于权利和义务的设置是否合理，近年来，新制度经济学倾向于将这些问题都概括在“产权制度”的标签之下。以“节约交易费用”为主线讨论“产权安排”的合理与否，由此形成相应的产权理论。

最后，经济系统处于持续不断的演变之中，最优的产权安排不能一成不变，而是要最大限度地节约产权转让过程中形成的交易费用。以契约为参照，可以将产权转让的交易过程视为契约的谈判、签约和执行过程，具体讨论产权转让的资源配置过程，由此形成著名的契约理论。

综上所述，本篇依次按照交易费用理论、产权理论和契约理论的顺序安排三章的主要内容。

---

① 科斯曾将这种脱离了现实的经济学称为“黑板经济学”。

第一章

交易费用理论

交易费用是经济社会的摩擦力，包括动用资源建立、维护、使用、改变制度和组织等方面所涉及的所有费用[①]，即经济制度运行的费用（Arrow，1969，p. 48）。

从交易费用入手来介绍新制度经济学的方法论部分，主要是考虑到以下两方面的问题：第一，交易费用论证了“制度重要”的基本命题，使制度分析成为必要，这是新制度经济学分析方法的立足点。第二，近年来交易费用分析法作为新制度经济学核心分析方法的地位已经越来越明显，新制度经济学家越来越倾向于立足交易费用来分析和解释其他概念和命题。

第一节　资源配置与交易费用问题

在绪论部分我们已经介绍，新制度经济学使用新古典经济学边际分析和均衡分析方法研究制度问题，同时将制度分析引入新古典经济学分析框架，试图完成制度分析方法与新古典经济学理论的耦合。因此，新制度经济学通常也被作为西方经济学的一个重要分支。要了解新制度经济学的分析方法，也需要从资源配置问题入手。新制度经济学分析方法的意义就在于革新和深化了新古典经济学对资源配置问题的分析框架。交易费用分析方法就是这种革新和深化的关键。

一、资源配置与制度分析

对于任何一个学习过西方经济学基本常识的人来说，资源配置问题是非常熟悉的。按

---

① 菲吕博顿，芮切特. 新制度经济学——一个交易费用分析范式. 上海：格致出版社，上海三联书店，上海人民出版社，2015.

照罗宾斯的观点，经济学就是研究资源配置问题的科学。罗宾斯的逻辑已经被不同的经济学教材所接受：**资源是有限的，人们的欲望是无限的，相对于人们的欲望而言，有限的资源是稀缺的，有限的稀缺资源不能满足所有人的所有需要，稀缺资源的不同用途之间形成“竞争”，因此到底将资源配置给哪些用途，以及以何种方式来配置这些资源，就成为一个需要研究和解释的问题，即资源配置问题，**经济学就是研究这个问题的科学。

罗宾斯（Robbins，1932）：“经济学是一门研究作为目的和具有不同用途的稀缺手段之间关系的人类行为的科学。”

曼斯菲尔德（Mansfield，1994）：“按照一个标准的定义，经济学研究满足人们需要的在可供选择的用途之间配置资源的方式。”

尼科尔森（1992）：“经济学通常被定义为研究稀缺资源在竞争性目的用途之间的配置。这个定义强调经济学的两个重要特点：第一，生产性资源是稀缺的。对资源如何利用必须进行选择。进行选择的必要性导致经济学定义的第二个特点：发现如何在竞争性目的之间作出选择。”

凯斯和费尔（Case and Fair，1989）：“经济学研究人们和社会怎样作出抉择来利用自然界和祖先提供的稀缺资源。”

费希尔等人（Fischer et al.，1988）对“资源配置”内容的概括已被广泛接受：“怎样以有限的、稀缺的资源决定生产什么、怎样生产和为谁生产。”具体而言，各西方经济学教材往往将资源配置问题概括为一个简单且易于接受的经济学故事。在这个经济学故事中，经济社会所有的资源被分为产品和生产要素两类。土地、资本和劳动力被视为生产各种产品所消耗的生产要素；参与经济活动的行为主体则被分为生产者和消费者两类，生产者是指使用生产要素制造各类产品的企业；消费者则是消费各类最终产品的个人或家庭，企业将这些产品卖给消费者，形成产品市场。企业作为一个法人和经济组织，本身并不拥有全部生产要素，企业的生产要素是企业从个人或家庭手中购买或租用的，个人或家庭向企业出售、出租其生产要素的市场构成要素市场。无须多言，这个故事往往很容易被初学者所接受，新古典经济学正是在这个经济学故事的前提下，介绍供给、需求、消费者行为和厂商行为等相关理论的。但是，从新制度经济学的视角来看故事中还有很多需要解释而没有解释的问题，而要解答这些问题，制度分析必不可少。

在这个故事中未能获得解决的问题是显而易见的。

首先，生产者和消费者两分法，就是一个需要探讨的问题。人们不一定总是通过分工和市场交易来安排生产，很多情况下也存在明显的“自给自足”状态。人们甚至认为，市场交易出现在“自给自足”状态之后。那么，市场交易从何而来？换言之，人们是如何从“自给自足”状态发展到“分工—交换”状态的？显然，这涉及市场制度从无到有的过程，而新古典经济学则放弃了对这个过程的解释。相应地，市场制度的发展和变化也被新古典经济学所忽略了。同样是市场经济制度，不同国家的具体制度可能各有差异，同一个国家在不同的时期，其市场制度可能各不相同，这些差异可能会对资源配置过程产生怎样的影响？新古典经济学同样放弃了对这些制度问题的解释。

其次，企业被视为产品的生产者。但是，企业同样是千差万别的，从个人或家庭经营的个体企业到成千上万人构成的跨国公司，其运作过程和行为模式具有明显的差异，而在新古典经济学看来，到底由怎样的企业来生产产品却是无关紧要的。相应地，企业这种组织为什么会形成，以及这种组织为什么会发展成为如此千差万别的状态，是关系到现实经济运行的重要问题，而在新古典经济学看来，这样的制度问题同样不需要解释，或者说，新古典经济学放弃了对这些问题的解释。

最后，依此类推，我们可以发现很多类似的具体问题，产品市场上的产品以怎样的方式进行交换？要素市场的生产要素到底是被企业购买还是被企业租用？等等。需要指出的是，在新古典经济学看来，所有这些问题都不是问题，都不会影响资源配置的结果，或者说，新古典经济学不希望讨论这些问题对于资源配置的影响，而是要在这些问题之外，仅就抽象的、理想的市场交易本身来研究“资源配置”。新古典经济学的这种安排，对于论证“看不见的手”提供了最大的便利——忽略了这一系列具体的制度问题之后，只要交易各方是自愿的，交易的规则必然会确定在“出价最高者获得”的原则上，以这一原则为基础，任何资源都会配置到其最有效率的场合。因此，结论必然是市场最有效率，或者说，自由交易完全可以实现资源的最优配置。在这种条件下，一切制度必然要为“自由交易”的精神让路，将制度锁定在自由交易的市场制度下也是必然的结果。

那么，如何突破新古典经济学的这个假定？如何将这些“制度问题”引入进来呢？要做到这些，就必须讨论交易费用问题。

二、交易费用与“制度重要”命题

为了便于理解，我们可以借用在绪论中介绍的诺思关于制度的分类来引出交易费用问题。在诺思看来，制度分为正式约束、非正式约束和实施特征。把实施特征也视为制度的构成部分，体现了这样一个基本观念：制度是怎样的，不仅要看它规定了什么样的规则约束，还要看这些规则约束是如何实施和运行的。巴泽尔关于“100 万美元包裹和机关枪”的例子也说明：执行有保证，制度才会被遵守；否则，就会沦为“一纸空文”。可见，新制度经济学家强调这样一个简单的事实：用于“执行”的努力是不可或缺的，社会总是要消耗一些人力和物力来保证制度的运行。这些用于保证制度运行的人力和物力也是社会经济运行成本的构成部分。制度安排得好一些，执行这一制度所消耗的人力和物力少一些，就会节约社会经济运行成本，提高资源配置的效率。因此，从这个角度看，**制度安排不再是可有可无、无关紧要的，而是影响社会资源配置效率的重要因素，即“制度是重要的”。**相应地，要研究资源配置效率的高低，制度分析就变得不可或缺。

制度执行所消耗的人力和物力，就是本章要介绍的交易费用。交易费用又被称为经济社会的摩擦力。新古典经济学一般假定交易费用为零，因此，节约交易费用的问题就被忽略了，没有了交易费用的差别，制度安排也就没有了优劣之分，相应地，制度安排对资源配置效率的影响也就被搁置了。“制度重要”命题也就不复存在了。新制度经济学的基本观念则是强调新古典经济学所假定的完全没有交易费用的经济世界，如同物理学中完全没有摩擦力的理想世界一样，是脱离现实的、不可取的。例如新制度经济学的著名学者斯蒂格勒（Stigler，1972）就认为“与没有摩擦力的物理世界一样，零交易费用世界是稀奇古怪的”。要研究真实世界，必须承认“交易费用大于零”的基本事实，将经济学引入到存在摩擦力的真实世界中来，在这个真实的世界中，出于节约交易费用的需要，制度安排显得非常重要，制度分析变得不可或缺，新制度经济学也具备了存在的意义。

因此，在正式学习相关内容之前，首先对交易费用和交易费用分析方法有一个基本的印象，了解新制度经济学的基本观念是非常重要的。那么交易费用到底是什么？为什么会用交易费用代指执行制度所消耗的社会成本？交易费用大于零会导致经济学研究方法出现哪些变化？如何使用交易费用分析法来研究这个真实世界？只有搞清楚了这些基本问题，才能对新制度经济学的存在意义、研究目标和研究方法有一个清晰的认识。因此，我们决定首先从交易费用入手来介绍新制度经济学的方法论基础。当然，这样安排也是因为，近年来，交易费用分析法已经逐步确立了它作为新制度经济学基本分析方法和核心方法论的基础性地位。

第二节　交易的概念

人类社会的经济活动包括生产活动和交易活动。一般认为，经济活动包含着两个层面的内容：一是人与自然之间的单纯的技术关系，表现为人们的劳动作用于自然物料和自然过程并获得资源的生产性活动；二是人与人之间的复杂的社会关系，表现为人们在与他人的交往中获取资源的非生产性活动。二者可分别称为生产活动与交易活动。新古典经济学的注意力集中于人的生产活动，而新制度经济学则注重考察交易活动。但是，将交易作为经济分析的基本单位并非科斯等新制度经济学家们的首创，而是早期制度经济学家康芒斯的贡献。新制度经济学只是继承了康芒斯的观点，将交易视为人与人之间经济活动的基本单位。

沿着新制度经济学的基本逻辑关系来看，交易是产权实现最优配置的关键途径。只有当产权在不同经济主体之间的转让成为可能时，才能够通过出价最高者获得的交易原则实现产权配置的效率与最优化。因此，交易能否顺利进行，即交易的效率高低直接决定着经济运行的最终效率。新古典经济学之所以可以得出市场经济“完美无缺”的结论，其基本假设之一就是假设交易永远都会以最高的效率瞬间顺利实现。新制度经济学的分析则需要打破这一假设，通过对交易的效率高低的分析来具体分析不同的制度安排的优劣，从而将制度这个外生变量内化到经济分析中来。

交易是经济活动的基本单位。要了解什么是交易费用，首先要认识什么是交易。新制度经济学基本接受了康芒斯的观点，将交易视为人与人之间经济行为的基本单位，也正是这样一种观念，才最终赋予交易费用以“制度运行费用”和“经济社会摩擦力”的地位。

当然，熟悉新制度经济学的读者都很清楚，交易和产权之间相互交融，两者“先有蛋还是先有鸡”的争论也是新制度经济学的重要议题。在这里我们无意于解开这一问题，也没有必要刻意回避这一问题，在介绍“交易”问题时，难免会涉及产权，关于产权问题的具体介绍被安排在第二章。当然，依照人们关于产权的习惯性认识来理解本节的内容，也是完全可以的。

一、什么是交易？

交易的概念相当复杂，不同的学者有着不同的观点。

古希腊思想家亚里士多德是较早使用“交易”概念并对它的功能及其类型加以分析的人。他在其《政治学》一书中将“交易”视为三种“致富技术”（畜牧业、交易、矿冶和木材采伐）之一。“交易”又可以分为三种：商业交易（包括海上贸易、陆上贸易和当地贸易）；贷款取利，即金融交易或货币交易；雇佣制度或劳动力交易。

康芒斯认为，“交易”是人与人之间的关系，是所有权的转移，是个人与个人之间对物的所有权的让与和取得，而不是人类与自然的关系。在康芒斯那里，“交易”概念与以往经济学的“生产”概念不同。“生产”是人与自然的关系，“交易”是人与人之间的关系，“生产”活动与“交易”活动共同构成了人类的全部经济活动。交易被作为分析人与人之间经济活动的基本单位。

科斯也以“交易”作为分析的基本单位，并突出地强调了交易关系作为法律上的所有权转让制度的意义，这显然是对康芒斯观点的继承。然而，科斯的“交易”的概念及其研究的思路又与康芒斯有着较大的不同：一种被科斯本人认可的看法是，科斯所讲的“交易”，在多数场合是指较狭义的市场交换或市场交易。

威廉姆森在《资本主义经济制度》一书的序言中写道：“交易之发生，源于某种产品或服务从一种技术边界向另一种技术边界的转移，由此宣告一个行为阶段的结束，另一个行为阶段的开始。”技术边界指的是技术上不可分的实体之间发生联系的区域。这一界定是指，完成一项活动的总过程，如生产一种产品或提供一项服务等，从技术上可分解为一系列独立的活动过程——技术上不能分开的操作阶段就是一个独立的活动过程——每个独立的活动过程都可看做完成该项生产或服务提供总过程中的一个阶段，一个活动过程完成后就进入另一个活动过程。一项活动从一个活动过程向下一个活动过程的转移，也就是由上一阶段向下一阶段移交的过程就是交易。按照这样一种理解，可以说，企业之间、车间之间以及同一车间的操作工之间，都普遍存在交易关系。正是基于这样的理解，威廉姆森在《资本主义经济制度》一书中建立起了交易费用理论的基本分析框架。

新制度经济学的交易概念基本上继承了康芒斯的观点，把产权作为交易的对象，同时强调交易反映的是人与人之间的社会关系。根据这一特点，结合第二章关于产权的分析，为了保证逻辑上的一致性，我们这样界定交易的概念：**交易是经济主体之间所发生的产权的转让。**对于这一概念需要做如下解释：

第一，交易是以产权为对象的，这是新制度经济学与新古典经济学的根本区别之一。在新古典经济学的分析框架中，所分析的是具体的有形或无形的物品的最优配置问题，而新制度经济学则将最优配置原则应用于更为细致的、关于这些物品使用的财产权利，即产权。如果说物品的交换及其交换关系所构成的市场是新古典经济学分析资源最优配置问题的基本工具，那么新制度经济学的分析则要细致到以产权为对象的交易行为，从而以更细致的分析来弥补和修正新古典经济学的分析框架。

第二，作为交易对象的产权，可以是附着于同一物品上的整束权利，也可以是一部分产权构成的一束权利，甚至是某一项产权。举例来说，经济主体既可以转让自己的一块土地的私有权，也可以只转让土地的耕种权，或在土地上建筑房屋的权利，甚至是在一定的时期内经营这片土地的权利。

第三，产权的交易可以是以货币为媒介，也可以采取以产权换产权的直接贸易的形式。如企业为了扩大规模可以从土地所有者手中以明确的货币价格购买土地，也可以吸收土地所有者以土地使用权入股，即以工厂的部分产权换取土地的使用权。再如，一般来说，工人可以将自己的劳动力使用权以明确的报酬卖给工厂，而在我国的股份合作制企业中，工人除了获得明确的固定工资之外，还可以根据自己所拥有的股份获得一定的分红——股份合作制企业中工人的劳动力使用权的转让，一部分是以货币为媒介，即获得相应的工资；一部分则采取了产权换产权的直接交换方式，即以劳动力使用权直接交换得到工厂的一部分、以工人所拥有股份计量的企业的产权。如果说货币制度的发展使得直接以物换物的市场交换减少了，那么从新制度经济学的角度来看，货币媒介并没有占据产权交换的所有阵地，前面所讲的以产权换产权的直接贸易形式在现代社会中依然比比皆是。

第四，交易的过程比较复杂。首先，交易的对象——产权往往不再满足新古典经济学的同质性假设。例如我们面对的企业往往各不相同，差异巨大——两个企业的股权往往很难明确比较其价格的高低。而即使是同一个企业，在企业的产权交易中要计算清楚其市场价值也是一件比较困难的事——股市上股票价格的风云变幻就说明了这一点。其次，产权的转让过程也相对复杂：既然产权往往不满足新古典经济学的同质性假设，那么，在产权的转让过程中交易双方需要对产权的价值进行仔细分析；产权交易的时间跨度也相对较大，这无疑也增加了交易的难度。正是由于这些原因，产权的转让过程往往要通过达成相应契约的方式来进行。而无论是契约的设计、谈判、签订还是维护，都是比较复杂且具体的问题。而也正是由于产权转让过程非常复杂，我们才不得不关注交易过程中所发生的一系列交易费用。

新古典经济学所讨论的简单的物品交换，其实质也是产权的转让，只不过是被用于交易的产权满足了一些同质性假设而已——就其实质来说只是我们所讨论的“交易”的一种特例——而在这种简单的交易过程中，无论是契约的设计、谈判、签订还是维护都相对容易得多，甚至是瞬间完成的。因此，新古典经济学对交易过程的理想化、简单化的抽象可以适用于这些特例；而当我们要讨论产权的转让问题时，就不可能再拘泥于这样的特例了。

显然，我们这里所讲的交易的概念与一般的市场交易概念不同，这一概念也是新制度经济学基本观点的综合，是为了保证新制度经济学分析的逻辑统一性而作出的概念界定，为进一步分析经济主体之间的制度问题奠定了概念基础。

二、交易的维度

通过上面的分析可知，以产权为对象的交易，存在着以货币为媒介的交易方式或产权直接相互交换的交易方式，其交易过程要经历契约的设计、谈判、签订和维护等比较复杂的耗时间环节。而在简单商品交易的特例中，契约的设计、谈判、签订和维护则可以瞬间完成。可见，交易过程的复杂程度要视交易的具体特征不同而各有差异。那么，影响交易复杂程度的变量又是哪些呢？为了进一步回答这一问题，有必要介绍威廉姆森关于交易的维度理论。

威廉姆森为了进一步区分各项具体交易之间的差异，以交易中的**资产专用性、不确定性和交易频率**为维度对交易进行比较，区分不同的交易。这一区分有利于更为细致地把握不同交易的复杂程度，也为进一步深入分析交易费用问题奠定了基础。

交易的第一个维度是资产专用性。**资产专用性指的是为支持某项特殊交易而进行的耐久性投资所形成的资产，一旦形成便很难转移到其他用途上。**如果交易过早地终止，所投入的资产可能无法补偿。因而，资产的专用性越强，越需要维持一个长期稳定的交易关系，越需要交易双方建立一种稳定的、持久的契约关系。威廉姆森认为，造成资产专用性的因素可分为三类：一是资产本身的专用性，如特殊设计的只能加工某种原料的设备。二是资产地理区位的专用性，如为了节省运输费用，加工设备一般坐落在原料产地附近，一旦建成，移动较为困难。三是人力资本专用性，如果工作只需要低技术劳动力，无须专门训练，这些人力资本就无专用性可言，但是，如果一个雇员通过在某一企业工作积累了对该企业运行的丰富经验，他的技术经验是特定于该企业或该行业的，其人力资本的专用性就会很高。对于企业来说，重新训练一个这样的雇员可能要花费很多的时间和费用；对于雇员个人来说，他的经验也未必适合于别的企业，因而维持长期的雇佣关系对于企业和雇员均有好处。**资产专用性实际上是测量某一资产对交易的依赖性。**

交易的第二个维度是交易的不确定性。“不确定性”是社会经济生活的一个重要特点。它从多方面对现实的经济运行产生影响。不确定性根据不同的研究需要可作不同的分类。一般认为，在交易过程中，交易双方既要面临来自环境的不确定性，还要面临来自交易双方行为的不确定性。环境或市场的不确定性是指市场未来状况的不确定性，例如，人们难以准确预测产品未来的价格、数量、质量等情况。威廉姆森更强调“行为上的不确定性”，即由于策略性地隐瞒、掩盖或扭曲信息等机会主义行为而引起的不确定性。在不同的交易中，不确定性所起的作用和约束交易的程度是不同的。一般来说，短期的一次性交易，不确定性的影响相对较小，而就长期交易而言，不确定性的影响则比较大。交易不确定性的存在意味着交易的决策必须是适应性的、连续性的，需要设计相应的治理结构以弱化这种不确定性的影响。例如，甲乙双方签订一个契约，契约的执行期为一年，在这一年中各种情况都可能发生（不确定性），契约执行人可能突然死亡，或者破产，法律或政府法令可能改变，相关的市场价格可能变化，可能发生战争等；此外，当市场条件变化对交易的某一方不利时，他可能会借口合同的约定条件改变而停止执行合同，在不违反法律的情况下给对方造成损失。为了避免各种不确定性给交易双方造成损失，交易双方一般会尽可能地把交易的契约写详细，把一切可以预想发生的事情及甲乙双方在各种情况下的责任都做最详细的规定。

交易的第三个维度是交易的频率。它在时间的连续性上表现了交易的状况。交易频率可分为一次、数次和经常三类。交易发生的频率是影响交易的成本和收益的一个重要因素。它对组织制度的选择也有重要影响。主要体现在设立某种治理结构的费用能否得到补偿，频率越高，交易的治理结构的费用越容易得到补偿。

总之，威廉姆森将资产专用性、不确定性、交易频率作为描述交易的基本方面，在此基础上分析根据交易的特性有区别地使用的各种不同治理结构。

在威廉姆森看来，现实世界中的交易，不可能在新古典经济学所假设的完全竞争环境中进行，资产专用性程度、不确定性程度及交易发生的频率会独立地或组合地影响交易行为。在不同的交易维度下所发生的交易各不相同，相应的契约行为和治理结构也会千差万别。

三、交易的类别

依照不同的标准可以对交易进行不同的分类，很多学者提出了各自不同的分类标准。我们介绍几类常见的分类标准，这些分类标准对于相关理论的学习也有一定的基础性意义。

（一）基于不同学者研究的分类

（1）康芒斯的分类。康芒斯把交易分为三类：①**买卖的交易**（bargaining transaction），即法律上平等的人们之间自愿的交换关系，主要表现为市场上人们之间平等的竞争性买卖关系。②**管理的交易**（managerial transaction），即长期合约规定的上下级之间的不平等交易，主要表现为企业内上下级之间的命令与服从关系。③**限额的交易**（rationing transaction），这也是一种上级对下级的关系，只是上级是一个集体的上级或它的正式代表如政府、董事会，主要表现为政府对个人的关系。康芒斯认为，这三种交易类型几乎涵盖了所有的人与人之间的经济活动，并且三种交易各种程度的多种组合形成了变化多端的制度形态。

（2）诺思的分类。诺思（1990）认为，交易主要有两种形式：人格化交易与非人格化交易。**人格化交易**是建立在个人之间相互了解基础上的交易。在这种交易形式中，专业化与分工处于较低水平，交易在彼此熟悉的当事人之间重复进行，买和卖都几乎同时发生，当事人之间拥有对方的完全信息，彼此之间的利益也依赖于这种稳定的伙伴关系，因而不需要建立正式的制度规则来约束人们的交易行为，道德准则、价值观念等非正式规则是交易双方的主要约束形式。信守合约的收益大于成本。而在**非人格化交易**形式中，由于专业化和分工的发展，交易对象有着广泛的选择范围，当事人之间的信息是不完全的、不对称的，交易也往往是一次性的，交易过程中各种机会主义行为必然出现。为避免专业化与分工发展所带来的好处被过高的交易费用所抵消，在一个非人格化的交易世界里，必须建立正式的制度规则来约束人们的交易行为。

（二）基于不同考察视角的分类

（1）基于组织内外部考察的视角，可以将交易分为内部交易与外部交易。要了解内部交易与外部交易的区别，首先要了解组织的概念：**组织是由成员构成的，遵守一定规则运行的，并以一个整体来参与相关规则的机构。**内部交易是指组织内部成员间依照组织内的规则而进行的交易；外部交易是指除内部交易外的其他交易，包括组织以一个整体参加的与其他组织或个人的交易，或组织内成员与组织外的组织或成员之间的交易，或组织内成员间进行的与组织内规则无关的交易。应该注意的是，并不是所有的组织内成员之间的交易都可以断定为内部交易，如同一个汽车工厂中的工人，相互之间进行的与工厂内部规则无关的文物收藏交易，对于工厂这个组织来讲，就不是内部交易。而工厂中各车间之间体现的生产流程中一些车间为另一些车间提供零部件的交易则是典型的组织内部交易。而如果这些零部件从其他企业中购买，则属于外部交易。显然，企业的纵向一体化具有将外部交易内部化的特点。而企业的分拆则会导致原有的内部交易变成外部交易。内部交易与外部交易的关键区别在于两者所适用的规则不同。

（2）基于新古典理论市场考察的视角，可以将交易费用分为产品的交易与要素的交易。依照新古典经济学中产品市场与要素市场的划分，以劳动力、土地和资本为交易对象的交易是这些要素市场上不同于一般商品交易的要素交易。同样以工厂中各车间之间中间商品的交易为例，有的学者则认为，这种交易的实质是要素交易替代了产品交易：各车间之所以会依照工厂内部的规章，安排零部件的使用流程，从而代替市场上中间产品的买卖，正是由于各车间的工作人员及管理者已经将自己的劳动力在劳动力市场上销售给了企业，从而必须服从企业的行政管理。这两种观点之间的关系我们将在第四章中进行讨论。

（3）基于制度分析目标关注考察的视角，还可以将交易分为经济交易与政治交易。制度经济分析的目标关注不止于经济交易，还包括某些其他“社会行为”（Weber，1968，p. 22ff.）最重要的社会行为是建立、维持或改变社会关系。经济交易是一种特殊的社会交易，是经济活动赖以存在的制度结构的形成和维持所必不可少的社会行为。政治交易是政治家、官僚、利益集团之间的交易，是这些集团在实施其公共权威时所开展的讨价还价或规划活动等。①

四、交易是经济活动的基本单位

一般认为，经济活动包含着两个层面的内容：一是人与自然之间的单纯的技术关系，表现为人们的劳动作用于自然物料和自然过程并获得资源的生产性活动；二是人与人之间的复杂的社会关系，表现为人们在与他人的交往中获取资源的非生产性活动。二者可分别称为生产活动与交易活动。新古典经济学的注意力集中于人的生产活动，而新制度经济学则注重考察交易活动。但是，将交易作为经济分析的基本单位并非科斯等新制度经济学家们的首创，而是早期制度经济学家康芒斯的贡献。新制度经济学只是继承了康芒斯的观点，将交易视为人与人之间经济活动的基本单位。

沿着新制度经济学的基本逻辑关系来看，交易是产权实现最优配置的关键途径。只有当产权在不同经济主体之间的转让成为可能的条件下，才能够通过出价最高者获得的交易原则，实现产权配置的效率与最优化。因此，交易能否顺利进行，即交易的效率高低直接决定着经济运行的最终效率。新古典经济学之所以可以得出市场经济“完美无缺”的结论，其基本假设之一就是假设交易永远都会以最高的效率瞬间顺利实现。新制度经济学的分析则需要打破这一假设，通过对交易的效率高低的分析，来具体分析不同的制度安排的优劣，从而将制度这个外生变量内化到经济分析中来。

第三节　交易费用的概念

一般认为，最早提出交易费用概念并将其应用于经济分析的经济学家是科斯。科斯本人也一直认为《企业的性质》对经济学最重要的贡献是“明确地将交易费用概念引入经济分析”，但是，事实上，在《企业的性质》一文里，他并没有明确提出交易费用的概念，

① 菲吕博顿，芮切特. 新制度经济学——一个交易费用分析范式. 上海：格致出版社，上海三联书店，上海人民出版社，2015：32.

更不要说给出严格的交易费用定义。循着对“交易”的直观理解，他只是一般性地列举了“市场交易”的成本（即使用价格机制的成本）所包括的一些项目。正如威廉姆森所指出的：科斯没有将“交易费用”定义成可以操作的概念，也没有说明是哪些力量决定着交易费用的大小和交易方式的选择。

现在，学者们对交易费用概念的定义可谓“五花八门”，依据其考虑的角度不同，交易费用的定义基本上可以概括为以下三个不同角度的理解。

一、交易的费用

交易费用，顾名思义就是**进行交易活动所需的费用，即经济主体之间为进行产权的转让所需的费用**。对于这一理解，需要做如下解释：

（1）交易是产权的转让，那么交易费用就是为实现产权转让所需付出的一系列费用。值得注意的是，交易费用是指“为实现产权转让所需的费用”，这些费用并不仅仅形成于产权的转让过程之中，为产权转让所做的准备以及为保证产权转让顺利进行所支付的费用，也是交易费用的构成部分。

（2）交易有各种分类，而无论哪种交易都会或多或少地产生交易费用。与交易的分类相对应，内部交易与外部交易、要素交易与产品交易都有其相应的交易费用，而各类交易的交易费用的高低则是衡量不同交易效率高低的关键变量。如上文所讨论的，在内部交易的交易费用低于外部交易的交易费用的情况下，外部交易的内部化就会出现。可见，依据对交易的几种分类，各类交易的交易费用也互有差异，而不同交易形式之间的相互替代关系则取决于在功能相同的前提下，其交易费用的高低。

（3）既然交易作为经济运行的基本单位是广泛存在的，而各类交易都有其交易费用，那么，交易费用也是普遍存在的。交易费用的高低直接决定着经济系统的运行效率。因此，交易费用也是一个具有普遍意义的概念，而且对于制度的效率分析具有意义。一些学者将交易费用直接定义为“经济系统运行的费用”也体现了这一点。因此，广泛存在的交易费用也被当成是现实经济世界中的“摩擦力”。

（4）交易费用概念中的“费用”，与新古典经济学中的费用、成本概念基本一致，也应理解为机会成本，也可以区分为固定成本与可变成本。从机会成本的角度看，交易费用应当理解为交易所耗用的资源，如经济主体为搜集信息、进行谈判、维护契约等花费的时间与各类物品，应用于其他用途所能带来的各项可能的收益中的最高水平。而每次交易都需重新支付的，随着交易的次数增加而相应增长的费用，可以理解为交易费用中的可变部分。

总之，交易费用包括动用资源建立、维护、使用、改变制度和组织等方面所涉及的所有费用。

二、交易各阶段的费用

从这个角度对交易费用进行界定，是一种较为普遍的理解。按照这种理解，交易费用被定义为交易各阶段所发生的各类费用的总和。

如果交易可以简单抽象为瞬间完成的简单交易，那么交易将不会复杂，交易费用也完全可以忽略。交易的复杂性体现在其交易过程的复杂性上，即交易不可能瞬间完成，而是需要一个相对复杂的过程。因此，在交易费用概念上，新制度经济学家一般也倾向于从交易过程的角度将交易分为不同阶段，而将交易费用定义为交易的不同阶段所发生的各项费用的总和。当然，作出这样的定义，往往也是由于在交易的不同阶段，构成其交易费用所耗费的各项资源之间相对独立，有明显的差异。可见，区别不同交易不同阶段的交易费用，也是对交易费用所做的一种重要分类。具体来说，交易的过程需要通过达成相应的契约来实现。而以契约为参照，可以将交易费用分为：**谈判前的准备阶段的费用、谈判与契约签订的费用以及契约执行的费用。**

(1) 谈判前的准备阶段的费用，主要是发布、搜集和分析信息的费用。如搜集商品信息、比较同类商品价格的费用，寻找交易伙伴的费用，宣传商品的有关信息的费用，以及分析相关市场信息的费用等。一般来说，为了回避风险，保证交易的成功，交易各方都需要做相应的市场调查与客户分析，并就财务、技术等具体信息进行相关的咨询与分析。而这些费用一旦形成，则要分担在相应的数次交易之中。在交易未出现变更或违约的情况下，一般也不需再追加这种准备阶段的费用。所以这种费用一般来说体现为交易关系确定后，在交易关系破裂前的一系列交易的固定成本部分。

(2) 谈判与契约签订的费用，主要是交易各方讨价还价的费用，契约的设计与签订所需的法律和技术等相关服务所形成的费用，及相应文本的费用等。交易各方的谈判要支付相应的交通费用，相关人员要耗用相应的时间和精力以及支付相应法律与技术服务的费用。而谈判所达成的契约有短期与长期之分。就长期契约而言，其实质在于通过一项契约代替了多项短期契约，所形成的长期交易替代了多次的短期交易。一项长期契约的谈判与签约费用一般要高于一项短期契约的相应费用；而只要这项长期契约所形成的长期交易的交易费用低于其所替代的多项短期契约所形成的短期交易的交易费用之和，签订长期契约就是可行的。此外，就交易各方而言，有的谈判可能是首次进行，有的谈判可能是在长期合作关系确立后，延续业已形成的合作关系而继续进行的。一般来说，首次谈判与契约签订的费用要高，而这些高出的部分则要分担到以后历次的谈判与契约签订中，成为其交易费用中的固定成本部分。

(3) 契约执行的费用，主要是就契约中未明确规定的问题进行协调的费用，为防范出现违约等行为而付出的费用，以及解决纠纷所形成的费用等。交易各方可能需要建立相应的组织机构来维持交易的顺利进行；当出现契约中未明确规定的情况时，各方需要作出相应调整；在出现纠纷时，交易各方则需要进行相应的协调，或申请仲裁，或提起诉讼，甚至中止契约。这些费用往往是对应于某项具体的交易而言的，而其费用的高低则有较大的不确定性。显然，长期契约的执行费用较高，而只要其各项费用的总和低于其所替代的多项短期交易的交易费用，那么采取签订长期契约的方式，以一项长期交易替代多项短期交易就是合适的。

科斯在《企业的性质》中列举了“市场交易”的成本（即使用价格机制的成本）所包括的一些项目：(1) 通过价格机制“组织”生产的最明显的成本就是所有发现相对价格的工作，包括各种为获取和处理市场信息的费用，如了解价格分布、寻找交易对象的费用。这也就是交易准备阶段的费用。(2) 市场上发生的每一笔交易的谈判和签约费用，包括讨价还价、订立合约及履行合约的费用。这也就是交易活动进行时所发生的费用。(3) 利用价格机制也存在着其他方面的成本，如签订长期契约虽然节省因较多的短期合同而需要的部分费用，但由于不确定性的存在或预测的困难，其未来的实施一般需要较高的费用。在1960 年的《社会成本问题》一文里，科斯将交易费用概念进一步一般化，认为交易费用应包括度量、界定和保障排他性权利的费用；发现交易对象和交易价格的费用；讨价还价、订立交易合同的费用；督促契约条款严格履行的费用，等等。在 1991 年诺贝尔经济学奖的获奖演讲中，科斯简短地总结道：谈判要进行，契约要签订，监督要实行，解决纠纷的安排要设立，等等，这些费用后来被称为交易费用。即交易费用是谈判、签约及履行合同的费用，科斯 1991 年的概括实际上反映了 20 世纪 70 年代之后西方新制度经济学的一种理论倾向：将契约视为交易的架构，把组织制度问题视为契约问题，从契约角度认识交易费用。

威廉姆森从契约的角度出发，将交易费用分为"事前的"和"事后的"两类。所谓事前交易费用是指起草、谈判、保证落实某种契约的成本，也就是达成合同的成本。所谓事后交易费用是指契约签订之后发生的成本，它可以有许多形式：第一，当事人想退出某种契约关系所必须付出的费用；第二，交易者发现事先确定的价格等合同条款有误而需改变所必须付出的费用；第三，交易当事人为政府解决他们之间的冲突所付出的费用，如法院费用；第四，为确保交易关系的长期化和持续性所必须付出的费用。

达尔曼指出，根据交易过程本身所包含的不同阶段进行分析，就可得到与科斯定义相一致的交易费用分类（Dahlman，1979）。为了使双方的交易能够达成，双方相互之间的了解就必不可少，这要耗费时间和资源；如果相互了解了，彼此打算相互接触，他们还得告诉对方可能提供的交易机会，这种信息的传递再一次需耗费资源；如果潜在的讨价还价各方有多个代理人，在决定交易条件之前，还要产生某些做决策的成本；相互同意的交易条件只有在各方讨价还价之后才能确定，这也需花费成本；交易条件决定后，还有监督对方是否违约的成本等。简单地说，交易过程存在三个不同的连续阶段，与此相对应，也存在交易费用的三种不同类型：寻求和信息费用，讨价还价和决策费用，监督和执行费用。本书基本采用了达尔曼的这一观点。

马修斯认为"交易成本包括事前准备合同和事后监督及强制合同执行的成本，与生产成本不同，它是一个合同的成本"。

埃格特森认为，当信息是有成本的时候，与个体间产权交易有关的各种行为导致了交易成本的产生，这些行为包括：

(1) 寻找有关价格颁布、商品质量和劳动投入的信息，寻找潜在的买者和卖者及有关他们的行为与环境的信息。

(2) 在价格是内生的时候，为弄清买者和卖者的实际地位而必不可少的讨价还价。

(3) 订立合约。

(4) 对于合约对方的监督以确定对方是否违约。

(5) 当对方违约之后强制执行合同和寻求赔偿。

(6) 保护产权以防第三者侵权——例如，防御海盗或在非法交易时对政府的防范。

考特将交易费用区分为广义和狭义两类。狭义上看，交易费用指的是完成一项市场交易所需花费的时间和精力，当一项交易涉及处于不同地点的几个交易参与者时，这种成本会很高；广义上看，交易费用指的是协商谈判和履行协议所需的全部资源，包括制定谈判策略所需信息的成本、谈判所花时间以及防止谈判各方欺骗行为的成本。而我们所讲的交易费用概念则与其广义概念相一致。

可见，以契约为参照，将交易过程分为不同阶段，从而讨论各阶段发生的交易费用是新制度经济学在交易费用构成问题上的一个共识。除此之外，我们也可以将交易费用的构成分为信息费用与组织费用等，但这种分类要做到各项费用之间不重复、不遗漏是比较困难的。而以交易的不同阶段为标准的分类，显然较好地解决了这一问题。

三、制度的运行费用和经济社会的摩擦力

在第二节中我们已经提到，交易是人类经济活动的基本单位，是分析经济主体之间相互经济关系的基本单位。制度是经济主体之间有约束力的规则体系，制度所约束的正是经济主体之间的相互经济关系，即交易关系。因此，如果把交易视为人类经济活动的基本单位，那么制度则是一系列交易中的规则体系。或者可以说，社会经济系统中，经济主体在无数次交易中所需要遵守的所有规则，构成我们所讨论的制度；而制度所约束的微观基本单位，也正是人与人之间相互经济关系的基本单位——交易。从这个意义来说，交易费用概念，从宏观上，从整个社会经济系统的层面上来讲，也可以理解为**制度的运行费用。**

交易具有资源配置的功能，交易费用的高低决定着资源配置的效率，而社会经济体系运行是否符合效率标准也是衡量制度优劣的关键因素。从制度费用的角度来看，交易费用应包括制度的确立或制定的费用、制度的运转或实施的费用、制度的监督或维护的费用（违反制度的惩罚等），以及制度变革的费用。总之，在广义上，新制度经济学把交易费用概括为**所有与制度或组织的建立或变迁，和制度或组织的使用有关的费用。**对于这一点，我们将在制度变迁理论中具体讨论。

从社会的角度来看，正如康芒斯所认为的，交易是人与人之间经济活动的基本单位，无数次交易构成经济制度的实际运转，并受到制度框架的约束。循着这一思路，肯尼思·阿罗（Arrow，1969）将“交易费用”简明地定义为：交易费用是经济制度的运行费用。

与阿罗的定义相似，张五常（1999）也认为，交易费用实际上就是所谓的“制度成本”。他指出，在最广泛的意义上，交易成本包括所有那些不可能存在于没有产权、没有交易、没有任何一种经济组织的鲁宾逊·克鲁索经济中的成本。在鲁宾逊·克鲁索的世界里，尽管也存在物质生产活动，并存在知识和信息问题，但交易费用是不可能有的，因为在那个假想的世界里，根本就没有交易行为发生，在这样一个“无摩擦”世界里，如货币、企业等最基本的制度都是无关紧要的。通过与鲁宾逊一人世界的比较，滤去单纯的物质生产过程中的成本，现实世界中所存在的交易费用便浮现出来。在现实的“有摩擦”的世界里，在不同的制度安排下，交易费用也许存在天壤之别。因此，阿罗与张五常的分析颇富启发性地指明了，交易费用发生在存在利益冲突的人与人之间的社会关系中，离开了人的社会关系，交易活动不可能发生，交易费用自然也不会存在；并且，在生产成本和组织知识给定时，追求自我福利的个人必然会选择交易费用最小化的组织结构即制度。但是

这种解释也容易造成一种错觉，认为交易费用与物质生产过程的成本完全分离、不存在交互影响。对此，诺思的观点有助于纠正这一错觉，在诺思（1990，1994）看来，将生产要素组织起来生产物品或劳务，要受到技术和制度两方面的影响，付出技术费用（transformation costs）和交易费用；技术费用与交易费用之和等于生产费用。

但是，需要注意的是，过于“泛化”的交易费用定义已使交易费用理论步入歧途。费希尔曾尖锐地指出：交易费用经济学在理论上已有一个坏名声，其中部分原因是因为，人们对几乎任何事情都可乞求适当定义的交易费用来使之合理化的做法持怀疑态度（Fischer，1977）。

第四节　交易费用的分析法

要具体了解交易费用的分析方法，首先必须了解交易费用如何测度以及影响交易费用的主要因素，从而系统掌握“真实世界”的制度分析方法论。事实上，准确测度交易费用存在一定的困难。新制度经济学家往往用间接估算法测度交易费用，或者对不同制度和组织之间的交易费用进行“比较分析”。这种比较分析法部分地克服了“测度困难”对于交易费用分析法的负面影响，结合影响交易费用的主要因素考察，确立了交易费用分析法的方法论基础地位，为讨论“摩擦力大于零”的“真实世界”提供了具有操作性的分析方法。

一、交易费用的间接估算法

准确测度交易费用的困难主要体现在以下几个方面：

第一，交易费用概念的模糊。新制度经济学界尚未形成一个被广泛接受的交易费用概念；对交易费用的外延也没有一个统一的看法。因此，到底哪些费用应当被视为交易费用尚未形成具体而统一且可操作的结论。

第二，交易费用测度的困难。与新古典经济学所研究的商品贸易不同，交易概念所包含的范围较广，很多费用难以具体衡量。举例来说，某人去某机构办事，可能需要行贿送礼，既耗费钱财，又耗费时间、精力，情绪受挫甚至人格受辱，其中的钱财容易测度，时间也可按照机会成本来计算，而情绪受挫甚至人格受辱的损失就难以测度了。而关于行贿等“灰色”费用，也很难采集到确切的令人信服的信息。而当存在所谓的暗箱操作时，交易者到底付出了多少费用就更难得知了。即使是公开公平的招投标竞争之中，众多的竞标者分别委托哪些机构为自己设计、设计方案的具体内容如何、其中形成的费用有多少等确切的信息往往也会因涉及商业机密而难以获取。再如，某一产权制度的实施需要以法律机构的存在和运转作保证，但是法律机构的功能是多方面的，我们难以确定，在它的运转费用中，到底有多少是为某项交易的实施而付出的。

准确测度的困难迫使新制度经济学采用间接估算法测度交易费用的大小。

间接估算法是指通过交易过程中相关服务组织和个人的收费水平，来刻划交易过程中交易者为交易所支付的费用。这种方法也被用来分析宏观的国民收入中交易费用总量所占的比例。但这种分析往往以所能获得的有限的信息为基础，在前提假定中忽视了很多重要变量的作用。因此，相关结果并不令人信服，而且这种分析往往也只能局限于一些特定领域，不具有普遍性。

诺思和沃利斯曾试图从国民经济账户的有关数据中分离出交易费用。他们把交易费用视为现实中的交易部门发生的费用。用这种办法，他们（1986）测算了1870—1970年美国交易部门规模与成本的变化，对交易费用进行了近似的估计。他们估计了“企业在市场上出售交易服务所使用的资源以及企业内部生产商品和劳务的交易所耗费的资源”。在私人领域，提供交易服务的部门包括批发和零售业、金融业、保险业和房地产业，以及除政府部门外的主要从事贸易的便利和合作与监督工作的人员，如业主、所有者和经理，办事员、工头、警察和保卫人员等。他们发现上述私人部门和人员所耗用的资源占整个国民生产总值的比重从1870年的1/4上升到1970年的一半以上。但是他们的度量仅限于购买或雇用的专业化的交易资源，而没有包括个人承担的一些交易费用，如排队购买商品和在要素与产品市场上的搜索。德姆塞茨（Demsetz，1968）则通过分析卖出价和买入价间的差额及经纪人的收费对使用有组织的金融市场的成本进行了直接测算和估计。张五常（1999）以其“随意”的方法估计，在当今世界上，找不到一个富有的国家或地区，它的交易费用总额会少于国民收入的一半，在今天的香港，GDP至少有80%来自交易费用，这几乎包括了全部第三产业产值以及第一、第二产业的量度和监管费用。

二、交易费用的比较分析法

如果交易费用无从测度，那么，如何以交易费用为基础来分析资源配置效率？如何判断不同制度的效率水平呢？准确测度交易费用的困难和间接估算的随意性与特殊性，为交易费用理论的应用设置了明显的障碍。有的学者甚至因此而批评交易费用是一个无用的概念。针对这种情况，威廉姆森提出，以比较分析法将交易费用应用于制度分析。这在一定程度上克服了上述困难，为交易费用理论的研究与应用提供了基础。

所谓交易费用的比较分析法是指，研究交易费用的大小，其目的在于分析不同制度或组织的效率水平，因此，只要能够就不同制度或组织环境下交易费用的大小进行比较就可以了，而无须详细具体地分别计算出不同制度或组织环境下的交易费用的准确值。以这一观点为基础，可以进一步分析，在其他方面相同的条件下，只要某一方面的特点能够使特定的制度或组织具有其他制度或组织所不具有的“节约交易费用”的特征，那么这一特定的组织与制度就是更有效率的。因此，对不同制度之间或组织之间的比较分析，只需将关注点放在其特定的差异上，进一步分析这些差异所导致的各自交易费用水平的差异。显然，这一观点不但使得交易费用可以直接用于制度比较分析，也使得交易费用理论的应用更为灵活而贴近现实。正是基于这一方法论思想，威廉姆森构建了交易费用经济学和新组织理论的基本框架，其具体内容我们将在以后的章节中具体介绍。

对于这一思想，威廉姆森在其名著《资本主义经济制度》中有明确的阐述：“签订合同所付出的事前成本和事后成本是相互依存的。……而且要计算这两类成本也往往很困难。不过，由于只有通过制度的比较，也就是把一种合同与另一种合同进行比较，才能估计出它们各自的交易成本，因此，说到交易成本的计算问题，其困难也不像初看上去那么大；因为只要比较出哪个大、哪个小即可，不一定非要算出具体数值来。……即使要分析实际例子中的交易成本，也几乎没有人想要直接算出其大小来。相反，研究实际例子的目的，只不过是想搞清楚，这些组织内部的关系（签订合同的实践及治理结构）与交易成本理论所预言的、交易中各种属性的要求是否一致而已。”也正是出于这种比较分析的需要，威廉姆森将制度与组织看做是几种离散的不同结构，并分别比较这些制度与组织的效率状况。

三、影响交易费用的因素

以比较分析法研究不同制度和组织之间的交易费用和效率情况，需要了解影响交易费用大小的相关因素，只有结合这些因素，才能就不同制度和组织之间交易费用的大小作出较为全面的比较分析。例如，利用不同交易维度的差别，可以帮助我们判断哪些制度或组织下的交易更为复杂，因此怎样的制度或组织会形成较高的交易费用也就比较清楚了。

威廉姆森把影响交易费用的因素分为两类：人的因素与交易的因素。人的因素指的是经济人的基本行为特征，这些特征也是我们分析经济人行为的基本的前提假设；交易的因素则指的是具体某一次交易其自身的特点。

（一）人的因素

影响交易费用大小的因素也是影响资源配置效率高低的因素。绪论部分所提到的新制度经济学关于人的基本假设也是影响交易费用大小的基本因素。

第一，不完全信息。在不完全信息的假设前提下，交易双方不可能具有获得其所需的所有信息的完全能力；交易双方所获得的信息可能不相等，即存在信息不对称问题。在信息不完全和信息不对称的前提下，交易双方不可能签订一个预见到一切可能性的完全契约。为了能够协调双方在将来可能出现的分歧，必须进行适当的安排，从而必然形成相应的交易费用。交易的一方可能凭借自己所具有的信息优势，在交易中“损人利己”，而为了避免自己的可能的损失，花费一定的交易费用，搜寻相关信息，进行相应的谈判，努力保障契约的执行也就是必要的。

第二，有限理性。在有限理性的假设前提下，人们只有有限的处理和分析信息的能力。因此，人们不可能永远正确，交易的契约也难以做到“天衣无缝”，交易的参与者可能会遇到自己未能预见到的事。在这种情况下，交易的参与者也可能被别人算计，而如果出现了这种情况，或者是为了防止这种情况的出现，付出相应的交易费用则是难免的。

在完全信息和完全理性的前提下，无须讨论交易费用。满足了这两点假设，交易双方都对与交易有关的所有信息完全了解，从而也明确知道在这种情况下，怎样做是自己最好的选择，怎样安排才能获得与自己同样聪明的对方的同意。也就是说，双方都清楚对方最聪明的举动会是什么，自己最明智的选择是什么；而在这种情况下，双方无须通过谈判来交流信息，也无须再浪费时间去为双方已经心知肚明的最终的最完全的契约去讨价还价。这份完全契约中肯定已经把将来所有可能出现的问题做了明确规定，不会给任何一方留下投机取巧的机会。在这种情况下，再讨论交易费用显然是画蛇添足了。

第三，机会主义。不完全信息和有限理性之所以会给交易双方带来相应的麻烦，很大程度上就是因为机会主义的存在。机会主义使得交易双方有可能为了获得更多的收益而损人利己，也使得交易双方为了防止被对方算计，要支付相应的交易费用。

如果交易的各方都善良诚恳，绝不吞食别人的利益，绝不损人利己，那么即使在信息不对称的条件下，处于信息优势的一方也会公布相关信息，而不会以此来争得相关收益。交易双方只需要一份有基本意向的契约即可，这份契约不需要对将来可能出现的所有问题进行界定。即使因其掌握的信息不全，对信息分析的能力不足，而未能预见将来出现的问题也不要紧，因为在面对这种问题时，谁都不会借机损人利己，所以交易各方都不必对此担心。显然，在这种情况下，交易各方并不需要付出多大的交易费用。

（二）交易的因素

就具体某一项交易来讲，视交易的维度即交易的资产专用性大小、交易的不确定性大小和交易的频率高低的不同，以及竞争对手数目的多少，交易费用也会有所差异。

（1）资产专用性。资产专用性越强，其所有者对交易的依赖性越强，越有可能被交易伙伴的事后机会主义行为所损害；资产专用性程度越高，事后被“要挟”（hold-up）的可能性越大，交易费用也就越高。

（2）不确定性。不管是市场的不确定性还是经济主体行为的不确定性，都会使得交易双方为避免由此造成的损失而增加契约的复杂程度。不确定性的存在使得谈判的成本、签约和履约的成本都会随之增加。

（3）交易的频率。交易发生的频率对交易费用的影响主要表现在：经常发生的交易较一次性交易更容易补偿交易的治理结构的确立和运行的成本，相对降低交易费用，即交易成本中的固定成本可以分摊给更多次的交易。此外，频繁发生的交易关系也会抑制交易各方的机会主义行为——为在一次交易中获利而去损人利己，从而导致失去与自己频繁交易的交易伙伴，甚至会被“圈内”的同仁们所排斥，是不值得的。

（4）竞争对手数目。潜在的交易对手的数目也是影响交易费用的一个重要因素。当市场是完全竞争市场，即交易的竞争对手较多时，因为考虑到可以借助对方的竞争对手来化解自己所遇到的问题，交易双方的相互依赖性会比较小；同样，借助对方与其对手的竞争，通过“货比三家”等手段，还可以较为迅捷地获得相关信息，交易的搜寻和等待成本可以降低。因此，竞争对手越多，契约就越容易达成和履行。完全竞争的市场还起着抑制机会主义行为的作用，从而减少交易者为防止机会主义行为而付出的代价。但是，当市场出现垄断时，竞争者的数量大量减少，会导致出现交易的“小数目问题”（small numbers bargaining problem），会增加交易的搜寻和等待成本，降低谈判成功的概率，从而增加交易完成所需的费用支出，并且，处于非垄断地位的交易方对垄断者的依赖性很大，垄断者的机会主义行为的可能性大大上升，从而增大交易成本。

四、“真实世界”的制度分析

交易费用概念是对新古典经济学资源配置原则的质疑。无论是假定交易瞬间完成还是假设完全信息、完全理性以及忽略机会主义行为，新古典经济学都在实际上排斥了交易费用，或者说假设交易费用为零。

在交易费用概念提出后，或者说在交易费用大于零的条件下，对资源配置的分析就不再这么简单了。对交易费用概念的承认，体现了经济学家对交易复杂性的认识，说明经济学家开始体会到运用交易来实现资源配置的最优化，需要支付相关的费用。交易所实现的资源配置的效率也必须在抵消了其交易费用后再做比较。那么，不同制度因其所形成的交易费用的不同，或者说，因其在交易费用节约方面的作用的不同，其效率也会有所差异。在这种条件下，制度便不再是无关紧要的：为了进一步讨论资源的最优配置，在讨论资源配置结论的同时，还必须讨论实现这一配置的制度框架下交易费用的大小。参与资源配置的、不同于市场的其他制度形式也自然被纳入了这一新的视野。相应地，在新古典经济学“无摩擦”的理想世界中被抽象掉的一系列影响交易费用的因素，被重新引入新制度经济学的分析框架中。

在交易费用大于零的基本前提下，制度的优劣直接影响交易费用的大小，因此直接影响资源配置效率，从而证明了“制度重要”命题的正确性，为制度分析提供了前提，也将制度分析纳入新古典经济学资源配置的分析框架之中。进一步分析和比较不同制度的效率，又需要分析具体制度环境下的资源配置的效率与交易费用节约的程度。可见，将交易费用作为制度分析的核心概念并不为过。

【本章小结】

新古典经济学以资源配置问题作为研究对象，研究在资源稀缺的条件下资源如何配置到存在竞争关系的用途之中，即怎样以有限的、稀缺的资源决定生产什么、怎样生产和为谁生产。这种研究抽象掉了大量的制度问题，成为理想化的脱离现实的抽象研究。在这种理想状态下制度安排不影响资源配置效率，即制度是无关的、中性的。

新制度经济学认为制度的执行不是瞬间自然完成的，关于制度执行的努力是不可或缺的，制度安排的优劣将决定制度执行所消耗的人力和物力的多寡，即交易费用的高低，从而影响资源配置效率，因此制度是重要的。只有在承认交易费用大于零的真实经济世界里，“制度重要”命题才能成立。

交易是经济主体之间所发生的产权的转让。新古典经济学所讨论的有形物品和无形资产的转让，其实质也是产权的转让。依据资产专用性、不确定性和交易频率三个维度，可以对交易进行分类比较。资产专用性是指资产对特定交易的依赖性，指专门为某项交易而投资的耐用性资产一旦形成就难以转移到其他用途上，承担这种资产投资的人对交易形成依赖。如果交易涉及的专用性资产较多，那么交易各方可能都不愿意承担这样的投资，或者已经承担了投资的人会面临较大的风险。因此，交易的资产专用性程度越高，交易费用就越高。交易的不确定性来自环境的不确定性和交易双方行为的不确定性。交易的不确定性越高，交易的风险就越大、越复杂。交易的频率可分为一次、数次和经常三类，频率越高，交易的治理结构的费用越容易得到补偿。康芒斯将交易分为买卖的交易、管理的交易和限额的交易；诺思将交易分为人格化交易与非人格化交易；通常交易也被分为内部交易和外部交易，或分为产品交易与要素交易。交易是人们经济活动的基本单位，一般认为生产反映人与自然之间的技术关系，交易反映人与人之间的社会关系。

交易费用是进行交易活动所需的费用，即经济主体之间为进行产权的转让所需的费用。按交易的进程可分为谈判前的准备阶段的费用、谈判与契约签订的费用以及契约执行的费用。交易是人类经济活动的基本单位，交易费用也被认为是规范人与人之间的行为规则的执行费用，即制度的费用，指所有与制度或组织的建立或变迁，以及制度或组织的使用有关的费用。

由于交易费用概念本身的模糊性以及交易费用相关构成部分的度量困难，准确度量交易费用的大小存在困难，间接估算的结果则难以令人信服，导致以交易费用为基础的制度分析面临障碍。威廉姆森的交易费用比较分析方法在一定程度上克服了这一障碍，其基本思想是：只要能够就不同制度或组织环境下交易费用的大小进行比较就可以了，而无须详细具体地分别计算出不同制度或组织环境下交易费用的准确值。进行这种比较分析需要明确影响交易费用大小的主要因素，这包括人的因素——不完全信息、有限理性和机会主义；交易的因素——资产专用性、交易的不确定性和交易频率的高低；以及交易竞争者的数目。

在交易费用大于零的条件下研究制度安排对资源配置的影响，分析影响制度安排的相关因素，是真实世界的制度分析。

【关键术语】

资源配置	制度重要	交易
资产专用性	交易费用	交易费用的比较分析法

【思考·深化】

1. 为了将运输成本纳入经济学模型，萨缪尔森于1952年和1954年提出了著名的“冰山运输成本”方法。① 这一方法也经常被用来将交易费用引入经济学模型。其方法是将转让某件商品视为运输一座“冰山”，其中的一部分在运输过程中“蒸发”掉了，购买方最终获得的产品不再是原先出售者所卖出的整块“冰山”，而是“蒸发”后剩余的那一部分。相应地，出售方按照整个冰山计算其生产成本和相关利润从而形成供给曲线，购买方则针对最终能够获得的剩余的部分来安排各自的需求，从而形成需求曲线。在这个模型中不必再为“运输成本”问题独立建模，运输成本对供求结构和最终均衡的影响也同样被纳入模型。

从这个角度来看，制度经济学所强调的交易费用分析方法，无非是在原有的基础上考虑了“制度因素”对“运输成本”的影响而已，或者说只是将“考虑运输成本”的方法应用到了分析制度因素影响下的“交易费用”上，在分析方法上并没有什么革命性的创新。

请结合这一思想谈一谈，在你看来，“冰山运输成本”和“冰山交易费用”处理方法能够概括交易费用分析方法的全部思想吗？如何看待“交易费用”分析方法在经济学分析方法中的作用和意义？

2. 本章第三节介绍了交易费用的各种界定，无论采用哪种界定方法，交易双方雇用专业咨询部门搜集信息、雇用律师草拟契约或解决纠纷的费用通常都被认为是交易双方所

① Samuelson, P. “The Transfer Problem and Transport Costs: The Terms of Trade When Impediments are Absent,” *Economic Journal*, 1952, 62: 278 - 304. Samuelson, P. “The Transfer Problem and Transport Costs, Ⅱ: Analysis of Effects of Trade Impediments,” *Economic Journal*, June, 1954, 64: 264 - 289.

发生的交易费用。但是，我们进一步考虑不难发现，交易的某一方对这些“交易费用”的支付，实际上是对信息咨询服务和律师法律服务的购买，那么，这些“费用”显然是在购买咨询或法律服务的交易中被交易的“标的”，只有购买者与律师之间的电话通信等费用才是其“交易费用”。类似的逻辑似乎永无穷尽：考虑到我们对电话费用的支付，实际上是我们对电信部门相关服务的购买，那么，只有我们前往电信营业厅交费时所发生的交通费用才是交易费用。但是，我们乘坐出租车去电信营业厅，同样是一种“购买”……

上述问题是否说明“交易费用”只是一个“相对概念”，或者说只有在确定了“具体的交易问题”或“交易场合”时才能考虑其交易费用？就此谈谈你的想法。

结合问题 1、2 谈谈你对交易费用分析法与主流经济学模型化之间的关系的看法。在你看来，交易费用分析法融入主流经济学的“前景”如何？

第二章

产权理论

第一章的“交易费用理论”说明资源配置过程不是一个瞬间完成的、简单的、抽象的过程，而是一个有成本的复杂过程，因此有必要关注资源配置过程的制度问题，如市场交换是如何形成的？企业组织从何而来？交易是以何种方式进行的？等等。实际上，除了资源配置过程，“资源”本身也涉及一些重要的制度问题：到底什么是资源？在制度上怎样才算是“拥有”了资源？社会制度允许哪些资源被人们所拥有？这些问题就是上一章在讨论“交易”时所提到的交易的“客体”——产权。换言之，在新制度经济学看来，资源配置的“资源”不再是传统经济学所指的有形资产和无形资产，而是关于这些资产和资产占有和使用问题的“财产权利”，之所以在第一章中将资源配置的交易过程视为“产权的转让过程”，也正是基于这一观念：“产权”才是“资源配置”中的“资源”。

第一节 “外部性”与财产权利问题

20世纪60—70年代芝加哥大学的斯蒂格勒等学者围绕科斯关于“外部性”和产权安排的相关理论进行了广泛的探讨和推广。正是这些学术讨论直接推动了新制度经济学的兴起。从“外部性”问题入手提出并论证产权和产权安排，是这些学术讨论经典的逻辑安排，本节遵循这一经典逻辑，从“外部性”入手展开对财产权利问题的介绍。

一、外部性与财产权利问题

对于产权，不同的学者有不同的说法，这无疑增加了正确理解这一概念的难度。为了便于分析，我们从这样一个问题开始：

某工厂的烟尘污染了附近居民晒在窗外的衣服，如何解决呢？

在西方经济学的学习中，我们了解到，按照庇古在《福利经济学》中所使用的“外部性”原理，工厂对居民所造成的污染，是工厂的生产行为所造成的“外部不经济”问题。要解决这一问题，传统的办法就是要求工厂主就烟尘所引发的损害负责赔偿；以工厂排放的烟尘数量为依据，或者以这些烟尘所致损害程度为依据，向工厂主进行征税；甚至责令这个工厂迁出居民区。

但是，科斯认为以上这种传统的解决办法并不合适，应当看到问题具有相互性：允许工厂生产，将使居民遭受损害；限制工厂生产，又将使工厂主遭受损害。问题的关键是：应该让居民遭受损害还是让工厂主遭受损害呢？而依照新古典经济学的效率原则，“两害相权取其轻”才是最好的安排。如果居民不受污染所带来的效用的货币价值大于工厂生产所带来的产值，那么就应该限制工厂的生产；而如果工厂的生产所带来的产值要大于居民不受污染所带来的效用的货币价值，就应该允许工厂生产。

这里已经涉及财产权利的问题。在这个问题中，工厂主拥有对工厂的所有权，拥有从事生产的合法权利；而居民拥有对其居所的所有权，拥有在工厂附近生活的权利。但是，工厂是否拥有排放烟尘污染居民的权利，居民是否拥有不遭受污染的权利呢？显然，这样的权利并未明确界定。对此，科斯认为，正是因为没有明确界定这样的权利才会出现以上纠纷，才会有所谓的外部性问题。如果明确界定了这一权利，允许双方对这一权利进行交易，那么通过双方的交易，最后的结果将符合“两害相权取其轻”的效率原则。假设把权利赋予居民，即规定居民有不受污染的权利，相对于其所受到的污染，居民会有一个相应的价值补偿水平。假设要获得 C_1 水平的补偿才能弥补居民所受到的污染伤害，如果工厂治理污染的费用 C_2 要高于 C_1，即 $C_2>C_1$，那么理性的工厂主会选择给予居民以 C_1 水平的补偿，而不去花费 C_2 水平的污染治理费用。如果 $C_2<C_1$，工厂则会选择治理污染。通过工厂主利益最大化原则的决策，无论工厂主是否选择向居民购买排污的权利，其最后的结果都会满足“两害相权取其轻”的效率原则。同样的道理，如果把这一权利赋予了工厂，居民也会权衡利弊：如果 $C_1>C_2$，居民会支付一定的费用来使工厂不排污；如果 $C_1<C_2$，居民将忍受污染。这样，最后的结果同样满足“两害相权取其轻”的效率原则。

在德姆塞茨看来，工厂和居民的上述权利是一种**“使自己或他人受益或受损的权利”**，这也正是他为产权所下的定义。按照他的解释，产权就是界定人们如何获取利益或损害他人的权益，以及他们之间如何进行补偿的规则。它决定个人可以做什么和不可以做什么，能拥有什么和不能拥有什么。例如，在产权制度较为健全的现代社会里，你通过生产更优质的产品而使竞争对手受损是被允许的，而诋毁对手则是不被允许的。显然，这类行为权利并非传统的“所有权”概念所能包含的，一般意义上的“所有权”(ownership) 范畴已无力包容这类权利，这样，一个新的范畴——“产权”(property rights) 便应运而生。

通过以上分析可以看出，无论是工厂主还是居民，拥有了生产要素的所有权，并不代表就拥有了至高无上的绝对权利，其对生产要素的使用需要受到相应的限制，也就是说，生产要素的所有者只能拥有在一定范围内使用其生产要素的权利。如果只承认所有者对物品的所有权，而不明确界定其使用物品的具体权利，难免会造成我们所列举的纠纷和外部性问题。因此，科斯认为，外部性问题的出现就在于对生产要素的错误定义。新制度经济学也正是通过对外部性的分析进入产权研究领域的。

产权与财产。讨论产权，必然论及财产。从语言学的角度看，“产权”是 property rights 的汉译“财产权利”的缩写，笼统地说是指人们使用资源的一组权利；“财产”的英文表达是 property，是多义的，既有“财产”之意，有时也表示财产权利。显然，在中英文里，“财产”并不等于“产权”，但是，并不是所有的法律和经济学文献都将二者严格区分开来，有的文献甚至将二者混同使用。

法律文献中的用法。在英美法系和大陆法系两大法系里，对“财产”概念都缺乏统一而严格的界定。在英美法系里，“财产”等同于“产权”；在大陆法系里，似乎力求将二者区分开来，但事实上并未能区分开，二者也时常混同。“普通法之父”布莱克斯认为：财产是对物的绝对控制的权利，它与生命、自由并称为三种绝对权利。“财产、生命和自由，这是英国人所固有的三种绝对权利。”

在经济学文献中，人们也经常将这两个词汇等同使用。例如，在马克思的著作中，“财产”就基本等同于产权或产权关系。受法律文献的影响，现在许多经济学家仍认为，财产是一种权利，是人们之间的一种基本关系。

新制度经济学家倾向于将二者区别开来，认为产权是因为物的存在而产生的权利。例如，德姆塞茨曾指出：“一组产权常附着于一项物品或劳务上”，即产权与产权载体或附着物——财产是不同的。**为便于理解，我们也将产权与财产严格区分，财产是指有形或无形的各类有价值的具体物品，是产权的载体。**

产权与所有权。关于这两者之间的关系，国内已有大量的文献考证过。大体上有这样两种观点：一是产权等于广义的所有权，包括归属权、占有权、支配权、使用权四权，狭义的所有权（ownership）只是产权的一个组成部分；二是产权不同于所有权，所有权是法学概念，即依法占有财产的权利，是静态的，产权是经济学概念，有着更丰富的内涵，是动态的。在许多新制度经济学家那里，二者也是等同的，但他们所说的所有权并不是我们传统意义上的“所有权”。

二、产权的概念

除前面提到的德姆塞茨的产权定义之外，其他的新制度经济学家也提出了自己的产权概念。

阿尔钦：产权是一个社会所强制实施的选择一种经济物品使用的权利。

诺思：产权本质上是一种排他性的权利，在暴力方面处于比较优势的组织拥有界定和行使产权的地位。

菲吕博顿、配杰威齐：产权不是指人与物之间的关系，而是指由物的存在及它们的使用所引起的人们之间相互认可的行为关系。产权安排确定了每个人相应于物时的行为规范，每个人都必须遵守他与其他人之间的相互关系，或承担不遵守这种关系的成本。因此，对共同体中通行的产权制度可以描述为，它是一系列用来确定每个人相对于稀缺资源使用时的地位的经济和社会关系。

巴泽尔：产权由消费这些资产、从这些资产中取得收入和让渡这些资产的权利或权力构成。运用资产取得收入和让渡资产需要通过交换；交换是权利的相互转让。

在这里，我们也给出一个简明的产权概念：**产权是基于物（含有形与无形）的存在而**

界定的人与人之间的关系，是由社会规则约束和保障的、关于财产使用的、一系列排他性权利的集合，是权力束。

（一）产权在本质上是一种社会工具

产权在其本质上体现为一种社会关系，是调节人与人之间的利益关系的根本制度。具体来说，产权的社会性体现在以下两个方面：

（1）产权是由社会规则体系约束和保障的。或者说，产权主体所能获得的财产权利不能超越社会规则约束；也只有那些得到社会规则体系保障的产权才能得以实现。在我国，农民拥有土地的经营权，这些权利的实现需要社会规则体系（如土地承包合同、国家的政策支持）的保障。同时，这些产权也必须被限制在社会规则体系所允许的范围内，如超越土地经营权限，在没有政策支持的条件下，在农用耕地建房则是不被允许的。当然，这种社会规则体系的约束和保障可以是法律的明文规定，也可以是道德规范和风俗习惯的约定俗成。

（2）产权是一系列具有排他性的权利，反映的是人与人之间的规则约束，其本质是人与人之间的权利关系。这里应当注意的是，并非只有私有产权才具有排他性的特点，公有产权同样具有排他性，如国有的或公共财产，也同样不允许其他组织和个人染指。完全没有任何排他属性的产权是不存在的。

（二）产权是关于财产使用的制度

由产权的社会性可知，财产的所有者并不能无约束地使用其财产，所有权最终要体现为财产所有者在一定的范围内自由选择**如何使用**其财产的权利。此外，产权能够带来的相关收益也需要通过财产的**使用**来获得；财产的出租或转让则是在一定的时间内或无限期地转让了某几项关于财产**使用**的权利；被转让的产权，其价值的高低也取决于财产的**使用**给权利主体带来的收益的高低。产权是关于财产使用的制度，这并不是指产权只包括财产的使用权，而是指在现实的经济活动中，**产权的实现必然要落实到财产的使用上**：只有把各项使用财产的权利界定清楚，财产所有者的权利才能落到实处；产权的转让才会具有明确对象；才会有确定产权价值高低的依据。

产权的实在性也体现了产权概念的灵活可操作的特点。产权强调的是一系列实实在在的、具体的、可操作的关于财产使用的权利，而不是抽象的所有权。如果只关注物品的归属问题，而忽视关于物品使用的权利，就难以对现实中出现的一系列财产权利问题进行分析。而单就财产的归属问题而言，财产所有者所拥有的权利，也只有在界定了使用财产的具体权利（即产权）后才能最终确定。财产的所有权的确定需要法律的明确界定，而除了物品的所有者，其他权利主体，无论有没有明确的法律规定，只要能够获得这样或那样的使用或利用该物品的权利，我们就认为他获得了一部分产权。可见，当我们把注意力转移到关于财产使用的权利上时，所要分析的问题就变得宽泛得多、具体得多了。

（三）产权是附着在财产上的一系列权利的集合

产权是关于财产使用的制度，财产有多样性的特点，就其使用而言，往往具有多种用途。产权主体会根据自己的目的和能力的不同，选择不同的使用方式。也就是说，使用财产的权利，往往不是一项，而是多项；而某项财产到底有多少种使用方式，这些使用方式具体是什么，就取决于使用者的目的和能力了。如果自己无力开发，或自己开发财产使用潜力的能力低于其他经济主体，如果条件允许，产权的所有者也会以一个比自己开发财产使用潜力要合算的价格将关于财产使用的某些权利转让给其他权利主体。因此，物品属性的多样性及人们在使用物品时目的和能力的不同，必然会导致产权的多重性，即同一件财产上附着有多项关于这一物品使用的权利。产权的英文为 property rights，是以复数的形式出现的，它是一束权利，是关于财产使用的各种权利的一个权利结构体系。此外，产权束的各项权利在一定条件下还有可能分离，归属于不同的权利主体，这就是产权的“可分性”特点。

总之，产权作为一种排他性的权利，是调节人与人之间利益关系的根本制度；在社会规范的约束下，不存在至高无上的无限制地使用财产的权利，产权只能体现为在社会规范所确定的范围内的，关于财产使用的权利；由于同一项财产往往具有多重属性，在可能的范围内，根据权利主体的目的和能力的不同，关于财产使用的权利往往不是一项而是多项，产权最终会表现为多项关于使用财产的权利构成的权利束。可见，产权的社会性、实在性和多重性是相互关联、紧密统一的，只有正确认识了产权的社会性、实在性和多重性，才能科学地理解产权的概念。

三、产权的结构与分割

（一）产权的结构

产权的多重性决定了产权必然是一个由多项权利构成的有机整体；各项权利相互关联附着在同一个物品上形成了产权的结构。根据物品属性的多样性及个人在使用物品时能力和目标的差异，产权可以做无穷的划分：占有权、支配权、使用权、转让权、剩余索取权、继承权以及逃避灾难、要求赔偿、要求履行契约、阻止他人侵犯的权利等，都是产权束的组成元素，完整的产权应包含以上各项权利。但是，在产权权利束中如何划分其中所包含的权利结构，并无定论，产权理论至今还没有能够确定：产权到底有哪些，有多少具体的权项。这一问题的产生是由问题本身的动态性和复杂性所决定的，因为产权本身的具体形态和权项数量会随社会的发展和人们对它的认识的发展而变化。同时，产权本身就是一种复杂的人与人之间的权利关系，对各种特定场合下发生的权利关系，只能在特定场合下把握，很难有一个具有一般性的概念来概括它。一般而言，在具体的讨论中，人们可以根据各自的研究需要，对产权进行相应的结构分解。

在一般的理论意义上，大多数新制度经济学家（张五常，1989；菲吕博顿，1991；巴泽尔，1989）认为，一项财产上的完备的产权一般包括：**（1）使用权，在允许的范围内自由使用该资产的权利；（2）收益权，在不损害他人的条件下可以享受从该资产中所获得的各种利益；（3）让渡权，改变资产的形式、内容和地点的权利。**其中，让渡权是产权最根本的组成因素。它意味着所有者拥有将其对资产的全部权利（如出售一幢房屋）或某些权利（如出租一幢房屋）转让给其他人的自由。因而，让渡权就是承担资产价值变化所引起的后果的权利，富有灵活性的让渡权能够使所有者在无限的时域内计划资源的使用，关心资源在不同时期的配置效率。

如果把财产的范围加以拓宽，我们将会发现产权所包括的内容极为广泛。科斯认为，“产权”可以包含所有权、合约条款或组织内部规则界定的各种使用权以及具体的决策与处置权。宽泛而言，只要是人的权利皆可被视为人的财产，因此，产权等同于人权，产权与人权是统一的，广义的产权必须包括生命、自由和财产的权利。显然，这一泛化的产权概念为将产权理论运用于分析社会交易、政治制度等方面提供了巨大的潜力，但同时也存在缺乏可操作性的局限。

（二）产权的分割

产权是由多项权利组成的权利束，那么当产权的多项权利不归属于同一个产权主体，而是多个权利主体分别占有时，就会出现产权的分割问题。**产权的分割是指，产权束中的多项权利分别归属于多个不同的权利主体。**这里应当注意的是，产权束中的某一项权利同时归属于不同的产权主体，并不会形成产权的分割；也就是说，多个权利主体共同拥有产权中的某一项权利，而没有出现产权中多项权利被分别归属于不同的权利主体的现象，就不能认为出现了产权的分割。如合伙制的企业中，参与合伙的企业主都拥有企业的所有权，但是这里的所有权为多人共同所有，如果没有出现所有权这一项权利或某项权利与其他权利相分离，而归属于不同经济主体的情况，就没有出现产权的分割。

阿尔钦（Alchian，1977）曾这样形象地描述过土地的产权被分割的情况：在同一时间里，对于同一块土地，A 可能拥有在上面种植小麦的权利，B 可能具有步行穿越它的权利，C 也许被允许在上面倾倒垃圾，D 的权利是驾机飞越，而 E 则拥有是否允许邻里使用工具时发出震动的权利，等等。

产权的可分性在经济学方法论上具有非常重要的意义。对附着于同一项财产的产权束中的多项权利，不同的经济主体对其使用的能力和目的会各不相同。而依照新古典经济学的“最优配置”原则，在市场价格机制的作用下，能够最有效地发挥某项权利的用途，获得最高产值，即能够“最优”地使用某项权利的经济主体，会最终获得这项权利。显然，对附着于某项财产的产权束的多项权利，每一项权利都会对应一个能够“最优”使用这项权利的经济主体。在一定条件下，这些“最优”的权利主体有可能有重合，但一项财产上所依附的产权束的各项权利，其对应的“最优”使用者都集中到同一个经济主体上，则是很少出现的。如果同一项财产上的多项产权不具有可分性，那么就意味着产权束所有的权利都必须与其所依附的某项财产一道，归属于同一个经济主体。显然，如果产权不具有可分性，让产权束的每项权利归属于其最优使用者，就难以做到了。这就是说，如果能够最优使用产权束多项权利的经济主体不是单一的，在产权不具有可分性的情况下，就实现不了新古典经济学所讲的“最优配置”原则。

可见，产权的可分性保证了现实经济活动“最优配置”的对象不再是新古典经济学所分析的有形或无形的物质资源，而是附着在这些物质资源之上的各项财产权利。这无疑极大地拓展了“最优配置”原则的适用空间，使得新古典经济学的“效率”原则的适用范围更为广泛、更为具体。依照出价最高者获得相应产权的原则，具有可分性的产权束的每一项权利都会配置给其最优的使用者，而这些最优的使用者之间必然可以通过相互的分工与交易，形成有效的社会分工体系。因此，可以说，产权的可分性保证了社会分工及合作性生产组织的形成，从而有利于专业化比较优势及规模经济的产生，而这正是经济发展、社会进步的源泉。当然，这里所说的产权的分割是遵照市场法则进行的，即产权的分割一般是当事人在自由的交易中通过谈判、讨价还价后自愿达成的。

至此，我们可以将新制度经济学的产权分析的方法论基础做一个简单的概括。与以往的研究不同，新制度经济学的特色在于，不仅洞察了产权的本质，更为重要的是，把分析的重点放在了关于财产使用的各项排他性权利上，更加关注附着在同一项物质资源上的各项权利。**这种以产权为基本单位的分析方法，不但可以解决新古典经济学因忽视财产权利界定而造成的“外部性”难题，更进一步细化和明确了新古典经济学“资源最优配置原则”的适用对象，从而纠正了新古典经济学“对生产要素的错误定义”，拓展了新古典经济学的分析范围，并将制度分析与资源配置问题结合了起来。**这也正是20世纪60—70年代的新制度经济学大讨论选择以产权为分析起点的重要原因。

四、产权的限制和弱化

（一）产权的交叉与重叠

要理解产权的限制与弱化，首先要理解产权的交叉与重叠。

重新回到第一节，在讨论居民与工厂主的财产权利时，我们认识到，如果让居民和工厂主都拥有完全的财产权利，即居民对房屋的使用拥有至高无上的权利，谁都不可以侵犯，而工厂主则可以无约束地使用其工厂进行生产，那么必然会出现这样的纠纷：工厂主无限制地排放烟尘的权利会侵犯和影响居民对房屋的使用；保障居民的房屋不受烟尘的侵扰，必然会侵犯工厂主无限制地使用其工厂的权利。在这个问题中，我们发现，使用房屋的权利和使用工厂的权利之间出现了重叠与冲突：房屋不受污染的权利和工厂自由排污的权利两者不能同时存在。一项财产的产权束中的某项产权与另一项财产的某项产权的实现出现相互冲突、两者不能同时实施的现象，就是产权的交叉与重叠。而从产权分析的角度来看，**“外部性”问题，就在于两项归属于不同所有者的财产，其关于财产使用的权利出现了相互交叉与重叠，从而使双方在财产使用问题上会出现相互侵犯的纠纷。**那么，如何解决这一纠纷呢？产权分析的办法就是，将相互交叉与重叠的财产权利明确界定给发生冲突的双方中的某一方。在第一节的问题中就是明确给工厂以排污权，或者明确给居民以不受污染的权利。而问题的关键在于，将排污权给予工厂的同时，实际上已经限制了居民不受污染的权利；而将不受污染的权利给予居民的同时，已经限制了工厂自由排污的权利。其实不难理解的是，明确界定财产权利的做法，已经明确否定了财产所有者无约束地使用其财产的权利，必然对财产所有者使用财产的权利进行了或多或少的限制。这一点也正是产权的社会性的必然要求：在相互影响、紧密联系的社会环境中，无约束地使用任何一项财产都可能会造成对其他财产使用者的侵犯，只承认所有者对财产的拥有是不够的，而必须明确界定其拥有的到底是怎样的使用其财产的权利。产权分析的主要贡献和核心思想之一，就在于认识到了新古典理论中仅承认财产所有者对财产的拥有而不明确限制其使用财产的权利，必然会造成因财产使用权利相互重合与冲突所产生的外部性难题，从而将经济学分析的最小单位由物质资源转变为产权。

（二）产权的限制

产权的限制与产权的可分性密切关联。为了进一步理解这一问题，还是让我们回到第一节中的工厂主与居民的纠纷之中。假设解决的方法是，赋予居民以不受污染的权利，那么也就是说，将关于工厂使用的一项权利，即是否排放烟尘的权利，赋予了居民。这显然是发生了产权的分割：工厂产权归属了两个经济主体：工厂主和居民。反过来，如果工厂主获得了排污权，那么房屋的一部分产权，即决定房屋是否受到烟尘污染的权利归属了工厂主——也出现了房屋产权的分割。因此，可以这样说，当两项财产的产权出现交叉与重叠时，其发生交叉与重叠的那项权利归属于冲突双方中的任何一方，都会出现产权的分割——未获得那项权利的另一方，其财产使用权利的某一项权利归属了别人。

此外，产权的分割也必然要求进行产权的限制。在发生产权分割的场合，不同的经济主体分别获得了附着在同一项财产上的产权束中的不同的权利。在这项物质财产不能分割开来的情况下，这些不同的权利主体之间容易出现侵犯对方权利的问题。而要解决这一问题，必然要明确限制各方分别享有的到底是哪些权利，对侵犯他人权利的做法加以限制。

（三）产权的弱化

许多新制度经济学家（如张五常）通常都不赞成对产权施加约束，认为任何约束都会“弱化”（attenuation）产权。他们认为，每个人利用财产获利的能力大小，取决于其产权的实现程度。而对个人施加约束，一般都会限制个人的行动自由；对个人的产权施加约束，将会减小个人财产的价值，因此任何约束似乎都是有害的。

对于这种“盲目自由化”的倾向，巴泽尔（Barzel，1989）发出了批评的声音。他认为，任何个人的任何一项权利的强度都要依赖于：（1）个人为保护该项权利所做的努力；（2）他人企图分享这项权利的努力；（3）任何“第三方”所做的保护这项权利的努力。由于这些“努力”是有成本的，因而世界上不存在“绝对权利”。他在著作中还列举到，就奴隶的情况来说，即使按照法律他们是奴隶主的财产，奴隶主还是必须花费资源来促使奴隶进行生产；即使如此，奴隶也很少会尽全力进行生产。因此，虽然奴隶没有法律保护，但是奴隶产权本身从来都不是绝对的。通过给予奴隶一定的权利来交换奴隶主认为价值更大的奴隶劳动，奴隶主可以增加他们财产的价值。于是，奴隶也成为其自身劳动力的一部分产权所有者，有时还可以赎回自由。奴隶制就是这样瓦解的。

事实上，即使在资本主义国家，在市场经济中，个人也不能任意使用他的财产，他们的自由处处受到限制（Barzel，1989）。例如，卡车司机除非获得特许，否则不许收费载客；美国西部的水资源所有者不能随意将水挪作他用或出卖；在城市地区，楼房的建设规模及地点要服从城市规划的安排。除了上述政府所施加的约束，人们往往还受到私人约法的限制。房屋的所有者与租房人，不仅受到政府的有关限制，还要受到双方合约的限制，如未经租房人同意出租方不得进入房内，或者租房人不得在房内养鸡等。绝对的、不受限制的产权是不存在的。

巴泽尔教授在其著名的《产权的经济分析》一书中，以电冰箱的产权安排为例，直观而方便地说明了产权的分割与限制问题。电冰箱卖给消费者以后，其产权并未完全转移给消费者。购买了电冰箱的人占有电冰箱“制冷”这一属性的所有权，而冰箱厂则占有“制冷剂可能泄漏”及“保修”这一属性的所有权（由于用户往往缺少相关技术信息）。为防止消费者染指厂商的权利，便有必要进一步限制电冰箱使用者的使用过程，例如不得用于商业目的或者不得违反操作规则使用冰箱等。这些限制有助于区分厂家的质量责任与用户滥用的责任，有利于减少磨损和白占便宜的可能。

当买卖双方自愿进行交易时，产权的分割与限制的好处是一目了然的。一般来说，每一项资产都有多项应用方面的属性，为了实现这些属性的最高价值，这些属性可能会分别属于许多不同的个人，适当地限制每一个所有者的权利则使人们能够方便地运用排他性，以确保权利的完整，而不会弱化产权。

正是由于大量的关于产权限制的规则已经成为人们日常生产中自觉遵守的行为规范，甚至很少有人会察觉这是一种限制。而当新的关于财产使用的限制出现时，即原先还拥有着或者至少有还可以去争取的权利，现在被明确禁止时，这种限制就显得不再那么“理所当然”。与没有这项限制的情况相比，财产的某项用途现在不能再继续发挥，于是，产权的“弱化”问题也就被提出来了。

对于产权的弱化问题，我们可以看一下埃格特森的说法：“如果一个人交换资产的权利，获取并使用来自交换的收益的权利，都没有受到任何限制，就可认为产权没有被弱化；例外的情况是某人毁坏了他人的资源，而这个人没有权利这么做。按此定义，限定你的开车速度就是削弱了你使用车的权利，但禁止你开车撞人或者把车开进商店橱窗里就不算弱化权利。”结合我们的分析，可以发现埃格特森的这种说法还不够准确。

简单地把对产权的限制等同于产权的弱化是不合适的，那么，哪些对产权的限制是对产权的弱化呢？既然有的限制是必要的，甚至是必然的、无所觉察的，那么那些所谓的造成产权“弱化”的限制，应当是一些“不应该”或者“不够好的”限制。那么，划分“应该”与“不应该”，或者“合适”与“不合适”，需要有一个价值评价标准。显然，新制度经济学的评价标准是与新古典经济学相一致的“效率”原则。因此，在这里，我们可以给出产权弱化的概念：**对产权施加的不必要的限制所造成的产权安排不符合新古典“效率”原则的现象，就是产权的弱化。**

现在再来看埃格特森关于产权弱化问题的看法，可以发现他划分限制合理与否的标准也是新古典的效率标准。他所说的“如果一个人交换资产的权利，获取并使用来自交换的收益的权利，都没有受到任何限制，就可以认为产权没有被弱化”，指的是产权之所以没有被弱化，是因为产权主体可以自由地选择最有效的使用方式，也可以把产权自由地转让给更能有效使用产权的其他经济主体，从而保证产权配置到最有效率的使用上。而在埃格特森看来，如果“某人毁坏了他人的资源，而这个人没有权利这么做”则是对产权的弱化，对此我们可以反过来思考，如果“这个人”获得了去“毁坏他人资源”的权利，一般来说，他能够获得这种权利的理由是“毁坏他人资源”可以导致更有效率的使用的出现，从而使得“他人”在资源被毁之后，能够得到比拥有这项资源所能获得的价值更高的补偿；反过来说，埃格特森所谓的“这个人没有权利这么做”，其原因也往往在于，“这个人”没有能力以更有效率的使用来代替原有的产权使用安排，或者说不能给出一个令“他人”满意的补偿。可见，埃格特森对产权弱化的定义与我们的定义是一致的，但他对产权弱化的认识依然不够清晰，这也体现在其对汽车产权案例的分析之中。其实，无论是“限定你的开车速度”还是“禁止你开车撞人或者把车开进商店橱窗里”，都是对汽车使用权利的限制。这两种限制从本质上看并没有什么不同：所限制的都是对汽车的使用范围，而取消两种限制都有可能造成其他经济主体的损失。后者之所以很明显地算不上是对产权的弱化，是因为，人们普遍认可，汽车撞人或撞橱窗的后果所带来的“不效率”，要远远大于开车者任意撞人或撞橱窗所带来的快感。而只要考虑到汽车超速行驶所带来的其他经济主体可能面临的危险和不便，“限定你的开车速度”也不见得就是不效率的产权安排，不见得就是对产权的“弱化”。可见，埃格特森对这一问题的认识，并没有完全摆脱经验认识的局限：对“开车撞人或者把车开进商店橱窗里”的权利的限制是已获得公认的，买车的人本来就清楚其所购买的汽车根本不能用于实施这样一项功能，因此其“交换资产的权利，获取并使用来自交换的收益的权利”中根本就不可能包括这样一项权利；而“限定你的开车速度”，则好似是将买车者本来可以享有的一项权利给取消了，从而使买车者“交换资产的权利，获取并使用来自交换的收益的权利”受到了“限制”。显然，在一个明确规定不得超速驾驶的社会里，如果所有人都已将这规定作为自己必然遵守的行为规范，而将超速驾驶作为会对别人安全使用道路的产权的侵犯，作为一种因增加道路行驶的危险而出现的“不效率”现象（其实，事实也正是如此），那么任何人都应该清楚，自己的车的相关产权中，不包括“超速驾驶”的使用权，相应地，在“限定你的开车速度”的情况下，买车者的“交换资产的权利，获取并使用来自交换的收益的权利”同样“都没有受到任何限制”，依然“可以认为产权没有被弱化”。

为了满足效率标准，在产权出现交叉与重叠时，要使相互冲突的权利中最有效率的那一项得以实现。而在第一节的讨论中，我们认识到：在产权可以自由交易的情况下，只要对产权进行明确界定，依照市场自由交换的原则，得以实现的那项产权一定是效率最高的。所以，构成产权弱化的效率不高的产权的限制，只能是那些不能通过自由交易来配置的产权。而造成产权无法进行自由交易的原因，也就是形成产权弱化的原因。具体来说，造成产权无法进行交易的原因有两类：第一类，产权未得到明确界定，没有明确归属的产权自然无法进行交易。第二类，产权虽已经有了明确的归属，但是，制度规范禁止产权参与交易。现实生活中，这两类限制体现在：在不必要的情况下，将某项产权明令禁止；不将产权明确界定给任何一方的权利主体，使其处于公共领域，无法交易；或者限制某项产权的交易行为。

明令禁止的某项产权，通常是为了避免与这一产权相交叉重叠的另一项价值更高的产权被侵犯。如不允许在马路上摆货摊，通常是为了维护较之更有价值的道路畅通所带来的价值。如果被禁止的产权没有与其他产权形成交叉与重叠，或者与其交叉与重叠的其他产权价值低于被禁止的产权，那么这种禁止就显得“不必要”了。

如果产权被不明确界定给任何一方，则会出现处于“公共”领域的产权。处于公共领域的产权必然会出现争抢与滥用现象。但是，需要注意的是，如果这项产权以“出价最高者获得”的交易原则进行交换，那么，就应当认为产权已经明确界定了归属，即归属于出价最高的那一方。自然，这种安排也已经符合“效率”标准。只要产权可以自由地按“出价最高者获得”的原则进行市场化的配置，我们就认为产权已经有了明确的归属，至少可以找到其明确的归属，相应的产权的弱化就不会发生。因此，产权的弱化也只能发生在无法依“出价最高者获得”的原则进行交易的场合——这种场合下，产权或者无法进行自由交换，或者交易中没有按最高价格来交换，即没有让能够出价最高者获得产权。通过上述逻辑梳理，我们不难理解，为什么习惯上总是把产权的弱化与产权的交易限制相联系——将某件产品的价格界定在其真实价值之下，则必然会有一部分价值不再体现在产品的价格之中，即买到产品的购买者会赚到“便宜”；而为了争抢这一“便宜”，则会出现对这件产品的抢购，以排队先后为原则来分配这一置于公共领域的“便宜”。因此，在现实生活中，产权的弱化也通常会体现在“价格控制”和“排队购买”现象上。

五、案例：排队的价格

20世纪80年代末90年代初，在政府的号召下，全国范围内掀起了开发海南省的热潮。当时流传着这样一个有趣的故事：一位民工到海南某城市打工。第一天刚刚到，他没能找到工作，因为手里的钱有限，就在城市的某街区找了一处空地，铺下随身的铺盖睡在了那里。第二天一早醒来，他发现自己身后排了一支长长的队伍。原来，这个城市正在举行土地的公开售卖，价格已经确定，有意者要以排队的方式购买这块土地的72年使用权。而排队地点恰好就安排在他睡觉的那个地方。一位“经理”主动过来跟他搭讪，私下里以1万元的价格请他将队伍中的位置让给自己——意外的排队经历，使这位打工者一夜之间成了当时在他的家乡人人羡慕的“万元户”。而那位“经理”之所以愿意为一个队伍中的位置而支付1万元，原因就在于：在他看来，通过排队所购得的土地，其使用权的价值要超过已经确定好的价格，而且其差额要超过1万元。

近年来，我国很多大中型火车站的候车室中也出现了一种新现象：车站在原来的候车室中隔出一处小间，作为有偿候车室，一般来说交5元钱的乘客不但可以享受小间候车室里的安静，还可以在大队乘客进站之前由车站工作人员提前引领登上火车。可见，5元钱所购买的是不必再排队的“优先权”。

要理解这种与排队相关的价格，需要先理解一下关于乘坐火车的产权安排。

每一个持有车票的乘客都购买了这样一项关于火车使用的产权：将他或她从某车站送到指定车站的权利。而除此之外，还有一些其他的权利处于公共领域：在客流量较大的情况下，虽然有座车票的价格与无座车票的价格相同，但是有座车票的乘客具有排他性地享用指定座位的权利。而要获得这一权利，则需要提前排队买票。除了售票大厅中的队伍之外，通常火车站的候车室中也会见到排起的长队，尤其在客流量较大的节假日期间。仔细观察一下，参与排队的乘客基本上可以分为两类：持有无座车票的乘客、行李较多的乘客。而坐在一旁，只待检票开始才站起来的不急不忙的乘客，则多是一些已经买到有座车票而且没有带多少行李的人。其原因不难理解，愿意站起来排队的乘客，其目标必然是通过排队来获得乘车期间的一些处于公共领域的权利：先上车的持无座车票的乘客，可以寻找暂时的闲置车座，或者占有车厢间隙较为舒适的空间；而行李较多的乘客则希望能够先占据有限行李架上最为合适的位置。假定火车上所有的空间都被确定了明确的价格，并卖给了相应的乘客，行李架上的每处位置也已经提前售给了相应的乘客，候车厅里就不会再有人排队了。可见排队所能获得的收益，就是乘车时尚未明确分配的处于“公共领域”中的一些产权。

如果仔细观察一下那些愿意为“优先权”支付5元钱的乘客，会发现他们基本上也可以分为三类：一类是穿着讲究的高收入者；一类是没有买到有座车票的乘客；一类是行李较多的乘客。后两类乘客愿意购买“优先权”的原因很明确：以5元钱的支付来代替排队，购买上文中所提到的乘车期间那些处于公共领域的权利。而第一类乘客，其购买优先权除了以上原因之外，还有可能是因为较高的收入导致其对闲暇的珍视，不愿意自己的宝贵时间在喧嚣、拥挤的排队过程中度过；或者说对于这些高收入者而言，能够在别人排队的时候处于相对安静一些的环境，所带来的效应的货币价值超过了5元。

第二节 产权的起源

一直以来“产权的起源”都是新制度经济学的重要理论，一般来说，**产权的起源指的是人类历史上最初的产权的建立或形成，是人类社会从无产权到有产权的变化。**

关于产权的起源，还有另外两种理解。一种理解是，人类历史上任何一个时期因新的财产出现而需要建立的新产权；另一种理解是，改变原有的产权关系，建立一种新的产权关系。其实，前者指的是对新增财产的权利界定，是既定产权关系的扩展；后者所指的则属制度变迁范畴。这两种说法都不是实质意义上所讲的产权的起源。

新制度经济学所讨论的产权的起源，指的是私有产权的起源。在新制度经济学看来，私有产权也是产权制度演进的起点。在一个没有任何产权安排的前提下，进行制度分析是不可能的。因此，新制度经济学家对私有产权起源的分析是从某些权利已经到位的世界入手的。从逻辑上讲，就是在一个互为因果的逻辑链条中，假设其中一方面为原因，另一方面为结果——这也是人的理性分析方法的必然选择。

应该明确，私有产权并不是唯一的产权关系，对产权起源的研究不应只停留在私有产权的起源上。考虑到新制度经济学的研究范围限制，我们这里也主要讨论私有产权的起源。

一、稀缺性是产权产生的基本前提

稀缺性指的是相对于人类欲望的无限性而言，经济物品或者生产这些物品所需要的资源等的相对有限性。显然，稀缺性是对人类经济消费的限制。在只有一个人的世界里，这种限制体现为有限的资源，体现为个人有限的获取资源的能力。而在一个人口众多的现实社会中，这种限制更大程度上体现为：面对有限的经济资源，不同经济主体对资源的竞争性使用。正是这种稀缺性导致的对经济资源的竞争性使用，使得人类社会必须划分经济资源的明确归属，防止人们的过度使用导致资源的耗尽。反过来说，如果经济资源不具有稀缺性的特点，人们具有无成本地获取经济资源的无限的能力，任何人都可以按其需要无成本地获取任何资源，那么，人们之间也就不会因资源的稀缺而出现对经济资源的竞争，划分经济资源的产权归属也就没有任何必要。而在一个资源稀缺的社会环境中，如果不存在任何产权制度约束，人们会争先恐后地掠夺式滥用这些经济资源，这最终会导致资源的耗竭。因此，资源的稀缺性使得人类社会有必要建立明确的产权制度来约束社会成员的行为。

17世纪著名的哲学家托马斯·霍布斯认为，在“自然状态”下，人既是自由和平等的，也是自私和理性的。人们可能会为求利而竞争，为防范保全而猜疑，为求荣誉而侵犯，而“自然法”则赋予了每一个人某些“自然权利”（生命、自由、财产权利）。如果没有对“自然权利”的尊重，人类就会陷入“所有人反对所有人的战争”。为了保全生命与安全，人们放弃、转让在“自然状态”中拥有的权利，从而达成所谓的“社会契约”，确立了人类社会生活的基本条款。① 霍布斯的思想在现代产权理论中得到了淋漓尽致的发挥。

当然，某些物品的稀缺性也是随着人类社会的发展而逐渐显现出来的。在人口稀少的冰河世纪，原始人不会把无处不在的冰与水看做稀缺资源。而随着人口的增加，随着水资源的日益短缺，原始部落不得不逐水而居；在古代的人类社会，围绕着水权而进行的斗争更是屡见不鲜。在工业文明到来之前，很少有人会把每天都享用不尽的新鲜空气当作稀缺资源；而在工业文明到来之后，本章第一节中所讨论的空气污染问题则向我们表明，新鲜的、不受污染的空气已经成为稀缺资源，以至于工厂的排污权和居民不受污染的权利成为必须要明确界定的产权。类似地，如采光权、噪声污染以及小区停车位等相关产权问题的出现，也都以相关资源逐步变得越来越“稀缺”为前提。

二、潜在的利益是产权产生的基本动力

在稀缺性的前提下，产权的作用体现在约束人们对经济资源的使用行为，防止出现资源滥用而导致的恶果。同时，产权的作用还体现在对人们争夺有限资源的行为进行限制，从而节约了人们在相互争夺中所耗费的时间和精力。对于一个没有产权约束的社会来说，形成相应的产权制度，其潜在的利益主要体现在这两个方面。

除了会带来相应收益之外，界定产权也需要一定的成本。只有在界定产权的收益高于其成本的情况下，产权的界定才会出现。当然，这种成本与收益也会随着情况的变动而发生相应的变化。一般新制度经济学对产权起源问题的早期研究认为，随着社会的发展和技术的进步，界定产权的成本会逐步降低；随着所要划分其产权归属的财产价值的提高和财产侵犯行为的增加，界定产权的收益也会相应地增加。

德姆塞茨曾通过这样一个案例来阐述产权起源过程中的成本—收益问题：

在18世纪之前，加拿大北部的印第安人狩猎主要是为了吃肉和狩猎者家庭所需要的少量皮毛。由于缺乏对其他人狩猎的控制，狩猎能自由地进行，没有人会对维持或增加动物存量的投资感兴趣，从而易于发生过于密集的狩猎，外部性是显然存在的。但是，猎人的有限需求并不会导致过度狩猎的问题，外部效应的重要性是很小的，排他性权利并未出现。因为在动物价值很小的情况下，确立私人狩猎边界所获得的收益小于为此而付出的成本。随着皮革贸易的发展，外部效应和产权才显得愈益重要。皮革贸易的出现有两个直接的后果：第一，印第安人的猎物的皮毛价值大大增加了；第二，狩猎活动的范围明显扩大了。这两个结果都大大提高了与自由狩猎相联系的外部性的重要性，对资源的最优化利用需要对狩猎者的行为加以一定的控制。这样，18世纪初，在魁北克附近出现了单个家庭的区域性狩猎与设陷阱的安排。他们的习惯是将土地分成两里格的地块以使各个团体能排他地狩猎。他们之所以这样做，显然是由于猎物资源稀缺程度和相对价格的变化，使通过建立私有狩猎区来养殖并保护动物有利可图，或者说确立私有狩猎边界所获得的收益大于

① 霍布斯．利维坦．北京：商务印书馆，1985．人们倾向于认为，霍布斯的理论对科斯等新制度经济学家的理论有较大影响。

为此所支付的成本。于是，私有产权安排在这一地区兴起。这表明，早期的皮革贸易中心与最古老和最完整的私有狩猎区域的发展具有准确无误的相关性。与之相对照，在美国西南部的印第安部落之所以没有发展起相似的产权，是因为建立私有狩猎区对他们来说成本太高而收益太少。在那里没有具有重要商业价值的皮毛动物，而且平原动物活动范围广阔，较难确立私有狩猎的边界。在这个案例中，德姆塞茨从资源稀缺程度的变化，从而引起产权界定的收益和成本对比关系的变化的角度，分析了私有产权兴起的原因。德姆塞茨认为，当内在化的收益大于成本时，产权就会产生，将外部性内在化。

与德姆塞茨的分析相似，法国学者亨利·勒帕日也通过他所提供的例子简单有趣地解说了私有产权的起源。假定某一牧场属于村镇公有，而村镇共同体的某一成员突然在这块牧场里放牧了比其同乡多一倍的牲畜。那么，他给共同体每个成员所造成的损失是微乎其微的，假如村里有100户人家，每一户的损失为1/99；而他从中获得的利益却非常大，其营业量增加了一倍。对此，人们本来可以召集一次全体会议，告知违章者不应该在牧场上放牧比别人多一倍的奶牛，但是，这样做实际上并不关系到任何人的切身利益——每户的损失不过1/99，而且这种做法的代价太高，如果每次会谈进行两个小时——这是最低限度的时间，如果每个人都发言谈谈自己对这个问题的看法——那么就要花200个小时，即相当于一个人五周的劳动时间。为了避免所有这些麻烦，最好是把权利以私有的形式分给每个人，并允许那位与土地有很大利害关系的人即希望将自己的营业量增加一倍的人，同其他99名成员中的每个人进行协商，以便从每个人那里买得每年放牧奶牛三天半的权利。事实上，为了避免过高的成本，他只会与一两个人谈判，进行土地合并和集中的交易。这也表明，由于资源的稀缺，任何社会都将发生争夺资源的竞争，从而必然出现指导竞争的规则和约定。

总之，界定产权所带来的潜在收益是具有决定性意义的因素，只有界定产权的收益高于产权界定所需的成本时，产权制度才会形成。

三、产权的形成机制

稀缺性是产权形成的前提，潜在的利益是建立产权制度的关键因素。那么，产权的形成过程又是怎样的呢？要深入分析产权的形成机制，必须讨论人与人之间的竞争与博弈行为——因为产权在本质上是人与人之间的行为约束规范，其形成过程必然是人们之间交互影响的决策过程。因此，博弈论的分析方法对于解释产权的形成机制是一个非常有效的分析工具。

巴泽尔认为，通过研究以激烈行动界定产权的无政府状态，或激烈动荡状态，可以推断出产权的形成。而对“自有使用行为”的控制机制的形成，以及排他性权利的出现包括四个相互联系的方面：（1）用武力或武力威胁建立排他性；（2）价值体系和意识形态，用以影响私人的动机从而降低排他性的成本；（3）习俗和习惯法，如在前国家的社会中的一些界定个人所从属的氏族、复仇群体、合法婚姻及其他的一些行为规则；（4）由国家或其他代理机构强制实施的规则，包括宪法、成文法、普通法和行政法规。其中，自我强制、习惯法和价值体系，在包括现代国家在内的所有社会中，对于阻止自由使用和有害的掠夺财富的活动都有十分关键的作用（埃格特森，1996）。

贝茨（Bates，1987）就构造了一个以博弈分析为特点的、关于产权制度形成机制的分析模型，在这个模型中，人们以家庭养牛为生，在“自然状态”下，没有任何制度或规则来保护他们的牛群，只能依靠个人的力量来捍卫自己的权利。模型中假设，只有家庭X和Y，每家都有相当于10头牛的财产，并且都有同样的武力潜能与侵犯倾向。这样，每家都有两种行为选择：侵犯对方（A）与不侵犯对方（N）。显然，每一家的收益都与另一家的策略选择相关，因而就有四种可能的结果，如方阵2-1所示。

		家庭Y	
		A	N
家庭X	A	(4，4)	(18，2)
	N	(2，18)	(10，10)

方阵2-1

在方阵2-1中，如果双方选择非侵犯策略，财富总量将达到20头牛。但是，如果双方都不知道对方可能采取什么行动，那么根据个人的理性选择，每一方必然选择侵犯策略以使他的期望财富达到最大化，均衡的结果是（A，A），因为4大于2，18大于10。这样，双方的侵犯策略消耗了资源，将财富总量降为8头牛。这表明，如果产权得不到保障，也许最终会导致牛的养殖与放牧在经济上根本得不偿失。这种困境就是博弈论中常常提到的“囚徒困境”。为了摆脱这一困境，当事双方可能通过谈判的方式寻求合作。为了使谈判能够顺利进行，减少谈判过程中的成本，当事双方可能会同意由一个能够强加外部约束的第三者（一个仲裁者）约束双方行为，使双方没有动力去攻击对方或不可能去攻击对方。例如，通过某个中立的第三者告知双方，他们中的任何一方采取攻击行为都将受到相应惩罚，而不能指望对方不报复。这样，（A，N）和（N，A）将不复存在，收益方阵变为方阵2-2。

		家庭Y	
		A	N
家庭X	A	(4，4)	(0，0)
	N	(0，0)	(10，10)

方阵2-2

方阵2-2表明，如果武力报复的威胁是确定的，那么理性的和追求财富最大化的家庭就会选择非暴力，承认对方的排他权。阿姆拜克（Umbeck，1981a，1981b）的分析，以加利福尼亚淘金热时期的经验事实论证了上述看法，提出了一个非常著名的口号：“强权界定权利”（might makes rights）。

1848年加利福尼亚发现了储量丰富的金矿藏，同年，美国与墨西哥签署了和平条约，含金矿的土地成为美国政府的财产。美国政府废弃了墨西哥的法律，但并没有建立一套新的法律。尽管美国政府关于矿区土地的法律直到1860年才制定，蜂拥而至的淘金者们还是成功地建立了一套稳定的、相对成本较低的排他性权利制度，解决了自由使用、纠纷和过度暴力等问题。阿姆拜克的模型解析了使淘金者互相尊重产权的机制或力量。该模型抽象掉了其他社会习俗的影响，而仅仅假设个人对于他人淘金的生产能力和武力都有充分信息。模型中劳动力只有两种用途：武力活动和开采金矿。如何将劳动时间分配于这两种活动，取决于边际成本和收益（武力劳动时间的边际成本取决于开采金矿的边际劳动产出，边际收益是欲抢占土地的边际产出价值）。而且每个淘金者都明确地知道：当别人保卫受威胁的土地的价值超过相应的劳动时间价值的时候，用武力侵占土地会遭到报复。这样，两个体力相当的人争夺一片土地，其中愿意花更多时间用于占领土地的人将拥有土地；如果一样，二者会均分土地。由于潜在的结果都被确定地知道，所以不会有武力现象出现，相互竞争的个人计算了边际成本与收益并将土地分为等分，每一方都至少得到他如果使用武力所可能得到的财富数量，使使用武力的动机不复存在，即潜在武力决定了各种形式的分配。显然，阿姆拜克的分析较好地解释了在没有政府权威的时候暴力的作用，或者准确地说，暴力威胁的作用，但是，其分析却较难应用于更有秩序的情况。

总之，产权作为一种社会关系，其从无到有的过程，是人与人之间相互博弈形成相应共识的过程。在这一过程中，随着人们对各类资源的竞争性使用的增加，经济资源的稀缺性越来越明显，限制无序的争夺、界定经济资源的归属就越来越有必要了。成本—收益分析和博弈分析，对于讨论产权的起源都具有重要作用。但是到目前为止，产权的起源理论依然不够完善。而且由于其讨论主要局限于私有产权方面，新制度经济学的产权起源理论的范围和解释力相对较差，产权起源理论仍旧是新制度经济学相对薄弱的环节。

第三节　产权的类型与效率比较

在本章第一节关于工厂烟尘污染的案例中，我们曾提到通过明确界定产权来解决“外部性”问题的办法，这种做法的基本逻辑是：无论是授予居民以不受污染的权利，还是授予工厂以排放烟尘的权利，都可以通过工厂与居民之间的自愿交易，使最终结果满足“两害相权取其轻”的效率原则。而在介绍了产权的概念及其相关理论之后，我们进一步确认，要想把新古典经济学所谓的“外部性”问题纳入经济学的分析框架，应将新古典经济学的资源最优配置原则应用于具体的“产权”的配置，而不是停留在新古典经济学所关注的物品的配置问题。交易费用概念的提出则进一步说明，通过产权的交易来实现资源的最优配置，需要支付相应的费用，过高的交易费用可能使得交易无法进行，资源的最优配置无法实现，从而导致“低效率”问题的出现。因此，可以说，明确界定产权是通过交易来实现资源最优配置的前提；同时，要保证资源配置的高效率，还要求产权的界定应有利于交易费用的节约。也就是说，只有将相应产权确定其明确的归属，才能借助经济主体之间以“出价最高者获得”为原则的交易来实现资源配置的优化；而资源配置效率的高低也同时取决于，产权的界定是否有利于节约相关交易的交易费用，从而使得交易更有效率。本节将在前两节的基础上，进一步介绍产权安排问题。

一、产权界定的效率标准

通常，我们强调，新制度经济学的价值评价标准与新古典经济学的“效率”标准——“帕累托效率”是一致的。前面的分析中我们也已经提到，交易费用的高低对于制度的效率水平高低也具有非常明显的“比较分析”意义。那么，“帕累托效率”在新制度经济学的产权安排上有怎样的体现？这与我们所强调的交易费用又有怎样的关系呢？显然，要回答如何进行“有效率”的产权安排，首先需要就这些基本问题进行相应的逻辑梳理。

（一）帕累托效率及其评价

我们知道，正统经济学的资源配置效率标准是帕累托最优。所谓帕累托最优或帕累托效率是指，资源配置已经达到这样一种状态：无论怎样改变资源配置，如果不使其他人的效用水平下降，就不可能使任何一个人的效用水平有所提高。也就是说，如果在至少不使任何一个人的境况变得更坏的情况下，改变资源配置的格局能使其他人的境况变得更好，即说明还没有达到帕累托最优，还有通过改变资源配置格局而增加社会福利的余地，这种改变就是所谓的“帕累托改进”。在新古典经济学中，帕累托效率标准是由一组边际条件来定义的，只有在满足这一组边际条件时才达到了帕累托最优：（1）任意两种商品的边际替代率对于任意两个消费者来说是相等的；（2）任意两种生产要素无论做何用途，其边际技术替代率相等；（3）任意两种物品的边际转换率等于它们对消费者的边际替代率。这一效率标准是帕累托在庇古的理论基础上提出的。自那以后，经济研究中产生了一种理论传统，就是检验在经济生活各个领域内资源配置的“非效率”情况。其基本的方法是将帕累托最优状态下的经济产出作为效率的标准，而将与该状态的产出不一致的产出称为“非效率”。因此，“在真正的意义上，许多经济学家是以一种类似于科学家所运用的真理检验方法，用一种理想化的‘效率’标准去检验市场制度或交易制度”（布坎南，1989）。这种将理想标准与现实状态进行对比的研究方法，受到了包括新制度经济学家在内的众多经济学家的批评。

一个经济体系要实现帕累托最优，必须具备极特别的特征。尤其是，在这样一个经济体系中，交易费用必须为零，决策者拥有无限理性，制度安排对确定均衡解没有影响，也就是说，帕累托最优是独立于制度、独立于经济主体的。简言之，帕累托最优的实现是以完全竞争这样一种完美制度的存在为必要条件或前提的。因而，帕累托最优所需要的边际条件在一个真实的经济中是永远无法实现的。现实世界不同于完全竞争这一假想的世界，理想化的帕累托最优条件在现实生活中不可能得到满足。因此，科斯认为，在交易费用为正的情况下，帕累托最优条件需要重新解释。那么，什么是新的效率标准？在这方面，德姆塞茨作出了颇有成效的开拓性研究。他（Demsetz，1969）指出，公共政策经济学中的许多观点都暗含着理想标准与现实“不完美”的制度安排之间的比较与选择。像“非最优”“非效率”这些词都是含混不清的，极易令人误解，除非它们所描述的产出可以直接被改进。与流行的理想主义的分析方法不同，制度主义的方法应是在可行的现实制度安排之间进行选择，寻求“相对效率”的观念。“相对效率的观点必须涉及现实的稀缺性和人们的现实状况，而不是他们应怎样。”也就是，正确的效率标准必须考虑人们的现实的行为约束。

在德姆塞茨的研究基础上，张五常（1974，1982，1999）进一步指出，既然在现实中人人都遵循约束条件下最大化行为的假设，“经济非效率”这一概念本身就暗含着矛盾。经济学家们之所以轻率地指出社会生活中存在着无效率，是因为他们漠视了某些约束条件。如果对某些约束条件不加考虑，与帕累托最优相悖的无效率就会出现。

自助餐对此给出了一个较好的例证。在自助式进餐的情况下，顾客只需支付固定的费用便可以视食物为免费，随意进食，直到其最后一口的边际效用为零；但是，店主生产这最后一口食物的边际成本是大于零的。如果只是单纯地解释消费者的进食行为，这里似乎出现了与帕累托最优相悖的情形，自然会得出经济浪费的结论。但是，如果我们进一步分析自助餐为何如此售卖，整个结论就改变了。自助式进餐的安排节省了照顾顾客的成本以及度量每一个顾客进食分量所花费的成本等一系列交易费用或制度成本。如果我们把节省的这些成本也考虑进来，帕累托最优条件也就得到了满足。这说明，即使现实中存在的某种错误似乎是明摆着的，我们也总可以追溯到某种形式的约束条件的影响。在自助餐的例子中，如果某些交易费用的约束条件被漠视，帕累托最优条件自然不能成立。但这并不意味着，当把所有的交易费用或制度成本考虑在内时，也仍然与帕累托最优条件相悖。因此，如果我们考虑到某些被省略的约束条件，那么无论什么时候帕累托最优条件都是成立的。“只要模型能用收益与成本形式充分描述世界，世界永远是有效率的。”或者说，在现实生活中，帕累托最优总是会得到满足的。

阿姆拜克等人（Umbeck et al.，1986）在一篇富有挑战性的文章中也提出了相似的观点。他们指出，如果效率被定义为帕累托效率，那么从逻辑上讲，就不可能从含有在约束条件下寻求最大化的行为假设的微观经济模型中得出非效率的结论。**根据新古典经济学的传统效率定义，当资源被对它估价最高且有支付能力的使用者使用时，资源就是被有效地利用了。**因此微观经济模型关于个人在既定约束下争取效用最大化的假设就可以从逻辑上推出产出必定是有效率的。而某些模型之所以得出非效率的结论，在于模型遗漏了一些约束条件，例如，集体行动的交易成本或法律限制等。再如某些产权安排的交易费用。事实上，在约束条件下模型中的经济主体都完成了所有有利的交易，而当对双方有利的交易都完成时，帕累托效率也就实现了。微观经济模型的均衡产出一定是符合帕累托效率的。

新制度经济学家的分析认为，在现实中，人们的选择与行为是在一定的约束条件下进行的，如果考虑到约束条件，按照最大化假设，从理论上说，结果必定是有效率的。如果忽略约束条件，以理想状态为标准，必然得出现实状态缺乏效率的结论，而这种比较是没有意义的。例如，自亚当·斯密之后，经济学家们似乎都倾向于从效率的角度批评政府的干预，但是，既然政府的价格管制是缺乏效率的，又为何会产生价格管制？既然除了人头税以外的税收都是缺乏效率的，现实社会中多如牛毛的税收又为何存在？既然政府的活动都是缺乏效率的，政府又为什么无处不在？显然，这是因为现实中人们的选择与行为是在约束下进行的。法律和制度，甚至荒唐和暴君都是人们在约束条件下选择的结果。因而，必须同时考虑约束和选择。这意味着新的效率标准必须能全面而客观地反映现实生活中限制个人选择的约束。这也正是许多新制度经济学所推崇的方法。新制度经济学家指出，在现实世界中，存在各种产权安排，交易费用也大于零，任何一般均衡模型都必须将决策者在追求效用最大化时所面对的诸如产权安排、交易费用等各种约束包含在内，从而实现新古典理论的“一般化”。张五常和阿姆拜克等人就是从这一新的角度定义了“效率”的标准。德阿勒斯（De Alessi，1983）简明地概括了这一观点：**效率被定义为受约束的最大化（constrained maximization）；效率条件被看做是由一个给定的理论结构给出的一个确定（均衡）解所具有的特征；根据这种观点，一个系统的解总是有效率的，如果这些解符合**

反映其特征的约束。

从表面看，上述解释是颇有道理的。根据这种解释，如果决策者没有达到其机会集的边界，只能被认为该机会集合没有得到正确描述，即可能存在一些被忽视了的约束。如果考虑了这些约束就会有一个不同的机会集，并且在这一新的机会集的边界上会有一个可以实现的最优位置。因此，行为总是有效率的，选择总是最优的，只要现实世界中那些不应被忽略的约束均被反映在受约束的最大化问题中。然而，如此一来，人们就可能轻率地把所观察到的任何结果都认为是有效率的（Eggertsson，1990）。这样也就破坏了最优选择思想，“不允许非最优选择的任何决策程序皆否定了优化一词的基本含义，即它所包含的比较因素”（Leibenstein，1985）。针对受约束的最大化方法的缺陷，菲吕博顿等人（1998）认为，既不能把无效率定义为与一个理想机会集的边界相偏离，也不能认为最终结果必然是有效率的。相反，当潜在的可以避免的约束没能被避免时，就可以认为“无效率”发生了。显然，他们的“效率”定义并没有完全克服张五常等人的解释的缺陷。人们很难在先验的基础上将约束区分为可以避免的和不可避免的，尤其是当约束与决策者个人特征或偏好有关时。而如果我们不能确定哪些约束对决策者有约束力、哪些没有约束力，我们也就很难区分效率和非效率。

当把“效率”具体应用于对一种制度安排或一个制度框架的选择时，新制度经济学家们似乎陷入了更大的困境，他们难以回答什么是“最好”或“最有效率的”制度安排。因为可能的制度选择集是开放的并且随时间而不断变化，在任何时点上人们所能做的至多是从现有的或已知的可能性排列中选择最适当的安排，而这样一种静态的和形式化的方法显然并不适合对制度问题的研究。在科斯看来，效率就是制度收益或效用与交易费用的比较。受制度约束的每一个人的制度效用都是既定的，因而在比较制度效率时，唯一的变量就是交易费用的大小。科斯在《社会成本问题》中提出的这一思想，被其追随者们发展成为一般的制度选择基准。以此为基准，新制度经济学家们通过对既定制度安排效率的比较，研究了交易方式的选择，即通过市场自愿交易能够降低交易费用还是通过政府法律的强制性交易更能降低交易费用；通过对制度变迁效率的比较，研究了何种方式可能是最小交易费用的变迁方式及其方向和路径。用交易费用比较制度安排的效率，可以说是新制度经济学的核心。正是在交易费用理论的基础上，新制度经济学分析了产权安排或制度选择、激励与经济行为的关系，探讨了不同产权制度对成本—收益体系和资源配置效率的影响，将制度分析纳入经济学分析的轨道，找到了新制度经济学与新古典经济学的结合部。

（二）帕累托效率及交易费用

所谓的帕累托最优或帕累托效率状态指的是已经穷尽了所有帕累托改进的状态。只要在不损害任何一方利益的情况下，能够提高某一方利益水平的改进就是帕累托改进。这种改进看来是理所当然的：任何理性的经济主体都愿意将自己的利益提高，都会有充分的激励来实施帕累托改进，即使这一改进需要一些成本，但是只要改进所带来的利益增量超过了这些成本——只要这种改进是帕累托改进，理性的经济主体会有充分的激励来实施这一改进。而这一看似“理所当然”的事情也是有条件的，那就是经济主体要有足够的激励，即实施改进的经济主体能够获得改进所带来的所有收益。如果这一改进所带来的部分收益不能被经济改进的实施者获得，那么对于改进的实施者来说，其激励则仅限于自己所能获得的那一部分收益。而那部分不能归实施者获得，因此也就不能激励实施者的收益，也就是所谓的“外部化收益”。在交易费用为零的情况下，这种外部化收益不是问题：外部化收益的获得者与改进的实施者之间可以达成相应交易，外部化收益的获得者可以支付改进的实施者从而以相应报酬形成对改进实施者的激励，也可以为了获得这些外部化收益而与帕累托改进的实施者合作共同实施帕累托改进。总之，只要交易费用等于零，那么外部化收益都会被转化为充分的内在激励。但是，在交易费用大于零的条件下，情况就不一样了：外部化收益转化为内在激励的过程中，相应的交易需要支付一定的交易费用，因此，被转化为内在激励的净收益，不再是全部的外部化收益——还需要减去相应的交易费用。而当外部化收益水平低于交易费用水平时，以交易的方式将外部化收益转化为内在激励是不合算的。失去了这些外部化收益，帕累托改进的实施者所能得到的激励将小于帕累托改进所能带来的收益——因得不到充分的激励，一些“帕累托改进”将无法实施，或者说考虑到交易费用因素，一些所谓的“帕累托改进”由于其实施中所需的交易费用要高于改进所带来的收益，而不再是帕累托改进。

交易费用所带来的外部化收益和激励不足，还有另一种表现形式——试想这样一种改进：假设经济世界中有 X、Y 两个经济主体，实施一种改进后，X 的收益增加 U_x，Y 的收益减少 U_y，且有 $U_x > U_y$。这种改进表面上看并不符合帕累托改进的条件，因为 Y 的收益减少了。但是在交易费用等于零的情况下，这种改进也可以通过交易转化为帕累托改进。X 与 Y 这两个经济主体可以通过交易，由 X 从 U_x 的收益中拿出相当 U_y 水平的收益弥补 Y 的损失，无论剩下的 $U_x - U_y$ 水平的收益在 X、Y 之间如何分配，这种改进都将满足帕累托改进的条件成为帕累托改进。从逻辑上讲，只要交易费用等于零，通过 X 与 Y 之间无成本的交易，$U_x - U_y$ 水平的收益净增加值都会转化为充分的激励，从而形成相应的帕累托改进。但是，同样的问题是，在交易费用 $C_t > 0$ 的条件下，X、Y 所能获得的激励水平就只限于 $U_x - U_y - C_t$。在 $U_x - U_y < C_t$ 的情况下，上述改进不能获得充分的激励，不能转化为“帕累托改进”。

反过来说，前面所分析的两种情况都说明如果交易费用水平降低，则可以强化内在激励，把原先不属于“帕累托改进”的变化转变为“帕累托改进”，提高经济社会的效率水平——或者说，由于降低交易费用可以促进外部化收益向内在激励转化，降低交易费用就是一种“帕累托改进”。依据这一原理，我们考察产权安排是否符合帕累托效率的一个重要角度就是产权的激励作用，要看产权安排能否有效地将外部化收益转化为内在激励。交易费用水平的降低可以形成越来越多的“帕累托改进”，使得经济世界越来越有效率。因此，在新制度经济学家看来，要考察产权安排是否有效率，需要考察产权安排是否有利于节约交易费用。具体来说，产权安排的效率可以从两方面来考察：一方面，产权的激励作用，即产权安排是否有利于将外部化收益转化为内在激励；另一方面，产权安排是否有利于降低产权转让过程的交易费用。

然而，按照新制度经济学的理论逻辑，制度安排的效率优劣体现在交易费用的大小，反过来，交易费用的比较又决定制度安排的选择。作为前者，交易费用是有待测算的对象；作为后者，它必须是已知的前提。况且交易费用是按机会成本意义来界定的，要通过交易费用的对比选择制度，就需要了解各种可能替代的制度的成本，但后者在制度选择之前是未知数。这样，交易费用与制度选择相互依赖，形成一个难以摆脱的逻辑困境，并影响到新制度经济学的科学性。

二、产权的类型

产权归谁所有，会直接影响产权的最优配置。在第二章第一节我们明确界定了产权是“由社会规则约束和保障的，关于财产使用的，一系列排他性权利的集合”。这一概念所强调的一个重要观念就是：产权所界定的是经济主体之间的权利关系。这些经济主体基于产权界定所给定的选择空间，作出自己的最优决策，从而推动资源最优配置的实现。可见，资源的最优配置过程也是各经济主体之间互动的决策过程。显然，不同类型的经济主体其决策过程、决策原则、决策的选择空间以及其决策所形成的影响都是不同的。归属于不同类型的经济主体的产权，其最优配置的实现过程必然会有所差异。因此，为了更有效地讨论具体的各类产权的配置问题，将归属于不同类型的经济主体的产权进行进一步的分类是必要的。本部分所讲的产权的分类就是以其所归属的经济主体的类型为标准进行分类的。

（一）私有产权

所谓私有产权就是指权利主体为个人的权利，即由个人所拥有的各类财产权利。这也是最为普遍的产权类型。在这种产权形式下，拥有产权的个人可以根据自己的需要选择如何行使这一权利，或者将权利转让。无论如何处理，最终决策都取决于个人的选择，由个人自主决定。在这种情况下，产权的排他性特点也最为明显，除了拥有这些权利的个人之外，其他任何组织或个人在没有得到产权所有者同意的情况下，不得占有、损害该项权利，或者阻碍所有者行使这一权利。也就是说，私有产权确定了拥有这项产权的唯一的经济主体，同时，也确定了其他所有经济主体，在未得到权利所有者同意的情况下，不得染指这项权利——这也是对其他经济主体的最为明确的限制。当然，私有产权的排他性，在限制了其他经济主体的同时，也不能排除对产权主体本身的限制。具体来说，其产权的范围大小，即拥有私有产权的个人到底拥有什么样的权利，还要取决于其具体的产权内容，即相应的产权安排中规定了产权主体获得哪些权利。产权的内容必然是有一定的范围的，任何一项产权都有其相应的限制范围。例如，在现代社会，法律一般不允许个人将自己出卖给另一个人而成为奴隶，即使对这个人来说这是完全自愿的。但是，对私有产权的约束应当是适当的。不当的限制会形成产权的“弱化”。一些人为的或不必要的限制妨碍了私有产权所有者的选择权利，又没有增大其他任何人可能的物质使用，这种限制不利于产权的最优配置，在现实中，这些限制往往只是对部分人的强制，那些没有受到如此限制的人就从其他受到限制人的行动中获得了一种“法律上的垄断权”（Alchian，1965）。因此，对私有产权人为的或不必要的限制，会减少产权主体的选择空间，降低资源配置的效率。相反，如我们在第二章所讨论的，在出现了产权的交叉与重叠的情况下，必要的限制可以进一步明确产权的界定，避免冲突的出现，有利于资源的优化配置。而我们前面已经进行了较为细致的分析，确定对产权的限制是否合适的标准是新古典经济学中的效率标准。

依照我们前面已经分析过的产权安排的效率标准，产权是否有效率，有两方面值得考察：一方面，产权的交易是否自由——因为出现自由自愿的交易有利于产权依照“出价最高者获得”的原则进行最优配置。在这方面私有产权的优势非常明显：由于产权属于唯一的经济主体，产权的让渡取决于所有者的独立决策，交易的复杂性相对较小。另一方面，产权的激励约束作用大小。收益权是产权的内容之一，同时产权的排他性所排除的也正是其他人对行使产权所获收益的染指——在产权主体明确的条件下，保证产权主体排他性地获得行使产权的收益，有利于激励产权主体以最高的效率来使用其产权。依据新制度经济学的理论，一种产权安排是否有效率，也取决于它是否能为在它支配下的人们提供将外部性较大地内在化的激励。在私有产权下，产权主体在作出一项行动决策时，会考虑未来的收益和成本倾向，并选择他认为能使他的私有权利的现期价值最大化的行为方式，来作出使用资源的安排；而且，产权主体为获取收益所产生的成本也只能由他个人来承担，因而，在其他产权形式下的许多外部性在私有产权下能够被最大限度地内在化，从而产生最有效地利用资源的激励。唯一的明确的主体使得私有产权不会留下任何产权置于“公共领域”，从而约束了人们对非权利主体的争夺和染指，也激励了产权主体以最有效率的方式行使其产权。因此，与大多数西方主流经济学家一样，大多数新制度经济学家也是偏爱私有产权的。

科斯虽没有明确否定公有制能创造效率，却声称私有制能够实现最优效率。“科斯的分析指出公有财产必须取消。选择制度的规律因之而成为：一切财产应该属于私人和个人”（施米德，1987）。**德姆塞茨**也认为，只有私有产权才能完成推进市场和提高经济效率的任务。**阿尔钦**指出，在一个知识发散的社会，人们必须得到有保障的、可转让的私有产权，即以双方同意的价格用较低的交易费用对经济资源和可交易产品进行转让的权利，这一制度协调发散信息的能力使得更有价值的物品的可得性增加，并使生产它们的成本变得越来越低。诺思则从经济史的角度强调私有产权激励了技术和知识进步，推动了制度变迁与社会的发展。张五常更是极端地宣称，“私有产权是独步单方”。但是，事实上，单一的完全界定的私有产权只不过是西方新制度经济学家们的一种理论期望，而非一种现实的存在。无论从历史还是从现实来考察，一个国家或一个时期的产权类型往往是多样的，而不是单一的。并且，从动态来看，产权制度是不断演进的。

另外，产权是一束权利，私有产权并不意味着所有与某项物质资源有关的权利都归属于同一个人，附着于同一件物品的私有产权可以由两个或更多人同时拥有——私有产权中也必然存在着产权的分割问题。例如，房主与房客关于房屋的权利都是私人的权利，房主有权阻止房客改造或出让房屋，同时房客在承租期间也有权排斥房主再来使用房屋。私有产权是针对产权的主体而言的，私有产权的关键在于权利的使用的决策完全是所有者个人作出的。因此，产权的分割，即不同的人拥有附着于同一物品的不同权利并不意味着这些权利不是私有的，只要每个人拥有互不重合的不同权利。这一点对于现代经济社会来说十分重要。现代合作性的生产过程高度依赖于私有产权各组成部分的分割与专业化，正是私有产权的可分割性、可分离性和可让渡性使得法人企业这种合作性的联合生产活动成为可能。也正是从这一意义上说，由私有产权联合起来组成的股份公司仍具私有产权的性质，而不是对私有产权的有效性及社会可接受性的限制与削弱（Alchian，1965）。

（二）共有产权

如果产权的主体是由多个经济主体所构成的共同体，权利为共同体内所有成员共同拥有，则称这种产权为共有产权。在拥有产权的这个共同体内部，每一个成员对这一产权的

拥有，都不排斥共同体内其他人拥有同样的权利，但它排除了共同体外的成员对这一产权的染指。各种社会俱乐部、互助会、乡村俱乐部及乡村文化大院等共有组织的产权安排都是共有产权的具体实例。

依据效率标准所要考察的两个方面，与私有产权相比，共有产权的“效率”水平相对要低。

一方面，共有产权的交易比私有产权的交易困难。共有产权在共有组织成员之间是完全不可分的——共有组织中的每一个成员都拥有这一产权，可以行使这一相应权利；但任何个人都无权声明该项产权只属于个人——产权属于全体成员组成的共有组织而不属于该组织的各个成员。因此，与私有产权不同，共有产权不具备产权利益的“匿名可转让性”。一个共有组织的成员，只有取得其他成员或他们的代理人的许可，才能将其共有组织的权益转让给其他人。因此，共有产权要变更其权利主体难度非常大，这显然阻碍了共有产权通过交易转让给“出价最高者”——共有产权的“共有”特性所派生出的较高的交易费用，阻碍了以交易来实现共有产权的最优配置。

另一方面，共有产权在共有组织内部不具有排他性，或者说，在共有组织内部，共有产权是完全处于“公共领域”的。任何人都有权行使共有的产权，在共有产权下，共同组织内的每一成员都有权平均分享共同体所拥有的产权，共同体内的成员依然可以自主地作出选择，而共同体内的其他成员无权干预：行使这项共有产权的收益归自己，而由此造成的成本则由共同体内的成员共同承担——这难免会导致对产权的滥用。因此，这种产权常常给资源的使用带来较大的“外部性”。如果对共同体内成员使用共有权利的监督和谈判成本不为零，那么他在最大化地追求个人利益时所产生的成本，就有可能部分地让共同体内的其他成员来承担，如过多人使用资源所造成的“拥挤”现象；而且，共有组织的每一个成员无法排斥其他人来分享他努力的果实，所有成员要达成一个最优行动，其谈判成本也可能非常之高，“搭便车”行为难以避免，因此，共有产权一般会导致较大的“外部性”。

但是，如果共有组织的规模被约束在一个适当的界限内，通过收费等管理措施，共有产权也可部分地内化其外部性，从而具有一定的效率。

（三）集体产权

集体产权是指产权的主体是一个集体，行使对资源的各种权利的决定必须由一个集体作出，即由集体的决策机构以民主程序对权利的使用作出决策。集体产权与共有产权有着明显的不同。共有组织的成员对于如何行使其权利的决定是不需要事先与他人协商的，各个成员都享有共有的产权，各个成员都可以作为相对独立的权利主体而决策；而集体产权的产权主体则是一个唯一的集体，集体内任何成员都不能单独拥有这项权利，相应决策行为必须由整个集体来作出。一句话，共有产权的权利主体有很多个，是共同体内的各个成员；而集体产权的权利主体则只有一个，是以一个整体出现的集体组织。例如，共有组织的每一成员前往该组织的渔区钓鱼，无须与另一个也去钓鱼的成员进行协商，征得他的允许；若该渔区属于某一集体，则该集体的每一成员都不能任意独断地决定如何使用该渔区，相反，该渔区如何使用的决策必须由集体作出。在集体产权下，对于如何行使产权以及如何有效地利用资源和财产的问题，一般是由按某种投票表决程序选出的一个代表各个成员的“委员会”通过民主表决程序进行决策。但是，任何表决程序都无法真正反映每个人的真实偏好，“一致同意”的投票表决是不可能的，集体的最优行动也难以达成，因而，与共有产权类似，集体产权也难以提供将外部性内在化的较大激励。当然，由于存在着一定的集体决策机制，相对于共有产权，集体产权的效率水平还要高一些——我们可以再次依据前面所提到的效率标准所要考察的两个方面来分析一下。

一方面，集体产权的交易比共有产权要容易一些。共有产权要变更其产权主体，必须征得共有组织中每一个成员的同意。而集体产权，则可以通过民主投票或通过其民主选举的“委员会”来作出决策，这样可以减少决策的复杂性。在共有产权中，只要共有组织有一个成员不同意，产权的主体就难以变更；而在集体产权中，少数人则难以阻碍产权的转让。当然，集体产权中的这种“便利”，也是以牺牲少数人的意愿为代价的。

另一方面，集体产权的激励约束作用相对要好一些。在共有产权体制下，共有组织中任何成员行使其产权，其他人都无权干涉，共有组织中的成员可以把自己使用产权所造成的成本无条件地转嫁给组织中的其他成员——而要通过谈判来限制这种行为则需要征得共有组织中所有成员的同意，谈判成本很高。而集体产权中，单个集体成员的行为要受到集体的约束，只有获得了集体的同意，才可以行使其产权。同时，集体决策机制也简化了集体成员间的谈判过程，降低了集体约束其成员所需的谈判和博弈过程，有利于节约交易费用。

（四）政府产权

政府产权在理论上是指产权由政府拥有，政府按可接受的政治程序来决定谁可以使用或不能使用这些权利。政府产权的性质完全取决于政府的性质。阿尔钦认为，西方民主社会的政府产权类似于股份分散的公司产权。但是，政府产权一般具有比私人产权相对较弱的特性。在政府产权下，权利一般是由政府所选择的代理人来行使。作为权利的行使者，代理人对于资源的使用与转让以及最后成果的分配都不具有充分的权能，这使得他对经济绩效和其他成员的监督的激励不足，而政府要对代理人进行充分监督的费用极其高昂，再加上掌握政府权力的实体往往为了其政治利益而偏离利润最大化动机，它在选择代理人时具有从政治利益而非经济利益考虑的倾向，因而，政府产权下的外部性也是较大的，经济效率较低。

（五）公有产权

公有产权，是指产权由社会全体成员共同拥有的产权。从广义上看，集体产权也是公有产权的一种，只是其范围限制在集体成员内部。在现代社会，公有产权是一种广泛存在于不具备消费排他性的资源上的“非实在”产权安排。在这样的产权条件下，每个社会成员都愿意享用资源所带来的好处，而不愿意为其存在支付费用，因为它一旦存在，每个人都可以非排他地从中受益。例如，空气、国防、路灯、节日烟火等。对于这类资源，由于建立排他装置的代价高昂，或者因为排他的政策和规则执行起来十分困难和复杂，社会成员可以自由享用，结果会出现对资源的过度使用，产生极大的外部性，导致整个社会效率的损失。例如，自然生成的水塘里的鱼，若谁也不拥有该水塘的产权，竭泽而渔的行为就很难避免。

第四节 科斯定理

在前面的分析中，我们已经阐述过科斯定理所表达的基本原理。这里再次专门介绍科斯定理，其目的主要是通过总结对科斯定理的相关表述，进一步强化对这一核心概念和基本观念的理解。当然，熟悉广为流传的科斯定理也是学习新制度经济学相关理论所必需的基本素质。

一般认为，现在广为人知的“科斯定理”是科斯在其《社会成本问题》一文中提出的。事实上，科斯定理的基本内容在科斯于1959年发表的《联邦通信委员会》一文中就已经提出。在该文中，科斯分析了美国从20世纪初以来广播业的立法和政府管制的历史变迁，并针对人们争相广播而引起的混乱和干扰问题，提出了与美国联邦通信委员会所实施的管制办法不同的解决方法。20世纪初，无线电开始了商业性应用，广播业逐渐兴起，为解决电台过多相互干扰的问题，美国形成了这样一种制度安排：任何人都必须首先获得联邦通信委员会颁发的执照方可经营广播电台，并遵守其制定的经营细则。显然，这是一种限制市场力量决定资源配置的做法。对此，科斯提出了“划分频率的产权然后让市场来解决”的思路，也就是，划定频率的产权，并允许其所有者自行决定该频率的使用与转让，来解决相互的干扰问题，从而阐明了在产权界定清晰的情况下，通过市场交易可以实现资源最优配置这样一个重要思想，勾画了后来被称为“科斯定理”的基本内容。针对当时流行的产权或所有权是由财产法而不是市场力量决定的观点，他还以新发现的山洞的归属问题形象地描述了他的深邃见解。他写道：“一个新发现的山洞是属于发现山洞的人，还是属于山洞入口处的土地所有者，或是属于山洞顶上的土地所有者，无疑取决于财产法。但是，法律只确定谁是必须与之签约才能获得山洞使用权的人。至于山洞是用于储藏银行账簿，还是作为天然气储存库，或种蘑菇，并不取决于财产法，而取决于银行、天然气公司和蘑菇企业哪一个能够付出最高费用以获得山洞使用权。”也就是说，法律对于山洞所有权的初始界定是交易的基本前提条件，而通过市场交易出价最高的人会获得山洞的使用权，从而实现资源的最优配置。他还指出，法律体系的目标之一就是建立清晰的权利界限，使权利能够在此基础上通过市场进行转移与重新组合，从而实现资源的最优配置。

科斯在其《社会成本问题》一文中全面、明确、清晰地阐述了“科斯定理”的相关理论。在这篇文章中，科斯列举了这样一个著名的案例（后被经济学界称为“科斯案例”）：当火车驶过一片种有树木和庄稼的土地时，机车排出的烟火经常引燃周围的树木与庄稼。如何克服这种不利的外部性（公害）呢？科斯认为，关键在于明确界定产权。在明确界定产权的情况下，双方通过交易，可以解决上述问题。

芝加哥大学著名教授、1982年诺贝尔经济学奖得主乔治·斯蒂格勒在其1966年出版的《价格理论》一书中，概括了科斯的上述重要思想，首次提出和使用了“科斯定理”一词。斯蒂格勒将“科斯定理”表述为：在完全竞争条件下，私人成本与社会成本将会相等。也就是说，如果没有交易费用，也就没有外部性问题。我们知道，负的外部性实质上就是私人成本小于社会成本，在完全竞争条件下，交易费用等于零。因此，斯蒂格勒的表述就是，只要不存在交易费用，外部效应将自动趋于消失。对于这一表述，科斯本人根本不予认可。他认为，他关心的是产值最大化问题，而没有论及一致不一致问题，在此基础上对其理论的批评也“多半是不正确的，不得要领的或离题的”。尽管科斯从未赞同“科斯定理”这一提法，它却为众多的经济学家所接受，并引发了对它激烈的争论和多样化的解释。

经过理论界的长期争论和探讨，人们现在一般倾向于认为，要准确而全面地反映科斯的思想，“科斯定理”应理解为由两个或三个定理组成的“定理组”。

一、科斯第一定理

如果交易费用为零，无论初始产权如何界定，都不会影响资源配置最优效率的实现。**科斯第一定理**的简单而准确的表述是引用科斯的一句原话：“如果定价制度的运行毫无成本，最终的结果（产值最大化）是不受法律状况的影响的。”科斯所理解的交易是指市场交易，交易费用是市场交易所需的成本。因此，科斯的这一论断一般被解释为，**如果市场交易费用为零（即定价制度的运行毫无成本），且权利得到明确界定，无论产权属于何方，经济当事人都可以通过市场交易实现资源的最佳配置，即资源配置效率与产权安排无关。**

在《社会成本问题》一文的第3节和第4节，科斯通过对“走失的牛损坏邻近土地的谷物生产”的案例分析，阐述了他的上述观点。我们来简单看一下这个案例。

假设农夫和养牛者在毗邻的土地上经营，在土地之间没有任何栅栏的情况下，养牛人的牛会跑到农夫的农田里啃吃谷物造成农夫的谷物损失，而且随着牛群规模的扩大，谷物损失也会增加。再假定将农夫的土地用栅栏围起来的年成本为9元，谷物价格为每吨1元，牛群规模与谷物年损失之间的关系如表2-1所示。

表2-1

牛群规模 （头）	谷物年损失 （吨）	每增加一头牛所造成的谷物损失 （吨）
1	1	1
2	3	2
3	6	3
4	10	4

显然，这是一个典型的外部侵害的案例。对于这一问题，科斯认为，无论造成损害的一方是否承担责任，并赔偿所有的损失，支付赔偿费，在定价制度正常运行时，资源配置的结果都一样。

首先，假定养牛者对所造成的损害承担责任，也就是养牛者没有权利让牛群损害谷物，如果造成损害，养牛者必须向农夫支付赔偿费，那么，在决定牛群规模时，养牛人必须将这笔赔偿费考虑在成本里。也就是说，只有在追加生产的牛的价值大于包括增加的损坏的谷物的价值在内的附加成本，养牛人才会扩大牛群。显然，如果赔偿费高于9元，比如养4头牛，养牛者将会选择修筑栅栏；如果赔偿费高于在没有牛群损害情况下农夫的净收入，也就是，如果存在牛群损害谷物的情况下，农夫出售谷物所获收入小于耕种整个土地的全部成本，农夫便会同意放弃耕种土地，使整块土地用于养牛，即双方会达成一个让农夫放弃耕作从而使双方满意的交易，实现产值的最大化。

其次，假定养牛者对所造成的损害不承担责任，即养牛者有权使牛损害谷物，农夫要避免损失，必须向养牛者支付赔偿费。显然，如果赔偿费高于 9 元，农夫将自修栅栏，若高于净收入农夫将会停耕。在这种情况下，资源配置结果与前面相同。假设牛为 3 头，如果养牛者将牛减为 2 头，农夫愿意支付 3 元赔偿费，若减为 1，则支付 5 元，如果减为零，则支付 6 元。这样，如果养牛人将牛的数量保持在 2 头而不是 3 头，他将从农夫那里得到 3 元，这也就是增加第三头牛所需成本的一部分。因此，养牛人在增加第三头牛时是否付出 3 元，或者不增加时是否收到 3 元，其影响是一样的，在这两种情况下，3 元都是增加第三头牛的成本一部分，并和其他成本一起被考虑。显然，如果通过将牛群规模扩大到 3 头，养牛业产值的增加大于不得不支出的附加成本，那么牛群规模将扩大，反之亦然。因而无论养牛者是否对相应的谷物损失负责，牛群的规模都一样，土地资源都将被出价最高方使用。

科斯试图阐述的是：在交易费用为零的情况下，无论产权属于何方，依据“出价最高者获得”的原则，通过市场交易最终总能达到资源配置的最佳效果。

对于科斯的上述思想，不同的经济学家的理解是不同的。许多经济学家从各自的角度提出了自己的解释。罗伯特·考特（1996）认为，经过多年的争论，所有的解释似乎已穷尽了“科斯定理”的含义，这些解释可以概括为以下三种。

第一种表述是，法定权利的最初分配从效率的角度看是无关紧要的，只要交换的交易费用为零。威廉姆森是此种解释的代表人物。根据这一理解，科斯案例的解决取决于火车主人与农场主们交易费用的比较。如果火车的主人是一个人，而铁路沿线的农场主很多，农场主之间达成协议的成本会远高于与火车主进行谈判的成本，这样纠纷就难以得到合理的解决；只有农场主人数减少，使得双方的交易费用相当时，才有可能解决纠纷。因此，此种表述真正试图说明的是，只要交易费用不为零，产权的界定和权利的最初分配就是至关重要的，产权制度的确立应尽量减少交易费用，如果交易费用过高，有效率的制度安排可能永远无法实现。

第二种表述是，法定权利的最初分配从效率的角度看是无关紧要的，只要这些权利能自由交换。换言之，只要产权界定清晰，且可自由转让，资源配置的有效性便可保证，不论权利初始配置是否公正与合理。以布坎南为代表的公共选择学派持此种解释。根据这种理解，他们给出了科斯案例的另一解决方式：无论是赋予火车主排放烟火的权利还是赋予农场主禁止火车排放烟火的权利，必须清楚地界定权利，并消除法定权利自由交换的障碍，这样，农场主与火车主便可按最大化原则出价购买或放弃这种权利，实现资源的有效配置。但是，在现实世界中，产权是很难自由、自愿地进行交易的，产权的交易不仅要受到机会主义的困扰，有时还要受到政府的限制。因此，此种解释试图强调的是，如果权利不能自由交易，法定权利的最初分配就是重要的，它对效率会产生重大影响。

第三种表述是，法定权利的最初分配从效率的角度来看是无关紧要的，只要这些权利能够在完全竞争的市场进行交换。也就是说，只要保证产权交换的完全竞争市场，资源配置的有效性便能得到充分保证。C. 舒尔茨是此种解释的代表人物。根据这种理解，他们认为，在科斯案例中，火车主处于垄断地位，农场主则是分散的、众多的，违背了完全竞争的条件，他们之间不可能有效地解决纠纷。因此，这种表述所要说明的是，如果不存在完全竞争的市场，法定权利的最初分配就是至关重要的。

上述三种表述，尽管侧重点不同，表达的基本内容却是相似的：在一定的条件下，法定权利的初始分配对经济运行的效率没有影响，即在市场机制充分发挥作用的条件下，无论初始的法定权利如何分配，经济运行总能达到帕累托最优状态。这与新古典经济学的完全竞争模式是完全一致的。用科斯自己的语言来表述，也就是，权利的界定是市场交易的基本前提，但是，如果定价制度的运行毫无成本，最终的结果（产值最大化）是不受法律状况影响的。“这就是科斯定理的实质。”

二、科斯第二定理

如果交易费用大于零，产权的初始界定将影响资源配置最优效率的实现。正如物理学中的无摩擦平面，无成本交易只是一种逻辑推理的结果，在现实生活中是不存在的。科斯分析的出发点是零交易费用，然而他强调的则是交易费用不为零的情形，上述分析不过是“通向正交易费用经济之路的基石”。在《社会成本问题》一文的第 6 节他便开始考察交易费用为正的情况，引出了所谓的“科斯第二定理”。

用科斯自己的语言表述，所谓的**科斯第二定理**可表述为：在（市场）交易费用为正的情况下，“合法权利的初始界定会对经济制度运行的效率产生影响”。也就是说，**在交易费用不为零的世界中，产权的初始界定影响经济效率和产出水平，产值最大化不可能不受产权安排的影响，不同的产权界定会带来不同效率的资源配置。**

一个经济社会要实现资源最优配置，应将各种资源用到最需要的地方，使资源掌握在最需要它的人手中。如果资源产权的初始安排就能保证资源最优配置，实现产值最大化，那么，产权的交易和调整就没有必要，也不会发生。一般来说，这种情况极少存在，在现实中，为优化资源配置，资源产权必须不断交易或转手，经常流动起来即调整产权安排才可能不断地使产权安排适应资源最优配置的要求。但是，市场交易是有成本的，正交易成本的存在会影响产权的调整。一旦考虑到进行市场交易的成本，那么只有产权调整后的产值增长多于它所带来的成本（*MR* 大于 *MC*）时，产权的调整才会进行。如果交易费用太高，那么最佳的产权安排以及由此能够带来的更高的产值，将不会通过市场交易实现。因而，在交易费用为正的情况下，产权的初始界定便是重要的。

在《社会成本问题》一文中，科斯在分析考察了大量案例且阐述了上述论断之后，有一个总结：在由法律制度调整权利需要成本的世界上，法院在有关妨害的案例中，实际上做的是有关经济问题的判决，并决定各种资源如何使用。如果由于交易费用高昂，通过市场无法实现最佳产权配置，可以通过法院裁决实现这种调整。“一种权利的调整会比其他安排产生更多的产值，但除非这是法律制度确认的权利调整，否则通过转移和合并权利达到同样后果的市场费用如此之高，以至于最佳的权利配置以及由此带来的更高的产值也许永远也不会实现。”这样，如果我们从一个零交易费用的世界走向一个正交易费用的世界，法律制度在这个世界的至关重要性便立刻清楚地呈现出来。

基于以上分析，科斯还做了进一步的推论：在不同的经济、法律环境下，外部性问题存在不同的解决办法，所有的解决办法都有成本，问题在于哪种办法成本相对较低。因此，“我们必须考虑各种社会格局的运行成本（不论它是市场机制还是政府管理机制）以及转成一种新制度的成本，在设计和选择社会格局时，我们应考虑总的效果”。这也就是科斯的制度选择思想。在这里，科斯实际上也在极力倡导一种方法论的转变，以区别于庇古的传统。后者通常将现实状态与某种理想标准进行比较，并依此判定现实状态的效率性质和解决方法，而忽略了相应的解决方法本身的运行成本。科斯所倡导的则是一种以净产值最大化为目标的比较制度分析。

三、科斯第三定理

恰当的产权安排有助于促进现实世界资源配置最优效率的实现，即，产权是市场交易的前提。一般认为，所谓的科斯定理包括上述两个定理，这也是最流行的解释。但也有人认为，还存在一个科斯第三定理。用科斯自己的语言来表述，**所谓第三定理就是：“权利的界定是市场交易的前提”。**在张五常看来，“产权的界定是市场交易的重要序曲”，这是一个标准意义上的定理。在现实世界，如果没有产权的界定、划分和保护、监督等规则，也就是没有产权安排，产权的交易就难以进行，因此，产权安排是人们进行交易、优化资源配置的前提，并且，人们的交易是既定产权安排之下的交易，既定的产权安排为人们提供了交易的框架。

前面我们说过，与大多数西方主流经济学家一样，科斯等大多数新制度经济学家也是偏好私有产权的。因此，结合科斯的整个理论倾向来看，我们可以发现，科斯定理真正试图说明的是，通过明确界定产权（确立清晰的私有产权），外部性等市场失灵问题本身可以通过私人协议的方式去解决，而不必抛弃市场机制。然而，在现实中，并不是所有资源的产权都能明确界定，纯粹私有化的产权界定更近乎空想，即使私有产权往往也难以充分界定。“完全的私有权、完全的国有权和完全的共有权的概念相对于所包含的实质权利束有很大的弹性”（德姆塞茨，1988）。

四、公共物品与公共领域

科斯定理指出了产权界定与经济效率之间的关系，也指明了界定产权所需遵守的节约交易费用的原则。依据科斯定理，产权界定之所以影响经济效率，是因为现实的经济世界存在着交易费用。在交易费用为正的条件下，不同的产权界定会导致不同的效率水平。那么，什么样的产权是有效率的呢？我们在上一节关于帕累托效率的分析中已经明确，决定产权界定的效率水平高低的是产权界定后交易费用的大小。沿着这一思路分析下去，就不难理解：无论是哪种类型的产权，只要是有利于交易费用的节约就是有效率的，而只要是增加了相应的交易费用，这种产权界定就是低效率的、不成功的。原有的关于产权界定的基本认识可能存在着偏差：一些看上去应当实行公有产权的公共物品，也可以通过私有产权来实现其资源最优配置；人们原有概念中的私有产权观念也存在着难以界定的“公共领域”，“私有产权”也不是绝对的。一句话，交易费用对产权界定效率的决定性作用，颠覆了经济学家们原有的公有产权和私有产权的概念及其界定原则。以交易费用为关键变量可以发现，“公共物品”可以实行私有产权，私有产权也存在着明显的“公有性”。

我们借助经济学家对“公共物品”和“公共领域”两个概念的分析来深入理解上述观点。

（一）公共物品

以交易费用为关键变量来分析，可以发现，即使是公共物品的产权界定也要本着“节约交易费用”的原则，根据不同的客观情况来确定其最有效率的产权配置，不能简单地实行公有或者私有。

公共物品的非竞争性与非排他性特点提高了通过界定私有产权来实现其最优配置的难度。**所谓公共物品是指这样一种物品，“它一旦被生产出来，生产者就无法决定谁来得到它”（弗里德曼，1986），同时，“每个人对该产品的消费不造成其他人的消费减少”（萨缪尔森，1954）**。这就是所谓的公共物品的“非排他性”和“非竞争性”。其实不难理解：公共物品的“非排他性”所指出的是界定其私有产权的“交易费用”过高；而公共物品的“非竞争性”则表明，界定其私有产权也没有必要激励——外部性收益过大，导致交易费用为正的条件下，外部性收益不能形成充分的“内在激励”。因此，经济学家一般认为，公共物品应当由政府来提供，由政府所有；经济学家以灯塔为例，关于公共物品产权界定和资源配置的讨论则说明，即使是公共物品，其产权界定也没有那么简单。

灯塔作为公共物品的一个典型，一直是经济学家们著作中的常客。穆勒、庇古等都以灯塔为例来说明政府的作用和对经济的干预，理解政府的经济功能，把它作为只能由政府提供而不是由私人提供的物品的一个例子。早在1848年，英国经济学家穆勒就在其《政治经济学原理》一书中研究了灯塔问题。他说：“虽然海中的船只可以从灯塔的指引中得益，但若要向它们收取费用，却无法办到。”“由于不可能向受益于灯塔的海上船只收取费用，没有人会出于个人利益的动机而建造灯塔。”因此，灯塔必须由政府出面建造与维修。

1932年，庇古在其《福利经济学（第四版）》中又以灯塔为例来支持其政府干预经济的观点。他认为，既然技术上难以向过往的船只收取费用，就不会有人愿意建造灯塔；若灯塔是私人建造经营的，私人收益必然低于灯塔对社会的贡献。在这种情况下，政府建造灯塔是必要的。

承袭并发扬上述两位经济学家的传统，萨缪尔森在其1964年出版的《经济学》里干脆认为，灯塔难以收费的问题根本不成为问题，灯塔作为公共物品的典型，根本不应收取费用，付费是不合理的，政府产权是最有效的产权安排。他的理由是：由于有了灯塔，每一只船都可以从灯光中得利，当一条船使用灯塔时，这丝毫不会排斥其他船只共用这座灯塔。“因为对社会而言，多向一条船服务的额外费用等于零”，所以，“要像私人产品一样地以市价收费并不一定是理想的”。因为，根据价格等于边际成本的定价原则，既然公共物品的边际成本为零，这种物品无疑是应该免费供应的。也就是说，在萨缪尔森看来，灯塔作为公共物品应该由政府建造并拥有，不仅是因为私有会有收费的困难，还因为在经济原则上灯塔是不应该收费的。

一直以来，大多数经济学家都认为，灯塔类物品收费的困难或不可排他性使得私人生产者不愿提供此类物品，只能由政府拥有并经营。然而在众多“好心肠”的经济学家的这种“合唱”声中，科斯、张五常等人却唱起了反调。

对于经济学界普遍接受的认为私有灯塔无从收费或无利可图的观点，科斯在其1974年发表的《经济学中的灯塔》里，以事实为根据进行了反驳。在该文中，科斯研究了英国早期的灯塔制度。17世纪以前，灯塔在英国是名不见经传的。17世纪初，英国政府授权领港公会建造灯塔管理航海事务。但是，在1610—1675年间，领港公会一个新灯塔也没有建造，而经政府许以特权的个人却投资建造了至少10个灯塔。私营的灯塔是向政府租地而建造的，并与船主签约收取费用，租借期满后，再由政府收回交领港公会经营。到1820年，英国公营的灯塔有24个，而私营灯塔有22个，且在全部46个灯塔中有34个是私人投资建造的。到1834年，在全部56个灯塔中，公营的占42个。到1836年，政府通过法规将剩余的私营灯塔全部收回。按照英国当局的解释，收回私营灯塔的理由并不在于私人收费的困难，而在于私人收费过高。但不管怎样，科斯指出，英国的早期灯塔制度证明灯塔的私人收费是可能的，因此，从穆勒到萨缪尔森以来认为灯塔必须由政府经营的观点或私有灯塔无从收费的观点是“错误”的。他还调侃道，经济学家不应把灯塔作为只能由政府提供服务的例子，应举出一个只能由政府提供服务的更有说服力的例子。但是，科斯的分析也仅此而已，该文没有具体讨论灯塔服务应怎样收费的问题。

在科斯分析的基础上，张五常教授在《科斯的灯塔》中指出，在灯塔的例子中，收费的困难有两种，而包括科斯在内的许多经济学家都将两者混淆起来。第一种是船只“偷看”灯塔的指引却不承认。这类收费的困难并不太大，因为船只进港必然经过有灯塔的航线，困难只在于经过有灯塔的航线却未进入港口的船只。第二种困难是“搭便车”行为，即有些船只承认灯塔对它们有用，但就是不肯付费。这一类收费的困难，张五常认为，解决的办法是政府给予私营灯塔一个专卖权，规定每一过往的船只都必须付费，否则受罚。但是，如果政府不许以专卖权，私营收费还能办到吗?

类似地，著名法经济学家波斯纳在1975年发表的《垄断和管制的社会成本》一文中也说明了，在一定条件下，某些公共性资产也可以确立私有产权。他指出，关于私人的市场会导致信息之类的资源生产不足或停止生产的结论在有些条件下是根本错误的，只要具备一定条件，私人的市场完全会生产出所要求的产量。假定某个人花费极高的代价发明了准确预报天气状况的技术，由于天气预报服务具有公共性，发明人很难通过出卖这一服务直接从消费者那里获得相应报酬。但是，波斯纳认为，发明人完全可以通过买卖期货合同，借助于期货市场来间接地得到发明的补偿并获取利润。若根据其预测，由于气候的变化，农业的收成在未来的某个时间会大幅减少，价格上升，他便可以去期货市场以现时价格大量买进农产品期货合同，从而通过买卖期货合同收回发明投资。但是，这里的分析似乎仅解决了私人发明的补偿与激励问题，且条件极为苛刻，并没有解决它的市场供给与交易问题，即发明与天气预报服务不具有可交易性，仍为私人信息。

在交易费用相对较低的条件下，灯塔等具有公共性的资源或物品也可以充分界定其私有产权，从而由私人提供。我们确实也看到，随着技术进步和社会发展，很多原来具有公共性的资源变成了一定的私人性物品，比如电视、广播收费频道等——其原因也在于社会的发展和技术的进步，降低了相应的交易费用。但是，从一般意义上来说，经济学家们大都认为，灯塔等具有公共性的资源或物品的“非排他性”的自然属性决定了，要设计或发明一整套排他的装置和制度将其“私有化”，私有产权的履行成本以及保护和监督的费用通常十分高昂，甚至超过此类物品产权模糊时的低效率损失。在很多情况下，影响公共物品产权界定的“交易费用”还是比较高的。例如，保障知识产权的专利制度，可上溯到15世纪的意大利，但到今天它也只不过保障了很少一部分知识资产，其原因是复杂的，交易费用高昂是一个重要因素。张五常曾风趣地指出，要买一个发明专利权的人，在算出这项专利可赚的现值之后，他的律师很可能劝他把预期收益减去2/3，作为未来的官司费用。而且，对于灯塔等具有很强公共性的资源，竞争性的市场制度还会导致过度生产、重复投资，造成资源浪费。因此，这类资源的公有产权或政府产权安排是相对有效率的。即使用于界定和实施排他权利的成本低于私人产权确立后增加的产出，也不能轻率断言私有产权的确立会增大社会福利。菲吕博顿（Furubotn，1985）借助一般均衡模型和比较静态分析方法研究发现，不能对私有化的社会福利效果作出一定为正的一般结论。巴泽尔（Barzel，1989）也指出，私有比政府所有能更好地利用资源的先验结论是没有根据的。因此，在现实中，政府产权及公有产权也是广泛存在的。

（二）公共领域

在交易费用大于零的条件下，考虑到正交易费用的影响，经济学家对私有产权也有了新的认识，其典型代表就是巴泽尔对“公共领域”的分析。“公共领域”是巴泽尔在《产权的经济分析》这本小册子里所使用的一个重要概念，通过这一概念的运用，他提出了“没有绝对排他的私有产权”这样一个重要的观点。

前面关于公共物品的分析中我们提到，交易费用大于零的情况下，界定产权会面临一定的困难，同样的私有产权的界定也会面临着交易费用大于零所带来的困难——即使是“私有产权”，受正交易费用的影响，产权的排他性也不可能穷尽资产的所有有价值的属性。任何一项资产，其有用性往往是多方面的，如果要把附着于这项资产上的所有产权都界定清楚，其前提条件是，与产权关系有关的所有经济主体都必须完全了解这一项资产的所有用途。这必须要求所有经济主体，在获取有关资产使用的信息时都无须任何成本，即信息费用为零；同时，所有的经济主体也必须能够在关于这一资产各项用途的产权的界定中，不发生任何“摩擦”，不形成任何成本。总之，要完全界定附着于同一项资产上的所有产权，交易费用必须为零。反过来说，在交易费用大于零的条件下，由于关于资产使用的信息具有成本，人们对一项财产的使用往往“仁者见仁，智者见智”，存在着“信息不对称”等问题；在产权的争夺与维护中，也难免会形成各类成本。所以在产权界定中，本着利益最大化原则的经济主体，其产权界定的程度必然处于产权界定的边际成本与边际收益相等的水平。因此，**必然存在着一些产权，因交易成本过高而无法明确界定其私有属性，从而处于“公共领域”（public domain），即任何人都可以接近和攫取的领域。**公共领域里资源的价值也称为“租”。

在现实世界，“公共领域”随处可见。商品世界中成千上万的商品属性都可置于其中，各种服务也是如此，只要不能对它们收费，就至少有一部分商品和服务的属性会被置于公共领域。以音乐厅座位的票价为例，如果座位不分好坏，实行同一票价，音乐厅所有者就是把不同座位的价值差额置于公共领域了；再如，卖草莓的将草莓按同一价格论斤售卖，每一个草莓之间的价值差额也被置于公共领域了；又如，顾客在高峰时间就餐并不会因为有价值的高峰时间的获得而向饭店支付高于非高峰时间的差价，而且顾客也不为其在饭店度过的时间及引起的混乱支付费用，等等。在极端情况下，当排他性权利界定极不完全时，私有资源就可能变成事实上的公共财产。现实中名不符实的私有产权的实例有很多。当渔民被授予某块海域的排他性捕鱼权时，他们并不能控制穿梭于不同海域之间的鱼群，这些鱼群实际上便是公共财产。

显然，由于缺乏排他性权利的约束，进入公共领域的财富将成为人们投入资源争夺的对象，从而引起“租值耗散”，产生极大的外部性。

在20世纪初期的美国，私人只要获得20英亩的油区即可开采石油，尽管石油形成的表面面积常常大到几千英亩。结果，沿着产权分配线打出的过量油井均在抽取邻近地片的石油，导致租值大范围的耗散。据估计，1910年仅加利福尼亚因燃烧和蒸发的石油损毁，就占到该州生产额的5%～11%；1914年美国全国的过度开采损失额约为5 000万美元，同年美国的生产额仅为2.14亿美元。

综上所述，决定产权界定的效率水平的关键因素在于交易费用的高低，如果交易费用不高，明确界定产权有利于经济通过经济主体自发的竞争实现资源的最优配置，甚至公共物品也可由私人来提供；在交易费用过高的情况下，界定私有产权也会遇到困难，从而使一部分产权处于“公共领域”。

五、政府在产权界定中的作用

前面的分析表明，交易费用的大小决定了产权界定的效率水平。因此，影响交易费用大小的因素也影响着经济运行的效率。在第二章产权的起源中我们曾经提到，在无政府状态下，人们通过反复博弈，最后也会确立一些产权关系。这容易引起以下推论：既然在无政府状态下，人们也可以形成产权约束，那么政府的存在对于产权的界定来说就不是必要的了。应该说，在没有政府的条件下，人们的确可以形成相应的产权制度，而政府的作用则在于可以减少产权界定的成本。虽然政府的运行也需要一定的费用，但是与产权界定中所发生的较高的交易费用相比，政府的参与可以提高产权界定的效率。

首先，就产权的界定过程来说，政府的存在有利于限制、规范人们的争夺与竞争行为，节约产权界定的成本。在前面我们曾经提到，在没有政府参与的情况下产权的界定需要通过人们之间的暴力威胁等手段，经过反复博弈才能确立。而政府在军队、警察和监狱等暴力手段的支持下，在产权界定中具有绝对的权威性，可以规范人们在产权争夺过程中的行为，甚至可以直接分配有关产权，从而节约交易费用。

其次，政府可以保证产权界定的稳定性。经济主体以暴力手段为基础的反复博弈所界定的产权关系是以各方“实力”为最终依据的。这种产权关系的安排，如果失去政府等强有力的第三方的支持和维护，在各方“实力”变更之后，原有的产权界定将不再稳定，从而出现新的产权争夺问题。而政府则可以通过法律等形式维护产权界定状况，约束规范人们的产权变更行为，不致出现产权的无序争抢和混乱。

科斯认为，政府在某种意义上是个超大型企业，其优势在于它可以凭借暴力潜能强制性地规定人们必须做什么或不得做什么，从而以较低的费用办成一些私人机构极其费力的事情。因此在现实中政府对于产权的形成和界定有着巨大的促进作用。这样，科斯又通过自身的分析揭示了市场的不足，否定了市场万灵论。例如，两个村的村民对一条河流的使用权发生争执，他们互不相让，谁也无法合法地占有它，为占有这条河流，他们世代为仇，争斗不休，甚至不怕流血牺牲。无休止的争吵和打斗，使谁也不能占有河流，耗费了大量的资源，河流也无法得到合理的利用。而这时作为第三者介入的政府强行划定河流的产权，就可以使河流比没有产权时得到更好的利用。政府划定产权之后，双方可以通过自愿、平等的交易寻求最佳的权利配置。即使双方无法达成更好的产权安排，政府对河流的产权界定显然也比不能界定其产权的原始状态更有效率。

当然，政府界定产权也会付出很大的交易费用，包括当事双方向政府部门进行的游说、双方在诉讼中的讨价还价以及界定了产权之后付出的实施、监督和保护费用等。而且，如果由政府直接来决定产权的分配，或者限制市场的价格机制的调节作用，那么市场上“出价最高者获得”的资源配置原则就会被破坏，从而导致资源配置状态不再符合帕累托效率。

巴泽尔和张五常对价格管制所进行的经典分析很好地说明了这一点。我们知道，政府为了平抑物价或其他目的，经常会将某些商品的价格定在低于市场出清价格的水平上。在政府的价格管制之后，消费者对商品愿意支付的价格与政府的最高限价之间就有一个差额。从产权的观点看，它是一种非排他性收入（如果价格管制未伴之以票证配额等分配这部分收入的制度），类似于公有产权下的资源。这意味着商品的一部分价值被置于公共领域，将成为消费者和厂商角逐的对象，并导致一些新的产权安排和行为。

在消费者方面，人们通常选择排队的方式，即通过花费恰当的时间排队等候来获得对于管制商品的权利，排队方式通常也被认为是一种交易费用相对较低的分配机制。在此种机制下，消费者需要支付的价格不仅仅是政府的限价，还包括排队的时间成本即等待价格，消费者愿意支付的最高等待价格显然等于前述差额。一般认为，政府将价格分配改为排队购买有利于穷人，因为他们的等候成本低于富人。巴泽尔在其 1974 年发表的《等待配给理论》一文中则发现，消费者的等待意愿取决于商品的收入弹性和价格弹性的比率，相对于价格弹性，收入弹性的值越大，排队人群中富人所占的比例越大。

价格上限管制也将促使厂商的供给行为发生变化。从产权的角度看，价格管制对厂商有两方面的影响：一是厂商制定价格的权利受到限制，即厂商的产权被弱化；二是厂商依然保留了供给多少数量和什么品质的商品的权利。由于价格上限管制只是规定了价格的水平，政府没有同时对管制商品广泛多样的非价格维度也作出同样清晰的规定，这就给厂商对价格之外的其他有价值的商品维度作出调整留下了诸多余地。巴泽尔在其《产权的经济分析》里分析美国 20 世纪 70 年代初汽油价格管制时指出，正像其他所有的交易商品一样，汽油具有一系列有价值的属性，例如加油站每天是营业 9 小时还是 24 小时？汽油的质量标准如何？汽车加油时是由顾客自我服务还是完全由加油站提供服务？这些重要的方面都没有进入政府管制的范围，变成了厂商可以争夺的公共领域里的有价值的资源。结果，汽油销售商在规定的价格下降低了汽油的质量，以前由加油站提供的加油服务也变成了让顾客自我服务，加油站的营业时间也明显缩短。再如，为了限制竞争，美国 1978 年之前实行了航空管制，民用航空局管制着民航的机票价格和飞行路线。航空公司的对策是通过在诸如飞行时间、频率等各种未被管制的维度展开竞争，而航空局随后的反应是企图对这些维度也施加管制。这说明，由于商品维度的多样性和不可穷尽性，政府的管制总是有限的。

总之，由于政府的价格管制使厂商的收益权部分地或全部地受到了限制，将使得部分财富像公共财产一样被置于公共领域，除非政府通过诸如票证配额等制度将这部分收入重新授予排他性权利，否则对非排他性收入的竞争将导致它的耗散——如排队的时间成本等，并导致买卖双方的行为调整。张五常在1974年发表的《价格管制理论》一文中高度总结了买卖双方对政府管制作出的反应性调整，调整的目的是使政府限制所引起的价值潜在净损失减到最少，也就是使非排他性收入的耗散减到最少。他指出，假定非排他性收入存在且倾向于耗散，有关各方和每个人将寻求尽量减少因限制引起的耗散额的办法。一般做法包括：寻求使用或生产产品的另外方式，以便使资源价值的降低程度最少；探寻新的契约安排，以便能使其在产品生产过程中增加的交易成本减少；或者综合使用以上两者达到成本最低的目的。

总之，市场机制下“出价最高者获得”的原则，是资源配置符合帕累托最优的保证。政府对资源配置的干预如果破坏了这一原则，限制了市场的自由交易行为，就必然会造成社会总福利水平的降低。所以依照新制度经济学的观点，政府的作用应当是为人们提供有效的制度保障，充分尊重并维护人们的财产权利，规范人们之间的竞争行为，而不应直接干预市场运行，也不应限制市场的价格调节机制。

当然，政府的存在，更令人担心的在于政府的腐败、专制所导致的“非效率”和“不公平”问题，对于这一问题，我们将在后面的国家理论中进行分析，这里不再赘述。

本章人物：科斯

产权理论、交易费用分析以及著名的“科斯定理”，都源于新制度经济学的创始人科斯。

1910年12月29日，罗纳德·哈里·科斯（Ronald H. Coase）出生在伦敦郊区威尔斯敦的一个普普通通的英国家庭。在度过了平淡而幸福的少年生活之后，1929年，科斯进入伦敦经济学院学习商业。在为了获得商业学士学位学习的最后一年，科斯得到了幸运女神的青睐，度过了两个“特别幸运的人生片段”：遇到了阿诺德·普兰特教授，又于次年获得了一笔卡塞尔旅行奖学金。

阿诺德·普兰特教授在1930年被聘为伦敦经济学院商学院教授，讲授企业管理方面的课程，并在工业组负责。科斯聆听了普兰特的企业管理讲演，并参加了他的讨论班。普兰特在讨论班所传授的知识，改变了科斯对经济体制运作的看法，或者更准确地说，给了科斯“一个对经济体制观察的智见”。普兰特解释了经济体制如何可以用定价机制来协调，澄清了科斯对经济学理论方面的某些模糊概念。可以说，普兰特不仅影响了科斯的思想，而且改变了科斯的人生。

更为幸运的是，在1931—1932年间，伦敦经济学院授予科斯一笔卡塞尔旅行奖学金。正是这笔旅行奖学金，使科斯真正走上了成为一名经济学家的道路。科斯发现，普兰特在他的课程中以不同方式讨论了工业组织结构的问题，但是对为什么工业组织中存在差异性的问题没有有效的理论来解释。同时，普兰特教授强调经济体制是通过定价机制来协调的，并对计划管理进行了批评，但是在关于商业管理的讲演中，他又提到管理是企业中协调的要素。那么，这两种观点如何才能相融呢？如果所有的协调都必须由市场来提供，为什么还需要管理来协调呢？带着这些疑问，科斯决定利用他的旅行奖学金到美国去研究工业组织中的垂直一体化和横向一体化等经济问题。在美国，科斯访问了许多大学，但更主要的是参观了一些工厂企业，阅读了许多期刊和联邦交易委员会的报告。经过一年多的研究，科斯确信，他已经获得了解答上述疑惑的初步答案。

带着满脑子关于企业的想法，科斯于 1932 年 10 月受聘为邓迪经济与商业学院的助教，讲授的课程之一是商业企业组织。正是在这门课程的授课过程中，科斯比较明确地表达了后来发表的《企业的性质》一文的主要观点。此时，科斯年方 21 岁，正值青春年华。在邓迪，科斯还开始阅读《国富论》等经济学经典著作，并形成了对经济学研究的基本态度："希望经济学既能分析现实世界又能有明确的方法"。因而，当科斯开始经济学研究时，其目的就是运用其理论来解释真实世界发生了什么。1934 年，科斯被聘为利物浦大学助理讲师，讲授银行金融课程。1935 年，科斯又受聘于伦敦经济学院任经济学助理讲师，承接希克斯，讲授垄断理论方面的课程，并在工商管理系讲授公用事业经济学课程。在此期间，科斯主要的研究方向便是与公用事业经济学课程相关的方面。

就这样，科斯度过了 1932—1939 年相对平淡的 7 年。当然，在此期间，科斯发表了影响深远的《企业的性质》一文，但在当时此文的发表是"应者寥寥"。第二次世界大战爆发之后，从 1940 年到 1945 年，科斯在政府部门度过了对于一个经济学家的思想演进来说没有多大帮助和作用的 6 年。1946 年，科斯重回伦敦经济学院，主讲经济学原理，着力研究公用事业尤其是邮电业和广播业。1951 年，科斯获得了伦敦大学的博士学位，并于同年移居美国。

移居美国这个繁华世界，科斯也步入了他人生的辉煌篇章。经约翰·萨姆纳教授推荐，科斯获得了布法罗大学的一个教授职位，并在那里度过了 7 年的时光。1958 年在斯坦福大学行为科学高级研究中心工作一年之后，科斯加入了弗吉尼亚大学经济系，并在那里居住了 6 年。1964 年科斯成为芝加哥大学教师中的一员，直至 1979 年退休。退休后，作为芝加哥大学法学院法学与经济学方面的一名高级研究员，科斯仍然非常活跃。

到美国之后，科斯承继其在伦敦经济学院的研究，以英国、加拿大和美国的实证经验为依据，继续对广播业的经济关系进行研究，并在 1958—1959 年间写出了一篇题为《联邦通信委员会》的重要论文。正是该文的发表，引出了影响更为深远的研究成果。科斯在《联邦通信委员会》一文里的观点，遭到了与其相识的一些芝加哥大学教授的激烈反对。为此，在 1960 年春天的一个晚上，阿伦·迪莱克特邀请弗里德曼、斯蒂格勒等 9 名经济学家在其家中与科斯进行了一场激动人心的辩论。辩论开始时，人们普遍反对科斯而赞同庇古；辩论的中途，弗里德曼突然倒戈，并炮珠连发，其枪弹横飞之后，所有的人都倒下了，只有科斯一人屹立不动；夜阑人静、辩论结束时，经济学家们全都激动于亲眼目睹了经济学史上的灿烂一幕。

辩论会后，为了更清楚而系统地表达其思想，1960 年夏天科斯在伦敦经济学院写出了著名的《社会成本问题》一文。与《企业的性质》的遭遇迥然不同，该文的发表即刻引起了广泛的抨击和辩护。回顾此中缘由，科斯认为，写作具体环境的不同是一个重要原因。《社会成本问题》的发表，得到了芝加哥大学经济学家团体的强力支持，尤其是乔治·斯蒂格勒。科斯的观点经斯蒂格勒公式化并命名为“科斯定理”之后，引起了经济学家和法学家等多个领域的学者的广泛关注。英雄造时势。自此，一股变革正统经济学的潮流便不可阻挡地不断上涨。

不断上涨的潮流终于将科斯推向了人生的巅峰。1991 年 10 月，瑞典皇家科学院宣布，将 1991 年诺贝尔经济学奖授予芝加哥大学的罗纳德·哈里·科斯教授，其主要依据是《企业的性质》和《社会成本问题》两篇论文所作出的原创性的贡献：“发现和澄清了交易费用和产权对经济运行的生产制度结构及其运作的作用和意义”，“为我们了解经济运行方式作出了突破性的贡献”。科斯的学术活动及贡献可划分为两个阶段：第一个阶段的贡献集中体现于《企业的性质》之中，在这篇 20 世纪 30 年代的论文里，科斯主要是在实证考察和研究企业组织的起源和市场运行的基础上，提出了交易费用的思想，奠定了产权与制度经济分析的基础。第二个阶段的贡献则集中体现于发表于 1960 年的《社会成本问题》，在该文中，科斯以交易费用分析为前提，在对外部性问题的考察中，提出了“科斯定理”的基本思想，阐明了产权安排和法律制度等各种制度安排的功能，提供了制度结构理论的框架的基石。

2013 年 9 月 2 日，科斯在美国去世，享年 103 岁。

【本章小结】

依据新古典经济学的“外部性”理论，“外部性”问题是“市场失灵”的表现，需要政府通过税收和补贴等手段进行干预治理。科斯认为这种思想忽略了问题的相互性，在双方可能遭遇的损害（或受益）中，应“两害相权取其轻”（或“两益相权取其重”），在交易费用等于零的条件下，只要明确界定形成损害（或收益）的产权，允许双方围绕产权进行自由交易，其结果必然符合“两害相权取其轻”（或“两益相权取其重”）的效率原则。科斯的这些分析揭示了财产权利问题：拥有了生产要素的所有权，并不代表就拥有了至高无上的绝对权利，生产要素的所有者只能拥有在一定范围内使用其生产要素的权利，只承认所有者对物品的所有权，而不明确界定其使用物品的具体权利，就难免会造成纠纷和“外部性”问题。

产权是由社会规则约束和保障的，关于财产使用的，一系列排他性权利的集合。产权在本质上是一种社会工具，是关于财产使用的制度，是附着在财产上的一系列权利的集合。在内容结构上，产权一般包括：使用权，在允许的范围内自由使用该资产的权利；收益权，在不损害他人的条件下可以享受从该资产中所获得的各种利益；让渡权，改变资产的形式、内容和地点的权利。其中，让渡权是产权最根本的组成因素。将附着于同一物品之上的产权束中的多项权利分别归属于多个不同的权利主体，构成产权的分割。产权的分割是产权实现最优资源配置的必要条件。资源配置就其本质而言，就是将产权配置到能够最优使用这项产权的场合。以产权为基本单位的分析方法，可以解决新古典经济学因忽视财产权利界定而造成的“外部性”难题，细化和明确新古典经济学“资源最优配置原则”的适用对象，从而纠正新古典经济学“对生产要素的错误定义”，拓展新古典经济学的分析范围，将制度分析与资源配置问题结合起来。

“外部性”问题，就在于两项归属于不同所有者的关于财产使用的权利出现了相互交叉与重叠，从而使双方在财产使用问题上出现相互侵犯的纠纷。要解决这种纠纷就必须对某些产权进行限制，以保证其他产权的顺利实施，这就是产权的限制。对产权施加不必要的限制所造成的产权安排不符合新古典“效率”原则的现象，就是产权的弱化。

产权的起源指的是人类历史上最初的产权的建立或形成，是人类社会从无产权到有产权的变化。新制度经济学所讨论的是私有产权的起源。稀缺性是产权产生的基本前提；潜在的利益是产权产生的基本动力；产权的形成过程是人与人之间相互博弈形成相应共识的过程。

帕累托最优是评价产权设置效率的标准。考虑到制度约束和交易费用的影响，效率条件被看做是由一个给定的理论结构给出的一个确定（均衡）解所具有的特征；根据这种观点，如果这些均衡解符合反映其特征的约束，那么一个系统的解总是有效率的。交易费用的大小直接影响制度外部激励的内部化。产权安排的效率需要考察两个方面：产权的激励作用，即产权安排是否有利于将外部化收益转化为内在激励；产权安排是否有利于降低产权转让过程的交易费用。

以产权归属的经济主体为参照，可以将产权划分为：私有产权，指权利主体为个人的权利，即由个人所拥有的各类财产权利；共有产权，指产权的主体是由多个经济主体所构成的共同体，权利为共同体内所有成员共同拥有；集体产权，指产权的主体是一个集体，行使对资源的各种权利的决定必须由一个集体作出，即由集体的决策机构以民主程序对权利的使用作出决策；政府产权，指产权由政府拥有，政府按可接受的政治程序来决定谁可以使用或不能使用这些权利；公有产权，指产权由社会全体成员共同拥有的产权。

考察具体产权形式的效率，主要考察：产权的交易是否自由——因为出于自由自愿的交易有利于产权依照“出价最高者获得”的原则进行最优配置；产权的激励约束作用的大小，保证产权主体排他性地获得行使产权的收益，有利于激励产权主体以最高的效率来使用其产权。不同形式的产权，在不同方面，其效率水平各有优劣。

科斯定理是新制度经济学关于产权安排的基本定理，通常被理解为由两个或三个定理组成的“定理组”。科斯第一定理：如果市场交易费用为零（即定价制度的运行毫无成本）且权利得到明确界定，无论产权属于何方，经济当事人都可以通过市场交易实现资源的最佳配置，即资源配置效率与产权安排无关。科斯第二定理：在交易费用不为零的世界中，产权的初始界定影响经济效率和产出水平，产值最大化不可能不受产权安排的影响，不同的产权界定会带来不同效率的资源配置。科斯第三定理：产权安排是人们进行交易、优化资源配置的前提。

产权的界定不是绝对的，交易费用的大小影响着产权的界定。通常认为公共物品是具有“非竞争性”和“非排他性”的物品，无法由市场通过私人部门制造和提供，应由政府提供，但是科斯通过灯塔的例子说明，在交易费用较低的情况下，灯塔等公共物品也可以由私人提供。同时，如果界定产权的收益低于其成本，会形成处于“公共领域”没有明确归属的部分产权。缺乏排他性权利的约束，进入公共领域的财富将成为人们竞相争夺的对象，从而引起“租值耗散”，产生极大的外部性。出于降低交易费用的需要，在很多场合，政府的参与可以提高产权界定的效率。

【关键术语】

产权	使用权	收益权
让渡权	产权的分割	产权的限制
产权的弱化	产权的起源	私有产权
共有产权	集体产权	公有产权
政府产权	科斯定理	公共物品
公共领域		

【思考·深化】

1. 据《中国青年报》2002年4月4日报道：

“一直处于商标争夺战漩涡中的贵阳南明老干妈风味食品有限公司又在‘清理门户’，矛头直指贵州老干爹食品有限公司。此前，在贵州、湖南两个穿着白围裙的‘老干妈’的商标争夺战中，北京市高级人民法院终审判决，贵阳‘老干妈’胜诉。

…………

“新的争端，起于2002年3月7日‘老干妈’公司召开的一次‘企业维权研讨会’。会前，该公司散发了一份递交给贵州省政府的紧急报告，请求查处‘老干爹’厂家的侵权及不正当竞争行为。

“该报告称，‘老干爹’借助‘老干妈’之名及市场大肆行销，连系列产品的名称也和‘老干妈’亦步亦趋。在各地市场及超市中，‘老干爹’有意与‘老干妈’摆放一处销售，甚至制造‘亲戚关系’，其目的在于混淆品牌，误导消费者……

…………

“3月15日，‘老干妈’公司正式在当地几家主要报纸刊载了‘严正声明’，指出：该公司从未以任何形式委托其他企业生产‘老干×’同类产品，也未与任何企业进行任何方式的合作。该公司董事长‘老干妈’陶华碧女士无一亲戚在外从事同类产品的生产、经营。市场上流行的‘老干×’是‘老干妈’的什么人之类的说法属无稽之谈。

…………

“针对‘老干妈’公司挥出的‘重拳’，在沉默了10余天后，‘老干爹’公司终于作出反应。3月26日下午，‘老干爹’公司召开‘呼唤诚信’新闻发布会。该公司总经理邓承俐措辞强硬地表示：‘说‘老干爹’与‘老干妈’沾亲带故、有‘打擦边球’的嫌疑，实属无稽之谈。假如有人真认为‘老干爹’公司侵权了，为什么不诉诸公堂呢？我们将奉陪到底。’他解释，早在80年代初，其饭店中一老师傅常被熟客习惯地称为‘老干爹’。此后，饭店发展为食品厂，开始生产‘老干爹’系列辣椒产品，1997年获得‘老干爹’头像的瓶贴外观设计专利。

…………

“据了解，‘老干爹’最初亦与‘老干妈’同在贵阳市南明区，1999年将新厂建到了相邻的乌当区。在南明区大力将‘老干妈’扶持为名牌企业的同时，乌当区亦相继给了‘老干爹’‘先进纳税户’‘2002年度重点企业’称号。”

上述材料中所报道的问题，与本章第一节所列举的“外部性”问题是否相同？科斯在第一节中所提出的解决外部性问题的办法，是否适用于这一问题？请结合这一则材料和你对科斯产权思想的理解，就这一问题的解决谈谈你的建议。

2. 根据本章第一节关于“产权的弱化”的介绍，结合1中所述材料，就以下问题谈谈你的看法：

（1）名称相似易起联想的商标之间是否存在“外部性”问题？这种“外部性”如何认定？能否通过明确界定产权避免这种“外部性”？如何进行这样的产权界定？

（2）为了避免类似纠纷，限制与已经注册的商标尤其是名牌产品的商品名称相似、易起联想的其他商标的注册和使用，是否会构成“产权的弱化”？

3. 很明显，如果能够预见类似的纠纷，“老干妈”公司不会在出现模仿之后再付出较高的成本去解决现有的纠纷，而是会提前注册“老干妈”商标并同时注册类似商标，以防止模仿和“搭便车”。其实，这种做法也是常见的商标策略。当企业采取这种商标策略时，“外部性”问题的危害程度以及应对成本也交给企业自己来考量和权衡，这也避免了某些企业夸大损害，或损害程度难以衡量的困难。或者说“产权如何界定”本身，也同时要受到企业自身的影响。

相应地，在商标注册问题上，我们会遇到这样一个问题：政府可以作为权威一方认定相关的“外部性”问题，从而界定相应的产权；也可以“相信”企业有足够的理性来权衡相关“外部性”问题，基于各自的权衡作出最佳的商标策略。请结合“老干妈”的案例，谈一谈你对这个问题的看法，你认为哪种做法更合理？

4. 关于本章第三节阐述的以交易费用衡量制度效率的思想，周业安教授认为正是交易费用的引入使得制度的效率水平获得了可证伪的研究，才使得新制度经济学获得了以经济学方法研究制度问题的成功。“科斯在制度分析中引入边际交易成本的意义在哪儿？从张五常（1969）当年写作《佃农理论》开始，新制度经济学就表现出过去的制度分析所从未有过的活力，那就是制度研究可以在经验实证层面上进行了。这恰恰满足了波普尔关于科学的可证伪性要求。因此，在我看来，科斯论文的意义并不在于创立了新制度经济学，而是通过边际交易成本的引入，创立了可以经验实证的制度分析，这是科斯以前的制度理论所无法做到的。”①

然而，正如我们在第三节中所分析的：按照新制度经济学的理论逻辑，制度安排的效率优劣体现在交易费用的大小，反过来，交易费用的比较又决定制度安排的选择。作为前者，交易费用是有待测算的对象；作为后者，它必须是已知的前提。况且交易费用是按机会成本意义来界定的，要通过交易费用的对比选择制度，就需要了解各种可能替代的制度的成本，但后者在制度选择之前是未知数。这样，交易费用与制度选择相互依赖，形成一个难以摆脱的逻辑困境，并影响到新制度经济学的科学性。

结合上述两种“矛盾”的思想，就制度分析的科学性和发展“前景”，针对新制度经济学的制度分析方法谈一谈你的看法。

5. 通过第四节的介绍我们可以理解：产权没有绝对的私有与公有界限，即使是“灯

---

① 周业安．关于当前中国新制度经济学研究的反思．经济研究，2001（7）．

塔”这种公有产权的典型代表，也可以由私人提供；同时任何私有产权都难免有其部分权利被置于“公共领域”。

相应地，我们会发现这样一个差别：从法律上讲某个人可能明确拥有某项产权，但是，现实中可能由于交易费用过高而导致这项产权归其他人占有。同时，我们也不能说法律上的规定没有实际的经济学意义：正是法律的规定限定了“维权”的方向，提供了“维权”的依据。

请结合这一问题，谈谈你如何认识法律规定的产权与制度经济学所分析的产权之间的关系。

第三章

契约理论

经过本篇前两章的介绍我们已经不难理解：由于交易费用的存在，现实的资源配置比新古典经济学所设想的理想世界要复杂得多，出于节约交易费用、提高资源配置效率的需要，制度安排显得非常重要。

资源配置的制度安排首先是关于“资源”的制度设定。关于产权的研究表明，被配置的资源不是“有形产品”和“无形资产”的总和，而是关于财产占有和使用的产权。除此之外，我们还需要了解关于“配置过程”的产权安排。第一章只运用交易费用原理强调了资源配置过程的复杂性，但是，对在交易过程中具体要遵守的权利和义务原则却没有进行专门研究，也就是说，除了产权的设置会影响对产权转让的费用，即交易费用，在交易过程中必须遵守的那些行为规范，同样影响交易费用的高低，这些在交易过程中交易各方必须遵守的权利和义务规范，就是本章所介绍的契约问题，新制度经济学以契约为视角的研究所关注的就是怎样的交易规则和契约安排可以最大限度地保障交易过程的顺利进行，降低交易费用。

第一节　交易—契约—治理结构

一、契约的含义

契约又称合同、合约，是法学、社会学、政治学和经济学中一个普遍使用的概念。在制度经济学中，契约与交易是一对共生的概念，在“契约理论”标签下的相关理论内容，所讨论的也是交易的架构和影响交易费用的各类组织与制度问题。

（一）法律的契约

更多情况下，人们往往使用的是契约在法律中的概念，或者通常来说，契约或合同是一个法律概念。在新制度经济学中，对契约的界定，往往也是基于法律中的契约概念，再进一步将这一范畴应用于制度分析的范式之中。

在大陆法系中，契约被认为是在双方自愿基础上达成的“合意”。一般认为，法国民法典的“合意”说，与德国民法典的“法律行为”说，是大陆法中对契约概念的两种不同解释（马齐林，2004），但这两种解释所强调的其实都是契约签订双方的自愿和双方在契约达成中的互动性。

《法国民法典》的1101条规定：“合同为一种合意，依此合意，一个或数人对于其他一人或数人负担给付、作为或不作为的债务。”

《意大利民法典》的1321条规定：“契约是双方或者多方当事人关于他们之间财产法律关系的设定、变更或者消灭的合意。”

在《德国民法典》中，合同是一种法律行为，即合同视为一种行为。对此菲吕博顿在其《新制度经济学》中概括为：“对于合约的形成，承诺和协议的法律概念在普通法中有着重要的地位，然而在德国民法中，重要的是意愿的申明。根据这个概念，一份合约通常包括两种意义的申明：邀约和接受。”《德国民法典》的305条规定：“法律行为设定债务或变更法律关系的内容者，除法律另有规定外，应依当事人之间的合同。”

查士丁尼在《法学总论》中写道：“合同是由双方意愿一致而产生相互间法律关系的一种约定。”

英美系法则强调契约是签约者所作出的承诺，规定了对其所承诺的义务的履行。

美国《合同法重述》第1条规定：“合同是一个或一组承诺（a promise or a set of promises）。如果违反它，法律将给予救济；如果履行它，法律将在一定意义上承认其为一种义务。”

英国《不列颠百科全书》规定：“合同是可以依法执行的诺言。这个诺言可以是作为，也可以是不作为。”

《中华人民共和国合同法》也明确给定了契约的定义，在总则第一章第二条规定：“本法所称**合同是平等主体的自然人、法人、其他组织之间设立、变更、终止民事权利义务关系的协议**。”而关于契约的形成，则在第二章第十三条规定“当事人订立合同，采取要约、承诺方式。”第十四条规定“要约是希望和他人订立合同的意思表示”。第二十一条规定“承诺是受要约人同意要约的意思表示”。

（二）制度分析的契约

确切地说新制度经济学对契约问题的研究，其目的并不是重构契约的概念和定义，而是将契约视为一个方法论工具，这个工具的意义在于分析交易过程中的各类因素，从而对相关制度问题进行深入剖析。或者说，在新制度经济学中，契约总是与交易相关联的，对契约的分析也是为了进一步解释交易和制度问题。

平乔维奇：“契约是人们用以寻找、辨别和商讨交易机会的工具。在所有权激励人们去寻找对其资产最具生产力的使用方法的同时，缔约自由降低了辨别成本。”

克莱因：契约是“通过允许合作双方从事可信赖的联合生产的努力，以减少在一个长期的商业关系中出现的行为风险或‘敲竹杠’风险的设计装置”。

菲吕博顿等：契约可以简单地理解为一个合法的双边交易中双方就某些相互义务达成的协议。

张五常：契约就是当事人在自愿的情况下的某些承诺，它是交易过程中的产权流转的形式。

基于法律和制度分析中人们对契约所做的界定，要理解契约的内涵已经比较容易了，我们同样可以本着制度分析的“工具论”特点把契约界定为：**在自愿的基础上，交易双方为了进行交易而达成的协议，这个协议中交易双方分别承诺了各自的义务，并规定了作为交易标的具体的产权。**

对于这个概念，其直接定义的相关内容已经在前面介绍过了，在此不再解析；对于其方法论方面的意义，我们则可以通过下面的内容来具体介绍。

二、契约是交易的架构

我们在第二章介绍过，资源配置过程，可以理解为“交易”的过程，因此新制度经济学对资源配置问题的探讨必须围绕着“交易”展开。契约作为一个方法论工具，对于讨论交易的过程是非常重要的。

第一，契约使得交易过程的分析变得更为具体，也更具操作性。在第二章讨论交易费用的概念时，我们已经介绍过界定交易费用概念的“阶段论”方法，即以契约作为参照，将交易分为三个阶段：签订契约前的准备阶段、谈判和签订契约的阶段以及契约执行的阶段。这也是新制度经济学中界定交易费用概念最为普遍的方法。这种界定方法说明，在新制度经济学中，契约对于讨论交易和交易费用的作用：交易过程本身就可以理解为，契约准备、签订和执行过程。这样一来，加入了“契约”这个方法论工具，原来略显笼统和简单的“交易过程”，分析起来就变得更为具体且更具操作性。

第二，契约是交易的架构。契约对交易中的相关问题进行了具体规定，因此，契约也被理解为交易双方为了实现交易而进行的制度性安排，从这个意义上讲，契约又可以说是交易的架构。

第三，交易的差异体现在契约上。不同的交易，交易过程的复杂程度和交易的影响因素往往各有差异，相应地，这些交易所需要的制度约束也各不相同，而这种差异最为明显地就体现在交易双方在契约签订中的具体规定上。

从实质来看，契约实际上就是交易双方达成的一种规制双方交易的制度安排，因而它可以提供线索以探讨交易双方如何组成更复杂的组织形式和制度安排。德国经济学家奥伊肯（Eucken，1951）认为，契约不仅是从事交易的方式，而且通过契约可以创造不同形式的经济组织和权利结构。因而，契约是新制度经济学的一个核心概念，大量的新制度主义文献也集中于契约问题的研究。

既然契约被理解为交易的架构，那么，有什么样的交易就有什么样的契约。如第二章所述，在新制度经济学中，交易有时被理解为经济活动的基本单位；相应地，契约也经常被理解为界定人与人之间利益关系的基本制度，或者说是基本经济活动的微观制度。

三、契约的类型

从不同的角度可以将契约进行无限种分类。在研究中，学者们往往也根据自己讨论的角度不同、分析的思路不同，对契约进行各种具体的分类。在这里我们介绍一种影响较大、较为普遍的分类方法。威廉姆森援引美国法学家伊恩·麦克内尔（MacNeil，1974）的研究，对契约关系做了三种区分：古典契约、新古典契约和关系性契约。

（一）古典契约

古典契约无论在法律意义上还是在经济学意义上都是一种理想化的契约关系，它意味着，契约条件在缔约时就得到明确的、详细的界定，并且界定的当事人的各种权利和义务都能准确地度量。也就是说，对于未来所可能出现的任何一种事件以及任何事件出现时契约双方的权利、义务、风险分摊、契约执行和结果，都能够以毫无争议的文字写入契约条款，模糊和不详细之处是不会有的；契约各方不关心契约关系的长期维持，只关心违约的惩罚和索赔，交易往往是一次性的，交易完成后各方"形同路人"；它不考虑第三方参与，强调法规、正式文件及交易自行清算。

（二）新古典契约

新古典契约是一种长期契约关系，契约条款留有余地，具有一定的灵活性，为第三方参与调节设置相应的治理结构，依赖第三方裁决维系和调整契约关系。新古典长期契约主要有两个重要特征：一是在契约筹划时留有余地；二是无论是留有余地还是力求严格筹划，契约筹划者所使用的程序和技术本身可变范围很大，导致契约具有灵活性。这意味着当事人关心契约关系的持续，并且认识到契约的不完全和日后调整的必要。如果发生纠纷，当事人首先谋求内部协商解决，如果解决不了再诉诸法律，因而，它强调建立一种包括第三方裁决在内的治理结构。

（三）关系性契约

关系性契约也是一种长期契约关系，是交易双方形成的可以进行灵活调整的适用性契约，立足于交易双方对契约预期收益和交易伙伴关系的依赖维系和调整契约关系，不依赖第三方裁决。关系性契约强调专业化合作和长期契约关系的维持。它意味着交易双方为了在交易中获得最大的预期收益，只在经济的原则下根据目前的情况部分地规定交易的属性和条件，对于那些虽关涉双方利益但在契约签订时就对将来的种种情况作出明确规定所费颇多或者根本不可能的条款，留待将来由交易双方进行过程性的、相机的处理；而且，初始明确的契约条款，一旦为交易双方认为不再适宜时，也可作相应修改。因此，与新古典契约关系的区别是，尽管二者都强调契约关系的长期维持和适应性调整，但新古典契约的调整始终以初始契约条件为参照物，关系性契约的调整可能参照也可能不参照初始协议，即使参照也不一定非坚持不可，而是根据现实需要做适应性调整，即关系性缔约活动将适应性贯穿到契约的始终，并且，关系性契约一般不需要第三方加入。

四、治理结构

各类不同的交易，从交易的管理和契约的执行的角度来看，也需要不同的组织管理安排来管理这些交易和执行这些契约，这也就是威廉姆森所说的"治理结构"。威廉姆森认为传统上对于契约治理问题的认识，存在明显的局限，必须对各类契约所对应的多种治理结构进行分析。威廉姆森把"治理结构"分为四类：市场治理、三方治理、双方治理、统一治理。

（一）市场治理

市场治理（market governance）是依据市场上业已形成的组织安排和交易规范，对标

准化的交易行为直接进行治理。市场治理的作用主要体现在那些市场上经常进行的交易行为上，这些交易中所涉及的是一些标准化的商品和服务，市场规则对这种交易也形成了稳定的标准化契约，市场上业已形成的治理结构，已经涵盖了交易双方所涉及的所有问题，交易双方无须在市场上的标准化合同之外，再另行订立一个具体交易合同，也无须对这种交易进行更多的治理安排。

对于市场治理，威廉姆森强调市场上的“标准化契约”的作用。

威廉姆森（Williamson，1985）：“这类交易无疑是会依法行事并使人从中受益。但这种依赖性不会很强。正如S. 托德·劳里（1976）指出的那样，‘传统经济学对市场交换的分析能够正确地反映出销售（而不是合同）的法律含义；这是因为能够销售就意味着符合市场交换的种种条件，并且主要有了法律上的支持，才能保证财产权利的转让’。如果不具备标准化市场这个条件，但双方自行设计了‘一种他们可以领先的未来关系的格局’，那么，他就会把这种交易称为合同。”

（二）三方治理

三方治理（trilateral governance）是依据交易双方所签订的契约，借助第三方（通常指法院和仲裁机构）潜在的管理作用来维护交易的进行，保证契约的执行，这是由交易双方和受邀仲裁人共同组成的一种治理结构。能够进行这种治理的一个重要前提是，契约中的相关内容可以在现实中进行“证实”和“评价”，也就是说，双方所签订的契约，能够为第三方的仲裁、调节提供契约规定上的“依据”，当然，三方的行为也必须符合相关法律规范。

相应地，威廉姆森认为，能够进行三方治理，其契约应该是新古典契约。

威廉姆森（Williamson，1985）：“新古典合同法大多具有追求完善的特点。因此，它不是一遇到问题就提交法庭来裁决——那表明交易已经破裂——而是借助第三方的帮助（仲裁）来解决纠纷，并对行为作出评价。”

（三）双方治理

双方治理（bilateral governance）所指的治理结构由交易双方共同组织来管理交易行为，交易双方保持各自的独立地位，自主行事。他们主要通过相互持股、购买方在供应方作专用性投资等方式，增加双方的共同利益，均衡双方的交易风险，使双方的交易关系保持较高的稳定性和持续性。

在双方治理条件下，各方进行“自治”，而能够保证契约可以及时进行相应“适用性”调整而不至于形成太多纠纷的，是双方对交易稳定性的依赖。

威廉姆森（Williamson，1985）：“两类交易都需要设计专门的治理结构，又都得到混合型投资的支持，因此都属于不断重复的交易。正是由于这两类交易具有非标准交易的性质，才会出现那种根本性的变化，交易关系的连续性也因此变得有价值。而交易的重复性，实际上就为补偿专用治理结构的成本提供了条件。”

（四）统一治理

统一治理（unified governance）就是所谓一体化的办法，交易双方通过兼并或重组成为同一个经济决策主体，相关问题在这个一体化的经济主体内部解决，这就是内部行政管理的治理，也就是企业体制，是一种外部交易内部化的治理方式。

威廉姆森：“纵向一体化的优点在于它适应一系列连续的变化，无须不断地寻找、设计或修改临时性协议。只要双方的所有权统一起来，就能保证双方都得到最大的利益。”

五、交易、契约和治理结构的匹配

我们已经强调过，不同的交易对应着不同的契约，不同的交易和契约又必然要求相应的治理结构。在第二章，我们已经了解了考察交易差别的“交易的维度”，在本节，我们则具体介绍契约的类型和各类具体的治理结构。现在我们就具体介绍一下不同交易所匹配的契约和治理结构。

威廉姆森认为，交易者将会选择交易费用最小的契约安排和治理结构。他假定不确定性足够大，从而使契约关系有必要不断进行调整；交易频率则被假定为有两种情况：交易只发生数次，以及交易经常重复发生。资产根据其专用性程度分为三类：通用性资产、专用性资产（或特质资产）及介于二者之间的混合性资产。这样，他重点分析了资产专用性和交易频率与契约安排和治理结构之间的关系问题，其分析的结论可参见表 3-1。

表 3-1　交易、契约和治理结构的匹配关系

		投资特征		
		非专用	混合	专用（独特）
交易频率	偶然	市场治理	三方治理（新古典契约）	
	重复	（古典契约）	双方治理　（关系性契约）	统一治理

不涉及专用性资产的交易，无论交易频率的大小，这时发生的都是古典契约关系，相应的治理结构肯定是市场治理结构。在这种情况下，资产的专用性很弱，是通用性资产，交易双方互不依赖，各自都可以随时将自己的资产移做他用或低成本地找到交易伙伴，双方都不关心交易关系的持续性。双方的关系依靠事先签订的契约作出详细的规定，一旦发生纠纷，随时诉诸法院进行裁决。

如果交易频率较低，只发生数次，资产是混合性的或是专用性的，这时发生的是新古典契约关系，相应的治理结构应是三方治理结构。由于交易涉及非通用性资产，所以，交易双方都关注交易关系的持续性和交易的和谐性，并希望通过建立某种保障机制来降低交易过程中的不确定性风险。但是由于交易的频率较低，双方设立专门的治理结构的费用难以得到补偿。在这种情况下，交易双方倾向于采取三方治理结构，即在发生契约冲突时，共同邀请第三方来进行仲裁，一般依靠私下的协商解决争端。

如果交易频率较高，交易经常重复发生，且资产是非通用性的，这时发生的是关系性契约，其中，如果资产是混合性的，相应的治理结构应是由当事人双方治理的结构；如果资产是专用性的，相应的治理结构应是由一方当事人统一治理的结构即一体化治理。

在双方治理结构下，交易双方保持各自的独立地位。他们主要通过相互持股、购买方在供应方作专用性投资等方式，增加双方的共同利益，均衡双方的交易风险，使双方的交易关系保持较高的稳定性和持续性。

一体化治理结构就是内部行政管理结构，也就是企业体制。由于资产的专用性很强，交易一旦终止，寻求和建立新的交易关系的成本很高。而且，由于交易的频率很高，交易双方的契约关系发生摩擦的可能性很大，双方所承受的风险也很大，在这种情况下，交易双方对交易关系稳定性的要求非常迫切，这样，通过一体化的方式使市场交易完全内部化就成为一种经济合理的安排。

以上分析可以用出版业的例子作简单说明。在现实中，图书出版商往往通过市场获得印刷服务，报纸出版商则通过自己拥有印刷厂实现印刷服务的自给，而介于二者之间的定期出版的杂志的印刷可能会使用部分的专用性资产，因而杂志的印刷服务往往采取一种长期的关系性契约安排。

通过本节的介绍我们也可以理解契约理论的基本框架。在制度分析中，契约作为明确规定交易架构的关键的交易工具，对其的具体规定也形成了管理不同的交易的治理结构。对市场上资源配置中千差万别的交易行为的分析，是通过交易—契约—治理结构这个构架展开的。

第二节　完全契约理论

一、完全契约与“可证实”

关于契约，视其分类标准不同，可做无穷的分类。近些年来，完全契约和不完全契约不但成为学者最关注的契约类别，而且关于这两类契约的研究也形成了契约理论的两大基本分支。下面我们从完全契约理论和不完全契约理论入手，进一步了解契约理论的全貌。

（一）完全契约理论

一般认为，在将信息不对称问题引入经济学之前，学者们往往假定契约都是完全契约。在新古典的完全理性和完全信息条件下，“完全契约”对交易中的所有问题进行了全面的界定，相应的契约的执行也是非常容易的，这类新古典契约，也有人称之为“阿罗-德布鲁”意义上的契约。

甚至在引入了信息不对称问题之后，学者们依然认为，在“完全理性”的条件下，虽然交易双方在信息方面存在信息不对称的状况，但是订立一个条款相对全面的契约对交易中的相关问题进行规范，也是不成问题的——只要契约设计合理，对相关内容的界定足够明确、够准确，这种契约的执行依然不是问题。

持有这种观念的学者在其契约理论中，精力依然集中在如何设计一个“合理”全面的契约，而认为契约的执行不成问题。**这种主要讨论契约设计和契约条款，认为契约的执行不是问题的契约理论，我们称之为完全契约理论。**

当然，学者们对于这种完全契约的分析主要集中于信息不对称情况下的契约问题，在信息不对称的情况下，容易出现相应的“委托—代理”问题，所以这些契约理论也称为委托—代理的契约理论，甚至有学者直接将委托—代理理论称为完全契约理论。

把委托—代理理论称为完全契约理论，主要是为了将委托—代理理论区别于我们后面要介绍的不完全契约理论。实际上，这两部分理论已经形成了契约理论的主体。当然，我们也应该注意到，这种习惯的称法已经忽略了完全信息条件下的契约理论，这部分理论既不再是“完全契约理论”，更不应该称为“不完全契约理论”。

（二）可证实

所谓“可证实”，就是指契约中对相关权利和义务问题进行判定和衡量的标准和变量，在执行中是可以由“第三方”来证实的。契约中进行相关规定时，使用的判定和衡量标准在现实中是有据可依的，不仅契约双方可以获得这方面的可信赖的信息，就连法庭这样的第三方，也可以获得这些方面的可信赖的信息，用以对相关问题进行裁决。

可证实，对于信息完全契约具有两方面的重要意义。

第一，有了可证实的判定和衡量标准的保障，契约在执行中所遇到的问题，可以通过第三方来解决，这种潜在的或现实的“第三方治理”，可以保障契约在执行中不出现问题，相应地，完全契约理论的注意力也就集中于契约的设计上。

第二，要保障可证实条件的有效性，契约的各类条款，必须得本着可证实的原则对相关的判定和衡量标准进行选择，要以那些第三方可以证实的信息作为契约相关权利和义务的衡量和判定标准，这也是完全契约设计中最重要的原则。

当然，完全契约的“可证实”特点，也表明契约双方可以掌握关于契约执行的全部信息，或者至少可以有把握在一个有效的设计中“囊括”关于契约执行的所有可能出现的情况。

弗鲁博顿和芮切特*（2006）：“在委托—代理理论和隐性合约劳动理论中，假定合约的订立是一劳永逸的。认为合约执行阶段是不会有问题的。从这个意义上说，也就是事先知道所有可能会出现的情况，合约是‘完全的’。”

当然，也有学者反对把“可证实”作为划定契约“完全”与否的标准：马斯金和梯若尔（Maskin and Tirole，1997）认为，即使某些内容是第三者不能证实的，只要契约双方知道双方的预期成本和收益，就不需要把不可证实的内容写进契约，他们可以设计出一份完全契约，即“不可证实”不能成为契约不完全的原因。其实，双方都能知道对方的预期成本和收益，这样的交易已经接近“信息完全”和“信息对称”的条件。而对于“可证实”与否，也不应理解为交易的全部内容是否为“可证实”的，而是指那些写进契约作为执行判定标准的相关内容是否为“可证实”的。从这个意义上讲，我们可以把完全契约理解为：写进契约的作为执行判定标准的相关内容，可以由第三方证实的那些契约，而不论这些交易是否为信息完全、信息对称的。

其实，完全契约理论也正是试图传达这样一种观念：即使交易中存在着某些难以证实、难以明确的“模糊区域”，但是，只要能够巧妙地把握交易中的关键问题，通过那些“可证实”的内容设计出最优的契约条款，仍然可以缓解交易双方的利益冲突，防范机会主义行为，减少纠纷，从而将交易费用限定在最低水平，保证交易双方的最大福利。

二、委托—代理问题

委托—代理理论的基本思路是，在委托—代理关系中，由于交易的一方比对方拥有更

---

* 此二位学者即前文出现的菲吕博顿、瑞切特，其不同著作的中文译本人名翻译不一致，具体可参见本书后的参考文献。——出版者注

多信息，要保障交易的顺利进行，维护自己的利益，委托人需要设计一份足以激励—约束其代理人的完全的契约。

（一）委托—代理关系与信息不对称

当交易的一方将需要完成的某一项任务交给另一方，并给对方以相应的报酬时，我们认为，双方之间就形成了委托—代理关系——将相关任务委托给别人去完成的一方，称为委托方（或委托人），而为别人完成相关任务以获得相应报酬的另一方，则称为代理方（或代理人）。

委托—代理关系较为普遍，如病人与医生之间、股东与企业经理人之间、地主与佃农之间等等。

一般来说，在委托—代理关系中，具体执行相关任务的代理人会拥有或掌握关于交易的更多的信息。如医生会比病人更了解病人的身体状况和最优的治疗方案，但是，缺乏专业知识的病人则可能无法依据自己所拥有的信息，判定出医生是否已经尽职尽责；企业的经理人可能借工作之便进行了不必要的“在职消费”，而企业的股东们往往难以判断哪些在职消费是不必要的，等等。

所以，一般而言，在处理带有信息不对称问题的委托—代理关系时，学者们通常习惯把拥有信息优势的一方称为代理人，而将另一方称为委托人。

（二）激励—约束问题

在信息不对称的条件下，如果代理人的利益和委托人的利益出现了不一致，那么，代理人就有可能实施“机会主义”行为来“损人利己”——显然，这会损害委托人的利益。因此，委托人必须尽可能地排除或防范这种情况的出现，同时，现实中的这种可能给委托人造成的“担心”也会给代理人的工作造成压力，因此，签订一份可以防范代理人“机会主义”行为的契约，对于交易的执行和交易费用的节约都具有至关重要的意义。所以，在委托—代理关系中，委托人必然通过相关契约来约束代理人的机会主义行为，激励代理人能够最大限度地为委托人的利益而工作，而对那些可能损害委托人利益的行为进行约束。通常，**学者们把信息不对称条件下会出现“机会主义”行为的可能性，以及双方在这个问题上所进行的努力，称为激励—约束问题。**

基于上面的介绍我们可以理解：在信息不对称情况下，如果委托人和代理人之间出现利益冲突，那么，就有可能形成代理人的机会主义行为造成对委托人利益的损害，委托—代理关系下的交易就容易出问题，这通常也被称为委托—代理问题。

三、委托—代理问题的类型

在现实中，委托—代理问题是广泛多样的。著名经济学家肯尼思·阿罗（Arrow，1985）认为，委托—代理问题可区分为以下两种基本类型。

（一）道德风险

道德风险（moral hazard），也称为败德行为，**一般指代理人借事后信息的非对称性、不确定性以及契约的不完全性而采取的不利于委托人的行为。**简单地说，就是代理人借委托人观测监督的困难而采取的不利于委托人的机会主义行动。也就是，在契约签订之后，委托人往往不能直接地观测到代理人选择了什么样的行动，委托人所能观测的只是这样一些变量，这些变量由代理人的行动和其他的外生的随机因素共同决定，因而充其量只是代理人的不完全信息，这样，代理人就可能作出偏离委托人的利益的行动而不被发现。这里涉及的是事后的、行动的非对称信息。这在日常的各类保险如火灾保险中表现得最为明显。由于保险公司难以观察和监督投保人的行为，在许多场合无法确定火灾事故在多大程度上与投保人的疏忽等行为有关，因而火灾投保人一般会因为有了保险而变得懈怠，缺乏动力采取投保前那样的提防行动，结果增大了失火的概率，给保险公司的利益带来损害。在保险业务中此类问题被称为“道德风险”，阿罗将它引入经济分析，专指契约实施阶段的机会主义行为。例如，工人的偷懒行为，经理人员的“疏忽与浪费”等。一般认为，对于道德风险问题，关键是设计一个最优的激励契约使代理人选择委托人所希望的行动，使代理人在追求自身利益最大化的同时，实现委托人的效用最大化。需要注意的是，不仅代理人存在道德风险问题，委托人往往也存在道德风险问题。例如，根据契约，当观测到的产出高时，委托人应支付给代理人高的报酬，但委托人可能谎称产出不高而逃避履约责任，将本应支付给代理人的报酬据为己有。

（二）逆向选择

逆向选择（adverse selection），一般是指代理人利用事前信息的非对称性等所进行的不利于委托人的决策选择。这里所涉及的是事前的、知识的非对称信息所造成的问题。这也是阿罗从保险业务中借用过来专门描述契约签订阶段机会主义行为的一个重要概念。一般来说，投保人与承保人对保险业务的信息总是处于非对称状态，即投保人较为了解自己的类型与倾向，而承保人则难以区分投保人的风险类型。因此，保险公司不能对不同风险的投保人给出不同的保险费率，只能给出以风险的平均概率为基础的保险费率。这样，在保险费率给定的价格水平上，高风险者将购买更多的保险，而低风险者将购买更少的保险，从而导致风险承担均衡分配的无效率。阿罗认为，一个分权的社会主义经济存在较多的逆向选择问题。例如，关于企业生产率的信息只有企业自身最为清楚，计划当局充其量只掌握部分情况，企业会借此隐瞒其真正能够达到的产量水平而故意上报一个更低的产量计划，以谋求一个较低的利税负担。在现实中，在信贷市场上这种情况也很常见。对于逆向选择问题，由于委托人在签约时不知道代理人的类型，所以对委托人来说其核心问题是选择什么样的合同与机制来获得代理人的私人信息，对代理人进行甄别；而对于代理人也就是有信息优势的一方来说，则可以通过信号传递等行动来避免逆向选择风险。

道德风险与逆向选择是委托—代理问题的两种基本类型。从具体形式上来说，在现实中，委托—代理问题又有多种具体表现形式。梯若尔在他的研究模型中，证明了多个代理人的“合谋”（collusion），如工人合伙对付经理、工人和经理合伙对付股东，会给企业带来额外的费用（Tirole，1986）。伯恩海姆和惠因斯顿则研究了多个委托人之间的“协调”问题（Bernheim and Whinston，1986）。例如，子公司的销售经理至少有子公司经理和总公司主管销售的副总裁两个上级，二者目标往往不同，甚至相互冲突，从而导致管理的效率降低。

值得注意的是，很多经济学家指出，在新兴市场中还有另一类委托—代理问题，即发生在公司里居控制地位的大股东和小股东之间的委托—代理问题。其具体表现是大股东通过各种安排攫取小股东的财富，如中国股市上市公司的圈钱行为，也就是，钱从小股民手中流向上市公司，继而进一步流向大股东手中。哈佛大学经济学家安德雷·施莱弗将其形象地称为“隧道行为”，意即上市公司或者控制上市公司的大股东用种种手段挖掘见不得日光的地下通道，将财富从小股东荷包里偷走。

四、委托—代理理论的基本模型

得益于信息经济学和博弈论在制度分析领域的应用，关于委托—代理问题，学者们已经形成了一整套相对完善的模型体系，在这里，我们就其基本模型和相关思路介绍一下。

（一）模型基本函数、目标与约束条件

1. 效用函数

假定委托人的效用函数为$V(\cdot)$，代理人的效用函数为$U(\cdot)$，代理人工作中付出的努力为α，工作的效果为x，形成的货币收益为π，x、π都与α呈正相关关系，即代理人越努力，最终的效果越好，货币收益越高，但是，也存在外生的代理人无法控制的其他偶然因素影响这个效果，这个偶然因素我们记为θ。也就是说，x和π都是α和θ的函数：$x=x(\alpha,\theta)$，$\pi=\pi(\alpha,\theta)$，$x'>0$，$\pi'>0$，根据工作的效果π，委托人支付代理人相应的报酬w，这个报酬与他的工作所形成的货币收益π呈正相关关系：$w=w(\pi)$，$w'>0$——这也正是激励代理人努力工作的首要原则。而$\pi=\pi(\alpha,\theta)$，所以，$w=w(\pi)=w(\pi(\alpha,\theta))$。相应地，我们可以得出表示委托人和代理人利益的效用函数：委托人获得的收益为$\pi-w$，相应的委托人的效用函数表示为$V=V(\pi-w(\pi))$；代理人获得的收益为w，而代理人要付出的努力为α，所以，我们用$U=U(w,\alpha)=u(w(\pi))-c(\alpha)$表示代理人的效用。

2. 随机因素与相关变量的状态分布

上述表述中有一个随机变量θ，它引入了现实的不确定性因素，相应地，也使得模型分析需要注意随机变量的分布问题：θ不是一个确定的数值，而是在各种可能的水平θ_i上，都只对应着一个相应的概率密度$p(\theta_i)$。相应地，θ的密度函数记为$g(\theta)$，$p(\theta_i)=g(\theta_i)$；分布函数记为$G(\theta)$。以θ为自变量的其他变量，也无法直接获得确定的具体数值，而只能对应着相应的变量值得出这些变量的概率水平，如：当$\theta=\theta_i$时，$x=x_i=x(\alpha_i,\theta_i)$，而$x$处于$x_i$水平上的概率密度$p(x_i)=p(x(\alpha_i,\theta_i))=p(\theta_i)=g(\theta_i)$。相应地，我们可以得到：

$$p(\pi_i)=p(\pi(\alpha_i,\theta_i))=p(\theta_i)=g(\theta_i)$$

也就是说，

$$p(\pi_i)=p(\pi(\alpha_i,\theta_i))=g(\theta_i)$$

而依据$\pi=\pi(\alpha,\theta)$，我们可以通过“反函数”关系得出$\theta=\pi^{-1}(\pi,\alpha)$，我们可以得出，$\theta_i=\pi^{-1}(\pi_i,\alpha_i)$。因此，

$$p(\pi_i)=g(\theta_i)=g(\pi^{-1}(\pi_i,\alpha_i))$$

相应地，我们也可以直接得出π的密度函数为$g(\pi^{-1}(\pi,\alpha))$，显然这是一个以π和α为自变量的函数关系，我们可以记π的密度函数为$f(\pi,\alpha)$；以此为基础，我们可以得出π的分布函数，记为$F(\pi,\alpha)$。这样一来，我们就把θ的密度函数分布函数作为参数，

把它们包含在了 π 的密度函数和分布函数中。这一处理有助于委托—代理模型的求解，是莫里斯（Mirrless，1974，1976）和霍姆斯特姆（Holmstrom，1979）最早使用的处理方法，有的文献中称之为“分布函数参数化”（parameterized distribution formulation）方法。

明确了上述基本原理，其他变量的概率密度与状态分布问题也就比较明确了：

$$p(w_i)=p(w(\pi_i))=f(\pi_i,\alpha_i)$$
$$p(V_i)=p(V(\pi_i-w_i))=p(w_i)=f(\pi_i,\alpha_i)$$
$$p(U_i)=p(U(w_i,\alpha_i))=f(\pi_i,\alpha_i)$$

因此，对于委托人和代理人的效用最大化问题，最大化决策所针对的不是一个明确的具体的效用值，而是各种可能的效用值的数学期望，即

$$V=V(\pi-w(\pi))=\int V(\pi-w(\pi))\cdot f(\pi,\alpha)\mathrm{d}\pi$$

$$U=U(w(\pi),\alpha)=\int u(w(\pi))\cdot f(\pi,\alpha)\mathrm{d}\pi-c(\alpha)$$

3. 最大化与约束条件

委托—代理理论一般认定，委托人具有制定相应委托—代理契约（邀约）的权利，而代理人可以选择是否接受这一契约（接受）。也有的文献认为，委托—代理模型的这种处理，是假定委托人具有“完全谈判能力”，而代理人只能选择是否接受。因此，对于委托人来说，要最大化自己的效用，就必须在契约中最大限度地激励代理人为委托人的利益服务。对此，模型分析一般概括为以下最大化目标与约束条件。

在最大化目标的激励下，委托人要实现自己效用的最大化：

$$\max\int V(\pi-w(\pi))\cdot f(\pi,\alpha)\mathrm{d}\pi$$

约束条件则来自代理人，一般来说，分为以下两个约束条件：

（1）参与约束（participation constraint，PC），又称代理人的个人理性约束（individual rationality constraint）：

$$\int u(w(\pi))\cdot f(\pi,\alpha)\mathrm{d}\pi-c(\alpha)\geqslant\bar{u}$$

我们把 $\bar{u}$ 称为“保留效用”，指的是代理人不接受委托人的契约，在其他的市场机会中可以获得的最高效用。显然，只有当代理人的效用水平至少不低于这个“保留效用”的时候，代理人才有可能参与这项交易，这是代理人个人理性的必然要求。

（2）激励相容约束（incentive compatibility constraint，IC）：

$$\int u(w(\pi(\alpha,\theta)))\cdot f(\pi,\alpha)\mathrm{d}\pi-c(\alpha)\geqslant\int u(w(\pi(\alpha',\theta)))\cdot g(\theta)\mathrm{d}\theta-c(\alpha'),\forall\alpha'\in A$$

A 是所有可能的努力程度 α 所组成的集合，而这一公式所表示的则是，α 的取值要确定在所有的 α 中能够让代理人的效用最大的那个努力程度上，也就是说，代理人会选择一个令自己的效用最大化的 α 作为其最终的努力程度，代理人的努力程度 α 要符合代理人效

用最大化的约束。也就是说，α 要使得 $\int u(w) \cdot f(\pi, \alpha) \mathrm{d}\pi - c(\alpha)$ 取最大值。

总结一下，契约的制定者委托人要实现的是自己的效用最大化，但是，代理人可以选择是否参与这契约以及付出多大的努力程度，因此委托人要最大化自己的效用，还需要考虑到来自代理人的约束条件，因此，委托—代理模型的问题可以基本概括为：

$$\max \int V(\pi - w(\pi)) \cdot f(\pi, \alpha) \mathrm{d}\pi$$

$$\text{s.t. (PC)} \int u(w(\pi)) \cdot f(\pi, \alpha) \mathrm{d}\pi - c(\alpha) \geqslant \bar{u}$$

$$\text{(IC)} \int u(w(\pi(\alpha, \theta))) \cdot f(\pi, \alpha) \mathrm{d}\pi - c(\alpha) \geqslant \int u(w(\pi(\alpha', \theta))) \cdot g(\theta) \mathrm{d}\theta - c(\alpha'),$$
$$\forall \alpha' \in A$$

（二）信息对称条件下的求解

在委托—代理模型中的信息对称，或者完全信息条件，通常是指委托人可以明确了解代理人的努力程度 α 的水平。在这种条件下，委托人完全可以要求代理人按最优的努力程度 α 进行工作，并且在契约中威胁代理人，只要努力程度低于这个水平，代理人的收入 w 将非常低。在这种条件下，激励相容约束就显得没有必要了——有的文献中将这种契约称为“强制契约”（forcing contract）。

相应地，没有了激励相容约束，前面的决策问题就变得相对简单了，我们直接就如何确定最优的支付方案，即 w 求解：

$$\max \int V(\pi - w(\pi)) \cdot f(\pi, \alpha) \mathrm{d}\pi$$

$$\text{s.t. (PC)} \int u(w(\pi)) \cdot f(\pi, \alpha) \mathrm{d}\pi - c(\alpha) - \bar{u} \geqslant 0$$

在任意一个收入水平 π_i 上，根据库恩-塔克定理，关于 w 求解，可以得出最优解 w^* 应满足：

$$-V'(\pi_i - w^*(\pi_i)) \cdot f(\pi_i, \alpha) + \lambda u'(w^*(\pi_i)) \cdot f(\pi_i, \alpha) = 0\text{；且：}$$
$$\lambda \geqslant 0\text{；} u(w^*(\pi_i)) \cdot f(\pi_i, \alpha) - c(\alpha) - \bar{u} \geqslant 0\text{；且：}$$
$$\lambda \cdot [u(w^*(\pi_i)) \cdot f(\pi_i, \alpha) - c(\alpha) - \bar{u}] = 0$$

而一般来说，我们可以直接认定 $u(w^*(\pi_i)) \cdot f(\pi_i, \alpha) - c(\alpha) - \bar{u} = 0$，也就是说，出于最大化自己利益的考虑，委托人会尽可能地降低他支付给代理人的报酬 w，在委托人看来，最优的支付方案中，代理人的效用恰好达到“保留效用”的水平，在此基础上多支付多少报酬都是不合算的。相应地，我们也就排除了 $\lambda = 0$ 的情况，从而得出必然有 $\lambda > 0$，因此，最终解可以总结为：

$$-V'(\pi_i - w^*(\pi_i)) \cdot f(\pi_i, \alpha) + \lambda \cdot u'(w^*(\pi_i)) \cdot f(\pi_i, \alpha) = 0$$

即

$$V'(\pi_i - w^*(\pi_i)) \cdot f(\pi_i, \alpha) = \lambda \cdot u'(w^*(\pi_i)) \cdot f(\pi_i, \alpha)$$

即

$$V'(\pi_i - w^*(\pi_i)) = \lambda \cdot u'(w^*(\pi_i))$$

也就是：

$$\frac{V'(\pi_i - w^*(\pi_i))}{u'(w^*(\pi_i))} = \lambda,\ \lambda > 0$$

一般认为，上述结论包含了信息对称条件下委托—代理模型的主要结论，当然，更多有现实意义的结论需要在上述结论的基础上，进一步进行相应的比较静态分析。

基于上述结论中的 $V'(\pi_i - w^*(\pi_i)) = \lambda \cdot u'(w^*(\pi_i))$，我们关于货币收益 π_i 求导，可以得出：

$$V'' \cdot \left(1 - \frac{dw^*}{d\pi_i}\right) = \lambda \cdot u'' \cdot \frac{dw^*}{d\pi_i} \Rightarrow \frac{V''}{u''} \cdot \left(\frac{1 - \frac{dw^*}{d\pi_i}}{\frac{dw^*}{d\pi_i}}\right) = \lambda \Rightarrow \frac{V''}{u''} \cdot \left(\frac{d\pi_i}{dw^*} - 1\right) = \lambda$$

我们把 $\frac{V'}{u'} = \lambda$ 代入，可以得出：

$$\frac{V''}{u''} \cdot \left(\frac{d\pi_i}{dw^*} - 1\right) = \frac{V'}{u'} \Rightarrow \frac{V''}{u''} \cdot \frac{u'}{V'} \cdot \left(\frac{d\pi_i}{dw^*} - 1\right) = 1$$

我们设：

$$\gamma_P = -\frac{V''}{V'};\ \gamma_A = -\frac{U''}{U'} = -\frac{u''}{u'}$$

把它代入上述结果可以得出：

$$\frac{\gamma_P}{\gamma_A} \cdot \left(\frac{d\pi_i}{dw^*} - 1\right) = 1 \Rightarrow \frac{d\pi_i}{dw^*} - 1 = \frac{\gamma_A}{\gamma_P} \Rightarrow \frac{d\pi_i}{dw^*} = \frac{\gamma_A + \gamma_P}{\gamma_P} \Rightarrow \frac{dw^*}{d\pi_i} = \frac{\gamma_P}{\gamma_A + \gamma_P}$$

上述结论中的 $\gamma_P = -V''/V'$；$\gamma_A = -U''/U'$ 依次是委托人和代理人的阿罗-普拉特风险规避度（Arrow-Pratt measure of absolute risk aversion），在微观经济学中我们已明确了这个原理：风险规避度 $\gamma = 0$，说明经济主体是风险中性者；$\gamma > 0$，则表明经济主体是风险厌恶者；$\gamma < 0$，则表明经济主体是风险偏好者。而我们得出的结论 $dw^*/d\pi_i = \gamma_P/(\gamma_A + \gamma_p)$ 则表明，委托人与代理人之间的风险分摊问题，以及他们关于 π 的分配方案，取决于两者的风险规避度。

如果委托人是风险中性者，$\gamma_P = 0$，那么，$dw^*/d\pi_i = 0$，这表明，无论收益如何变化，代理人的工资都不会发生变化，也就是说代理人获得固定收益。

如果代理人是风险中性者，$\gamma_A = 0$，那么，$dw^*/d\pi_i = 1$，这表明，货币收益 π_i 增加多少，代理人的支付 w^* 就增加多少，即最优的支付方案是，收益增量都归代理人，这时的委托人不再从收益增量中获得任何收益，这相当于委托人把自己的相应资源以一个固定的收益水平“租借”给了代理人。

如果委托人和代理人都是风险厌恶者，那么，收益增量中支付给代理人的那部分比例

为 $\mathrm{d}w^*/\mathrm{d}\pi_i$，有 $0<\mathrm{d}w^*/\mathrm{d}\pi_i<1$，而且代理人的风险规避度 γ_A 越大，归代理人的收益所占的比重 $\mathrm{d}w^*/\mathrm{d}\pi_i$ 就越小，代理人承担的风险就越少，相应地，委托人所获得的那部分收益就越多，承担的风险就越大；如果委托人的风险规避度 γ_P 越大，则 $\mathrm{d}w^*/\mathrm{d}\pi_i$ 就越大，代理人所获得的收益增量中的比重就越多，代理人所承担的风险就越大，委托人所获得的收益增量中的比重就越少，委托人所承担的风险就越小。总之，风险规避度越大，承担的风险就越少，相应地，在收益增量中所占的比重也就越少，收益也就越稳定。

（三）信息不对称条件下的求解

前面已经说过了，信息对称条件下的求解之所以相对简单，是因为委托人可以明确知道代理人的努力程度 α 的真实水平，因此，可以直接指定代理人按最优的努力程度来工作，剩下的只是考虑参与约束和收益分配方案。但是，在信息不对称条件下，问题就显得不一样了：委托人无法明确知道代理人的努力程度是什么，这会导致代理人没有尽到其应尽的努力，这也就是前面我们所说的契约签订之后，代理人没有按契约规定尽最大的努力来工作，出现了“道德风险”。在这种条件下，我们能够确定的是，代理人的努力程度是多少，也就是说 α 处于什么水平，要取决于代理人的效用最大化决策，也就是说，代理人会按一个对自己最有利的努力程度来工作，而委托人也只有在这个 α 水平上设计最优的契约安排。总之，在信息不对称条件下，激励相容约束变成了实际约束，它将代理人的努力程度 α 限定在能够让代理人的效用最大化的水平上。

$$(\mathrm{IC})\int u(w(\pi(\alpha,\theta)))\cdot f(\pi,\alpha)\mathrm{d}\pi-c(\alpha)\geqslant\int u(w(\pi(\alpha',\theta)))\cdot g(\theta)\mathrm{d}\theta-c(\alpha'),\alpha'\in A$$

也就是要求 α 使得 $\int u(w(\pi(\alpha,\ \theta)))\cdot f(\pi,\ \alpha)\mathrm{d}\pi-c(\alpha)$ 取最大值，我们可以用莫里斯（Mirrlees，1974，1976）和霍姆斯特姆（Ostrom，1979）的“一阶条件法”（the first-order approach）来处理这个问题①，即要求：α 使得代理人的效用 $U=\int u(w(\pi(\alpha,\ \theta)))\cdot f(\pi,\ \alpha)\mathrm{d}\pi-c(\alpha)$ 关于 α 的一阶导数等于零。也就是：

$$U'_\alpha=\int u(w(\pi))\cdot f'_\alpha(\pi,\alpha)\mathrm{d}\pi-c'(\alpha)=0$$

相应地，我们的最优化问题就变为：

$$\max\int V(\pi-w(\pi))\cdot f(\pi,\alpha)\mathrm{d}\pi$$

$$\text{s.t. }(\mathrm{PC})\int u(w(\pi))\cdot f(\pi,\alpha)\mathrm{d}\pi-c(\alpha)\geqslant\bar{u}$$

$$(\mathrm{IC})\int u(w(\pi))\cdot f'_\alpha(\pi,\alpha)\mathrm{d}\pi-c'(\alpha)=0$$

---

① 当然，满足一阶条件的 α 并不一定就是使得代理人的效用 U 取最大值的 α，这还需要二阶条件的约束，也就是说，从理论上严格来讲，满足一阶条件的 α 比前面所讲的激励相容约束所限定的 α 要多，但是，经济学家往往会通过其他条件使得二阶条件也得到满足，我们也不再进一步追究这里的差别。

前面已经分析过，一般认为参与约束 PC 要取边界值，即 $u(w^*(\pi_i))\cdot f(\pi_i,\alpha)-c(\alpha)-\bar{u}=0$。这样我们可以直接对上述问题设置拉格朗日方程求解，将参与约束与激励相容约束的拉格朗日乘子依次设为 λ 和 μ，我们可以解出上述最优化问题关于 w 的一阶条件是：对于任意一个货币收益水平 π_i，最优的支付方案 w^* 要满足：

$$-V'(\pi_i-w^*(\pi_i))\cdot f(\pi_i,\alpha)+\lambda\cdot u'(w^*(\pi_i))\cdot f(\pi_i,\alpha)$$
$$+\mu\cdot u'(w^*(\pi_i))\cdot f'_\alpha(\pi_i,\alpha)=0$$

整理可以得出：

$$\frac{V'(\pi_i-w^*(\pi_i))}{u'(w^*(\pi_i))}=\lambda+\mu\cdot\frac{f'_\alpha(\pi_i,\alpha)}{f(\pi_i,\alpha)}$$

为了易于理解，我们可以进一步将这个公式整理为（或者说，在讨论是离散变量或较为特殊的模型时，另一个较习惯的数理形式）：

$$\frac{V'(\pi_i-w^*(\pi_i))}{u'(w^*(\pi_i))}=\lambda+\mu\cdot\left(1-\frac{f(\pi_i,\alpha)-f'_\alpha(\pi_i,\alpha)}{f(\pi_i,\alpha)}\right)$$

其中的 $[f(\pi_i,\alpha)-f'_\alpha(\pi_i,\alpha)]/f(\pi_i,\alpha)$ 一般被称为莫里斯（Mirrlees，1974，1976）和霍姆斯特姆（Holmstrom，1979）的“似然率”（likelihood rate），代表一个低于 α 的努力程度下，π_i 出现的概率除以努力程度是 α 的情况下 π_i 出现的概率——也可以理解为获得 π_i 的收益时，代理人偷懒的可能性。粗略地看，$f'_\alpha(\pi_i,\alpha)=\Delta f(\pi_i,\alpha)/\Delta\alpha$，而如果认为 $\Delta\alpha=1$，那么，$f(\pi_i,\alpha)-f'_\alpha(\pi_i,\alpha)$ 可以近似于 $f(\pi_i,\alpha-1)$。当然，更一般地，我们可以认为 $f(\pi_i,\alpha)-f'_\alpha(\pi_i,\alpha)$ 是一个低于 α 的某个努力程度 α^- 下 π_i 出现的概率 $f(\pi_i,\alpha^-)$，$\alpha^-<\alpha$。这样一来，这个似然率 $[f(\pi_i,\alpha)-f'_\alpha(\pi_i,\alpha)]/f(\pi_i,\alpha)=f(\pi_i,\alpha^-)/f(\pi_i,\alpha)$ 越大，就说明货币收益 π_i 越有可能是在代理人以低于 α 的努力程度的工作下取得的，也就是说，越有可能是代理人在比 α 的努力程度还要“偷懒”的情况下取得了 π_i。

这一结果与信息对称条件下的最终结果有着明显的不同：在信息对称条件下代表现实随机因素的分布密度函数在整理中被替换掉了，没有出现在最终的结果中，而在信息对称条件下，我们可以明确地看出，最终结果中明确存在着代表现实随机因素的变量“似然率”。我们所得出的结果也就是委托—代理模型中著名的“莫里斯-霍姆斯特姆条件”（Mirrlees-Holmstrom condition）。

显然，这个结果是一个更为一般的形式，如果让 $\mu=0$，也就是说，激励相容约束不再处于边界水平上，那么，我们这里得出的结果与信息对称条件下的结果是一致的。而值得注意的是，在信息不对称的条件下，$\mu>0$，所带来的影响正是现实中随机因素对结果的影响：$\mu>0$，使得“似然率”影响着最优分配方案的调整：

似然率越大，$V'(\pi_i-w^*(\pi_i))/u'(w^*(\pi_i))$ 越小，而 $V''\leqslant 0$，$u''\leqslant 0$；所以，只要委托—代理双方不同时都是风险中性者，也就是说，V'' 和 u'' 中至少有一个严格小于零，那么，$V'(\pi_i-w^*(\pi_i))/u'(w^*(\pi_i))$ 越小，就要求分配方案中付给代理人的报酬 $w^*(\pi_i)$ 越少。也就是说，如果代理人越有可能在偷懒的情况下获得 π_i 的货币收益，那么，按最优契约原则，委托人在 π_i 的货币收益下所提供给代理人的报酬 $w^*(\pi_i)$ 也就越少。反之亦然。

这一结论对于现实的指导意义是非常明显的：由于无法明确得知代理人的努力程度是多少，因此，委托人只能通过客观的现实条件和随机因素对结果的影响来判断代理人的努力程度，从而确定最优的支付方案。如果市场条件变得越好，也就是说，现实的随机因素使得似然率变得越高，代理人越有可能在不努力的情况下就获得较高的收益，那么，在相同的工资效果和货币收益下，按照最优契约原则，委托人提供给代理人的收益应该降低。相反，如果市场条件非常差，即使最终的货币收益没有提高，但是，可以认定，代理人有更大的可能是付出了更多努力，委托人在最优契约原则下所支付的报酬应随着似然率的降低而提高。

而如果考虑到完全契约的“可证实”要求，我们可以明确，在努力程度变量 α 不满足“可证实”要求的情况下，信息不对称条件下的求解结果说明，最优契约需要从“似然率”所代表的其他外部的随机因素中，选取可以证实的相关变量，作为契约执行中的重要参照变量，用这些可证实的变量来衡量似然率，从而间接从概率分布的意义上确定代理人的努力程度，并确定最优的契约安排。

当然，委托—代理理论的相关模型非常多，在这里我们只介绍其基本的分析思路和相对成熟的具有代表性的基本模型。

第三节　不完全契约理论

一、不可证实与不完全契约

委托—代理理论虽然可以讨论信息不对称的情况，认为交易双方之间存在“你知道、我不知道”的信息，却没有关注另一部分对于契约条件有着重要意义的信息，那就是虽然交易双方可以获知，但是第三方无法去证实的信息。**承认交易双方之间存在第三方无法证实的影响契约关系的相关信息，就是契约理论的“不可证实”假定。**

弗鲁博顿和芮切特（2006）指出：“虽然委托—代理方法中，分析的焦点是合约各方之间的信息不对称，但是不完全合约模型关注的情形却是，合约各方共享一些私人信息，但对于法庭这样的外部人来说，这些信息是得不到的。”

在委托—代理理论中，我们认定委托—代理理论所讨论的契约之所以属于“完全契约”的范畴，正是因为那些写进契约作为执行判定标准的相关内容是“可证实”的。也正是这一“可证实”的条件，保证契约可以在第三方力量的监督和裁判下进行“三方治理”。相应地，在不完全契约理论中，学者们所关注的则是那些第三方无法证实的信息，而由于相关条款无法在“可证实”的基础上，借助第三方的力量规范治理双方的交易行为，不完全契约所对应的交易行为往往要突破“三方治理”结构，过渡到“双方治理”和“一体化治理”模式。

当然，契约理论从古典契约到委托—代理理论，再到不完全契约，经历了一个较长的发展过程，这其中，不同学派不同分析范式之间进行了非常多的对话，相应的理论体系还尚未完全成熟。

新制度经济学之前，经济学使用的是完全的古典契约假设，其深层的理论基础是：理性的人具有无限的知识和准确的预见能力以及交易费用为零。显然，在完全契约假设下讨论问题只是为了理论上的方便。现实经济生活中的契约往往是不完全的，其原因在于：人们的行为和决策要受到有限理性的限制、信息不完全或不对称的约束、交易费用的制约等。新制度经济学家们认为，人们理性的有限性，使得他们不可能完全预期到未来所可能发生的各种情况，不可能确切地知道将来哪种情况会发生，不可能清楚各种情况下当事双方利益关系的变化，因而合同不可能是详尽无遗的。同时，合同条款也没有必要完备无遗，交易费用的存在使得人们根据经济理性原则可能人为地将契约设计得不完善，将那些耗费颇大以及根本不可能进行界定的维度暂时排除在契约之外，留待契约双方相机处理；除了协商解决，对于风险事件和不确定性事件以及契约双方信息的不对称所导致的机会主义行为，契约双方还可借助法律的、习惯的约束来处理。因此，新制度经济学关于契约问题的研究，强调的重点放在了不完全或关系性契约上。

二、不完全契约的交易费用理论

威廉姆森是交易费用理论的代表，在他的交易费用理论中，不完全契约理论占了非常大的比重，威廉姆森的这些理论已经成为新制度经济学契约理论重要的理论基础。我们在本章第一节中对契约理论的基本概括所使用的理论框架，就基本来自威廉姆森交易费用理论的分析。在这里，我们不再重复展开这个理论框架，只是从不完全契约的角度再进一步介绍一下交易费用理论对不完全契约的分析。

（一）交易费用大于零与契约不完全

在交易费用理论中，威廉姆森认为，契约不完全是由有限理性、交易费用大于零和机会主义行为引发的。他认为，专用性资产的投资、交易频率低以及交易中的不确定性等因素，使得市场上的交易中有着明显的“正交易费用”的特点；交易双方也并非绝对的“君子”，在交易费用大于零的条件下，一方可能凭借自己在交易中所占有的优势地位，通过“机会主义”行为“损人利己”；而由于交易双方都只是“有限理性”的，所以在这种条件下，签订一个“完全契约”是不可能的。

在现实中，契约安排除了在条款的完备程度上存在差异，更为重要的是，它们的事后执行也存在很大差异。事实上，新制度经济学家大都将契约的执行环节或事后支持制度看做一个核心问题，并将大量的文献放在了合同的实施或执行方面。

在人们的印象里，如果合同在执行过程中出现纠纷和争端，合同方一般会诉诸法院来解决，即由政府或其他外部机构通过法律来实施合同。其实，在现实的大多数合同履行中，人们往往不是依赖于法院根据文字签订的合同条款施加裁决的强制履行，而是依赖于合同方自我实施的履行机制来解决不完全合同问题和纠纷，并且，这被看做履行不完全合同的有效工具。也就是，合同的实施机制有两种：一是由政府或其他外部机构通过法律实施的明确的契约保证；二是由市场机制自我实施的默认的契约保证。

在现实经济生活中，由于合同的不完全性，合同执行过程中出现争议不可避免。尽管不少合同行为的争端最后可能通过诉诸法院来解决，但是，大多数合同行为的争端往往是依赖习惯、诚信、信誉等因素的作用来解决的。也就是，合同各方可能是尽量依靠他们自己的力量与方式来解决合同的争端，而不是诉诸法律。这就产生了自我实施合同或默认契约的观念。因为在当事人看来，利用法律程序要花费成本，甚至是高昂的成本。将包括遗漏条款和模糊不清的陈述的不完全合同的纠纷交付法院，由法官和陪审团裁决，无异于一场代价昂贵的赌博，因为他们未必具备合同所涉及的专业知识和信息。因此，自我实施的合同更为常见。威廉姆森等人从不同角度研究了这一问题。

比较而言，通过法院实施的明确契约能够较有效地解决或抑制机会主义问题，但实施成本高昂；自我实施的默认契约成本较低，但很难解决机会主义问题。因此，对默认契约或合同的自我实施的研究集中于如何克服机会主义问题。

威廉姆森在对合同做了上述分析之后将分析的重点放在了关系性契约尤其是用来保证契约实施的私人安排（私人秩序）上，将契约的执行环节或事后支持制度看做一个核心问题。他（1985）认为，法庭并不适合维护交易的长期性，法庭本身不可能是克服机会主义行为的唯一依靠，而且法庭也受机会主义行为（如律师）和有限理性（如法官）的影响，因此，如果可能，法庭秩序就会被私人秩序取代或补充，也就是被合同双方的自我实施协议所取代。在私人秩序中，事前达成的防范机会主义的保证措施起着关键作用。通过提供质物、抵押、公开保证书，通过一体化治理，或者通过订立自我实施协议，承诺具备了可信赖性，可以保证合同得到实施。一般情况下，交易双方都了解那些强有力的法律范围以外的制裁措施，当基本的行为准则被违背时，这些制裁措施就会生效。

（二）默认契约与准租金

与威廉姆森的分析类似，本杰明·克莱因、罗伯特·克劳福德和阿尔曼·阿尔钦在其经典性的长篇论文《纵向一体化、可占用租金与竞争性缔约过程》（1978）中，也强调了默认契约的重要性。他们强调指出，产生毁约危险的原因在于存在可被有关当事人占用的专用性准租金，这种准租金使机会主义行为由可能变为现实。

所谓准租金，是指某项资产最优使用者超过次优使用者的价值，它产生于专用性投资，在现实中，有关当事人（即契约双方）都想尽可能地占用这部分准租金。例如，当没有出价次高的次优者加入竞价时，最优使用者会出次高价而不是最高价来使用某项资产，从而占用全部准租金。为达到占用准租金的目的，会出现种种不道德的或机会主义行为。针对机会主义行为，具体的契约解决主要有两种：明确契约和默认契约。在现实中，相对非正式的、不涉及法律的契约实施占支配地位，真正依靠法律明确裁决的契约实施极为罕见。

默认契约是指非正式的不涉及法律的契约关系，是交易双方共同认可的，以双方对交易关系的依赖为基础来维系和调整的契约关系。在理论上，默认契约更符合“竞争性缔约过程”的要求（强调的是市场力量、契约自由、缔约自愿），因此，他们更强调默认契约。他们认为，自我实施的契约的运行方式之一就是给潜在的欺诈者提供一种未来的“贴水”（premium），并且使它超过从欺诈中获得的潜在收益。这种“贴水”实际上就是为防止欺诈活动而支付的保险费用。只要交易双方对由欺诈而获得的潜在的短期收益有相同的估计，这种保险的数额就会达到供求均衡，可以预料的机会主义行为就不会发生。他们指出，如果预料到缔约后毁约行为会发生，那么支付一定的贴水是最佳的阻止办法。如果这种贴水过于昂贵，那么特定的交易就不会发生。

克莱因等在其他论文进一步论证指出，默认契约是保证契约实现或绩效的一种重要契约安排。有关市场交易的传统经济学观点认为，应由政府作为第三者来界定产权和实施契约。这种观点背后的法哲学基础是，如果没有政府这个第三者来判定和制裁违约行为，市场交易将是不可能的。但在一些自由主义经济学家如哈耶克和马歇尔看来，在没有任何第三方参与的情况下，当事人的信誉和名声可以成为激励他们确保契约绩效的因素，只要交易重复进行即可。

曾几乎与哈耶克同时提出自由铸币学说的克莱因，自然坚定地坚持这种自由主义传统，认为组织交易除了第三方保证的明确契约和单方面实现纵向一体化这两种方式外，更重要的是由当事人双方自己实施的默认契约。在这种契约安排下，为防止机会主义行为而保证契约绩效，具体办法就是价格贴水，例如工资契约。当劳动力供过于求或企业对劳动力的需求减少时，如果资方以削减工资适应劳动力的需求减少，企业支付的工资水平正好等于出清劳动力市场的价格，将导致企业最好的、效率最高的劳动者离开企业；如果资方保持工资水平不变而以相对减少雇佣量来适应劳动力需求的减少，就可能将那些最好的、效率最高的劳动者留下来，此时资方支付的工资水平将比出清劳动力市场的价格高一些。① 而资方这样做的原因在于寻求长期合作关系所必不可少的"忠诚"。这种情况可以推广到几乎所有市场的缔约活动：支付高于完全竞争水平的价格，即给予交易方以价格贴水，能够对供给质量起保证作用，即保证契约的实现或绩效。

克莱因（Klein，1985）还论证道，交易的一方通过违约往往可以获得一个数额巨大的一次性收益，但是，他将招致两个方面的损失：一是他的专用性投资的损失；二是他在将来的交易中必须花费更高的代价才能达到若履行契约而没有招致"信誉"损失时的交易水平。因此，若给予交易对方一种未来的贴水即把价格定得高于完全竞争水平，保证交易对方足够的收益流量，交易对方一般不会违约，契约绩效能够得到保证。总之，运用默认契约（价格贴水—专用性投资）是保证契约绩效的有效方法。

（三）治理结构的匹配问题

威廉姆森对交易的性质进行描述和区分，并对契约的类型作出划分之后，进一步分析了不同类型的交易与不同的契约安排和治理结构之间的匹配问题。他认为，交易者将会选择交易费用最小的契约安排和治理结构。对于这一点，我们在本章第一节已经介绍过了，这里不再重复，只是进一步规范和协调一下不同理论的相应概念。

在第一节的分析中，我们所提到的契约分类方法，显然与第二节和第三节中关于完全契约、不完全契约的说法并不是来自同一个理论体系。一般而言，第一节中所指的"关系性契约"，类似于我们在第三节中所讨论的"不完全"契约，这两类契约的关键性特征都是相关条款，由于第三方参与的成本太高，或者第三方根本无法证实，而不能匹配"三方治理"，从而需要交易双方签订具有"不可证实"特点的不完全契约，形成相应的"合作关系"，进行"双方治理"甚至直接进行"统一治理"。第二节所讨论的委托—代理理论所关注的"完全契约"，则很大程度上对应着第一节中所讲的"新古典契约"，其"可证实"的特点，正是这类契约可以匹配"三方治理"的关键。

① 劳动经济学家如乔治·阿克洛夫将此工资称为"效率工资"，因为在此工资下劳动者会更加努力工作。

三、不完全契约的新产权理论

哈特等人（Grossman and Hart，1986；Hart and Moore，1990；Hart，1995）在一系列文献中研究了契约的不完全性以及由此引发的权利和控制的有效配置问题，这些理论试图用较为清晰和标准的模型语言，对不完全契约下的权利和控制问题进行更为深入的分析，受到了学者们的普遍重视，人们通常把它们冠以“新产权理论”之名。

一般来说，学者们认为，不完全契约的产权理论是在交易费用理论的基础上发展而来的；从契约理论的模型分析角度来看，这一理论的发展出于弥补委托—代理模型在契约理论方面所体现出的明显的不足。当然，新产权理论也并非仅仅是对不完全契约的交易成本理论进行模型化的数理表述，从某些方面来看，新产权理论还试图比交易成本理论更为深入地探讨不完全契约中的权利配置等相关问题。尤其是当交易双方合并为同一家企业时，新产权理论试图更为深入地讨论在“一体化治理”下，同一个企业内部的契约安排和权利配置问题，而这恰好是交易费用理论讨论较少的一个领域。

哈特（Hart，1995）指出：“如果两家企业合并成为一家单独的企业，这些成本会有怎样的变化？在这一点上，交易成本理论似乎变得更加模糊了。它时常指出，争论问题与套牢行为在单个企业内将会减少。但是，这种情况赖以发生的确切的机制通常却弄不清楚。”

（一）契约不完全的原因

我们对完全契约和不完全契约的区分，就来自新产权理论。对此哈特的总结是：契约不完全是由于未来的不确定性、交易双方缺乏统一语言规定契约的或然条款，以及第三方不可证实的问题。具体来说，就是指交易双方无法明确知道未来可能发生的一切可能情况；即使知道了这些或然情况，交易双方也难以找到双方都认可的没有歧义的统一的语言来规定这些或然情况；而即使规定了这些情况，作为执行参照标准的相关变量，也可能是第三方所无法证实的，也就是说，契约难以获得来自第三方力量的强有力的监督、裁决以保证其执行。因此，新产权学派特别强调在交易过程中、在契约执行中的调整与再谈判。

哈特（Hart，1995）指出：“第一，在复杂的、十分不可预测的世界中，人们很难想得太远，并为可能发生的各种情况都作出计划。第二，即使能够作出单个计划，缔约各方也很难就这些计划达成协议，因为他们很难找到一种共同的语言来描述各种情况和行为……第三，即使各方可以对将来进行计划和协商，他们也很难用下面这样的方式将计划写下来：在出现纠纷的时候，外部权威，比如说法院，能够明确这些计划是什么意思，并强制加以执行。”

（二）再谈判条款

认为签订一个完全契约是不可能的，那么，也就等于承认在交易过程中，事前签订下的契约存在各种漏洞，靠这个契约来规范的交易，也就难免会出现纠纷，对此，应如何应对呢？在这个问题上，新产权理论的回答与交易费用理论基本一致，那就是要通过交易过程中的“再谈判”来解决交易中出现的各种情况。**所谓再谈判，就是在交易中出现了新的问题之后，交易双方再针对这一新的问题和情况，重新进行协调和谈判，对交易进行调整。**更进一步讲，不完全契约的新产权理论，其基本理念就是在交易过程中，在契约执行中，通过事后的再谈判来调整契约的内容，安排好契约的执行。

哈特（Hart，1987）指出："双方会很理性地将许多不定事项暂放在一边，因为'等着看看会发生什么'比考虑大量不可能发生的事件要好一些。"

当然，这种再谈判也并非没有任何问题，哈特等人在认定交易执行要通过事后的"再谈判"来应对各种或然情况的同时，也认为这种再谈判存在各种"成本"，对于交易的进行和调整有着非常明显的影响。新产权理论也试图进一步深入分析这些影响，从而加深对交易和相关制度安排的理解。对此，哈特（Hart，1995）的总结比较有代表性：双方会就如何修改相关条款，尤其是调整对相关收益的分配而争论不休；争论中，由于交易双方是信息不对称的，对于同样的事物，双方的判断会不一致，这也可能导致最佳的契约安排无法进行；任何一方进行了"专用性资产"的投资，都有可能在再谈判中被对方"敲竹杠"，即侵夺其专用性资产的"准租金"，这会导致交易各方都回避进行专用性资产的投资，转而选择"次优"的"通用性资产"，这种通用性资产，从效率的角度来看，并不是最优的，但是，由于增加了自己选择的余地，提高了对方所面对的竞争，可以很大程度上节约交易成本——"这类决策牺牲了某些专业化的效率利益，但是在不完全契约世界里，通用投资为各方提供的安全保障要大于这些效率损失"。

要节约再谈判的交易费用，不完全契约还需要就契约执行过程中如何进行再谈判，如何修改契约进行明确的规定，学者们把这些条款称为"再谈判设计"（renegotiation design）条款。

阿洪、德瓦迪庞特和瑞（Aghion，Dewatripoint and Rey，1991）指出："虽然契约忽略了这些规则，但它们是普遍存在的。例如，合资合约一般要求进行专用性投资，通常会设计一套程序，以便母公司之一退出合资可以有章可循。建筑合约一般规定，如果在规定的完工时期仍未完工，就要按日进行处罚。对办公楼的建筑合约来说，只有建筑师可以制定新的价格方案。当棒球员在合同期满之前离开球队时，必须遵守谈判规则，虽没有成文的规定，但照样要执行。最后，中断惩罚和非罢工条款通常都会影响劳动合约的重谈结果。"

（三）剩余权利

前面已经说过，新产权理论在不完全契约理论上的关键特点就在于对产权配置的深入研究。而这些研究主要集中于新产权理论关于剩余权利的分析。

在新产权理论看来，**契约性权利有两类：一类是特定权利，另一类是剩余权利。前者指的是那种能在事前通过契约加以明确界定的权利，后者指的是那种不能事前明确界定的权利。**对于不完全契约，剩余权利的归属是一个关键性的重要问题。已往的交易费用经济学文献一般假定，一体化导致的结果与完全的契约所导致的结果是一致的。而新产权理论认为对这两者的结果的比较是没有意义的，有意义的是比较将剩余权利配置给一方当事人的契约与将剩余权利配置给另一方的契约。例如，在雇主—雇员关系中，雇员的工作岗位的许多细节都是由雇主擅自决定的，也就是说，雇主拥有许多剩余权利或剩余控制权；在发包人—承包人关系中，权利的规定一般较为详细，而且，承包人一般拥有未明确规定的许多权利。

新制度经济学家们的不完全契约或关系交易理论，抛弃了建立于静态确定性之上的理论模型而关心跨期优化。分析方法的这一变化对于经济学的发展无疑是极为重要的。“关系交易框架将我们的注意力转向了被标准微观经济学所忽略的许多问题上。它也指出，在许多情况中，经济学家们一般面对的静态最优问题的重要性被高估了。为了追求其关系目标，关系双方愿意承担大量明显的静态无效率”（Goldberg，1980）。但是，在一个存在不对称信息、大量不确定性和频繁外部冲击的世界中，为了形成对契约关系和制度安排的影响力的更全面的理解，经济学家们的注意力不应该仅仅局限于交易成本和交易的特征，扩展制度经济学的契约理论需要更广阔的视角。

本章人物：奥利弗·威廉姆森

奥利弗·威廉姆森是新制度经济学交易费用理论和契约理论的主要代表人物，2009年诺贝尔经济学奖获得者，瑞典皇家科学院的声明认为他以“在经济管理方面的分析，特别是对公司边界问题的分析”获奖。1975年，威廉姆森在其著作《市场与层级制：分析与反托拉斯含义》中明确提出“新制度经济学”概念，以区别凡勃伦和康芒斯时代的制度经济学理论，并论述了新制度经济学理论的演化，因此，威廉姆森也被视为“新制度经济学”的命名人。

威廉姆森于1932年9月27日出生于美国威斯康星州的苏必利尔镇，1955年获麻省理工学院理学学士学位，1960年获斯坦福大学的工商管理硕士学位，1963年获卡内基梅隆大学经济学哲学博士学位，毕业后在加州大学伯克利分校任教，1965年进入宾夕法尼亚大学经济学系担任副教授。1966年，威廉姆森进入联邦政府工作，担任美国司法部反垄断局局长唐纳德·特纳的特别经济助理。1967年，威廉姆森返回宾夕法尼亚大学任教，关注垄断和纵向一体化的研究。1983年任耶鲁大学教授，1988年任加州大学伯克利分校教授至今，是美国加州大学伯克利分校爱德华·F. 凯泽名誉企业管理学教授、经济学教授和法学教授，是经济学界跨学科研究的杰出代表。

纵向一体化是威廉姆森理论研究的重要切入点，1971年他发表了《生产的纵向一体化：市场失灵的思考》，运用交易费用分析讨论纵向一体化，获得了较高的学术声誉。1975年威廉姆森终于完成了《市场与层级制：分析与反托拉斯含义》一书，可能是由于语言晦涩难懂，资助他研究的布鲁金斯学会拒绝出版该书，该书最终通过自由出版社出版。此后，威廉姆森一直致力于交易成本理论的研究，1985年他出版的《资本主义经济制度》被视为交易成本经济学的集大成之作，新制度经济学交易成本学派形成的重要标志。虽然威廉姆森的著作多数语言较为晦涩，但是由于他立论深刻，注重实践和学科交叉，其研究获得了很大的成功。在1992年的一次学术会议上，一位经济学家告诉威廉姆森：“在1990年《社会科学引用索引》中，位居5部引用最多的著作榜首的是马克思的《资本论》，排在《资本论》后面的依次为《市场与层级制：分析与反托拉斯含义》、《资本主义经济制度》、凯恩斯的《就业、利息和货币通论》和斯密的《国富论》”①，跨学科交

① 慈玉鹏. 新制度经济学的拓展者：奥利弗·威廉姆森. 管理学家，2011（11）.

义研究是威廉姆森受到广泛关注的重要原因。20世纪90年代以后，威廉姆森将交易成本理论广泛应用于公司治理和企业战略研究，1996年出版的《治理机制》一书是交易成本经济学和组织理论的重要代表性著作。

除了人们熟悉的交易成本理论和公司治理等领域，威廉姆森也是反垄断经济学研究的重要专家。美国司法部反垄断局的助理副部长卡尔·夏皮罗曾专门撰文介绍威廉姆森在反垄断经济学领域的贡献。例如，关于如何权衡横向兼并形成的市场势力和价格上涨因素，威廉姆森（Williamson，1968）提出的"幼稚交易模型"，是企业兼并研究领域重要的"威廉姆森交易折中方案"。此外，威廉姆森也论证了企业"纵向整合策略"对于提高运转效率的积极意义，对于美国反垄断法案的现实操作起到一定的影响。

因此，2009年威廉姆森获得诺贝尔经济学奖时，很多学者认为，其获奖是众望所归。

【本章小结】

在法律意义上，契约是指平等主体的自然人、法人、其他组织之间设立、变更、终止民事权利义务关系的协议，通过要约、承诺方式订立。从新制度经济学的视角出发，契约可以界定为在自愿的基础上，交易双方为了进行交易而达成的协议，这个协议中交易双方分别承诺了各自的义务，并规定了作为交易标的具体的产权。契约是分析交易行为和交易过程的重要理论视角，分为古典契约、新古典契约和关系性契约。治理结构是管理交易执行契约的组织管理安排，分为市场治理、三方治理、双方治理和统一治理四种类型，不同类型的交易视资产专用性、不确定性和交易频率的差异，分别适用不同的治理结构。

完全契约理论就是在"可证实"前提下，以第三方裁决作为契约最终的治理安排，以此为主线设计相应的契约条款，认为契约的执行不是问题。委托—代理理论是完全契约理论的重要内容。在信息不对称的条件下，委托—代理关系可能面临各种可能的"机会主义"行为妨碍契约的执行，形成委托—代理问题，包括道德风险和逆向选择。在委托—代理关系中，委托人设计契约条款，最大限度激励和约束代理人的行为，以实现委托人利益的最大化，以此为主线可以构建委托—代理模型，分别在信息对称和信息不对称条件下求解，以实现完全契约理论的模型化解析。

承认交易双方之间存在第三方无法证实的影响契约关系的相关信息，就是契约理论的"不可证实"假定。在"不可证实"的前提下，不完全契约理论认为契约关系的维系和调整不能再依赖第三方的维系，而是更加重视交易双方的相互依赖和行为的互动性。以威廉姆森为代表的不完全契约的交易费用理论认为，利用法律和第三方裁决等形式维系和调整契约关系，要花费大量的交易费用，通常交易双方更倾向于依赖习惯、诚信、信誉等因素的作用来解决契约争端，从而形成了自我实施合同或默认契约的观念，以较低的交易费用来克服机会主义问题。缔约双方围绕交易"准租金"的争夺和博弈对契约的持续性造成破坏。维系交易关系，更多地采用非正式的默认契约，当维系契约关系持续性所获得的"贴水"收益高于违背的机会主义行为所获收益时，默认契约就可以获得执行。运用默认契约（价格贴水—专用性投资）是保证契约绩效的有效方法。以哈特为代表的不完全契约的产权理论认为契约治理的关键在于产权的配置，通过再谈判处理交易过程中的新问题，维系和调整契约关系。考虑到再谈判的相关交易费用，契约双方可能减少生产效率较高的专用性资产，以防范在交易中被“敲竹杠”，并在契约中设置相应的“再谈判设计”条款。同时不完全契约的新产权理论也特别强调契约中未能明确界定其归属的剩余权利。

【关键术语】

契约	古典契约	新古典契约
关系性契约	治理结构	市场治理
三方治理	双方治理	统一治理
可证实	完全契约理论	委托—代理问题
道德风险	逆向选择	不可证实
不完全契约理论	准租金	默认契约
再谈判	剩余权利	

【思考·深化】

1. 相对产权指的是：“能够施加于一个或多个特定人身上的权利。”① 弗鲁博顿和芮切特认为，“相对产权可能源自于自由达成合约或法庭上的指令（在侵权行为的情形中）。换言之，它们包括合约性产权，比如信用债务或销售关系，以及法律上的强制义务”②。把所有权中某些权项分离出来，变更其权利主体，会形成“所有权”的分割；在这个过程中，如果转让产权后没有立刻得到偿付，或获得了相应报酬后某些权项的让渡尚未完成，都会形成“相对产权”。

如果说“绝对产权”的产权安排往往需要由权威第三方进行明确的产权界定，那么，“相对产权”则往往来自交易双方的自主决策和交易过程。请结合第二章“产权安排”原理，围绕契约的签订与执行过程，谈一谈“绝对产权”的产权安排与“相对产权”的产权安排之间的关系，以及它们各自对于制度效率水平的影响和意义。

2. 本章第三节以“可证实”为参照将契约分为完全契约和不完全契约，然而现实中要“证实”任何问题都要花费一定的成本，所谓的“可证实”与“不可证实”之间，可能没有绝对的界限，其差别在很大程度上在于证实所需付出的“证实成本”的大小。相应地，请考虑这样一个问题：本着交易费用最小化的原则，任何契约的签订都会尽可能地降低其交易费用，如果将“证实费用”也作为交易费用的一部分，并将“证实费用”视为连续变量，那么，所签订的契约的“完全性”程度也取决于交易费用最小化的决策。

请结合本章第三节和第四节对“完全契约”和“不完全契约”的处理方法，谈一谈从前面提示的思路出发，有没有可能实现“完全契约理论”与“不完全契约理论”的统一？或者在你看来，要实现这种“统一”的主要困难是什么？

3. 本章第四节介绍，一般认为哈特等人代表的新产权学派的不完全契约理论是在威廉姆森的交易费用学派不完全契约理论的基础上发展起来的。但是，两者的分歧也非常明

① Merryman, J. H. *The Civil Law Tradition: An Introduction to the Legal System of Western Europe and Latin America*. New York: Free Press. 1985: 74.

② 弗鲁博顿，芮切特. 新制度经济学. 上海：上海人民出版社，2006：110.

显。一般而言，学者们认为交易费用学派强调有限理性前提和事后的纠纷解决，在分析方法上呈管理学、法学、社会学与经济学交叉的分析方法特点；而新产权学派则强调理性选择原理及事前的契约设计和激励安排，在分析方法上更倾向主流经济学的模型化分析方法。

请结合上述问题谈一谈，在你看来上述两者哪一方更能代表制度分析的前进方向，或者是否存在区别于上述两者的更好的发展方向?

第二篇

微观理论

本篇介绍具体的制度安排。制度经济学著名学者诺思在其著作《制度、制度变迁与经济绩效》（2008）中具体区分了组织与制度，将组织视为博弈的参与者，制度则视为博弈的规则。其实，组织既是制度的参与者，其本身也是一种重要的制度。我们通常习惯将组织视为不同“成员”结成的整体，而将制度视为一系列的规则。其实，任何一个组织都要具体规定其内部成员必须遵守的规则，至少要对组织成员的“加入”和“退出”提出明确的规则；任何一个制度在明确相应规则的同时，也会指定这一规则针对哪些成员，即在范围上要求哪些成员遵守这一规则。从这个意义上讲，“组织有规则，制度有成员”。任何一个组织都是一种制度，但是并非所有的制度都会形成一个组织，只有遵守规则的成员作为一个整体再充当另一个制度或组织的“成员”和“参与者”时，这些制度所构成的成员才会被视为一个组织。企业和国家就是这样的组织，同时也是参与各项经济制度的主要成员。在具体理论部分，我们首先介绍企业和国家的具体制度安排，然后进一步分析这些组织需要遵守的法律规则。因此，第四章介绍的企业理论和第六章的国家理论，有时也被称为“新组织理论”。

第四章

企业与团队生产

我们在本书绪论部分介绍过，新制度经济学关于交易费用、产权和契约的基础理论最初源自新制度经济学对具体制度问题的分析，对企业的研究就是新制度经济学分析的起点。正是科斯于1937年发表的《企业的性质》一文，开启了制度分析与新古典分析相耦合的“新制度经济学”。新制度经济学认为像新古典经济学那样将企业处理为一个简单的“生产函数”，实际上是把企业视为一个投入与产出之间的“黑箱”，忽略了企业内部的组织和制度问题，从而导致众多现实问题没有得到有效的解释：为什么会有企业？为什么企业会有大有小？企业是如何运行的？什么样的治理措施才会让企业运行得更好？企业问题是新制度经济学研究最多、讨论最深入的领域，也是新制度经济学对现实经济运行影响最大的领域。甚至可以说，正是新制度经济学的开创性工作，最终将企业管理研究从管理经验的堆积发展为符合经济学逻辑严整性的经济学分支，实现了企业内部问题的经济学研究。这些研究通常被称为“企业理论”，包括“企业的性质”“纵向一体化”等内容。本章我们简要介绍这些内容。

第一节　企业的边界

一、认识企业

本节将介绍什么是企业；为什么市场经济条件下在以市场手段配置资源的“海洋”中会出现企业这种以行政管理配置资源的“岛屿”；企业的行政管理的边界会停留在多大的规模上；企业边界伸缩，即纵向一体化又是怎样进行的。

（一）企业的概念和类型

关于企业有很多理解，尤其是在管理学的相关文献中，对企业的理解和认识直接影响着不同的管理思想。**在经济学文献中，企业一般被看做一个经济组织，这个组织购买生产**

要素，组织产品生产，并把产品销售出去以赚取相应利润。企业是要素市场上的购买者、产品市场上的销售者和产品的生产者。依据不同的法律形式，企业可以分为业主制、合伙制和公司制三种类型。

业主制企业又称单一业主制企业、个人企业，我国法律称之为“个人独资企业”，通常所说的“个体户”“个体企业”也属于这一范畴。**业主制是指出资人单独出资并经营的企业，业主对企业债务负有无限赔偿责任。**这种企业的所有权和经营权都集中于出资人即业主一人。在业主制企业中，业主获得企业经营的所有收益，也必须对企业经营的所有问题负责。因此，业主制企业对于业主具有最为理想的“激励—约束”机制，但是，业主制企业也有它的缺陷，由于出资人单一，企业规模仅限于出资人所拥有的资本规模，不利于企业规模的扩大，业主亲自经营的模式也难以应对大规模企业的经营管理。因此，业主制企业一般规模较小。

新制度经济学家还关注过“单一型企业”（unitary firm），依照埃格特森的说法，单一型企业是指“一个人拥有所有的投入品并负责组织生产”的企业。可见，单一型企业也是业主制企业，但不同的是，单一型企业往往指的是由单个人组成的企业。其中麦克纳尔蒂的分析比较有代表性：“单一型企业——不管是使用自己的手推车出门兜售生意的老人，还是替别人出谋划策的经济学家、独立的中间人或艺术家，我们都不能像科斯概括企业含义那样把它看做‘一个有关联关系的系统’。它不是像阿尔钦和德姆塞茨所解释的那样，组织起来用于监视‘团队’生产的；它也不像阿罗所说的那样内部运作有‘集体’行为。但它实实在在地存在着，它所起的基本经济作用丝毫不亚于比它大得多且完全不同的那些对应组织形式，后者许多方面的活动是市场所不及的。”①

合伙制企业是指由两个以上出资人出资组建的企业，合伙的出资人对企业的债务具有无限连带赔偿责任。合伙制的出现，标志着企业由单一业主出资演变为多个所有者联合出资——这种所有者的联合有利于克服企业规模局限于单一业主资本规模的问题，但也带来了新的问题。企业的所有权分散到多个合伙出资人的手中，这些出资人都是企业的所有者，某一合作人所做的决策或监督所带来的收益或损失都由合伙人共同承担。因此，合伙人中间容易出现偷懒和不负责任的行为，要克服这一点需要合伙人之间形成有力的相互监督，但在交易费用为正的情况下，完全理想的监督是做不到的。同时，合伙制企业的产权变更也有很大的难度，某个合伙人要想转让或出售其产权必须得到其他合伙人的同意，因此企业的产权转让往往难以实现；一个合伙人脱离企业或死亡，合伙制就会瓦解，必须进行重新组织。企业合伙人对企业债务具有无限连带赔偿责任，对于其合伙伙伴的监督又存在难度，合伙制企业中每个合伙人所面临的债务风险也比较大，这些都不利于组建大型企业。

业主制和合伙制又被称为古典企业制度或传统企业制度。与承担无限偿还责任的古典企业制度相对应，实行有限偿还责任的公司制企业则被称为现代企业制度。**公司制企业又称法人制企业，是由出资人组建的具有独立法人资格的企业，作为法人，公司制企业具有民事权利能力、民事行为能力，依法独立享有民事权利，承担民事责任，公司的拥有者即**

① 埃格特森. 经济行为与制度. 北京：商务印书馆，2004：140.

股东对公司债务的偿还责任也仅限于其入股的公司法人财产部分，不再承担无限偿还责任。公司资产虽然最终属于公司股东，但是不同于一般的股东资产，股东一旦入股，其入股的资产就形成永久性的公司法人资产，股东可以转让股权获取所有权收益，但是不能要求退还其股本。公司制分为有限责任公司和股份有限公司两种形式。

（二）新古典经济学及其他学者的企业理论

前面已经提到，新古典经济学虽然对企业给予了一定的重视，但是对企业内部的组织与制度问题并未进行细致、全面的分析。其实，无论是新古典经济学形成之前还是形成之后，经济学界一直都有关于企业内部组织、制度的分析。

亚当·斯密在《国富论》中分析了工场手工业中的分工对技术进步的作用，为企业理论的研究提供了分工和专业化的理论角度。斯密提出的“分工受市场广狭的限制”的“斯密定理”，将企业内部的分工与经济组织、市场交换范围相联系，已经接触到了企业的性质问题。马克思进一步发展了斯密的分工思想，他以协作为视角讨论了工场手工业条件下，企业的生产地点集中、生产规模扩张的规模报酬；以分工为视角讨论了专业化生产对技术进步和生产力水平提高的作用。同时马克思还认为，在分工协作生产的条件下，雇佣劳动制是资本主义企业制度的本质特点：“人数较多的工人在同一时间、同一空间（或者说同一劳动场所），为了生产同种商品，在同一资本家的指挥下工作，这在历史上和概念上都是资本主义生产的起点。”① 此外，马克思还将分工划分为社会分工和个别分工，社会分工是指不同产品生产部门之间的分工，而个别分工则是指企业内部的分工。通过对两类分工的讨论，马克思进一步深化了斯密关于企业本质的分析。马歇尔则把经济组织作为重要生产要素进行分析，进一步论证了规模报酬递增的作用，并提出了内部经济和外部经济问题；而且马歇尔还提出应当借鉴生物学的研究思路，把企业组织作为一个社会“有机体”，在动态的演进过程中分析企业的组织问题。马歇尔还认为，公司制的演变一定程度上是为了满足那些有能力而无资本的人的需要，这种观点在一定程度上预见了职业经理人阶层的产生和后来的“经理革命”。马歇尔所谓的内部经济主要是指企业组织内部的专业化和规模报酬所带来的效率提高，而外部经济主要体现为外部环境对企业效率提高的促进作用。这种理论处理难免要面对这样的问题：一个企业的内部经济，对于另一个企业来说则可能是外部经济，另外，企业的外部环境也是不断变化的，外部经济概念相对模糊。杨格较早注意到了这一问题，他以规模报酬递增为前提，讨论了不同产业的各企业之间相互依赖的规模扩张和经济进步过程。杨格的研究既发展了斯密的分工理论，也纠正了马歇尔的内部经济和外部经济概念所存在的问题，同时也进一步阐述了企业之间相互依赖的动态演化过程，他的分工理论对企业组织演化与市场交换之间的关系进行了更加深入的探讨，进一步深化了关于企业本质的认识。

可能是出于数理模型处理的需要，新古典经济学基本放弃了对规模报酬递增和专业化问题的讨论，因此也不再关注企业的内部组织和企业规模问题。在新古典经济学的理论体系中，企业只是处于市场交换关系之中的一个生产单位，企业内部的生产组织与企业规模问题，则被概括为厂商理论中的生产函数。新古典经济学把分析的重点放在了企业间的要

---

① 马克思，恩格斯. 马克思恩格斯选集：第2卷. 3版. 北京：人民出版社，2012：206.

素分配状况、企业的生产决策以及定价问题。在理想的完全竞争模型中，企业间的模型差异、企业规模扩张对市场价格体系的影响等都被忽略了，企业只是一个价格接受者，简单的生产单位而已。因此，科斯批评在新古典经济学中企业一直被作为一个“使利润最大化”的“黑箱”而存在于理论模型之中。

当然，新古典经济学的企业理论并不是唯一的，也有许多非主流的学者提出了区别于新古典经济学基本观点的企业理论。

弗兰克·奈特在《风险、不确定性与利润》一书中将企业的利润来源归结为不确定性①——正是由于不确定性的存在，才导致经济状态可能偏离人们可预见的“均衡状态”，才会带来获利机会。奈特认为企业将风险在企业家和雇员之间进行分摊：企业家承担风险，并获得冒险所带来的可能的收益，企业家为雇员提供相对稳定和固定的收入，使雇员能够回避风险，同时也要求雇员服从企业家的安排和控制。在不确定条件下，对于企业组织来说，最为关键的问题在于“决定做什么和怎样去做”，这一职能必然地落到了承担决策风险的企业家身上。实际上，奈特是以风险和不确定性为角度，讨论了企业内部的企业家和雇员之间关于职能分工和利益分配的制度安排。切斯特·巴纳德则开创性地讨论了企业等正式组织的运行过程，他认为企业等组织运行中的关键问题在于把企业等正式组织看做是“人们有意识、有计划、有目的的合作形式”，合作成败的关键在于能否适应环境的变化，能否及时有效地进行内部调整；组织的物质激励和非物质激励也是保证合作成功的重要因素。同时，巴纳德还提出，人们的理性是有限的，强调专业的技艺方面的技术知识的作用。巴纳德认为，企业组织中经理人员的作用在于维持组织系统的有效运转。赫伯特·西蒙进一步引入了“有限理性”的前提假设，强调评价经济组织的效率要着眼于整体目标。应该说，奈特、巴纳德和西蒙等人的研究的意义不仅在于引入了风险、不确定性和有限理性等问题，更在于提出了一个区别于新古典经济学的分析框架。

实证方面的研究也得出了与新古典企业理论不一致的结论，艾尔弗雷德·钱德勒通过对企业发展史的研究得出结论，认为企业的组织形式影响企业发展和经济运行效率。伯利和米恩斯通过分析大量统计资料得出结论，在美国最大的200家公司中管理者控制的企业占44%，其财富占总财富的58%，揭示了公司制企业中的“所有权与经营权分离”的状况。

二、企业的边界与交易费用

在提到“企业的性质”问题时，我们把学者们讨论企业与市场关系的研究视为体现企业性质思想的理论探讨，科斯对这一问题的关注就是从“企业的边界”入手的。

前面所提到的企业理论，基本上假定企业已经存在，并在经济社会中发挥着重要作用，没有讨论，至少没有专门讨论，为什么企业要存在，与市场经济制度相比，企业的组织与制度的本质特点是什么，其在经济运行过程中发挥着什么功能——这些问题即企业的性质问题，关注企业在“资源配置”中的功能和作用。**如果将企业作为与市场相并列的资**

① 奈特区分了风险和不确定性，认为不确定性是指知道未来可能发生的各种状态，但不知道每一种状态发生的概率；风险是知道未来可能发生的各种状态，还知道每一种状态发生的概率。

源配置手段，那么企业的性质问题也就是在哪些场合由市场来配置资源，哪些场合由企业来配置资源，这就是“企业的边界”问题。

（一）科斯提出的企业边界问题

企业的性质问题首先是由科斯提出的。在他看来，自亚当·斯密的“看不见的手”的原理提出以来，经济学界特别强调市场价格机制的资源配置作用，但是在经济生活中，也有市场价格机制“不参与其中”的资源配置。在企业组织内部的资源配置就不再是以市场交易和价格调节为手段，而是以行政管理为资源配置手段。

“既然人们通常认为统筹协调能通过价格机制来实现，那么，为什么这样的组织是必需的呢？为什么会存在‘自觉力量的小岛’呢？在企业之外，价格变动决定生产，这是通过一系列市场交易来协调的。在企业之内，市场交易被取消，伴随着交易的复杂的市场结构被企业家所替代，企业家指挥生产。”

科斯认为，之所以会出现企业这样的组织，是因为市场调节虽然有很多优点，但是也是有成本的，企业存在的意义就在于以行政管理代替市场交易，从而节约市场调节所需的交易费用。

“当然，价格机制能被替代的程度有很大差异。在一个百货商店中，各种柜台在大楼里的空间配置既可以由管理当局决定，也可以是为场地进行竞争性价格招标的结果。在兰开夏的棉纺织业中，一个纺织商能靠信用租到动力设备和店铺，获得纺织机和棉纱。然而，这一系列生产要素的组织协调通常是在没有价格机制参与的情况下进行的。显然，作为替代价格机制的‘纵向’一体化的程度在不同产业和不同企业间差别悬殊。”

同样的道理，市场交易没有完全被企业组织内部的行政管理替代，也说明企业内部的行政管理手段是有成本的。企业的边界被确定在这样的均衡水平上，即企业内部管理的费用与市场交易费用相等的均衡水平上——用边际分析的语言来表述就是企业规模扩大所需增加的管理费用，与规模扩大所增加的交易由市场价格机制调节所需的交易费用①相等，如果前者低一些，企业规模会扩大，如果前者高一些，减小企业规模则是合算的。

因此，依照科斯的观点，企业的性质和存在的意义在于，以行政管理手段代替市场交易，以节约市场交易的成本，其最优的均衡结果决定企业的边界。

（二）中间产品的提供问题

当然，科斯的解释并不是“企业的性质”问题的全部，为了能循序渐进地理解“企业的性质”问题，我们首先提出这样一个问题——问题 4.1：假设一个产品的生产过程分为两道工序，工序一将购进的材料生产出中间产品，工序二将中间产品进行深加工。每道工序都需多个工人同时协作才能完成，在时间和空间上均不可以再分解——不能分解为几个阶段，每个阶段可以由不同的工人分别负责；也不能分解成几个小部分，每部分由少量工人分别完成。但是工序一和工序二是相互独立的，可以在时间和空间上分离。本章下面的内容将在问题 4.1 的基础上展开。

在问题 4.1 之中，我们可以发现，由于在时间和空间上均无法再分离，单就某一道工

---

① 在第二章我们曾提到，科斯所理解的“交易费用”也仅限于“市场交易成本”；在《企业的性质》一文中，科斯把“市场交易成本”与企业内部的管理费用相并列。

序而言，由相互分离的两家或两家企业来完成是不可能的。但是这两道相互独立的工序既可以分为两个“工段”在一家企业内部来完成，也可以由两家企业分别来完成：如果这两道工序分别由两家企业来完成，企业1完成工序一，企业2完成工序二，就必须通过市场交易由企业1向企业2提供中间产品；而如果这两道工序在一家企业内部来完成，那么工序一所生产的中间产品则会在企业内部，遵从企业的行政管理，直接提供给企业内的工序二。科斯关于企业性质问题的讨论，其实是提出了这样一个问题：中间产品的提供，到底是通过企业内部的行政管理来实现，还是通过企业间的市场交易来实现呢？对此，科斯的解释是，市场交易是有成本的，所以在一定条件下，需要企业内部的行政管理；同样，企业内部的行政管理手段也是有成本的，所以在某些条件下，市场上的中间产品交易也是需要的——两者的边界则取决于边际成本相等的均衡水平。因此，科斯的判断是，企业性质是以行政管理手段代替了市场交易。①

（三）企业边界的交易费用解释

做了前面的交代之后，我们会发现，由于是沿着科斯的思路展开的，我们关于企业性质的讨论有着明显的局限：我们关注的问题，局限于中间产品的提供；因此，我们对企业的功能的理解也局限于企业对中间产品提供所进行的行政管理；我们的讨论中，被替代的市场交易，也只是产品市场上的中间产品交易。因此，可以这样理解，科斯所强调的是市场上的中间产品交易与企业内部行政管理（仅限于相互独立的生产工序间中间产品转移的行政管理）相互对立与相互替代。

如果能够对“交易”与“交易费用”概念进行更为宽泛的理解②，上述各个相对局限的观点则都可以统一到交易费用理论的观念之下。

首先，如果市场交易不是仅指产品交易中的中间产品的交易，那么与企业组织联系更为紧密的要素交易中的劳动力市场交易也应纳入我们的分析范围。考虑到这一点我们会发现，之所以企业可以用行政管理的手段配置其各类要素，安排各生产部门间的资源配置，原因就在于企业内部的要素交易关系，使得企业作为劳动力等生产要素的购买者获得了劳动力等要素的使用权。从这个意义上讲，企业以内部行政管理代替中间产品交易的功能也可以理解为：以要素交易代替中间产品交易；以要素交易契约代替产品交易契约。

其次，在第一章中我们已经介绍，以契约为参照，我们可以把交易费用分为三部分，其中包括契约执行的费用，而企业内部行政管理所形成的成本则可以归结为要素交易所需的契约执行阶段的交易费用。

因此，决定企业规模的中间产品的市场交易所需的成本③，与企业内部的行政管理成本都可以理解为交易成本，而企业的规模则取决于这两方面交易费用的边际值相等的均衡状态。也可以笼统地说，企业的边界取决于交易费用。

---

① 在《企业的性质》一文中，科斯也强调了企业内部的行政管理在要素使用和生产组织方面的作用，但科斯在具体对照企业的功能与市场价格机制的作用时，所关注的还是企业内部管理与市场交易的相互替代——科斯对企业的性质和功能的分析并不完全局限于企业的交易功能和中间产品提供问题，但这无疑是他所关注的焦点，且未就其他方面展开具体论述。

② 本书第一章中的交易与交易费用概念就是这样一种比较“宽泛”的理解。

③ 即科斯所谓的“运用价格机制的成本”。

三、企业的边界与纵向一体化

纵向一体化是指由中间产品联结的上下游企业合并为一的现象，即产业链条中相邻的企业合并起来，换言之，是企业边界沿纵向产业链的延伸。纵向一体化问题是一个典型的产业经济学问题，我们在这里并不是要展开关于纵向一体化问题的系统分析，只是希望能够通过对纵向一体化问题的分析，进一步理清我们对于企业性质问题的认识，同时，也试图从企业的边界问题出发，为纵向一体化问题提供一个新的分析角度。

依据其实施方式，纵向一体化可以划分为纵向的联合重组和纵向的收购兼并。纵向的联合重组是指具有上下游关系的两个以上的企业相互联合，实现合并，建立一个新的企业。纵向的收购兼并则是指由某一个企业与其具有上下游关系的企业实现合并。这种收购兼并分为前向收购兼并和后向收购兼并。所谓前向收购兼并是指上游企业对下游企业的收购兼并，包括收购那些购买其中间产品进行深加工的企业，收购其产品的销售企业等等；而后向收购兼并则是指下游企业对上游企业的收购兼并，包括收购其中间产品的提供者，收购其原料供应商等。

（一）技术决定论

技术因素曾经被作为纵向一体化和企业边界的决定因素，出于特定的技术需要和组织大规模的连续的生产的要求，应当将不同的生产阶段安排在同一个企业内部。

在新古典经济学的厂商理论中，企业被看做是一种生产函数，生产中需要哪些生产要素，如何安排生产取决于生产的技术要求。在这种理论前提下，纵向一体化的原因也必然归结为技术因素，如出现了新的成本更低的技术，使得原来相互独立的两个生产阶段合二为一后可以降低生产成本，或提高产出水平；如为了节约两个企业间的运输成本；等等。

关于纵向一体化的原因还有其他方面的解释：为了追求垄断利益；为了避免上游产品供给的不确定性的影响；为了转嫁风险；为了逃避中间产品市场上的税收；等等。

对于上述技术决定论，威廉姆森提出了这样的批评：在技术水平不变，或者说同样的技术要求之下，同样的中间产品的提供，有的企业采用从外部市场购买的办法，有的企业则实行纵向一体化的办法，将提供中间产品的生产工序安排在企业内部。也就是说，在技术水平不变的情况下，有的企业实行了纵向一体化，而有的企业则没有。这种现象的存在说明，在技术因素之外，还普遍存在着影响纵向一体化的其他因素，技术决定论很难成立。

威廉姆森认为，“正确的说法应该是：只有满足了以下两个条件时，经济组织才完全是由技术决定的：第一，拥有一种唯一的、绝对优于其他技术的技术；第二，这种技术要求建立一个独一无二的组织形式。我认为，这种唯一的技术不仅极为罕见，而且能满足这种技术要求的组织形式更是绝无仅有。”

在纵向一体化的技术决定论中，规模经济与范围经济的观点也比较普遍。这种观点一般认为，生产规模的扩张会带来生产成本的降低。为了进一步扩张生产规模，提高企业内资源的配置效率，企业也会选择纵向一体化。规模经济和范围经济的程度则取决于生产技术。对于这个问题，应从以下几个方面来理解：

首先，与规模经济和范围经济所指的生产规模扩张相关的一体化问题，主要体现为横向一体化，即相同或类似产品生产企业之间的合并现象，基本原理在于生产规模的扩大和产品数量的增加提高了固定资产和无形资产等固定成本构成部分的利用效率。而纵向一体化在这方面的作用相对较小，只有不同阶段的生产过程中存在着共同的固定成本时，才会有所体现。

其次，规模经济和范围经济在很大程度上是制约纵向一体化的因素。纵向一体化行为将提供中间产品的独立企业转变为企业内部的一个生产部门。一般来说，这个生产部门将不再向其他企业提供中间产品，其生产规模局限于纵向一体化所形成的整个企业的生产规模。显然，在存在规模经济和范围经济的条件下，纵向一体化的实施企业需要考虑自己的生产规模是否足够大，如果企业的生产规模太小，不利于实现中间产品生产中的规模经济和范围经济的优势，企业将暂时放弃纵向一体化。当然，如果在一体化行为实施之后，企业的中间产品生产部门在为本企业提供中间产品的同时，还继续向市场供给其中间产品，则可以减少规模经济和范围经济对纵向一体化的制约。

（二）交易费用与专用性资产

前面我们指出，在技术水平不变的情况下，也会出现纵向一体化行为，那么，这种纵向一体化行为的目的和作用是什么呢？新制度经济学的回答是：节约交易费用。要分析这个问题，我们再次回到问题 4.1，问题 4.1 所涉及的两道生产工序之间的中间产品提供问题，有两种解决办法：可以通过中间产品的市场交换来解决，或将负责两道工序的企业实行纵向一体化，通过企业内部的行政管理行为来解决。而我们在前面已经强调，无论是运行市场价格机制，还是运用企业内部的行政命令，这两种解决方式都是有成本的，而这两方面的成本则可以分别归纳为产品交易的交易费用和要素交易的交易费用。而到底采用哪一种方式，就要看哪种方式的成本低，即哪种方式的交易费用水平低。当企业内部的行政命令的费用低于市场中间产品交易的费用水平时，把两道生产工序纳入同一个企业内部就是合算的，纵向一体化行为也就会出现。从这个角度出发，可以说，纵向一体化的目的之一在于节约交易费用。

现在，要断定纵向一体化是否会出现，需要解决的问题就是要判断两种交易的交易费用水平孰高孰低。影响交易费用水平的首要因素就是交易中所涉及的资产的专用性水平。我们就以资产的专用性水平为维度，判断两种交易费用水平的高低，从而分析纵向一体化与资产专用性水平的关系。

资产专用性程度对两种交易费用的影响，可以概括为资产的专用性程度越高，企业行政命令的优势越明显，纵向一体化的趋势也越明显。下面我们就来分析这一结论的由来。

（1）资产专用性程度的提高，有利于强化企业内部的“权威”。

我们曾分析过，资产的专用性程度越高，专用性资产的准租金水平越高，企业内部的依赖性就越大，再谈判过程中的妥协就越容易达成，企业内部的“命令”和“权威”就越有效。依据这一点，可以假设资产的专用性程度越高，企业内部的行政管理的费用水平越低。

相反，如果企业这个生产团队中的专用性资产不多，专用性资产的准租金水平很低，生产团队成员中的依赖性不强，各团队成员可以比较容易地寻找到相应的其他合作伙伴，那么，这个生产团队中的命令和权威的作用将大大降低。

（2）资产专用性程度的提高，不利于企业间中间产品交易契约的“再调整”。

中间产品的交易，其契约的签订与执行也会涉及专用性资产问题。两个企业就中间产品的提供签订相关契约后，上游企业为生产相关中间产品必然要进行一系列的投资，如果企业之间的中间产品交易契约不能顺利执行，这些资产所生产出的中间产品就无法销售，会导致这些专用性资产失去其经济收益。上游企业由于进行了关于中间产品生产的相关投资，形成了相应的专用性资产，从而依赖下游企业。同样，关于中间产品交易的契约达成之后，下游企业所进行的固定资产投资，也要以上游产品生产的中间产品为原料，如果交易契约不能顺利执行，下游企业得不到必要的原料，生产无法进行，固定资产也会失去经济价值。从这个意义上说，下游企业也会形成相应的专用性投资，从而依赖上游企业。当然，如我们在下一节专门分析中将强调的那样，具体某一方的投资是否真的构成专用性资产还要看这一方能否找到合适的替代者，如果有一方能够在契约解除后很容易地找到新的合作伙伴，这一方所做的投资就不再是专用性资产投资。

如果中间产品的交易涉及专用性资产的问题，专用性资产和准租金问题的存在将导致签约双方在契约未能规定的情况下，难以作出灵活的调整。专用性资产的所有者一方，极有可能面临对方分割专用性资产准租金的谈判要求，而双方在谈判过程中的相互博弈过程所形成的相关成本将提高中间产品交易的交易成本。也就是说，“新情况”的出现，将导致签约双方陷入争夺专用性资产准租金的谈判过程，而无法作出灵活的调整，这当然也会提高企业间中间产品交易的交易费用。

第二节　团队生产与契约之网

在第一节中，企业的功能在于，以行政管理的手段，把前一道生产工序所生产的中间产品配置给下一道工序。这种功能既可以理解为企业的行政管理对市场价格机制的替代，也可以理解为企业在其内部组织的不同的生产工序之间的“交易”。因此，有人把企业的这种功能称为企业的“交易功能”。显然，企业的功能绝不仅限于此，除了组织中间产品的配置之外，每一道不可再分的生产工序也必须由企业来组织。讨论企业的“生产功能”，也是进一步分析企业性质的关键一环。而且企业在组织每一道相对独立的生产工序时需付出协调和监督的费用，要分析这些费用也需要进一步剖析企业的生产过程。

一、团队生产

（一）团队生产的含义

讨论企业的生产功能，需要引入一个新的概念——“团队生产”（或“队生产”）。具体而言，**团队生产是指由多种要素所有者联合进行的生产，生产中需要多个不同的要素参与，这些要素分别属于不同的所有者，这些所有者相互合作形成一个团队进行生产；而生产的总产出高于参与生产的各要素的分产出之和，即生产的总产出也不能再分解为几部分要素投入的独立产出之和。**

团队生产概念是由阿尔钦和德姆塞茨1972年在他们合作的《生产、信息费用与经济组织》一文中提出的。在这篇文章当中他们把团队生产的特点归结为：“(1) 使用几种类型的资源；（2）其产品不是每一参与合作的资源的分产出之和，由一个追加的因素创造了团队组织问题；（3）团队生产使用的所有资源不属于一个人。”

首先，团队生产是指由多种要素、多个要素所有者参与的，是由多要素联合、多要素所有者联合进行的，具有明显分工合作特点的生产。例如，工人、管理者、投资者都分别以劳动力、管理和资本要素的所有者的身份参与整个生产过程。其次，团队生产中的团队作为一个整体系统，其产出具有整体大于部分之和，即“1+1>2”的特点。最后，团队生产的总产出是无法分解为各部分投入的分产出之和的。如果某个生产过程的总产出可以分解为几部分相对独立的投入的产出之和，那么这种生产就不再是团队生产。因此，**团队生产的总产出中，无法计算出各部分要素投入的边际贡献量，这也就是团队生产中的“计量问题”（the metering problem）。**

阿尔钦和德姆塞茨在其论文中重点强调了团队生产的这一特点：“团队生产 Z 至少包括两种投入 X_i 和 X_j，$\delta^2 Z/(\delta X_i \delta X_j)\neq 0$。其生产函数也不能分解为仅包括投入 X_i 或投入 X_j 的两个生产函数，因此不能将 Z 的两个分生产函数之和作为团队生产函数。”

对于这一问题我们需要进一步交代的是，回到问题 4.1 中，不可再分的工序一的生产和工序二的生产本身，都具有团队生产的特点；此外，如果工序一和工序二在同一个企业内部进行，两道工序作为一个整体的生产过程，其最终的总产出无法分解为两道工序各自的产出之和——企业内部没有价格关系，因此很难计量出工序二完成的最终产品中，工序一所制造的中间产品贡献了多少价值——因此在同一个企业内部组织的工序一和工序二，作为一个整体的生产过程，同样存在着“计量问题”，具有团队生产的特点。[①] 但是，如果这两道工序分别由两家企业来进行，那么，负责工序一的企业必然要将其生产的中间产品按照市场价格出售给负责工序二的企业，这一市场交易过程解决了两道工序间的价值计量问题，总产出的价值水平可以明确地分解为工序一的中间产品的价值和工序二的附加值，因此，两个企业间的工序一和工序二作为一个整体的生产过程，其“计量问题”已经得到解决，也不再符合团队生产的概念。

上述分析也揭示了我们本节要关注的一个关键问题：在团队生产理论中，企业的主要功能就是解决合作生产的计量问题。两个企业之间分工协作，相应的计量问题已经得到解决，其构成的整体的生产过程也就不再具有团队生产的特点。当然，企业要解决的计量问题并不仅仅局限于各专业化的生产工序之间的衔接，每一道生产工序内部的生产过程中也同样存在着更为明显的计量问题。再回到问题 4.1，如果说，在第一节中，关于企业的行政管理职能，我们集中讨论的是中间产品在两道工序之间的配置，那么分析企业对计量问题的解决则要在第一节的基础上，进一步关注企业的组织制度在两道生产工序内部所发挥的作用。那么，企业又是如何解决其计量问题的呢？下面的内容将回答这一问题。

（二）团队生产的监督与协调问题

在本书第二章，我们曾就产权安排和帕累托效率进行过深入分析，通过这些分析我们

① 当然，只要两道生产工序被放到同一个企业内部，即使两道工序本身的技术要求和生产过程不发生任何变化，其整体生产过程中的成本和收益也会发生相应的变化，计量问题并不再仅仅是我们这里所讨论的两道工序间的价值折算问题。

已经阐明，产权安排要符合帕累托最优，必须使得各经济主体获得充分的激励，即获得其行为所带来的边际报酬，否则就会形成外部化收益，造成激励不足，从而导致产权安排的结果不符合帕累托效率。反之，其行为所造成的负的边际收益，也必须由经济主体完全承担——保证对所有经济主体具有充分的约束。显然，要做到这一点需要具备一个前提：必须要先计量出每种不同的生产要素的边际产出，从而使要素所有者获得其要素的边际报酬。显然，作为一个整体，团队生产的总产出水平很容易度量，但是在整体的产出之中，各要素的贡献分别是多少则是难以度量的。在一个生产团队之中，一种要素的贡献往往与其他要素的贡献交织在一起难以区分，而且在多数情况下，投入的每一种要素都是必不可少的，任何一种必不可少的要素的缺失都会导致生产无法进行。显然，在各种要素无法相互替代的情况下，微观经济学中理想化的计算要素边际替代率和要素边际收益的做法也是行不通的。

"计量问题"之所以是个"问题"，原因就在于，各类要素分别属于不同的要素所有者，如果不能有效地计量出各要素的边际产出，就无法使得这些要素所有者准确地获得其要素边际产出，要素所有者也就不能获得充分的激励与约束。因此，"计量问题"的"问题"就在于，它导致了团队生产的产权安排无法实现帕累托效率。各要素的边际收益水平无法度量，那么各要素所有者也就不能获得其行为的边际收益，或者团队生产中相互联合的各要素所有者不能获得充分的激励和约束。在这种情况下，如果加倍努力，其收益也不一定增加；偷懒，其收益也不一定减少。这必然会导致相应的外部化收益，即增加努力的成本由要素所有者自己承担，而其收益归整个团队所有；同样，也会形成外部化成本，即偷懒的收益完全由要素所有者自己获得，而其成本则由整个生产团队来承担。显然，在这种情况下，理性的要素所有者将会选择偷懒。要素所有者的偷懒行为，尤其是作为一线劳动者的劳动力要素所有者的偷懒行为，将导致生产团队的瓦解。

要解决计量问题以及其造成的偷懒行为，需要对团队生产中的要素所有者，尤其是一线劳动者进行监督。这里的**"监督"是指考察生产团队中各成员的行为，对偷懒行为进行惩罚，对积极的努力行为进行奖励，从而尽量纠正团队生产中的计量问题所导致的"激励不足"和"约束不足"问题。**相应地，监督行为也会形成相应的成本，这些成本可以归结为团队生产所对应的要素交易的交易成本。

还需要进一步指出的是，与分散的生产过程相比，团队生产特有的成本不仅仅是监督成本，或者可以这样说，即使计量问题获得了解决，团队生产的成员都具有了充分的激励和约束，团队生产过程中也会形成一些其他的协调成本。在团队生产过程中，企业的职能不仅在于对生产团队各成员的"监督"，还需要做好必要的"协调"：团队生产需要把不同的要素组织在一起，需要多个劳动者之间进行分工协作，这都需要企业进行有效的组织、计划、指挥和控制，需要做好各成员间的信息交流与组织协调，而这些都是分散的个人生产所不具有的。我们把企业内团队生产中的这些行为所形成的成本称为"协调成本"。当然，在团队生产过程中，监督成本和协调成本往往交织在一起，难以区分，但这并不表明两者可以混淆。对此，也有人直接把我们这里所讲的监督与协调统称为监督。阿尔钦和德姆塞茨就因此而重新界定了监督的概念，将所有这些行为都"包括在'监督'的标签之下"。

当然，如果继续深究下去，我们还会发现，单就“生产”而言，团队生产过程的生产成本也要区别于分散的个人生产的成本。因此，要全面分析团队生产对分散的个人生产以及这些分散的个人生产之间相应的市场交易的替代，不仅需要关注交易费用，还需要全面比较其生产费用。也只有总结各方面的成本，并结合其收益综合进行分析才能真正揭示企业存在的意义，进一步回答企业的性质问题。从这个角度来说，我们在本节和本章第一节中所做的讨论都具有一定的局限性。

（三）团队生产的优势

团队生产的优势可以概括为生产的总产出高于参与生产的各要素的分产出之和，即1＋1＞2。

一般来说，团队生产的这种优势是各生产要素之间依据其比较优势进行分工协作的结果。联合的团队生产，由于生产规模的扩大、生产的分工协作程度的提高，各要素的利用效率也大大提高，从而提高了产出水平。

新制度经济学家一般不再深入探讨团队生产的这一特点。这可能是由于，在他们之前，经济学家已经对这一问题进行了较为全面和清晰的分析。

斯密认为，有了分工，同样数量的劳动者就能完成比过去多得多的工作量，其原因有三：第一，劳动者的技巧因业专而日进；第二，由一种工作转到另一种工作，通常需损失不少时间，有了分工，就可以免除这种损失；第三，许多简化劳动和缩减劳动的机械的发明，使一个人能够做许多人的工作。

显然，斯密所讲的分工，主要是指企业内部（手工业工场内部）的团队生产的专业化分工，这种分工的实质就是将整个生产过程划分为多道专业化的生产工序，从而提高各道工序中生产要素的使用效率。作为具有主观能动性作用的要素，专业化的劳动者还可以在生产过程中不断提高其技术水平，进行发明创造。应该说，以中间产品联结的专业化的生产工序所构成的整体生产过程，是经常能够见到的团队生产过程。但是，并不是所有的团队生产都是由这种相互衔接的专业化生产工序构成的。

我们看这样一个问题，问题4.2：某个产品的制造过程未形成专业化分工，一个劳动者就可以完成整个制造过程。有劳动者A、B，两人集中到某个工厂内，分别使用相互分离的生产工具进行生产，但有一部分生产要素投入，假设为要素投入T，两人在生产中都需要使用到。

问题4.2中的生产是不是团队生产呢？回答是肯定的。虽然A、B两人之间没有形成专业化的分工，但是那一部分两人共同使用的要素投入T的存在，使得两人集中在一起的生产节约了一部分要素投入，从而形成1＋1＞2的产出优势（成本节约）；也正是由于要素投入T的存在，两人的生产中也出现了“计量问题”——两人的总产出中，属于要素T的贡献是难以计量的，因此总产出也难以分解为A、B两人及其生产工具的贡献之和。当然，与前面的分析不同的是，我们这里所讨论的情况，在一定条件下，可以计算出A、B两人的劳动力要素的边际产出，但是在要素T不可替代，其边际产出水平也难以计算的情况下，“计量问题”还是存在的。因此，问题4.2中的A、B两人所构成的没有专业化分工的生产过程作为一个整体，同样具有团队生产的特点。要素投入T在生产过程中为A、B两人共同使用，所带来的节约也同样体现了这种团队生产的优势。我们把这种没有专业化分工的团队生产称为简单协作式的团队生产。

关于问题 4.2 所揭示的简单协作式团队生产，马克思曾进行过非常经典且清晰的论述："即使劳动方式不变，同时使用较多的工人，也会在劳动过程的物质条件上引起革命。容纳许多人做工的厂房、储藏原料等的仓库、供许多人同时使用或交替使用的容器、工具、器具等，总之，一部分生产资料，现在是在劳动过程中共同消费的。一方面，商品的交换价值，从而生产资料的交换价值，丝毫不会因为它们的使用价值得到某种更有效的利用而有所增加。另一方面，共同使用的生产资料的规模会增大。"①

当然，与专业化分工所带来的优势相比，简单协作式团队生产的优势在一定程度上是微不足道的，在多数情况下，随着生产规模的扩大，这种简单的协作会逐步过渡到如问题 4.1 所述的专业化分工式的团队生产。

最后，我们简单总结一下。团队生产理论所揭示的是，团队生产优势促使企业组织的存在，企业组织管理的重要职能就是要通过监督来解决"计量问题"所带来的激励不足和约束不足问题。

还需要交代的是，我们在这里还遗留了一些问题：首先，团队生产的优势的大小受哪些因素影响？企业解决"计量问题"的难度，即其监督成本又受什么因素影响？显然，这些因素将直接影响到，与其他生产方式或制度安排相比，团队生产是否可取。其次，另一个问题是，企业监督职能是如何实施的，监督者从何而来？企业制度怎样才能使得监督者具有充分的激励和约束呢？我们接下来的分析可以简单回答这个问题。更为深入的讨论将在第五章中看到。

二、契约之网

阿尔钦和德姆塞茨在提出团队生产理论的同时，也特别强调，除了团队生产的特点之外，企业组织制度与市场上一般的契约安排没有本质的不同。当然，与企业相关的契约，并不是简单一两个契约，而是由多方面的契约构成的有机整体。所以，阿尔钦和德姆塞茨也将企业称为"契约之网"（nexus of contracts）。"一般认为，企业的特征是通过比普通的市场拥有更为优越的权利（如命令、强制或不对等的纪律约束等）来解决问题的。这是一种幻觉。企业并不拥有自己所有的投入，它也不具有命令、强制及对等的纪律约束等权利，这同任何两个人之间的普通的市场合约没有丝毫不同。"

（一）激励与约束

在企业的这张"契约之网"中有哪些契约呢？最明显的就是关于劳动力要素的雇佣契约；如果投资者是多方的，关于资本要素的使用也要形成相应的契约关系；此外，土地、技术甚至管理组织才能等要素，只要分别属于不同的所有者，关于这些要素使用的契约就都是必不可少的。总之，企业要组织起不同要素所有者联合起来的团队生产，就必须就这些要素的使用和要素所有者的报酬问题签订相应的契约。也就是说，企业是由要素交易契约而构成的契约之网。**不同的要素所有者之间，相互签订这种契约，从而联合起来形成一个综合使用这些要素的生产团队，形成一张"契约之网"。**

① 马克思，恩格斯．马克思恩格斯全集：第 23 卷．中文 1 版．北京：人民出版社，1972：360－361.

这些契约的核心是这样两个问题：(1) 如何使用团队生产中的分别属于不同所有者所有的生产要素，并适时作出调整；(2) 团队生产的最终产出又如何在要素所有者之间进行分配。如果完全信息、完全理性的基本假设成立，这两个问题都是比较容易解决的。要素所有者可以根据其掌握的关于要素使用的完全信息，就要素使用中的所有问题达成契约协议，并依据这些使用情况，获得要素使用的边际报酬。显然，如果能够达成这样的契约，那么所有的要素所有者都会具有充分的激励和约束，企业这张契约之网也会形成一个符合帕累托效率的产权安排状态。然而，正如我们在本节第一部分所讨论的那样，计量问题的存在导致团队生产难以计量出各要素的边际报酬，相应地，这种理想化的要素使用和要素报酬的契约也就难以达成了。我们在本节第一部分已经讨论过，要解决这一问题需要对要素所有者进行监督，从而修正其激励不足和约束不足的问题。当然，这里有个必要的前提就是监督者必须具有充分的激励和约束。如果监督者的外部化收益和外部化成本太高，监督者也会选择"偷懒"，这将导致整个生产团队无法解决"计量问题"导致的"偷懒"，从而致使生产团队瓦解。而要让监督者具有充分的激励和约束，必须让监督者的收益与生产团队的总产出的收益相关，最好是监督者的边际收入与团队总产出的边际收入完全相等。依据我们前面的讨论，也只有这样的产权安排才能保证监督者没有外部化收益和外部化成本，才能具有充分的激励和约束。团队生产理论认为要做到这一点，需要让监督者获得剩余索取权。剩余索取权指的是获得契约未明确规定其归属的剩余利益的权利。这里所谓的"剩余"是指除了契约中明确规定的利益分配之外，剩余的契约未进行明确分配的利益——在总产出中，扣除相对稳定的利益分配，这些"剩余"的边际数量等于总产出的边际收益水平。如果能够让监督者获得剩余索取权，监督者将具有充分的激励和约束。对于获得剩余索取权的人来说，除了按照契约支付各要素的报酬之外，留归企业的所有收益都归他所拥有，所以拥有剩余索取权的人也就被认为是企业真正的所有者，从这个意义上讲，剩余索取权也就可以理解为企业的产权所在。

(二) 谈判与依赖性

通过上面的分析我们可以理解，任何人只要拥有了完全的剩余索取权，就会具有充分的激励和约束来充当监督者。但是要充当企业这个生产团队中的监督者，只拥有充分的激励和约束是不够的，还需要具备必要的地位和能力——这个人必须可以安排整个生产团队的生产，可以监督观察不同的团队成员的表现，并依据这些表现确定他们的报酬。那么，在企业这张契约之网中，谁拥有这样的地位和能力来充当这个监督者呢？我们在前面已经介绍了，"契约之网"的观念强调，"企业并不拥有自己所有的投入，它也不具有命令、强制及对等的纪律约束等权利，这同任何两个人之间的普通的市场合约没有丝毫不同"。也就是说，作为一张契约之网，除了这些要素交易契约及其签约者之外，企业本身一无所有，也不能赋予任何人以超越一般契约关系的特殊地位和权利。因此，监督者只能是来自签订这些要素交易契约的要素所有者。① 但问题是，既然各要素所有者都是企业这张"契约之网"中的相互"平等"的签约人，在相互平等的状态下，又如何来寻找具有特殊优势

① 需要再次强调的是，这里的要素所有者概念相对比较宽泛，参与团队生产的所有要素的所有者都包括在其中：投资者是资本要素的所有者，经理人是管理要素的所有者，工人是劳动力要素的所有者，等等。

的监督者呢？对于这一问题，“契约之网”的观点给出了这样的解答：虽然就每一个要素交易契约而言，签约双方的地位是完全平等的，但是在企业这张“契约之网”中，整体而言，参与其中的要素所有者之间的地位是有所差别的，有的签约人由于处于这张契约之网中的关键位置，而具有了一定的优势地位，要理解这个问题，必须先了解“中心签约人”的概念。**中心签约人是指企业所集中的要素各项交易契约中，在所有的要素交易契约中都出现的签约人。**可以这样理解，如果说企业是一张由要素交易契约形成的契约之网，那么中心签约人就是这张网的中心结点。这种中心签约人具有一种特殊的地位：在企业这张契约之网组织的团队生产中，只有中心签约人才可以在不中止团队本身及他与团队的联系时，单方面地中止任何其他队员的成员资格。也就是说，在契约之网中，任何人都有权利中止其参与的要素契约，但除了中心签约人之外，任何人在中止其参与的那项契约的同时，也就脱离了这张契约之网，而中心签约人则可以在中止了其参与的某个契约后，依然留在契约之网中。这样，中心签约人可以与所有的要素所有者谈判来安排团队生产中的要素使用，确定不同要素的报酬水平，他可以选择如何安排企业这张契约之网。而其他的要素所有者则只能选择是否参与这张契约之网。这种特殊的地位使得中心签约人可以通过与其他要素所有者的谈判来安排各种生产要素的使用，即安排企业这个生产团队的生产；进而确定不同要素的报酬，即影响不同团队成员的收入水平。显然，这个中心签约人也就成为生产团队中最合适的监督者。

（1）他拥有剩余索取权，因此具有充分的激励和约束来实施监督职能；

（2）由于处于中心签约人位置，他可以与生产团队中的任何成员谈判，来安排各种要素的使用和团队的生产；

（3）他可以观察生产团队中各成员的表现，并依据这些表现，通过谈判来确定各要素的报酬，即团队成员的收入；

（4）他可以通过中止与生产团队中某个团队成员的契约，而将这个人逐出团队，甚至中止所有的契约，解散整个生产团队；

（5）他也可以把自己所拥有的这些权利转让出去，当然，如果其他团队成员不认可这种转让，也可以中止相关契约退出团队。

通过上述分析我们可以发现，在契约之网的观念下，生产团队各成员即那些由契约之网联结在一起的要素所有者，相互之间并不存在着绝对的命令与服从关系，作为契约之网中的签约人，大家只有通过反复的谈判来影响对方，中心签约人凭借自己在契约之网中的特殊地位，通过与各要素所有者之间的反复谈判来安排要素的使用，履行其监督职能。可见，契约之网的观念，其实是将企业内部的权威和命令，最终归结为签约人之间的谈判。

阿尔钦和德姆塞茨认为，雇主“对工人的管理、指导或分派各种任务”，“事实上是雇主继续参与使双方都能够接受的契约条件的再谈判，他告诉雇员打印这份信件而不是发送那份文件，就像我告诉食品商卖给我金枪鱼而不是那块面包一样”。

企业内部没有超越契约关系的权威，企业内部的命令与管理归根到底是通过谈判再实施的。以劳动力要素的交易契约，即雇佣关系契约为例，雇佣关系的确立，并不是交易双方就劳动力的所有使用方式及其报酬签订了全面、细致的完全契约，与现实当中的复杂情况相比，雇佣契约中的规定只不过是大概的、粗略的。在现实当中，雇员还会遇到反复的再谈判，如增加其劳动量，变更其工作岗位，调整其收入水平等等。**再谈判，是企业负责人对团队成员提出的各类新的工作要求，是对原有契约的调整，要求雇员在服从与退出契约之间作出选择。**一般来说，雇员往往选择服从。这种服从是经常见到的，以至于我们把资本要素所有者称为习惯于发号施令的老板，而把劳动力要素的所有者称为服从命令的员工。是什么导致了这种状况呢？一个比较令人信服的解释就是劳动力市场上的竞争压力。在劳动力市场上，老板可以从众多劳动者之中挑选其中意的员工，而在工作中所出现的反复再谈判中，老板也可以用中止契约来威胁其员工，使之面临失业的压力。当然，老板的这种“优越”性，一个潜在的条件就是劳动力市场基本上为供大于求的状态，也正是这种状态导致与老板相比，员工更加信赖雇佣契约。在劳动力要素紧缺，尤其是专业技术劳动者或高科技人才稀缺的情况下，我们也会看到相反的情况，由于老板的依赖性更大，在反复的再谈判中，比如员工的加薪要求，作出让步的则是老板；甚至会出现掌握技术优势的劳动者通过组织一系列契约，自己充当中心签约人，发起团队生产，自己做老板的情况。

为了避免可能的误解，我们这里需要做如下几个说明：

(1) 让“中心签约人”充当监督者，“中心签约人”的地位使得他可以通过其参与的契约“直接”与所有的要素所有者进行反复谈判，从而管理团队生产，观察团队成员的表现，影响团队成员的报酬。

(2) 单就某个契约而言，在谈判中到底哪一方处于优势，则要看哪一方对契约的依赖相对较小，哪一方所面临的竞争压力相对较小。在反复的再谈判中，中心签约人并不一定总是处于优势地位。

(3) 中心签约人的提法，最适合于我们在第一节中所讲的业主制企业。这种企业中唯一的投资人拥有除劳动力之外的其他所有生产要素，他与所有的劳动者签订劳动力交易契约，在业主制企业的契约之网中，所有的契约都指向唯一的投资人这个中心。但是，其他类型的企业，其契约之网的结构就不再这么简单了。在合伙制企业中，合伙的投资人在组建企业的同时，他们之间就已经就其投入的要素达成了交易，然后他们作为一个整体，以老板的身份与劳动者签订劳动力要素交易契约，因此很难说哪一个人是中心签约人。在公司制企业中，企业作为一个具有相对独立性的法人组织，与各类要素所有者签订契约，单就契约之网的构成来说，处于中心签约人地位的似乎是这个法人组织。

(4) 我们强调中心签约人的作用，是因为他在“契约之网”中的特殊位置，决定了只有他才可以通过其参与的要素交易契约“直接”与要素所有者谈判；但是，在现实当中，没有直接契约关系的人，通过间接的契约联系来进行谈判也是可能的，有时也是可以奏效的。比如公司制企业中，股东对企业员工的管理和控制，从法律上来说，就是以企业的法人组织为中介进行的。从理论上讲，只要存在着利益依赖关系，相关的交易费用不是太高，存在间接契约关系的签约人之间也会形成谈判，在谈判中也会依据双方依赖性的大小达成妥协。

通过以上说明我们可以发现，中心签约人的概念还具有明显的局限性，解释能力相对较弱。但是企业的契约之网的观念，依然有利于加深我们对企业本质的认识：企业是由要素交易契约交织构成的契约之网，相互关联的契约关系将不同的要素所有者组织成一个整体的生产团队，团队的组织、监督和管理是通过签约人之间的反复谈判来进行的。

三、专用性投资、准租金和相互依赖性

通过前面的分析，我们可以理解，契约之网的观念以契约的概念为基础对企业内部的管理权、权威等进行了新的解释。企业所组织的团队生产中之所以会出现“命令”与“服从”的关系，之所以会有人具有“管理”他人的“权威”，其实质不过是契约签约人之间进行的谈判的结果。所谓的“命令”不过是契约一方重新提出的谈判要求，“服从”的实质则是契约的另一方在反复谈判过程中的妥协。那么在谈判中，到底哪一方更倾向于妥协，其妥协的范围由哪些因素决定呢？下面我们就来分析这一问题。

（一）准租金与专用性资产

我们在第一章中曾经介绍，交易的第一个维度就是资产的专用性，交易是通过契约进行的，在契约双方的谈判过程中，专用性资产也会影响契约双方的决策。要理解这个问题需要介绍一个新的概念——准租金。

准租金（quasi rent，也译为“准租”）是由马歇尔提出的概念，指类似于（供给量固定的）土地的地租收入、供给无弹性的固定投资品的收入。一般来说，常见的固定投资品，其供给量短期内不变，而长期则是可以变动的。因此，准租金一般又被视为一种短期内的收入。**在短期内，固定投资品的报酬即使降低一部分，其供给量也不会减少，这部分可以降低的报酬，在短期内可以视为高于固定投资品的机会成本的收入，也就是所谓的“准租金”。**[①] 所以说，准租金可以理解为投资品的报酬水平减去其机会成本的差额。

这里我们继续沿用准租金这一概念来分析专用性投资问题。对于专用性资产来说，其专用性投资一旦完成，再将专用性资产应用于其他场合要付出很高的代价。也就是说，除了专用性的用途之外，其他用途的收益水平要低得多，至少把这些专用性资产转换到其他场合下，要付出的代价会大大抵消其转换到其他用途所获得的收益。专用性投资一旦完成，机会成本 C_0 就要低得多，一般来说，这种机会成本会明显低于投资本身所需付出的货币成本 C_i，即 $C_i>C_0$。这里显然形成了这样一个矛盾：专用性投资形成之后，按照一般的经济学原理，应当让其收益 W 等于其机会成本 C_0，即 $W=C_0$；由于一般来说有 $C_i>C_0$，也就是说要出现投资的成本大于收益，即 $C_i>W$，所以这项投资是不合算的，任何经济主体都不会进行专用性投资。现在我们再来考虑形成专用性投资的交易与相关的契约，如果交易能够达成，契约中所承诺的专用性投资的报酬 W 至少要高于投资的所需的成本 C_i，即要求有 $W\geqslant C_i$，而在 $C_i>C_0$ 的情况下，必然有 $W>C_0$，即契约所承诺的专用性投资的报酬要高于其投资形成之后的机会成本。那么在专用性投资形成之后，专用性投资的准租金就非常明显了：契约中所承诺的专用性投资的报酬水平减去其机会成本之后

---

① 在这里我们采用了一般文献中较为普遍的理解，这里的准租金也可以理解为“经济租金”，在有的教科书和经济学文献中，准租金的概念有所不同。如在高鸿业主编的《西方经济学》中所提到的“准租金”是固定投资品所获得的报酬总额，相当于“经济租金”与短期内的机会成本之和，见高鸿业. 西方经济学. 北京：中国人民大学出版社，1997：331-332。

的差额，即 $W-C_0$。①

当然，我们这里所分析的专用性投资的准租金，其范围相对比较广泛，如我们在第二章中所分析的那样，形成这种准租金的资产的专用性包括资产本身的专用性、资产地理区位的专用性和人力资本的专用性。在这里，为了避免造成不必要的误解，我们需要进一步强调：任何投资，如果其现有收益大于其机会成本，那么这项投资就可以理解为专用性资产；反之，如果一项资产的准租金为零，或其机会成本高于现有收益，都不再是专用性资产。总之，专用性资产就是其报酬存在准租金的资产。

（二）再谈判、准租金的分割与相互依赖性

专用性资产的准租金是契约所承诺的报酬与专用性投资的机会成本之间的差额，即 $W-C_0$。在完全契约的条件下，契约已经就现实当中可能出现的所有的情况进行了规定，在“完全契约”的保护下，报酬 W 将得到维持，专用性投资的准租金 $W-C_0$ 也将被保证不受侵犯地归专用性资产的所有者占有。

但是，在契约不完全或者说契约的期限较短的情况下，在契约所不能保证的时间和场合下，如果契约中的某一方终止契约，专用性资产的所有者则会失去专用性资产的准租金，以此为威胁，出于机会主义的动机，契约中的某一方可以要求减少专用性资产的所有者所获得的报酬 W，来提高自己的报酬。由于契约中未就这些问题作出明确的规定，专用性资产的所有者往往要作出妥协，降低自己的报酬 W，把 W 中的一部分转移给提出威胁的一方，相应地，这种妥协也就是把专用性资产所有者所获得的准租金 $W-C_0$ 中的部分分割给了提出威胁的那一方。通常所说的对专用性资产准租金的分割就是指通过再谈判，降低专用性资产的报酬，从专用性资产所有者手中争取到专用性资产的准租金的一部分。

就准租金的分割，埃格特森举了这样的例子：“分割专用性投资的方式多种多样。比如可以非法没收，像被匪徒敲诈……”应该说这种理解并不完全准确——匪徒敲诈的要价针对的不一定是专用性资产的准租金份额，即使是不存在任何准租金的资产，匪徒依然可以进行敲诈，只要他能够让对方认为他的要价比对方采取其他措施的成本低就可以了。

关于分割准租金的谈判，有以下几个方面需要分析。

第一，在谈判中，一般来说，终止契约会造成专用性资产的所有者失去专用性资产的准租金，但是，终止契约的一方的目的并不一定是要分割专用性资产的准租金。如果要求终止契约的一方，在终止契约后将增加的收益量超过了专用性资产的准租金，那么即使将准租金分割出一部分给他，他同样也会选择终止契约。或者可以这样说，在谈判中，某一方以终止契约为威胁，向专用性资产的所有者提出分割其准租金的要求时，有一点是比较明确的：对于提出威胁的一方来说，终止契约所增加的收益量要小于专用性资产的准租金。否则，他将直接终止契约，而不会再进行任何关于分割准租金的谈判。这种情况是比较普遍的，在企业中，老板们所进行的固定资产等专用性投资的准租金相对比较高，如果失去了员工，老板将失去这些准租金；员工们也可能会以辞职为要挟，与老板反复进行谈

① 有的教材中把专用性投资（固定资产投资）的准租金解释为“生产者剩余”，从我们在这里的分析来看，这并不准确，因为生产中的专用性投资不一定是唯一的，也不一定都归同一个人所拥有，生产者剩余可以理解为所有的专用性投资的准租金之和，如果这些专用性投资属于不同的所有者，具体到某项专用性投资的准租金，应是其所获报酬与机会成本之差。

判提出加薪要求；但是很明显的一点就是，如果员工提出的是这种加薪的谈判要求，反而说明这些员工尚未找到足够好的工作，如果员工已经获得了一个新的工作机会，而这份新工作的薪水与其现有薪水的差额已经超过了老板的专用性资产的准租金，那么他们将不再去试图分割准租金，而是会直接辞职。总之，如果终止契约后将增加的收益量超出了专用性资产的准租金，要求终止契约的一方将不会再进行分割准租金的谈判。

第二，如果终止契约后，某一方的收益不变，而专用性资产的所有者将失去专用性资产的准租金，那么收益不变的那一方将提出关于分割准租金的谈判，而专用性资产的所有者的理性选择将是作出妥协。

对于这个问题，可能会存在误解，需要首先澄清一下。我们可能会想到这样一种"例外"情况：如果专用性资产的所有者可以不付出任何成本寻找到另一个合作者，签订新的契约，在新的契约下可以保证其专用性资产的收益不变，那么他也没有必要作出妥协。显然这种情况好像与我们的分析相矛盾，但是只要正确理解准租金和机会成本的概念，我们就会发现，如果存在这种可能，那么就说明专用性资产的"机会成本"并不低，而是等于其现在所获得的收益，即 $W=C_0$，这其实是一种专用性资产不存在准租金的情况。在这种情况下，当然不会出现关于分割准租金的谈判。通过以上澄清，我们可以理解，通常关于谈判中"寻找替代者"的分析，其实可以归结为关于"机会成本"的分析。

第三，以终止契约为威胁的一方，契约终结后，其收益也可能会减少，但只要他认为对方更容易作出妥协，他依然会提出分割对方专用性资产准租金的谈判要求。还是以老板和员工为例，老板所投入的固定资产固然是专用性投资，但是员工在工作中形成的人力资本也可能成为专用性投资。如果双方在契约中都存在着专用性资产，那么双方的收益中都包含着其专用性资产的准租金。双方的契约一旦终结，双方都会失去其准租金。在这种情况下，双方就处于"相互依赖"的状态。

当然，一项资产是否属于专用性投资，要看这项资产有没有准租金，即其机会成本是否低于现有的报酬。如果老板或员工的任何一方能够寻找到更合算的"替代者"作为新的合作伙伴，即其资本的机会成本不低于现有收益，那么其资产也就不是专用性资产。

"相互依赖"状态所描述的是这样一种状况：契约双方都进行了专用性资产的投资，任何一方离开了对方的合作，都会失去其所获得的专用性资产的准租金。显然，这种情况是普遍存在的。那么处于"相互依赖"状态的签约人之间，到底哪一方的依赖性更大一些，哪一方更容易作出妥协，更容易被对方分割走其收入中的准租金呢？应该说，这是一个比较复杂的博弈论问题，在此我们不再展开分析，只从一般意义上进行简单的概括。

首先，就某个签约人来说，其所获得的准租金数额越大，他越容易作出妥协。对于那些准租金量比较小的签约人来说，由于其专用性资产的机会成本并不太低，谈判破裂之后，他可以损失掉的利益不会太大，因此，一般不容易作出妥协。

其次，被分割后剩余的准租金，在专用性资产所有者的总收入中所占的比重越大，专用性资产所有者就越容易作出妥协。因为契约一旦破裂，他将失去总收入中很大的一部分。这种压力可能会迫使他作出妥协。如果这些剩余的准租金在他的总收入中只是"九牛一毛"，那么，他很有可能会拒绝对方的要求。

最后，提出分割准租金要求的一方，所要分割走的那一部分准租金占准租金总额的比例越小，专用性资产的所有者越容易作出妥协。如果被分割之后，专用性资产的所有者将失去其所获准租金总额的全部或绝大部分，专用性资产的所有者很有可能拒绝谈判要求。

（三）团队生产的准租金与再谈判

1. 再谈判与准租金的分割

在前面的分析中我们强调，企业是由契约之网联结在一起的，由不同要素所有者联合组成的生产团队。在企业所组织的团队生产中，很多要素会具有专用性资产的性质——在契约之网所组织的团队生产中，根据相关契约，要素所获得的收益可能会超过其机会成本，从而存在一部分准租金。

这里有必要对团队生产中的“机会成本”做以下简要交代：对于处于某个企业（生产团队）中的要素来说，机会成本是指除了参与这个生产团队之外，所有的其他的用途中所能获得的最高报酬。在这些“其他的用途”中，既包括分散的个人生产，也包括参与其他生产团队。前面我们在分析团队生产中的总产出大于各要素分产出之和时，所指的“分产出”是指由各要素参与的分散的个人生产。在讨论团队生产从无到有，讨论团队生产的性质和意义，将团队生产与分散的个人生产相对应时，这种分散的个人生产中各要素的“分产出”的最高水平，可以理解为生产团队中各要素的“机会成本”。而当我们讨论“某个”企业、“某个”生产团队中的某项资产的准租金问题时，则要考虑到其他的生产团队所能提供的最高报酬。因此，与分散的个人生产相比，团队生产的总产出要高于各要素的分产出之和，而单就某个团队生产中的某项资产来说，其机会成本则可能高于现有收益。

准租金的存在说明专用性资产所有者依赖于生产团队，离开了这个生产团队，他将失去这些准租金。因此，在契约未作出明确规定的情况下，中心签约人能够以解除相关契约为要挟，要求生产团队中的专用性资产的所有者作出妥协，只要这种妥协所带来的损失小于专用性资产所有者所获得的准租金。从这个意义上讲，在企业内部，生产团队中的中心签约人所具有的“命令”与“权威”来自专用性资产所有者为了获得专用性资产的准租金而作出的妥协。通常见到的事实也从反面证明了这一点：对于那些要素不具有专用性，收益中不存在准租金，即离开了生产团队也不会造成损失的要素所有者来说，中心签约人往往不再具有任何“命令”或“权威”。

从这个意义上讲，在企业这个生产团队内部，作为各种要素的所有者，团队成员所获得的准租金越多，即其资产的专用性越强，他就越容易在契约的再谈判中作出妥协，企业内部的“命令”和“权威”也就越有效。

2. 相互依赖性

团队生产的“相互依赖性”也非常明显，一般来说，在生产团队中会有很多的要素所有者的收入中含有准租金的成分，在这种情况下，某种要素的退出会导致团队生产无法进行，各要素所有者也会失去收入中的准租金部分。换句话说，一项具有专用性特点的资产的缺失，也会导致其他专用性资产失去其报酬中的准租金。

需要指出的是，团队生产中各种要素相互配合，缺一不可，具有“相互依赖”的特点，但是这种“相互依赖”不同于我们所分析的团队生产中各专用性资产之间的“相互依赖性”——前者指的是生产技术上的配合，而后者指的则是其报酬中是否存在准租金的成分，在团队生产中，任意两项要素都存在着缺一不可的相互配合，但是这两项要素是否都是专用性资产，则取决于其报酬是否高于其机会成本。

存在着相互依赖性的两项专用性资产，它们的所有者都可以要挟对方，从而分割对方专用性资产报酬中的准租金。那么问题是，到底哪一方的要挟更有威胁呢？我们在前面已经简单概括了，这要看双方的准租金数额的大小，要看双方要素分割的准租金占其准租金总额的份额大小，还要看被分割后剩余的准租金在要素所有者总收入中的比重。

解释了团队生产中的“相互依赖性”之后，我们对企业内部团队生产中的“命令”和“权威”就有更为清晰的认识。同样以老板解雇其员工为例，在较多的情况下，双方可能处于“相互依赖”的状态：员工的人力资本依赖于老板所提供的工作条件，另寻一份同样好的工作比较难；同时，老板的固定资产也要依赖于员工的人力资本才能发挥其价值，重新招聘、培养一个同样优秀的员工也要花费不少的成本。在多数情况下，作出妥协的是员工，其原因很可能在于，虽然解除契约后老板的损失不一定比员工少，但是相对于老板丰厚的经济收入来说，他可能并不在乎这一点损失。但是，对于员工来说，如果契约解除后将失去的准租金占其收入中的份额比较大，他的决定就会谨慎得多。如果所有的员工能够联合起来，让老板面临的准租金损失扩大，那么到底哪一方更容易作出妥协就不一定了。

本章人物：阿尔钦和德姆塞茨

团队生产理论的创始人阿尔钦和德姆塞茨也是新制度经济学领域著名的代表人物。

阿尔曼·A. 阿尔钦 1914 年 4 月 12 日出生于美国加利福尼亚州的弗雷斯诺。1936 年和 1944 年，他先后获得斯坦福大学的学士学位和博士学位。1947—1964 年，作为经济学家，阿尔钦在兰德公司任职。从 1964 年以后，他一直在加州大学洛杉矶分校任教授，2013 年 2 月 19 日，阿尔钦在美国洛杉矶家中去世，享年 98 岁。与科斯类似，阿尔钦也是一个著述较少却很有重要影响的经济学家。他的《不确定性、进化与经济理论》(1950) 堪称佳作，是被最广为引用的 5～10 篇战后经济学文章之一。在该文中，阿尔钦对正统经济学的利润最大化假设提出了新颖的达尔文主义式的辩护，即“阿尔钦辩护”。他的《信息成本、定价与资源闲置》(1969) 则在不用凯恩斯的工资刚性假定的条件下，解释了凯恩斯主义的“失业均衡”，从而成为后来关于就业的各种“寻求职位”学说的首创者。1972 年，阿尔钦与德姆塞茨合作发表了影响巨大的《生产、信息费用与经济组织》，该文“几乎是首次采纳了科斯的建议：交易费用是创建企业和考察劳资双方之间雇佣关系概念含义的关键”。

与阿尔钦一起为产权理论的发展作出巨大贡献的哈罗德·德姆塞茨，1930 年 5 月 31 日出生于伊利诺伊州的芝加哥。1953 年获得伊利诺伊大学文学学士学位后，又分别于 1954 年和 1959 年获得西北大学的企业管理硕士学位和经济学博士学位。1963 年他成为芝加哥大学的经济学教授。1971 年，他离开芝加哥大学就任斯坦福大学胡佛研究所的高级研究员，并在那里工作至1977年。1978年之后，他一直担任加州大学洛杉矶分校的教授。除了上面提到的与阿尔钦合作的影响巨大的论文之外，在更早些时候，德姆塞茨1967年发表于《美国经济评论》的才华横溢的《论产权理论》，第一次对产权的形成提供了一个一般化的表述。影响广泛的《所有制、控制与企业》(1988)，则是他长期产权理论研究工作的总结。1994年、1995年、1997年、2011年，他还陆续有重要著作问世，他在对产权的研究、对垄断的理解、对企业治理的认识方面都具有开创性的贡献。德姆塞茨于2019年1月4日在美国离世。

【本章小结】

企业一般被看做一个经济组织，这个组织购买生产要素，组织产品生产，并把产品销售出去以赚取相应利润，分为业主制、合伙制和公司制三种类型。古典经济学重视对企业内部经济行为的分析，新古典经济学基本放弃了对规模报酬递增和专业化问题的讨论，不再关注企业的内部组织和企业规模问题，把企业作为一个“使利润最大化”的“黑箱”而存在于理论模型之中。与新古典经济学不同，奈特和钱德勒等学者也深入到了企业内部的不同解释。

关于企业性质的讨论，以企业的边界问题为起点。在企业组织内部的资源配置就不再是以市场交易和价格调节为手段，而是以行政管理为手段，企业的性质和存在的意义在于以行政管理手段代替市场交易，以节约市场交易的成本，其最优的均衡结果决定企业的边界。科斯关于企业边界的讨论是在分析中间产品的提供，到底是通过企业内部的行政管理来实现，还是通过企业间的市场交易来实现，对企业的功能的理解也局限于企业对中间产品提供所进行的行政管理。如果对交易和交易费用进行广泛意义上的理解，企业的边界就取决于中间产品交易费用与相应的要素交易费用的比较。

纵向一体化是指由中间产品联结的上下游企业合并为一的现象。在新古典经济学的厂商理论中，纵向一体化取决于生产的技术要求。威廉姆森对此提出批评，指出对于技术水平、生产规范和范围经济相同或相近的企业，其纵向一体化程度同样会有很大差异，这关键取决于交易费用的大小。

团队生产从生产功能解析企业的性质。团队生产的总产出中，无法计算出各部分要素投入的边际贡献量，形成“计量问题”，企业的主要功能就是解决合作生产的计量问题以获取合作生产形成的1+1>2的效益。具体而言，计量问题导致无法按边际贡献的大小分配团队收益，激励和约束的不足会引发成员的偷懒，这需要通过监督来纠正。生产团队的一系列契约将团队成员联结在一起，构成一张“契约之网”，任何一个契约的签约双方都是平等的。为了激励监督者，团队赋予监督者以剩余索取权。团队的“中心签约人”因其在生产团队中的特殊地位，通过再谈判控制、影响团队成员，获取管理团队的权威，具备成为监督者的条件，从而往往被赋予剩余索取权。再谈判可视为交易的某一方提出的分割另一方准租金的要求，专用性资产和准租金的多寡对于契约双方让步与否具有重要影响，契约双方相互依赖的情况值得深入研究。

【关键术语】

企业	业主制	合伙制
公司制	企业的边界问题	纵向一体化
团队生产	计量问题	监督
契约之网	中心签约人	再谈判
准租金		

【思考·深化】

1. 本章第一节介绍了在科斯之前，奈特关于企业性质问题的分析。一般认为，奈特这种基于“风险选择”逻辑解释企业性质的分析具有较强的代表性。

在奈特看来，经济现实具有明显的不确定性，“在不确定性的条件下，实际执行某种行动就变成生活的次要部分了，关键的问题和职能是决定做什么和如何去做”①。“自信和敢于冒险的人通过保证多疑和胆小的人获得确定的收入以换取对实际结果的拥有，从而来承担风险或对后者提供保险。”② 一般认为，奈特在这里强调的是企业家的能力问题，“对奈特来说，企业家之承担风险并不一定因为他是一名‘风险中立者’，或他不嫌恶风险，而是因为他更有自信心，更有判断力以及掌握更完备的知识……一个风险中立者似乎比一个风险厌恶者更容易成为企业家，但是奈特对风险和不确定性的区分告诫我们，对这一点不应过分强调”③。

显然，在这里，奈特不自觉地运用了企业家与工人之间所进行的“交易”来解释企业家和工人组建企业进行合作生产的问题。这一思想与本章第一、二节介绍的观点（企业以“要素交易”代替“产品交易”，以及企业是要素所有者通过要素交易形成的“契约之网”）类似。请将上述材料与本章第一节和第二节所介绍的这些分析逻辑相比较，分析一下奈特的这一思想。在你看来，奈特的这一思想能否纳入本章所介绍的这些分析思路之中？

2. 2006年10月31日第十届全国人民代表大会常务委员会第二十四次会议通过《中华人民共和国农民专业合作社法》，明确“国家通过财政支持、税收优惠和金融、科技、人才的扶持以及产业政策引导等措施，促进农民专业合作社的发展”。该法规定“农民专业合作社依照本法登记，取得法人资格”。“农民专业合作社的成员中，农民至少应当占成员总数的百分之八十。”

针对上述材料，结合本章第一节和第二节关于公司制企业和团队生产理论的介绍，请谈一谈，在你看来，农业合作社与现代股份制企业有什么异同？有些农业合作社的生产经营活动依然由其成员以家户经营的方式进行，这些农业合作社组织是否构成“团队生产”？你认为农业合作社组织中是否存在“中心签约人”呢？

3. 近年来，我国一家发起于电池制造行业的汽车企业——比亚迪的“垂直整合”模

① Knight, F. H. *Risk, Uncertainty and Profit*. New York: Harper and Row, 1922: 358.

② 同①269－270.

③ 张维迎. 企业的企业家——契约理论. 上海：上海人民出版社，1995：34.

式受到人们的关注。“2008 年 9 月 29 日，‘股神’巴菲特看好比亚迪的新能源汽车业务，逆势出手，以 2.25 亿美元换购了比亚迪股份有限公司（1211.HK）10%的股份。”①

“2000 年，比亚迪决定进入锂电池生产领域。王传福带了 200 万元人民币去日本买设备。结果日方开口就是 500 万美元。谈到生产线，日方漫天开价 1 亿美元，并直白相告：‘你们中国人是不可能做得出锂电池的。’

“这个设备王传福最终还是没有买。但他很快用镍电池生产线‘拼凑’出一条锂电池生产线来：能兼容的就用镍电池生产设备，不能兼容的就用人工和夹具来取代。如锂电池生产线要裁剪一块很大的极片，比亚迪买不起日本分切机，就用中国的裁纸刀，配上一块长宽相等的挡板作为夹具，进行人工剪裁。为取代昂贵的涂布机，比亚迪自产了该装备，第一代产品要分两道工序涂完双面，第二代就可以同时涂两面，到了第三代已经可以控制涂刷的具体位置了。

“生产流程和工艺的不断改良，直接提升了比亚迪电池的价格竞争力。有人算过一笔账，比亚迪一条日产 10 万只锂电池的生产线，需用工人 2 000 名，设备投资 5 000 万元人民币。而日系全自动生产线所需工人 200 名，设备投资 1 亿美元。分摊到每块电池上的成本费用比亚迪是 1 元人民币左右，日系厂商在 5～6 元。

“今天，在比亚迪的电池工厂里，60%的生产设备都是自主研制。通过流程的拆解和创新，比亚迪的装备创新，带动了产品研发的全方位创新。到 2000 年，比亚迪拥有和掌握了自己的锂电池核心技术，成为摩托罗拉的首个中国锂电池供应商。2001 年，比亚迪公司锂电池市场份额迅速上升到世界第四位，实现销售额 13.65 亿元，纯利高达 2.56 亿元。

“王传福认为，汽车与手机一样都是技术含量较高的组装行业，同样可以进行垂直整合。他把眼光首先放在汽车模具生产上。

“3 年多时间里，比亚迪环环相扣完成了汽车产业的垂直整合过程，其间无全新车型下线，在亏本中错过了中国车市‘最黄金’发展时期。不看好比亚迪进军汽车产业的分析师，也通过各种分析，佐证比亚迪‘外行造车’的失败。而当时，‘外行造车’正经受‘冲动的惩罚’——奥克斯、上海万丰丢下了几千万元的昂贵‘车票’，中途‘下车’；夏新、波导匆匆闪过，及时刹车。

“戏剧性转折出现在 2006 年。一直在亏损中挣扎的比亚迪汽车，凭借 2005 年底才在各地分期上市的一款 F3 新车，创造了半年总订销量 32 500 辆的成绩，在自主品牌阵营低潮中分外抢眼。至此，比亚迪发展汽车产业的‘袋鼠模式’才浮出水面。

“据比亚迪汽车销售总经理夏治冰介绍，袋鼠有三个特征：长腿、育袋和自我奔跑。长腿是指通过电池和手机电子形成的以自主创新为核心的竞争力，在产品的差异化等方面构建起了比亚迪长腿；育袋是比亚迪有充足的供血机能，换言之‘亏得起’；自我奔跑是指企业要通过造好车来实现滚动发展，质量不好、不能盈利的车型一定不能上市。

“在袋鼠模式哺育下，比亚迪垂直整合进势惊人，自主生产发动机、底盘、模具、整车电子、内饰甚至车漆。比亚迪内部人士开玩笑：‘我们造玻璃和轮胎之外的汽车所有东

① 蓝岸. 解读比亚迪成长之路. 深圳特区报，2009-05-05. 下同.

西。’这种整合，给国人带来物美价廉的轿车，深受市场欢迎。”

针对上述材料，结合本章第三节关于“纵向一体化”的介绍，从“技术决定论”和“节约交易费用”两个方面谈一谈，在你看来，比亚迪的“垂直整合”模式的成功之处在哪里？为什么这种模式适合于我国现阶段这些像比亚迪这样的民族企业？

第五章

公司治理

如果说我们在第四章讨论的是市场经济为什么会出现企业，企业这个组织本质的属性是什么，那么本章我们要进一步深入企业的内部来了解企业运行和管理的制度安排。讨论这些问题的相关理论，一般被归结为“公司治理”理论。新制度经济学家运用信息理论、激励理论及博弈论等理论对企业内部的组织制度进行了大量的研究，在公司治理方面留下了丰富的文献。

第一节　什么是“公司治理”

如今，公司治理（corporate governance）理论是一个系统庞杂、多学科交叉的热点领域，围绕公司治理的研究已经将企业内部的管理、决策、金融和战略等问题的研究进行了新的糅合，这些研究一方面广泛涉及不同公司的各类具体事务，另一方面也将公司运转的方方面面纳入深入细致的经济学模型之中，其研究成果呈现爆炸式增长的态势。但是总体来说，正是关于企业性质的深入探究开启了公司治理研究的新篇章。沿着企业理论和制度分析的路线，可以比较清晰地窥见公司治理理论的主体内容。

对于公司治理已有很多学者给出了自己的定义。特里克（Tricker，1984）认为，公司治理本身并不关注企业的运行，而是给企业提供全面的指导，监控管理者的行为，以满足超过企业边界的利益主体的合法预期。科克伦和沃蒂克（Cochran and Wartick，1988）认为，公司治理是指在高级管理阶层、股东、董事会和公司的其他利益相关者的相互作用中产生的具体问题。构成公司治理问题的核心是：（1）谁从公司决策或高级管理阶层的行动中受益？（2）谁应该从公司决策或高级管理阶层的行动中受益？当“是什么”和“应该是什么”不一致时，公司治理问题就会出现。吉百利委员会1992年提出的一份研究报告指出了英国公司治理的两条基本原则：管理者必须有经营公司的自由，以及这种自由必须是建立在一种有效的责任框架中。

公司治理在狭义上是指有关企业董事会的功能、结构、股东与董事会及经理层的权利配置与监督方面的制度安排，在广义上还包括各项监督激励制度、财务制度以及经理选聘等市场制度，简而言之，就是影响企业组织运行的一切契约安排和市场力量。

一、公司的由来

在上一章我们分析过，为了解决团队生产的“计量问题”，仅赋予监督者剩余索取权是不够的，监督者必须具有足够的优势和能力。我们也曾交代过，“中心签约人”的提法，针对不同的企业制度，具有不同的“适用性”。更一般地，企业内部的治理问题，对于不同的企业会有所差异。为了进一步分析企业内部的制度安排，我们有必要从这个角度出发，结合相关法律概念进一步分析不同的企业制度。

（一）业主制企业

业主制企业的业主是企业的所有者，拥有代表企业产权的剩余索取权；同时业主制企业的业主也是最为典型的“中心签约人”。按照阿尔钦和德姆塞茨（Alchian and Demsetz，1972）及法马和詹森（Fama and Jensen，1985）等人的分析，从产权角度看，业主制企业的典型特征为：(1) 产权主体是单一的，企业所有权属于某一个人，更准确地说，以罗马法的所有权理论为基础，个人是企业主体，承担民事责任的是自然人；(2) 最终决策权（包括生产什么、如何生产、是否生产以及选择与监督其他要素所有者的权力）都由业主个人作出；(3) 所有者—管理者即业主承担其决策的所有财富后果，即拥有全部的剩余索取权并对债务承担无限责任。因此，古老而现实的业主制企业的产权结构呈现明显的集权特征，业主拥有企业的全部产权。显然，在业主制企业中，业主作为唯一拥有企业剩余索取权的所有者和企业行为的监督者、决策者，其监督和决策具有充分的激励和约束。此外，绝对的“中心签约人”地位也赋予了业主进行最优监督和最优决策所需的“集权”。从这个意义上讲，在业主制企业制度下，业主具有充分激励和约束的监督和决策，可以使企业运行达到或最大限度地接近帕累托最优状态。同时，由于所有者与管理者同为一人，不存在所有权与管理权相分离所引起的委托—代理问题，业主制企业的集权式产权安排也具有一定的效率优势。特别是在那些需要极为审慎且规模较小的经营活动中，所有者—管理者细致的监督可带来较高收益，而由外部人员实施有关行为则成本较高。M. 里基茨（Ricketts，1987）曾指出，在监工即业主是风险中性者、监督努力的报酬是确定的及小规模生产等条件下，业主制的确是组织效率问题的一个“解”。

然而，业主制“效率”状态的实现，需要有这样一个前提，就是拥有“集权”的业主具有管理好其企业的能力。当然，在完全信息和完全理性的假设前提下，这是没有问题的，但是当我们考虑到现实的经济运行时，问题就不一样了。虽然在小规模的经营管理上，企业制中的业主可以通过自己的细致的监督和信息处理为企业作出最优的决策；但是在企业规模相对较大的情况下，相应的问题就出现了。比如投资规模问题，业主制企业的投资完全来自企业业主本人，因此，企业规模往往要受到业主个人资产规模的限制。再如投资视野问题和投资分散化问题。一般来说，若所有者从投资中获得净收入流的时间与其渴望的消费过程之间存在冲突，就会产生投资视野问题。如果企业主的时间偏好显示其更渴望现期消费而不能接受市场利率，则即使从市场标准来看是很有利的一些较长期投资，也不会引起他的投资兴趣。而且，业主制企业的市场价值常紧密依赖于业主本人的人力资本，一旦所有者退出经营，企业转让的价值往往很低，因而业主制企业进行长期投资的动力一般较弱，特别是在企业主经营生涯行将结束时。另外，对于业主制企业来说，由于外部融资存在极高的交易费用，其经营一般受到企业主自身财富多少的约束。而当业主不得不将其大部分人力和财力投入其企业时，就产生了与分散投资相比较的问题。根据资产组合理论，风险厌恶者可以投资于几种相关性很小的项目以降低风险。这样，在过分依赖于业主个人的人力资本和内部融资的业主制企业中，所出现的风险必然较高。因此，业主制一般不适合那些通过规模经济来获得优势的经营活动。

（二）合伙制企业

合伙制企业是两个或两个以上的人共同投资并分享剩余、共同监督和管理的企业形式，合伙的投资者共同拥有企业的剩余索取权，并作为一个整体充当"中心签约人"。前面对业主制企业所做的分析基本上也适用于合伙制企业。而且，通过汇集多个个人的资源，合伙制企业能够减轻业主制企业所面临的财务约束，获得某些生产规模上的优势。同时如果每个合伙者都拥有充分的激励和约束进行监督和决策，则合伙制的产权结构将是增进生产效率，实现帕累托最优的理想的企业制度。然而，问题就在于，让所有的合伙者都拥有充分的激励和约束几乎是不可能的。尽管全体合伙者作为团队整体，拥有剩余索取权，并承担他们活动的全部财产后果，获得监督和决策所带来的所有剩余收益，但是具体到某一个合伙者来说，其监督和决策方面所付出的努力到底带来了多大的收益，其边际收益水平是多少，则是难以计量的。也就是说，作为一个团队整体，合伙者们所构成的拥有剩余索取权的"监督者团队"内部依然存在着"计量问题"，各位合伙者难以获得其努力的边际报酬。因此，每一位合伙者事实上只承担其行为后果的 $1/N$（假设有 N 位平等的合伙人），这同样会带来偷懒问题。因此，在现实中合伙制企业以小规模企业居多，除了专业性合伙制企业外，很少存在具有大量合伙人的大型合伙制企业。而且，合伙制也更可能发生于亲戚之间和保持长期关系的相识之间，这不仅是由于他们分享了一个共同的效用函数，而且由于每个人都能够较准确地掌握其他人的工作特征和偷懒倾向（Alchian and Demsetz，1972）。

在技术性或专业性合伙制企业中，企业使用的物质性资源一般是通用性的而非专用性的（如律师事务所、会计师事务所及医疗门诊的设备等），且从外部融资的交易成本相对较低，合伙人带给企业的最重要的资产不是金融资本而是他们的人力资本。由于专业人员的人力资本价值取决于其"声誉"，为保护自身的人力资本，专业团队有很强的动力来监督其成员的努力，阻止其成员玩忽职守的行为。即使如此，随着合伙者人数的增加，大型专业合伙制企业也必须面临各种成本相对较高的代理问题。

（三）公司制企业

企业制度的演进历史表明，业主制企业与合伙制企业历史悠久，是资本主义自由竞争时期典型的企业形式，公司制企业则是现代经济生活的产物。公司制企业一般可分为两类：封闭公司与公开公司。封闭公司的股票不公开发售且不上市，为少数人所掌握，除有限责任外，封闭公司在很多方面与合伙制较为相似。公开公司在现代西方发达国家中占据着大规模生产的主导地位，也是经济学家们关注的焦点。

公司法专家R. 克拉克（Clark，1986）指出，公开公司有四项基本特征：（1）投资者的资本可以自由转让；（2）股票持有者或股东的责任是有限的；（3）具有强烈的法人性，股份公司作为独立的实体可以诉讼和被诉讼；（4）经营控制权高度集中。因此，从产权结构分析，相对于业主制企业和合伙制企业，公司制企业在进行大规模生产经营活动方面拥有较明显的优势。例如，公开公司的股票持有者可通过掌握一家或数家公司的股票连同其他金融工具，使其资产结构多样化，从而使持有者降低承担风险的成本，并为大规模风险投资带来有利的融资条件。公开公司"所有权与控制权的分离"也容许并产生了专业经理阶层，专业于经营管理。

但是，公开公司也存在许多弊端。当公司为获得规模经济而变得非常庞大时，即使其每个成员都有明确的效用函数且不存在欺诈行为，内部协调成本也会上升。庞大的公司和复杂的管理问题使得公司的股东往往无力亲自处理企业内部所有的监督与决策问题，从而一个专业负责公司管理的职业经理阶层也就应运而生。在多数情况下，这些经理人受雇于公司的股东，并实际掌握了部分企业资产的控制权。这也就形成了公司制企业中所有权与控制权相分离的委托—代理问题。所有权与控制权的分离所导致的外部所有者与内部职业经理之间的利益冲突也会产生一系列问题，如疏忽与浪费在管理阶层的蔓延等。钱德勒与威廉姆森的研究表明，随着公司规模日趋扩大所引起的协调成本及内部代理成本的上升，企业组织结构也会发生相应变化。

钱德勒（Chandler，1962，1977）在其对美国企业形式演进所进行的研究中，曾具体描述了大约发生于1930—1960年间的公司组织结构从U型向M型的转变。在钱德勒的研究基础上，威廉姆森（Williamson，1975，1981）进一步进行了理论归纳与分析。他们认为，在1930年之前，美国公司基本上为U型组织，即将公司组织按职能如财务、生产、市场营销等划分为若干个平行的部门，并由总经理集中控制。随着公司规模的扩大，U型结构造成的管理累积性失控及组织管理费用的增加，导致了现代多维度组织形式即M型公司的出现。M型公司将其组织按产品或地理区域等划分为若干个相当于U型公司的分部，战略性的管理决策和控制决策由总部负责，日常经营决策则由相对独立的分部各自作出。威廉姆森分析认为，M型大企业的组织和运营在目标的追求和最低成本行为方面比U型的组织结构更接近于新古典的利润最大化假说，因而应"将现代公司主要理解为许许多多具有节约交易费用目的和效应的组织创新的结果"。

二、企业内的委托—代理问题

按照"契约之网"的观念，新制度经济学的企业理论一般将企业看成是一系列契约的联结，是多种参与者（利害关系者）通过各种契约而自愿结合的组织。每个参与者通过提供一种或多种生产要素，获得对企业特定形式的索取。因而，如何处理他们之间的利害关系，使企业协调、高效运转，是现代企业面临的一个共同问题，也是企业治理结构要解决的基本问题。治理结构的选择对所有形式的企业都是重要的，对公司制企业特别是股东分散的公司尤为重要。

（一）概念

前面分析过，委托—代理问题突出表现在现代公司制企业内部，因此，我们也主要以现代公司制企业为对象，探讨企业的治理问题。现代经济学一般认为，在公司制企业里，人们之间最基本的行为关系是委托—代理关系，最基本的问题是所谓的委托—代理问题，因此，关于企业治理的探讨基本上是围绕如何解决委托—代理问题而展开的。

在许多新制度经济学家眼中，在现实经济生活里，委托—代理关系无处不在，委托—代理问题是一种十分普遍的现象。詹森和麦克林（Jensen and Meckling，1976）认为，**委托—代理关系是这样一种显明或隐含的契约关系，在这种契约下，一个人或更多的行为主体（即委托人）指定、雇用另一些行为主体（即代理人）为其提供服务，并授予其某些决策权，委托人根据代理人提供的服务的数量和质量支付相应的报酬。**

更一般地，许多经济学家认为，委托—代理关系存在于任何包含有两人或两人以上的组织和合作努力中。普拉特和泽克豪瑟（Pratt and Zeckhauser，1985）就认为，只要一个人依赖另一个人的行动，那么委托—代理关系便产生了。采取行动的一方为代理人，受影响的一方为委托人。例如，地主与佃农、股东与经理、经理与工人、病人与医生以及选民与政府之间的关系都是委托—代理关系。需要注意的是，在科层组织中，每一位个体（除了在最末端的之外）一般既是委托人又是代理人。

显然，如果委托—代理双方都是效用最大化者，且其效用函数不同，一系列所谓的委托—代理问题便会产生。在詹森和麦克林（Jensen and Meckling，1976）看来，如果委托—代理双方都追求效用最大化，那么就有充分的理由相信，代理人不会总以委托人的最大利益而行动。也就是说，委托—代理双方的效用函数往往是不一致的，代理人并不一定为委托人的利益服务，甚至不惜以牺牲委托人的利益为代价来谋取私利。**简单地说，所谓委托—代理问题就是代理人偏离委托人的利益行事的问题。尽管委托人通过对代理人进行适当的激励，以及通过承担用来约束代理人越轨活动的监督费用等，可以使其利益偏差有限，但是，要确保代理人始终作出按委托人的观点来看是最优的决策和行为选择，一般是不可能的。**因此，委托—代理问题是相当普遍的，在所有组织和合作性工作中——在企业的每一管理层次上，在大学里，在合伙公司里，在联合体里，在政府机关以及工会里，该问题都是普遍存在的。

早在《国富论》中，亚当·斯密就曾注意到了经理阶层的“疏忽与浪费”。伯利和米恩斯（Berle and Means，1932）则开了现代委托—代理问题研究的先河。在《现代公司与私有财产》（1932）一书中，他们指出，在所有权分散和集体行动成本很高的情况下，从理论而非实证的角度看，职业型的公司经理多半是无法控制的代理人。此后，经曼内（Manne，1965）、罗斯（Ross，1973）及莫里斯（Mirrlees，1976）等众多经济学家的不断推进，到詹森和麦克林的《企业理论：经理行为、代理成本和所有权结构》（1976）一文，委托—代理问题的研究方正式定型。该文吸取了代理理论、产权理论和融资理论的研究成果，开创了一种企业的所有权结构理论，多角度探讨了委托—代理问题的解决。[①] 然而，长期的理论探讨并未开出一剂解决现实问题的“良药”，委托—代理问题依然是横亘

① 詹森（Jensen，1983）将委托—代理问题的研究分为两类：一类为规范的代理理论或称“委托人—代理人”理论（特征是数学化和非实证倾向）；另一类为实证的代理理论（数学较少而实证较多）。新制度经济学主要关注实证代理理论。

在经济学家们面前的一道“世纪难题”。

(二) 形成的原因

那么，企业内的委托—代理问题为什么会发生呢？概括地说，导致这一问题的原因主要在于**信息分布的非对称性、环境的不确定性以及契约的不完全性。**

(1) 信息分布的非对称性。一般认为这是委托—代理问题产生的关键性原因。所谓非对称信息，简单地说是指在交易关系中，某些参与者拥有另一些参与者所不拥有的信息。一般来说，在市场交易中，买卖双方所掌握的信息是不同的。在很多市场上，卖方所掌握的信息多于买方。但在有些市场上，例如保险和信贷市场，买者显然比保险公司或金融机构更了解自己的状况。由于信息的非对称性是导致委托—代理问题的关键，因而有人将所有非对称信息下的经济问题都概括为委托—代理问题。根据这种理解，所谓委托—代理关系是指任何一种涉及非对称信息的交易，交易中拥有信息优势的一方称为代理人，另一方为委托人。也就是说，知情者是代理人，不知情者为委托人。由于在委托人和代理人之间，对于代理人的禀赋条件及行为，如能力、风险态度、努力程度的大小、机会主义行为的有无，代理人自己拥有更多的信息，而委托人则难以观察和掌握有关信息，也即代理人的有关信息不能由委托人直接地或无代价地观察出来，这样，代理人很容易作出有利于自己而不是委托人的行为选择。

(2) 环境的不确定性。这一因素使得产出不仅受代理人的行为和努力程度的影响，也取决于其他一些不可控的随机因素，委托人无法根据可观察的产出来推断代理人的实际努力水平和行为选择。

(3) 契约的不完全性。在契约是不完全的情况下，委托—代理双方不可能将所有条件下的所有权力、责任规定清楚，没有详细规定的那部分权力与责任的配置必然影响代理人的行为选择。

总之，在公司制企业内部，委托人和代理人有各自的目标和利益，在上述因素的作用下，代理人无法获得其行为的边际报酬，这就导致对代理人来说存在着外部化利益（如节约成本、增加努力程度并不一定提高自己的收益）和外部化成本（如增加在职消费、偷懒的成本也可以由委托人来承担）。这种外部化收益和外部化成本的存在导致代理人激励约束不足，从而导致企业运行无法实现帕累托效率。

在现实中，委托—代理问题是广泛多样的，对于其基本类型，我们已经在第三章介绍过了，企业内的委托—代理问题，其类型也可以进行类似的概括，这里不再赘述。需要强调的是，在讨论公司治理问题时，我们会发现，委托—代理问题无处不在。作为具有复杂结构的科层组织，现代公司制企业自然也存在这一问题。那么，令人感兴趣的是，现代社会的千百万人们为什么会自愿将自己的资金投向委托—代理问题较严重的公开公司？有外界股东的公开公司怎样与无外界股东的业主制企业竞争？公司经理们为什么不胡作非为，也就是公司制企业是如何解决委托—代理问题的呢？

第二节　公司治理的一般原则：激励与约束

新制度经济学认为，作为存在一系列委托—代理关系的科层组织，现代公司制企业的效率高低，关键在于能否设计一套有效的监督激励契约以诱导每个代理人的行为，包括真实地透露其私人信息、选择更高的努力水平等，从而将代理人的行为限制在符合委托人利益的范围内，达到**“激励相容”（incentive compatibility），即在使代理人在追求自身效用最大化的同时，实现委托人的效用最大化。**关于最大化原则下最优的激励约束原则，我们在第三章的委托—代理模型中已经进行了明确的模型介绍，在这里，我们则进一步分析这些激励约束原则在公司治理问题上的具体应用。

一、监督者的激励与约束

（一）监督与监督监督者

上一章所介绍的团队生产的理论认为，解决企业内部的计量问题所带来的激励约束不足问题需要有相应的监督者进行监督，以防止偷懒行为的出现和蔓延。按照阿尔钦等人的看法，解决团队成员“偷懒”的一种制度安排是，使团队内某些人的职能专业化，专门从事监督其他成员的工作绩效。那么谁来监督呢？出于节约监督成本的需要，巴泽尔（Barzel，1989）在阿尔钦和德姆塞茨分析的基础上进一步指出，在生产过程中，应赋予对总产出的贡献最难测度的人以剩余索取权，使其处于企业家的位置，雇用和监督其他成员。也就是说，让在阴影里干活的人监督在月亮底下干活的人。

假如谁来监督的问题已经解决，那么，谁来监督监督者呢？阿尔钦和德姆塞茨指出，赋予监督者以剩余索取权即让其获得总产出扣除了所有签约要素的报酬之后的剩余收益，会使得监督者的偷懒行为变得对自己不利，从而赋予监督者最充分的监督激励，实现激励相容，使团队成员的努力与团队生产效率相互促进。这样，对监督者的激励就成为影响企业组织效率的关键性因素。

（二）激励监督者

一般认为，使监督者的收益与其行为的经济后果相关，会使监督者具有充分的监督激励。当然关联度越大，所起到的激励约束作用也就越大。按照阿尔钦和德姆塞茨的看法，通过剩余索取权的适当配置，可以为监督者提供充分的监督激励，解决企业组织治理结构的效率问题。

詹森和麦克林（Jensen and Meckling，1976）指出，通过适当的激励报酬体系，如通过部分支付本公司股票的办法将经理的收入与公司的绩效挂钩，以及采取其他监控措施如董事会审计委员会对其进行审计、预算限制，享有所有权的经理将会乐于花费资源向外界股东保证限制他们自己的偷懒行为，这就是经理们将采取出具由公共会计师审核的财务报表的形式作为契约担保，用契约限制自身的决策行为。

20世纪80年代中期以来，格罗斯曼、哈特、莫尔等人在不完全契约理论的基础上，对企业的产权结构进行了新的解释。他们（1986，1990，1995）认为，剩余控制权才是企业所有权的本质，剩余控制权的配置与激励和效率有着密不可分的联系。剩余控制权之所以重要，是因为当存在有专用性投资导致的“套牢”问题时，它影响当事人事后讨价还价的地位，从而影响事前的投资决策。特别地，剩余控制权对购买方来说是一种收益，而对另一方来说却是一种损失，这就不可避免地造成激励机制上的扭曲。因此，一种有效率的所有权安排必须是购买者激励上的所得能够充分弥补售出者激励上的损失。显然，一般来说，投入专用性资产的一方应取得剩余控制权，这样，也会赋予他较充分的监督激励。对经理人员来说，看得见的工资和奖金等收益往往是微不足道的，而看不见的由控制权带来的“私人收益”却是十分可观的，因而，经理层拥有一定的剩余控制权也是监督激励的需要。

此外，还需要注意的是，在多层的委托—代理关系中，在职业经理人所构成的科层组织中，越是上层经理人，对其监督和激励就越关键。否则上层经理人的激励约束不足，将导致自他以下的各层代理人都得不到必要的监督与激励。

卡尔沃和威利兹（Calvo and Wellisz，1979）在他们的模型中也指出，只有职位越高的监督者获得的收入越多，才能使监督有充分的激励，使科层组织有效运转。他们假定等级制组织具有树状结构，设想其第一层是工人，第二层是车间主任，第三层是公司经理，第四层是股东（最高层）。若最高层只有一人，其目标是利润最大化，则他无须监督也会努力工作。而最高层以下的每一个监督者，既是代理人又是委托人，如果没有有效的奖惩结构、监督激励，监督努力的减弱便会逐级放大，损害科层组织的效率。也就是说，如果较高层的人员怠工，那么他下面的所有人员都会偷懒，从而导致较大的损失。

（三）监督者如何监督

如果监督者的监督激励已通过有效的制度安排予以解决，那么，监督者如何进行有效的监督呢？直接搜集代理人行动的有关信息是对代理人的绩效进行测度考核的最有效的方法，但是，在许多场合，这是一种成本较高的方法，往往存在成本更低的选择。莫里斯指出，委托人可以通过设计一定的激励契约，诱使代理人在不同状况下采取不同行为，一旦代理人采取行动，委托人便可据此识别代理人属于哪种类型，或哪种情况曾经发生，然后对其分类，对不同类型的代理人施用不同的激励方案。例如，企业最高管理层可以向员工提出与个人能力相对应的、由职务和工资组合而成的多种工资计划，员工在考虑自身能力和努力成本的基础上决定接受哪种方案，管理者通过观察员工的选择便可鉴别员工的能力。通过让代理人从多项计划中进行选择可以得到对方的信息，利用有利益冲突的个人之间的竞争也可以挖掘有关的信息，从而进行有效的监督。罗森（Rosen，1986）等人指出，正像竞争性的推销商通常乐意将自己的产品的特性与其他竞争性产品的特性进行比较，从而为消费者廉价地提供了决策所需同时又不易直接获得的重要信息一样，企业也可以采取一种比较实绩进行评估的办法，即不是直接观察单个员工的实绩，而是比较从事相似活动的不同员工的相对实绩，以此作为决定各人的工资水准与升迁的参照。但是正如梯若尔所指出的，如果处于竞争关系的代理人意识到他们之间具有强大的共同利益，则很可能会联合起来，“合谋”对付他们的委托人，这样利用竞争来显示私人信息便难以奏效。

显然，通过对代理人的监督可以在一定程度上解决委托—代理问题，通过一种精心设计的激励契约同样可以起到遏制委托—代理问题从而达到激励相容目的的重要作用。

霍姆斯特姆（Holmstrom，1982a）对道德风险问题的讨论指出，满足平衡预算条件的纳什均衡努力水平严格小于帕累托最优努力水平。要通过纳什均衡达到帕累托最优，就必须打破预算平衡，用“团体惩罚”（团体激励）来消除团队内的偷懒、欺骗等“搭便车”行为。剩余索取者的引入，不是为了监督团队成员的努力，因为激励机制本身就能解决这个问题。他们的出现，实际是为了确保激励机制起到作用，因为只有剩余索取者扮演中心签约人角色，团队成员才会相信惩罚和激励是真实的。如此，一种精心设计的激励契约就可以起到遏制道德风险问题从而实现激励相容目的的重要作用。

二、激励与风险分摊问题

委托人与代理人之间的利益分配，以及风险分摊问题，我们已经在第三章的委托—代理模型分析过了。在这里，同样运用这些原则对公司治理问题的具体情况进行相应分析。

在第三章我们已经介绍过，激励契约模型一般认为，有效的激励契约安排必须考虑当事人对待风险的态度以及相应的风险分摊。一般来说，人们是厌恶风险的，但现实的世界是一个充满风险和不确定性的世界。而在充满风险和不确定性的现实世界里，当人们面临的是统计上相互独立的风险时，通过一种在所有人之间分担风险的适当安排即“风险分摊”可以大大降低各自承受风险的成本。

（一）激励原则与风险分摊原则的冲突

风险分摊应遵循怎样的原则才是有效率的呢？从风险有效分摊的角度看，在一个集体中，相对其他成员来说，对风险回避度越高的成员，在该集体中所分摊的风险份额应越小。企业作为一个组织一般被认为是风险中立的，对风险的忍耐度趋于无限大。因而，从风险有效分摊的角度看，企业给其风险回避型的雇员支付固定的报酬将是最优的契约安排，即应将所有的风险都转移到企业而不让雇员承担任何风险。

给雇员支付固定报酬尽管符合最优风险分担原则，但是从激励的角度看，这种契约安排却是缺乏效率的。其原因是显而易见的。因为固定报酬安排对雇员额外努力工作无异于一种惩罚，相当于额外努力被课以100%的税收。这样，由于最终业绩与雇员行为、努力程度的不完全相关性及努力程度的不可观察性，固定报酬安排会强化雇员的偷懒动机。也就是说，会产生偷懒的激励而不是努力工作的激励。

因此，最优的风险分摊原则与有效激励原则实际上是冲突的。激励契约理论正是从这个基本的矛盾出发来讨论最优（次佳）的报酬规则的设计原则，并建立起一系列讨论激励契约设计的数学模型。其基本思想是：既然风险分摊和提供激励往往不可兼得，两者各有其收益和成本，那么最优的激励契约就必须使这两类有价值的活动所提供的边际收益趋于相等，以此作为选择、设计激励契约的基本原则。

我们考虑一个典型的情况：企业如何确定为其雇员支付工资的规则。假定雇员所选择的努力水平 e 不能被直接观测到，但雇主可以观察与它有关的某些指标，用 z 表示，则 $z=e+x$，x 表示随机变量，即不被雇员所控制的随机因素。显然，雇主只能知道 z 的数值，并不知道 e 和 x 分别是多少。再假定还有一个可观察的变量 y，它不受 e 的影响，但与 x 在统计上相关。具体地，如果雇员是推销员，那么，z 就是可观察的总销量，它取决于推销员的努力程度和随机因素 x，如实际的市场需求，而 y 则是整个行业的需求量值，它与实际的对企业产品的需求量有一定的相关关系。这样，可以有下面的工资报酬支付的线性公式：

$$w=a+b(e+x+ry)$$

其中，a 表示一个固定的基础部分。b 是一个系数，用来度量给予雇员的激励密度或强度，显然，它的值越高，雇员从额外努力中获得的额外收益就越大，所受激励自然越充分。r 也是一个系数，它代表了雇主在决定工资时赋予信息变量 y 的相对权数。

那么，为了使雇主和雇员的总的净福利最大，应如何选择 a、b、r？最优契约理论提出了以下几个基本原则。

（1）信息确认原则。提供激励的成本将随着估计雇员努力水平的指标（$x+ry$）的方差的增大而增大，因此最优的激励契约应该选择一个反映雇员行为方差最小的指标，并以此作为决定雇员报酬的基础。也就是说，反映雇员真实行为的间接信息 x 和 y 越不可靠，给予信息变量 y 的相对权数 r 就应越小。

（2）激励强度原则。最优的激励强度 b 取决于以下一些因素：额外努力所创造的边际利润，合意活动被评估的精确度，雇员或代理人的风险忍耐度，以及代理人对激励的反应程度。b 与这些因素呈严格的正相关关系。

（3）等报酬原则。假如雇员的时间和努力必须在不同的经济活动间进行分配，而这些分配无法被雇主观察出来，那么制定的报酬安排必须使得雇员在每一种活动中所获得的边际收益趋于相等。如果只给某些活动以充分的激励，势必导致雇员减少在另外一些也很有价值的活动上的努力程度，最终对雇主不利。

显然，上面的原则虽然是从工资契约中引申出来的，但其中所蕴含的分析思路和逻辑完全可以运用于一系列的委托—代理契约。

（二）分成制

张五常（1969）[①] 和斯蒂格利茨（Stiglitz，1974）等人对分成制（share-cropping）的讨论，进一步深化了激励契约理论的基本思想。**所谓分成制是指代理人从委托人那里所获得的报酬分为固定报酬和可变收入部分，可变收入部分与代理人工作努力程度密切相关。**

显然，地主（委托人）与佃农（代理人）之间的契约安排存在多种选择。如果不存在非对称信息和不确定性问题，土地的最终产出完全取决于佃农的努力水平，那么，与产出相关的简单的工资契约便可以保证产出的最大化。但是，在现实中，土地的最终产出不仅取决于佃农的努力水平，也受许多随机因素如气候条件的干扰，地主与佃农之间的契约安排面临这样一个两难问题：如果要使佃农努力工作，就必须让报酬与产出高度相关，这样，相对厌恶风险的佃农可能承担了过多的风险，风险在地主和佃农之间的分配是低效的；如果相对爱好风险的地主承担一切产出波动的风险，佃农不承担任何风险，获得固定的工资报酬，那么佃农又会缺乏努力工作的动力，产生偷懒行为，生产是低效率的。在这种情况下，分成制将是一种次佳的激励契约安排。

假设分成制下佃农的报酬结构只包括两部分：固定收入 a 和浮动收入部分 $bf(x)$，即 $s=a+bf(x)$（其中，x 为努力水平，$f(x)$ 为产出函数，$0<b<1$）。这样，佃农的报酬与产出直接相关，且产出波动的风险分摊在佃农和地主之间。固定收入部分，是佃农在任何情况下都至少可以获得的一笔收入，是风险偏爱或中立者的地主向相对厌恶风险的佃农提供的某种“收入保险”，由于这部分固定收入只占全部报酬的一部分，因而它是非全额

① 张五常利用所观察到的中国的实际情况在其对分成制进行的开拓性研究中指出，分成制有相当长的历史，不可能是无效率的，批驳了所谓分成制扭曲资源配置的传统观念。

保险。显然，如果佃农也是风险中立者甚至风险偏爱者，那么激励契约中就不需要固定报酬部分。浮动收入部分，是与佃农努力程度成正比的“非全额报酬”。由于非全额报酬部分的存在，佃农会努力工作，以期其收入高于偷懒情况下的所得，尽管他所创造的每一元产值都必须在自己和地主之间进行分配。

总之，有效的激励契约安排，除了要满足参与约束和激励相容约束外，还应将产出波动的风险，按照委托人和代理人对风险的相对爱好或回避程度，在他们之间做适当的分配。

第三节　资本结构与控制权

现代企业的一个重要特征是资本的联合。这一方面是因为一个人或一个家族无法提供足够大量的资本，财富约束迫使外部融资，另一方面是因为把一个人或一个家族的资本全部投入一个企业，如同把所有鸡蛋都放在一个篮子里，风险太大，从最优风险分担的角度来看，每一个人应尽量使自己的资本合理分散于不同的投资方式，每一个企业则应从社会投资者筹集资金。**企业融资的方式有很多，一般企业的资本由股票和债券构成，企业的资本结构即为企业的全部资本构成中股票和债券的组合比例。**更为重要的是，债务和股权不仅应被看做不同的融资工具，还应被看做不同的治理方式（Williamson，1988）。融资结构不仅对企业的成本水平、市场价值表现有着重要影响，对投资者、企业经营者以及债权人之间的契约关系从而对公司的治理结构也有着重要影响。

一、M—M 定理

M—M 定理是由美国著名经济学家、诺贝尔经济学奖获得者莫迪利亚尼和金融学家米勒于 1956 年提出的，即关于融资“无关性定理”（irrelevance theorem）的定理，通称 M—M 定理。M—M 定理是对企业资本结构问题进行现代研究的开创性成果。**M—M 定理可以表述为：如果企业的投资政策和融资政策是相互独立的，没有税收和破产风险，资本市场充分有效运行，则企业的市场价值与其资本结构（即股票与债券的比例）无关，亦即企业资本结构的选择不影响企业的市场价值。简言之，在无交易成本、充分竞争的市场环境下，企业的市场价值与它的金融资本结构无关。**所谓企业市场价值这里就是指债券持有者和股票持有者所持有的资产的市场价值总和。对这个定理的直观解释就是，如果企业的市场价值可以因股票与债券的比例的变化而改变，那么人们就可以通过购买企业，并重新调整股票与债券的比例但不改变其他任何方面而获利，这显然与完全竞争的条件相矛盾。根据这一定理，企业的金融资本结构对企业的治理结构以及企业的运行绩效没有影响。如果企业经营者的目标在于使企业市场价值最大化，那么，无论企业的金融资本结构如何，投资者使自己财产极大化的目标和企业经营者使企业市场价值极大化的目标具有一致性。

经济学家们承认，在逻辑上，M—M 定理是成立的，但是，M—M 定理的假设前提是非常严格且远离现实的。因而，它在现实中受到了严重的挑战。根据这一定理，似乎企业资本结构的变动没有任何实际意义，企业融资决策也无任何存在的必要。但是，现实中，几乎每个企业都花费大量资源决定企业的融资政策和资本结构，而且，不同规模的公司、不同风险和不同寿命的公司的融资偏好是不同的。

有资料显示，在美国，几乎所有的航空公司、公用事业和房地产公司及大部分资本密集型工业企业的负债比例都很高，而制药公司和广告公司则几乎全部依赖于自有资金。但是，根据M—M定理，债务—资产比例在不同部门应呈现随机分布，但实际上具有一定的规律性。显然，在现实中，企业的金融资本结构与企业的市场价值有关，也与企业的治理有关。

因此，M—M定理在经济学界曾引起极大的反响。在莫迪利亚尼和米勒发表了他们的证明和推导之后，很多经济学家又对这一定理从不同角度用不同方法做了再证明，如哈玛达用资本定价模型所做的再证明，斯蒂格利茨用一般均衡理论所进行的再证明。所有的证明的结论都与M—M定理一致。但是，20世纪70年代以来，经济学家们将注意力集中于放松M—M定理的假设，以解释在现实中，融资结构对企业治理和市场价值的影响。

新的研究表明，资本结构的选择至少会通过以下三个渠道影响企业的治理与市场价值：

(1) 金融资本结构会影响经营者的努力程度，从而影响企业的收入流和市场价值。例如，经营者作为内部股东持有的股份减少，其工作努力程度就会降低而在职消费就会增加。

(2) 企业经营者一般比外部投资者更了解企业的投资风险和未来收益，因而后者往往根据前者的融资决策来对企业的经营状况作出判断，评估企业的市场价值。亦即融资方式的选择会通过其信息传递功能影响外部投资者对企业经营状况的判断，从而影响企业的市场价值。

(3) 资本结构不仅规定着企业收入流的分配，还规定着企业控制权的配置，从而影响企业的行为以及企业的市场价值。例如管理层持有的股份越多，其对企业的控制力越强，从而影响企业治理和绩效。

基于对企业融资的上述激励问题、示意方法和财产控制权的研究，形成了现代资本结构理论中的三个理论分支——激励理论、示意理论和控制权理论。这三种理论都考虑了信息不完全、非对称的影响，把现代企业的资本结构与治理结构相联系，分析资本结构是如何通过影响治理结构来影响企业的市场价值的。下面，我们逐一进行简单介绍。

二、资本结构与激励问题

如前所述，詹森和麦克林（Jensen and Meckling，1976）认为，委托—代理关系存在于所有的组织和合作中，现代公司制企业的资本所有者与经营者的关系也属于委托—代理关系，而且委托—代理双方的效用函数往往是不一致的，代理人并不一定为委托人的利益服务，甚而不惜以牺牲委托人的利益为代价来谋取私利。这就是所谓的委托—代理问题。为了解决这个问题，(1) 企业资本所有者也就是委托人可以花费一定的资源用于监督激励企业管理人员也就是代理人的行为，以使他尽力为自己的利益服务；(2) 代理人可以用一定的财产担保不侵害委托人的利益，否则以此给予委托人以补偿。(3) 即使如此，代理人的决策与委托人福利最大化的决策之间也会存在某些偏差，**代理人也会采取某些危及委托**

人利益的行动，从而使委托人的福利遭受一定的货币损失即“剩余损失”。综上所述，**委托人监督代理人所支付的成本、代理人向委托人提供担保形成的成本以及代理人危及委托人利益造成的损失构成“代理成本”。简言之，代理成本包括委托人的监督成本、代理人的担保成本和剩余损失。**

在上述分析的基础上，詹森和麦克林将代理成本与企业的融资方式联系起来，提出了有关企业融资结构的激励理论。在詹森和麦克林看来，伴随着不同的融资结构，代理成本也有所不同。当企业高层管理者拥有的资本在企业总资本中所占比重发生变化时，其行为将相应地发生变化。例如，与企业经理拥有全额企业资本的情况相比较，当企业经理并不拥有企业100%的资本时，他对待货币性收益及非货币性收益的态度会有明显的不同。一般来说，当企业经理的资本在企业资本中所占比例下降时，由于其在职消费的收益全部归自己而成本却按所占企业资本比例分摊，他将想方设法以种种额外津贴的形式去占用企业资源，努力追求在职消费；而且，由于企业经理努力工作的成本全部归自己而收益却按所占企业资本的比例来分享，其开拓进取、敢冒风险的作风及甘于奉献和创造的企业家精神亦将减弱。这样，企业经理在追求自己的货币与非货币收益最大化的过程中，将与其他资本所有者的要求发生矛盾，企业的市场价值亦将降低。从这一角度来看，为减少代理成本，似乎应让企业经理持有100%的股票，融资方式应采取发放债券的方式，但是，这又受到企业经理自身财富约束及其资本分散风险的需要的限制。并且，尽管债券融资可以突破这一限制，但债券融资也会产生代理成本。在债券融资的情况下，企业经理将更倾向于风险较大的投资项目，因为他能够获得成功的收益并借助有限责任制度将失败的损失推给债权人。

在对股票和债券融资的代理成本进行比较分析的基础上，詹森和麦克林推出了他们的关于企业金融资本结构的一个基本结论：最优的资本结构应权衡两种融资方式的利弊，使代理成本最小。在最优点上，两种融资方式的边际代理成本应相等从而使总代理成本最小。实证也基本支持这一理论。在现实中我们可以看到，一些不良行为很难观察的行业如服务业，外部持股者一般很少；而在一些资本回收风险易于转移的行业，如混合大企业，其股票资金与债务资金比例一般较低。

三、资本结构的示意功能

詹森和麦克林的理论强调了资本结构的激励功能，示意理论则强调了资本结构的信息传递功能。该理论认为，企业经营者一般比外部投资者掌握更多的有关企业的信息，而只有这些信息被传递到市场上去，市场才会对企业的市场价值作出反应，在非对称信息条件下，企业的金融资本结构可以起到传递信息、示意优劣的作用。

罗斯是较早系统地将非对称信息理论引入企业资本结构分析的经济学家。他（Ross，1977，1985）的研究基本保留了M—M古典定理的全部假设，仅仅放松了关于充分信息的假定。罗斯假定企业管理者对企业的未来收益和投资风险有较为准确的信息，投资者则没有这些内部信息，只能通过管理者输送出来的信息间接地评价企业的市场价值。企业管理者自己选择的企业负债—资产结构就是一种把内部信息传给市场的信号工具。一般而言，负债—资产比上升是一个积极的信号，它表明管理者对企业未来收益有较高期望，企业市场价值也会随之增加。为了使债务比例成为可靠的信息机制，他假设了对破产企业的经营者有一个完善的惩罚机制。破产的概率同公司的质量负相关而同负债水平正相关，如果破产将给经理人带来损失，经理将不会盲目增加负债。这样，在低质量的公司无法通过更多的债务融资来模仿高质量的公司的情况下，外部投资者自然会把负债水平作为高质量的一个信号。也就是，投资者根据负债比进行投资，市场也据此评价企业，一般地，负债比高的企业市场价值大。因此，企业管理者改变企业资本结构直接影响投资者对企业市场价值的评价。

利兰和派尔（Leland and Pyle，1977）在他们的模型中也揭示了资本结构的信息传递功能。模型假设某企业家是风险规避型的且拥有的财富有限，他试图投资建立某一项目，该项目的收益是不确定的，但企业家对其收益的分布比他人更为了解，他知道项目的平均收益为 u 而其他人则不知道。企业家要动员外部投资者与他共同投资这一项目，必须使外部投资者确信该项目具有平均收益 u。单纯告诉外部投资者这个平均收益是没有用的，于是企业家将自己的资本投入项目中，以此“示意”该项目具有投资价值。在模型中，企业家的决策变量是自己持有的股份（q）与外部投资者的股份（p）的比例 $s=q/p$。如果该项目所需总资本为 Q，则对债券的需求 $d=Q-q-p=Q-q-q/s$。很容易证明，在均衡状态下，企业家的股份可以示意他所掌握的关于项目平均收益的信息：s 越大，企业家所示意的平均收益期望值 u 越高。也就是说，经理人的股份完全揭示了他所拥有的内部信息，投资者可以认为，经理人所占的股份越大，表明经理人对公司的前途越看好，因而公司的价值越大。利兰和派尔还推导出保证负债随企业家的股份增大而增大的参数条件，在这些参数条件下，负债越多的企业由内部人持股的比例越高，企业的市场价值也就越高。

迈尔斯和梅勒夫（Myers and Majluf，1984）等人也在罗斯模型的基础上进一步考察了非对称信息对企业融资方式的影响。他们指出，投资者是从企业所选择的金融资本结构判断企业的市场价值的，如果企业通过股票筹资，那么往往会被市场误解，降低企业市场价值。所以，非对称信息一般总是鼓励企业经营者少用股票融资，而发行债券又受到企业财务亏空的制约，所以，企业总是尽量用企业内部积累资金来投资，其次是发行债券，直到因增发债券导致企业陷入财务亏空的概率达到危险区，最后才发行股票。资料显示，1965—1982 年，美国非金融企业筹资总量中，内部积累平均占 61%，债券占 23%，新发行的股票平均每年只占 2.7%。

四、资本结构与控制权

企业的金融资本结构不仅决定企业收入流的分配，而且决定企业控制权的配置。上述两种关于企业资本结构的理论只考察了前一个问题，仅仅将股票和债券看做资本的不同回收方式。事实上，股票与债券还有另一区别，这就是，它们附着着不同的产权，即股票一般带有投票权，而债券只在企业破产后才带有投票权。因此，企业的不同融资方式也就是股票与债券的不同组合比例意味着企业控制权的不同配置。

我们在前面的分析中曾指出，新制度经济学认为，当契约不完全时，剩余控制权掌握在谁的手里对企业的行为与效率有着重要影响。正是沿着这一思路，阿洪和博尔顿（Aghion and Bolton，1986，1992）提出了他们关于企业的金融资本结构的财产控制权理论。他们通过这样一个简单的模型表述了他们的观点。假定有两个人，一个是有资本无技术的投资者，另一个是有技术无资本的企业家，两者在市场上相遇后自愿合作并签订长期契约。显然，二者的利益是有冲突的。一般来说，企业家既追求货币收益又追求非货币收益，而投资者只追求货币收益，所以企业家与投资者的利益并不完全吻合。如果完全契约是可能的，契约里就会明确写出在各种情况下企业家所应作出的选择，从而在签订契约时便可化解双方的利益冲突。但是，未来是不确定的，契约是不完全的，因而剩余控制权的配置便是重要的。根据融资方式的不同，剩余控制权的配置有三种情况：如果融资方式是发行普通股，则投资者掌握剩余控制权；如果融资方式是发行优先股，则企业家掌握剩余控制权；如果融资方式是发行债券，则企业家在能按期偿还债务的前提下拥有剩余控制权，否则若企业破产，剩余控制权便由企业家转移到投资者手中。

在阿洪和博尔顿之后，哈特等人（Hart and Moore，1990；Hart，1995）也用不完全契约理论从所有权的角度解释了企业资本结构问题。他们认为企业经营者与投资者之间的利益冲突是理解企业金融资本结构的关键所在，并着重解释了债务契约的作用，探讨了债务清偿的路径、期限结构、担保抵押等问题对企业治理的影响。他们指出，对企业经营者进行激励，如给予他们物质奖励，虽可以激发他们努力工作，却不能使他们放弃对自己的其他目标（控制权收益）的追求。在企业的金融资本结构中加入债务，则可以较好地扼制他们的机会主义行为，因为债务对企业经营者有硬的约束，即债务的不及时清偿会导致破产形式的惩罚及控制权的转移。这正如人们所形容的那样："股票是坐垫，债务是针毡"。

第四节　外部竞争压力与公司治理

我们前面所介绍的各种理论模型，基本上都是在市场条件给定的假设前提下讨论企业的治理问题，并认为企业所有权（剩余索取权和剩余控制权）的配置是影响企业绩效的决定性因素。应该说，这种分析是很重要的。但是，这些理论的片面流传，很容易使人们误以为通过产权结构的调整便可以解决企业治理的一切问题。事实上，企业会替代市场，但不会取消市场，且企业始终生存于市场这个汪洋大海之中，各种市场力量对企业绩效无疑有着重要影响。简单地说，市场本身就是影响企业治理的一种重要因素，且很多经济学家也并未忽略市场力量的作用，近几年的理论研究更是发展出一种强调市场竞争对企业治理影响的所谓"超产权论"（beyond property-right argument）。下面，我们就结合超产权论，简单分析经理市场、产品市场和资本市场对企业绩效的影响。

一、经理市场

法马（Fama，1980）认为，作为一种特殊的劳动力市场的经理市场的竞争会对经理的行为选择施加有效的压力。如果一个经理业绩不佳，那么在经理市场上，其人力资本就会贬值，在未来谋职时就会遇上很多麻烦。因此，如果从动态而不是静态的观点看问题，即使不考虑直接报酬（工资、奖金、股票、期权）的激励作用，代理费用也不会很大。因为经理市场无形中起到了监督和记录经理人员过去的业绩的作用，并根据其过去的表现评估其未来的价值。考虑到长久的声誉和利益，经理人员不得不对自己的行为有所约束，努力工作。

霍姆斯特姆（Holmstrom，1982b）根据法马的上述想法建立了如下简单模型。假定经理的实际能力未知，并且假定时间是无限的，在这种情况下，即使没有任何监督，经理也有可能努力工作。这是由于市场会根据他过去的表现，对其未知的能力作出估计并计算其价值。而且，虽然在长期均衡点上，市场会对经理的能力作出准确的评判，但是，由于经理人员担心市场会对他作出不利的判断，为了长远利益考虑，他甚至还会加倍努力工作。然而，有趣的是，根据该模型，一旦某经理得知市场已认可了其真实能力，他就不会再努力工作，因而经理人员努力工作完全是为了给市场留下“好印象”。

在上述研究的基础上，维克（Vicker，1996）等人认为，经理市场的竞争能产生一种非契约式的“隐含激励”。这种激励来自三个方面：（1）信息比较。经理市场的竞争可以使经理人员的能力与努力程度的信息更加充分公开，从而使企业经理得到有效的监督与激励。例如，同一市场当中的两个企业在产品同质、技术工艺相同的条件下经营，其差异会反映出两家企业经理的能力与努力程度的不同。（2）声誉。经理人员的能力只有在竞争中才能体现出来，经理市场的竞争为经理人员的能力提供了信誉认可，没有经过竞争锻炼的经营者，对其能力的认可是极为有限的。为了在竞争中体现自己的能力，竞争者的理性选择只能是高努力、多投入。（3）生存。完善的经理市场的竞争会产生两种结局：生存与死亡。经营者为了生存，并获得上岗的控制权收益，只能努力工作。

二、产品市场

经理市场的竞争通过筛选经理机制而对企业经营者产生激励。产品市场的充分竞争则会直接将高效率的企业筛选出来，让其发展；同时又将低效率的企业筛选出去，使其关闭。因此，产品市场的竞争程度对企业治理与绩效也有着重要影响。

如果企业所生产的产品的市场是充分竞争的，那么这种竞争也会对经理产生压力；如果产品市场是垄断的，那么经理的日子必然舒服。从这一直觉出发，哈特（Hart，1983）建立了下面的模型。假定某一产品市场上有许多企业，它们的生产成本是不确定的，但统计上是相关的。这样，产品市场的价格既包含了其他企业的成本信息，也包含了被考虑企业的成本信息。如果被考虑企业的所有者与经营者是分离的，那么，只有在产品市场充分竞争的条件下，产品市场的价格才可以向所有者提供企业的成本信息（$p=mc$），在完全没有竞争的市场条件下，则只有经营者知道企业的成本而所有者并不知道。在这二者之间，假若该产品市场中有一部分企业由经理控制，而另一部分企业由所有者直接控制，那么，由于后者不存在两权分离所产生的代理问题，企业会把成本降到很低，从而压低产品市场的价格以在竞争中获胜。这样，由所有者控制的企业越多，产品市场的竞争就越激烈，产品价格压得就越低，从而对两权分离企业中的经理施加的压力就越大，并促使他们努力降低产品成本。

哈特的上述模型说明，财产所有权和企业控制权分离所产生的代理费用，在有大量非两权分离企业存在的条件下，在市场竞争比较充分的环境下，可以被大大降低；反之，代理费用将会很高，从而说明了产品市场竞争程度对企业治理有重要意义。英国经济学家马丁和帕克（Martin and Parker，1997）在对英国各类国有企业私有化后的经营绩效做了广泛的比较研究后也提出了相似的看法。英国是世界上最早推行国有企业私有化的国家，以它为始的私有化浪潮已席卷全球，成为20世纪90年代的时尚。一般认为，在产权从国有或公有转为私有的过程中，企业的激励机制会得到改善，效率也会提高。但是，他们发现，在竞争比较充分的市场上，企业私有化后的平均绩效有显著提高；在垄断市场上，企业私有化后的平均绩效改善并不明显。因此，企业绩效与产权的归属变化没有必然的联系，却与产品市场竞争程度有关，市场竞争越激烈，企业提高效率的努力程度就越高。同一时期，澳大利亚经济学教授泰腾郎（Tittenbrun，1996）在分析了85篇有关产权与企业绩效的经济文献后也发现：企业绩效主要与市场结构有关，即与产品市场的竞争程度有关。竞争会迫使企业改善治理，竞争才是企业绩效改善的根本保证条件，私有企业效率高于国有企业，该命题从实证意义上说是没有依据的。

三、资本市场

对于在任企业经理来说，经理市场和产品市场的竞争固然可怕，更为可怕的是来自资本市场的竞争。资本市场竞争的实质是对公司控制权的争夺，其主要形式是接管。在《新帕尔格雷夫货币金融大词典》的“公司治理”条目中，接管市场被认为是过去几十年里英美公司治理的有效、简便、一般的方法，而且在其他对公司治理可能产生影响的因素不起作用的条件下，例如在董事会、经理市场、产品市场等约束不起作用的情况下，接管市场仍会发挥作用。因此，接管市场一般被认为是防止企业经理损害股东利益的最后一种制度安排。

在现代市场经济中，资本市场持续不断地评估着上市公司的绩效，一个公司股票价格的升降对于分散的股东来说，是一个能揭示公司管理质量与绩效的可靠且易获得的信号。如果经理经营不善，企业的股票价格就会下跌。这样，分散在众多投资者手中的股票就可能被集中起来，有能力的企业家或公司就能以低价买进足够的股票，从而接管该企业，取得企业的控制权。因此，资本市场的竞争可以刺激在任经理努力工作。沙尔夫斯坦（Scharfstein，1985）在下面的模型中证明了这一点。假定企业的生产条件只为经理所知而不为企业股东所知，股东与经理签订某种契约来激励经理。由于信息不完全、非对称，契约激励的效率不高。但是，若资本市场上有些“袭击者”（raiders）存在，他们可以获得企业生产条件的准确信息。这样，由于企业有被接管的可能性，在任经理会比在没有“袭击者”的情况下更加努力工作。

詹森和鲁贝克（Jensen and Ruback，1983）等人认为，接管市场是不同管理队伍（管理团队）竞争公司控制权的场所。他们在总结了分析接管市场的竞争效果的实证研究成果之后认为：（1）接管使被收购公司的股东在收购结束后会从股价的升值中获得相当多的利益，股价上升的幅度从8%到30%不等；（2）在收购中，投标公司的股价升值较少（平均约为4%）或几乎为零；（3）从收购与兼并中产生的股价收益并非由于造成产品市场的垄断势力所致；（4）在任经理为消除或阻止收购而采取的行动大多是有害于股东的。因此，接管一般能根除无效的管理，增加社会财富。

从上述分析可见，在现代市场经济中，市场竞争程度确实是影响企业治理绩效的重要因素。超产权论认为，在市场竞争给企业及管理者所创造的“生存与淘汰”的选择面前，不管企业属于谁，只要想生存与发展，就必须改善治理，提高绩效。因此，从理论上说，在考虑竞争因素之后，市场进化的长期最终效应是企业治理与绩效不为企业产权归属所决定。这也许就是法马（1980）所说的企业产权归属对现代企业并不意味着什么的真正含义。不过，这种长期结论并不排斥企业的所有权配置影响企业绩效的短期结论，因为在短期中，市场竞争尚未达到均衡，企业之间仍存在治理与绩效的差异。因此，在短期中通过所有权配置的调整来改善企业治理是有积极意义的。

本章人物：张五常

在关于本章介绍的分成制契约以及上一章企业性质的交易费用研究中，华人学者张五常（Cheung. S. N. S.）是重要的代表人物。张五常1935年12月1日生于中国香港，1941年香港被日本占领后，随家人迁至广西，1945年回香港，1954年到加拿大学习，1959年进入美国加州大学洛杉矶分校商科学习，后转读经济，1967年获博士学位，导师为著名学者阿尔钦和赫舒拉法。其博士毕业论文《佃农理论》得到著名学者埃弗塞·多马（哈罗德-多马模型的提出者）和时任芝加哥大学经济系主任约翰逊（D. G. Johnson）的赏识，1967年获得一年期的芝加哥大学博士后奖金资助，进入芝加哥大学工作，后受聘留校担任助理教授，其间与同在芝加哥大学任职的科斯进行了较为深入的交流。1969年到美国华盛顿大学西雅图分校任教，后被聘为教授，与华盛顿大学著名新制度经济学学者诺思和巴泽尔共事。1982年，张五常回香港大学任教，后任该校金融学院院长，2000年退休，其间曾多次陪同美国著名经济学家、货币主义代表人物弗里德曼等学者访问内地，其经济学散文集《卖桔者言》流传甚广。1991年，张五常受邀参加科斯的诺贝尔经济学奖授奖典礼，当时科斯充分肯定张五常对新制度经济学的贡献。张五常曾当选为1997—1998年度美国西部经济学会主席，退休后的张五常曾于2002年在内地各大学演讲，他在中国内地掀起了巨大的热潮，也引起了无数的争议。

张五常的《佃农理论》以及关于契约问题分成制的分析，源于他寻找博士毕业论文题材时发现的材料：台湾1949年进行的土地改革，规定地主的地租不得超过农产品的37.5%，在这种由政府推行的硬性约束下，台湾农产品产量不但没有下降反而上升。为解释这一理论，他仔细分析了租佃分成契约的经济学逻辑，并以实际数据进行了验证，其研究被很多学者视为契约理论的先驱性成果。在芝加哥大学期间，张五常与科斯建立了深厚的友谊。张五常对新制度经济学的理论和研究方法形成了深入的理解，获得了科斯的赞许。在华盛顿大学期间，张五常与巴泽尔、诺思属于同一工作组，通过深入讨论相互影响。张五常也一直积极推广新制度经济学的理论和研究方法，对新制度经济学的发展和推广作出了重要贡献。

张五常在经济学研究中重视“真实世界”和案例研究。除经济学领域的成就外，张五常在青年时期就从事摄影，是香港著名摄影师，对于中国古代书法也很有研究。

【本章小结】

公司治理是影响企业组织运行的一切契约安排和市场力量。业主制企业、合伙制企业和公司制企业各自具有不同的公司治理安排。公司制企业达到一定规模后企业的所有者难以直接管理企业，必须使用职业经理阶层经营企业，这就会形成所有权和经营权相分离的委托—代理问题，即代理人追求自己的利益最大化，偏离委托人的利益行事。信息分布的非对称性、环境的不确定性以及契约的不完全性是形成委托—代理问题的主要原因。

激励监督者是应对委托—代理问题的重要策略。该策略通常让最难测量其贡献的经理层充当监督者，赋予他们剩余控制权，重视对上层经理人的监督和激励，通过有效的契约安排实现"激励相容"。这不仅需要合理分配收入，也需要合理分摊风险，在信息不对称和环境不确定的条件下，分成制是合理选择之一。

资本结构也会影响公司治理和控制权的配置。M—M 定理在交易费用为零、市场完全竞争条件下得出的资本结构（融资的股票与债券比例）与企业价值的"无关性"命题，在交易费用大于零的现实世界通常不成立，资本结构会影响经营者的努力程度，向外部传递经营者对企业的信心，并对企业控制权的配置产生影响。詹森和麦克林认为股票融资和债券融资分别对应不同的代理成本，围绕融资结构的权衡以代理成本的最小化为原则。也有学者关注资本结构的示意功能，认为经营者持有股份越高，即越倾向于债券融资，则说明经营者对公司越有信心，公司的市场价值越高。同时，融资结构也影响公司控制权的分配，依照阿洪和博尔顿的观点：发行普通股融资，则投资者掌握剩余控制权；发行优先股，则企业家掌握剩余控制权；发行债券，则企业家在能按期偿还债务的前提下拥有剩余控制权，否则若企业破产剩余控制权便由企业家转移到投资者手中。债权人对企业控制权具有硬约束，债券融资有扼制经营者机会主义行为的作用。

除了上述产权因素，市场竞争也具有实现公司治理的作用。经理市场、产品市场和资本市场上的竞争，可以抑制企业经营者的机会主义行为，提高公司治理的效果，完善相关市场同样是提升公司治理水平的重要途径。

【关键术语】

公司治理	委托—代理关系	委托—代理问题
激励相容	分成制	企业的资本结构
M—M 定理	剩余损失	代理成本

【思考·深化】

1. 2008 年 9 月发端于美国"次级债"危机的全球性金融危机全面爆发，美国启动了经济救助计划，向市场注资。在危机中上任的美国新任总统奥巴马对危机发生后某些企业高管依然拿取高额薪酬进行了激烈批评，美国政府也对接受政府资助的公司高管实行"限薪令"。在这种形势下，美国著名的保险业巨头——美国国际集团（American International Group，AIG）却"顶风作案"，于 2009 年 3 月 15 日，"决定向公司部分高管支付 2008 年奖金 1.65 亿美元，受到广泛声讨"。接着，"美国康涅狄格州总检察长布卢门撒尔 21 日表示，经营陷入困境的美国国际集团（AIG）最近分发的奖金实际不止此前声称的 1.65 亿美元，而是2.18亿美元。同时，针对AIG奖金门的第一份法案在美国国会众议院轻松过关，赞成票占到绝对多数。该法案将授权对接受联邦救助资金的华尔街公司发放的奖金征税90%。奥巴马对国会通过的法案表示欢迎。”①

对于这一问题，美国国际集团却认为，发放这些高薪是在执行公司与高管已经签订的契约。同时“在参议院投票前，花旗、美国银行和摩根大通立即联手齐声反对针对AIG的法案。花旗集团总裁潘迪特向30万名员工发内部文件，指出‘奖金税’或会导致有能力的员工离职，警告花旗帮助金融体系回稳的工作会大打折扣；另一方面花旗正与议员洽谈，希望避免奖金税的噩梦成真”②。

在强大的公众压力下，“美国国际集团（AIG）一些接受了高额奖金的员工已同意返还部分奖金，以平息公众的怒火”③。

在本章第二节我们已经介绍，给予代理人相应的激励是公司制企业进行“公司治理”的核心原则。而在上述材料中我们却发现社会公众和政府机关也会影响到企业的“公司治理”行为，请结合这一材料和你对本章“公司治理”问题的理解，谈一下在你看来社会公众和政府在公司治理问题上应发挥什么样的作用？这种作用的发挥是否背离了“相对产权”的“契约自由”原则？

2. 结合第二章的产权安排，请思考以下问题。

正如科斯定理所指出的：在完全竞争条件下产权归属并不重要，相应地，企业所有权的配置只有在脱离“完全竞争”的条件下才是一个问题。如果处于一个“价格等于机会成本”的完全竞争市场，企业这个生产团队的产出中将不存在任何“剩余权利”，团队成员的收益只取决于其要素的“机会成本”，而与他是否拥有企业的所有权无关。

基于上述结论，一个明显的问题是：企业所有权配置问题，其前提正是企业所处市场的“非均衡”状态。那么，在一个处于“非均衡”状态的市场上，是否存在企业内部竞争的“均衡解”？尤其是这个“均衡解”涉及相关要素在企业外部的“机会成本”时，其“均衡解”是否与“剩余权利”的存在相冲突？或者说，在一个市场竞争“非均衡”的前提下，以竞争均衡来解释企业内部的治理结构，这种竞争的均衡应如何考虑？在哪些方面，或在何种程度上的“均衡”才是企业所有权理论所要回答以及所能回答的？④

---

①②③ 新华网，2009-03-23.

④ 以上问题摘自胡乐明，刘刚. 企业所有权与公司治理——基于一般性分析框架的对话与引申//顾海良，颜鹏飞. 经济思想史评论：第4辑. 北京：经济科学出版社，2009。

第六章

国家理论

在新制度经济学看来，国家像企业一样也是一种组织，如科斯称政府为“超级企业”，诺思认为，国家是一种在暴力方面具有比较优势的组织。因此，正如用交易费用理论和产权理论来探讨企业一样，新制度经济学家们也用这些理论来研究国家，并建立有关国家的模型。

历史的变迁总是令人困惑的：为什么声威赫赫的庞大帝国逐渐衰亡或毁于一旦？为什么许多蛰居蛮荒默默无闻的民族卓然兴起，创造了巨大的财富与灿烂的文化？众所周知，一度威震西方的罗马帝国竟败于散居的蛮族部落而从历史上消失；19世纪后半叶，曾经“光照全球”的大英帝国也不得不将工业革命的领袖地位让于过去一直处于沉睡之中的德国与遥远的美洲前殖民地——美国，竟致江河日下，声威难再；第二次世界大战之后，一贫如洗的德国与日本却创造了让世人瞩目的经济奇迹，迅速跻身世界最兴旺发达的国家之列。

对于诸如上述种种历史谜团，社会学家、历史学家以及经济学家们曾经从不同角度给出过多种解释。遗憾的是，传统的解释大都流于肤浅而难以令人信服。如同对正统经济学一般理论的巨大冲击一样，在这一领域，新制度经济学家也作出了革命性的贡献。

第一节　国家的起源

国家从何而来，国家机器的产生遵循哪些规律，其具体过程如何？这不仅是一个政治学和历史学问题，也是一个有趣的制度问题，关于这一问题的回答直接影响我们对社会制度的认识。在这个问题上，新制度经济学另辟蹊径，进行了深入的研究，我们关于国家的经济学研究，就从国家的起源谈起。

一、国家和国家的起源

新制度经济学家们认为，国家作为一种制度安排，其起源是制度安排从非正式到正式、从低级到高级演进发展的结果，是制度安排发展到一定阶段的产物。从制度分析的角度来看，国家的出现标志着，在制度安排中，具有强制力的国家机器和权力机构参与了进来，并以第三方和裁判员的身份，维护其制定和认可的制度规则，制度规则也形成了正式与非正式之分。

（一）国家的含义

国家，同样是一个分歧较多、难以精确定义的概念。从地理和人口方面讲，国家可以被理解为一定的领土区域或具有公民身份的人口的总和。一般来讲，国家经常被理解为议会、法院、政府、军队等组织机构；或者被理解为这些专业机构产生后的人类社会或社会状态。

依据马克思主义国家理论的观点，我们通常把国家定义为：阶级统治的工具，是统治阶级对被统治阶级实行专政的暴力组织，主要由军队、警察、法庭、监狱等组成。

为了保证概念的准确性，我们首先确定本书中所指的国家的具体含义：**国家是指以暴力统治为基础的、公众基本认可并服从的、具有强制性公共权力并提供相应公共服务的、各类专业的组织机构所构成的有机整体。**对于这一概念应从以下几个方面来认识：

第一，国家是以暴力统治为基础的。当然，国家的这种“暴力统治”不一定也不需要时时刻刻都表现在公众面前。但是公众都明确清楚，国家具备暴力统治的这种潜在的力量，这也就是所谓的“暴力潜能”。

第二，国家具有强制性的公共权力，这种权力来源于公众的认可与服从。当然，很多场合下国家的“暴力潜能”也是获得和维护这种认可与服从的根本保障。

第三，国家可以提供各类公共服务。这些服务包括，以暴力统治为基础，防止外来入侵，制定并维护公共秩序，组织公众共同应对各类事件等。

第四，国家所对应的各类公共机构及其从业人员是独立于其他组织和人群的专业机构和成员。在无国家机构存在的原始社会中，暴力斗争、公共权威同样存在，其区别主要在于这种社会中并不存在至少是没有大量地、系统地出现独立的专业暴力组织和权力机构。为了进一步明确国家机构与一般的家庭和氏族的暴力组织、权力机构的区别，有的学者还将统治或服务范围超出氏族、部落范围作为国家机构的根本特征之一。

（二）国家的起源

所谓国家的起源，指的是国家从无到有的过程。由于国家在人类社会中，尤其是在社会的制度安排中，发挥着巨大的作用，国家的起源过程也必然是人类社会的演化过程。

诺思认为，国家是暴力方面具有比较优势的组织。显然，这种暴力方面具有比较优势的组织的出现，表明人类社会在进化中已经把从事暴力活动的功能转移到一部分人手中，走出了“人人皆兵”的原始状态。因此，国家的起源过程，也可以认为是**专业的暴力组织和以其为基础的专业的公共权力机构的形成过程。**当然，前面已经提到，要进一步区别于家庭和氏族中的暴力组织和权力机构，统治和服务范围超出家族和氏族中的血缘范围，也可以被认为是评价这种暴力组织或公共权力机构的专业性水平的关键标志。[①] 那么，人类

① 对于家庭和氏族中的暴力组织和公共权力机构是否属于国家的范畴，相应地，这些组织的服务范围超过家庭和氏族的范围，是不是国家形成的标志，这些问题在理论界是有争论的，我们不再以经济学的分析对这些问题作出判断，但是要分析这些组织的服务范围如何超出家庭和氏族的范围，及其内在的逻辑关系。

社会为什么会出现这样的专业组织？这种组织又是如何出现的呢？这个问题正是我们在本节所要讨论的国家起源问题的主要内容。

总体而言，国家起源是一个经典而活跃的研究领域，哲学、人类学、考古学、社会学都对这一问题进行过反复的分析和争论。新制度经济学家则在前人分析的基础上提出了新的视角和补充。因此，在介绍新制度经济学的国家起源理论之前，介绍一下国家起源领域的一些经典理论还是必要的。一般认为，这些理论可以归结为社会契约论与暴力掠夺论两个类别。

既然国家的起源过程是国家“从无到有”的演化过程，那么要具体讨论这一过程就必然要从“无国家的社会”开始，分析国家从无到有的逻辑关系和演进过程。理论界对国家出现之前的社会有不同的假设和解释。这些不同的假设与解释，又直接导致了学者们在国家起源问题上的分歧，我们也从这个角度出发，由“无国家的社会”开始，介绍一下社会契约论与暴力掠夺论。

二、社会契约论

关于无国家的社会，社会契约论者的处理方式是，放弃对复杂的历史资料的烦琐的整理与归纳，根据理论分析的需要，直接假设一个国家尚未出现时的人类社会的“自然状态”，再把这种状态与国家存在的社会状态进行比较，从而分析国家的起源所带来的社会进步和利益增进。这种分析方法所关心的并不是国家起源的历史演进过程，而是更侧重于两种状态转化的结果以及其逻辑关系。以这种比较静态的分析方法，从理论逻辑的角度解释国家起源，也成为社会契约论的重要特点。其中，霍布斯、洛克和卢梭的观点最为著名，也最有代表性。

（一）“霍布斯丛林”与霍布斯的社会契约

霍布斯认为，自然状态下的人性是自私的，人们为了争夺利益而相互竞争，为了防止别人的侵害，维护自己的生命而相互猜疑，为了满足虚荣而争夺荣誉；同时他假定最初的人类在智力和才能上是平等的。因此，在存在某一方压制其他各方的情况时，人类出于上述自私的本性，基于相互平等的才能而相互敌对，从而陷入“一切人反对一切人的战争”之中。在这种状态下，不存在所谓的产权和制度约束，人们必须时刻用自己的才能来寻求安全保证，过着惊慌恐惧的生活，不可能安全地从事生产。

“这样一来，举凡土地的栽培、外洋进口商品的运用、舒适的建筑、移动与卸除需费巨大力气的物体的工具、地貌的知识、时间的记载、文艺、文学、社会等等都将不存在。最糟糕的是人们不断处于暴力死亡的恐惧和危险之中，人的生活孤独、贫困、卑污、残忍而短寿。”（霍布斯，《利维坦》）

霍布斯所假设存在的这种自然状态也被称为战争状态或“霍布斯丛林”。从制度安排的角度来说，**这种自然状态最大的特点就是人与人之间不存在相互认可的产权安排，任何人对任何资产的占有、使用、加工、生产、收获的权利都不能获得其他人的认可，**甚至自己的躯体也是别人眼中可能的猎物或食物。**在霍布斯丛林状态下的人们所遵循的规则与自然界为了生存压力而相互猎食的生存规则没有什么不同，因此也被称为“霍布斯丛林法则”或“丛林法则”。**

“这种人人相互为战的战争状态还会产生一种结果，那便是不可能有任何事情是不公道的。是和非以及公正与不公正的观念在这儿都不能存在。没有共同权力的地方就没有法律，而没有法律的地方就无所谓不公正。暴力与欺诈在战争中是两种主要的美德。

“……这样一种状况还是下面的情况产生的结果，那便是没有财产，没有统治权，没有‘你的’‘我的’之分；每一个人能得到手的东西，在他能保住的时期内便是他的。以上所说的就是单纯的天性使人实际处在的恶劣状况，然而这种状况却有可能超脱。这一方面要靠人们的激情，另一方面则要靠人们的理性。”

霍布斯认为，理性的选择将促使人们争取和平，摆脱这种战争状态，最终确立理性的自然法准则。

“使人们倾向于和平的激情是对死亡的畏惧，对舒适生活所必需的事物的欲望，以及通过自己的勤劳取得这一切的希望。于是理智便提出可以使人同意的方便易行的和平条件。……这种和平条件在其他场合下也称为自然律……”

然而，如果没有公共权力的约束，自然法准则就不能得以保障，所以人们需要最终通过订立社会契约，建立公共权力机构，从而建立起国家。

因为各种自然法本身，如果没有某种权威使人们遵从，便跟那些驱使我们走向偏私、自傲、复仇等等的自然激情互相冲突。没有武力，信约便只是一纸空文，完全没有力量使人们得到安全保障。……如果要建立这样一种能抵御外来侵略和制止相互侵害的共同权力，以便保障大家能通过自己的辛劳和土地的丰产为生并生活得很满意，那就只有一条道路：把大家所有的权力和力量付托给某一个人或一个能通过多数的意见把大家的意志化为一个意志的多人组成的集体。这就等于是说，指定一个人或一个由多人组成的集体来代表他们的人格，每一个人都承认授权于如此承当本身人格的人在有关公共和平或安全方面所采取的任何行为或命令他人作出的行为，在这种行为中，大家都把自己的意志服从于他的意志，把自己的判断服从于他的判断。这就不仅是同意或协调，而是全体真正统一于唯一人格之中；这一人格是大家人人相互订立信约而形成的，其方式就好像是人人都向每一个其他的人说：我承认这个人或这个集体，并放弃我管理自己的权利，把它授予这人或这个集体，但条件是你也把自己的权利拿出来授予他，并以同样的方式承认他的一切行为。这一点办到之后，像这样统一在一个人格之中的一群人就称为国家，在拉丁文中称为城邦。这就是伟大的利维坦（Leviathan）的诞生……

霍布斯认为，人们为了摆脱自然状态而达成社会契约，从而一次性地放弃了自己的自然权利，把绝对权力赋予公共权力机构和君主，而拥有公共权力的君主和国家机构，则以第三者的身份保障臣民之间达成的社会契约，维护其自然权利。

（二）洛克的自然状态和“同意论”

洛克假定自然状态是一种“完备无缺的自由状态”，在这种状态下，“人人平等，不存在从属或受制关系”，人与人之间机会均等；理性选择促使人们都遵守自然法，享有自然权利。但是这种绝对的自由也存在着种种不方便，最大的“不便”就是一旦有人不受自然法的约束，而直接诉诸暴力，就会不可避免地使人们进入战争状态。为了克服这种“不便”，人们通过达成契约而脱离这种自然状态，并最终组建国家。

此外，洛克还注意到了由自然状态到国家的转变过程中的逻辑关系，他认为人们首先要"同意"组成一个"少数服从多数"的共同体。然后，主要是出于军事指挥和对付外侵的需要，再选择相应的领袖和君主，并同意将承担自然法执行人的权利和要求罪犯赔偿损害的权利转让给少数的一部分人，组成国家机构。也就是说，从逻辑上和过程上来讲，洛克认为人们首先是同意组成"少数服从多数"共同体的社会，然后再建立公共权力机构，过渡到有国家的社会，而君主和公共权力机构的成员也是社会契约中的缔约方，在共同体成员的同意下实施公共权力。

此外，卢梭也继承和发展了霍布斯和洛克的自然状态和社会契约理论，但他所关心的并不是国家起源问题中的逻辑关系，而是进行了比较明确的规范分析。卢梭认为，野蛮的自然状态下人是生来自由平等的，是人类的"黄金时代"，而文明社会则破坏了这种原始平等，贫困和奴役相随而来。社会的政治制度和法律非但没有遏制这一不平等的进程——相反，不平等、奴役和贫困都是由文明社会造成的。以此为基础，卢梭得出的是反文明、反社会的结论，把理想的社会指向了"自然状态"。

总之，在社会契约论者看来，无国家社会与有国家的社会状态相比具有很多劣势，公共权威缺失所造成的社会混乱或"不便"是无国家社会的主要劣势所在。为了提高社会的福利水平，人类社会选择有国家的社会状态，达成社会契约则是人类社会建立国家及其各类公共权力机构的途径。

三、暴力掠夺论

与社会契约论相对应的是国家起源的暴力掠夺论。持有暴力掠夺论的学者认为国家作为一种阶级统治和暴力掠夺的工具，必然起源于阶级的对立与暴力统治。此外，持有掠夺论观点的学者，其分析方法也与社会契约论者不同。与简单的理论假设或"思想实验"不同的是，这些学者试图通过对历史资料的整理与归纳，从历史演进的视角来具体探讨在国家出现的过程中人类社会经历了怎样的制度变迁。

（一）历史资料与理论分歧

在考察人类社会历史演进过程的文献中，摩尔根的研究是具有开创性的、经典的。摩尔根把人类社会的发展分为三个主要时代——蒙昧时代、野蛮时代和文明时代，而在向文明社会的进化过程中，蒙昧时代和野蛮时代又各自经历了低级阶段、中级阶段和高级阶段。在国家产生之前，人类社会则经历了氏族、部落、部落联盟几个阶段。近年来，随着考古学、人类学的发展，关于国家起源的历史演变模式的分析也出现了一些新的理论解释，其中比较有代表性的是美国学者塞维斯提出的"原始群—部落—酋邦—国家"模式。酋邦概念是这一模式的核心，一般来说，酋邦概念指的是在部落与国家之间出现的，已经具有阶级社会特征的社会形态，政治权力集中于酋长一人手中。这一新的模式强调的是国家诞生之前的政治权力集于一人的阶级社会状态。

（二）国家起源的经济基础

恩格斯在其伟大著作《家庭、私有制和国家的起源》中分析了国家起源过程中的经济基础。恩格斯认为，分工的深化、生产率的提高推动了商品交换的发展、阶级的形成和国家的建立。具体地，他把由原始部落到国家的演变过程分为以下四个阶段来分析国家制度的确立过程，其主要逻辑关系如下。

1. 自然分工阶段

最早的氏族中只存在着以性别为基础的简单的自然分工，"男子作战、打猎、捕鱼，获取食物的原料，并制作为此所必需的工具。妇女管家，制备衣食——做饭、纺织、缝纫。"[①] 这种分工局限于部落内部，相应的交换也只发生在部落内部。女子是家庭中的主人，社会的最小单位是由几个家庭依据其母系血缘组成的"家户"，"家户"中"凡是共同制作和使用的东西，都是共同财产"。相应的氏族社会内部已经存在公共秩序和相应的组织结构，"这种简单的组织……是这种社会状态所特有的、自然长成的结构；它能够处理在这样组织起来的社会内部一切可能发生的冲突。对外的冲突，则由战争来解决"。生产没有剩余，因此"没有统治和奴役存在的余地"，战争的结果消灭敌对部落，而不是奴役他们。

2. 第一次社会大分工与阶级的形成

在自然分工的基础上，分工进一步发展，第一次社会大分工出现，即**"游牧部落从其余的野蛮人群中分离出来"，原始农业和最初的手工业也开始出现**。生产性劳动的地位提高，从事生产劳动的男人成为家庭的主人，父权制的个体家庭的独立性相对提高。分工促进了生产效率的提高，生产出现剩余。稳定的生产剩余为经常性的交换提供了可能，游牧部落与各部落的交换，也使得商品交换开始突破部落范围而扩展到部落之间，频繁的交换中"牲畜获得了货币的职能"，充当一般等价物。生产效率的提高和生产剩余的出现，使得"吸收新的劳动力成为人们向往的事情了。战争提供了新的劳动力：俘虏变成了奴隶"。"从第一次社会大分工中，也就产生了第一次社会大分裂，分裂为两个阶级：主人和奴隶、剥削者和被剥削者。"

3. 第二次社会大分工、"英雄时代"与民族的形成

铁器的逐渐推广推动各民族进入其"英雄时代"，**第二次社会大分工出现，织布业、金属加工业等手工业，和种植业、酿酒等农业的规模和相对独立性提高，手工业和农业分离**。分工的细化推动了交换的发展，贵金属开始充当一般等价物，"出现了直接以交换为目的的生产，即商品生产"。财富的进一步增加导致社会出现贫富分化，共产制家庭公社瓦解，私有制逐步确立，个体家庭成为独立的社会经济单位。财富的增加和人口密度的提高，导致部落间出现以争夺财富为目的的频繁战争。分工的深化、人口密度的提高和军事防御的需要推动了城市的出现和城乡的对立。战争也推动了部落和部落联盟进一步联合，各部落领土的融合以及民族形成。民族的军事民主制形成，军事权力机关和军事领袖成为常设机构，军事集团的权力加强，军事首领形成世袭制，贵族形成。"整个氏族制度就转化为自己的对立物：它从一个自由处理自己事务的部落组织转变为掠夺和压迫邻近部落的组织，而它的各机关也相应地从人民意志的工具转变为独立的、压迫和统治自己人民的机关了。"

4. 第三次社会大分工与国家的形成

分工进一步深化，**第三次社会大分工出现，专业商人摆脱了生产而独立出来，从而进一步推动了商品交换，货币出现，并成为关键的财富象征。**"随着贸易的扩大，随着货币

---

① 本条引文及本小节以下引文选自马克思，恩格斯. 马克思恩格斯选集：第4卷. 3版. 北京：人民出版社，2012：175-187。

和货币高利贷、土地所有权和抵押的产生，财富便迅速地积聚和集中到一个人数很少的阶级手中”，形成了新的财富贵族，这些新的财富贵族已经不再是旧部落的显贵。氏族组织最终被瓦解，国家形成。氏族形成和发展的必要条件为，氏族人口的集中居住，受“商业活动、职业变换和土地所有权转让的影响而变动不定”；此外，“由于分工而产生的手工业集团的利益，城市的对立于乡村的特殊需要，都要求有新的机构；但是，每一个这种集团都是由属于极不相同的氏族、胞族和部落的人们组成的，甚至还包括外地人在内；因此，这种机构必须在氏族制度以外，与它并列地形成，从而又是与它对立的”；而阶级条件下的利益集团的联合也需要突破氏族局限建立起维护其利益的新的组织结构。总之，“氏族制度已经过时了。它被分工及其后果即社会之分裂为阶级所炸毁。它被国家代替了”。

“国家和旧的氏族组织不同的地方，第一点就是它按地区来划分它的国民。”人口的流动打破了氏族成员的集中居住。“第二个不同点，是公共权力的设立”，军队以及其“物质的附属物，如监狱和各种强制设施”，成为阶级统治的工具。维护这种公共权力的需要，催生了税收和官僚机构。

国家，确切地说是国家机器和国家制度，在阶级对立中产生，也成为阶级统治的工具。

恩格斯讲道：“可见，国家决不是从外部强加于社会的一种力量……确切地说，国家是社会在一定发展阶段上的产物；国家是承认：这个社会陷入了不可解决的自我矛盾，分裂为不可调和的对立面而又无力摆脱这些对立面。而为了使这些对立面，这些经济利益互相冲突的阶级，不致在无谓的斗争中把自己和社会消灭，就需要有一种表面上凌驾于社会之上的力量，这种力量应当缓和冲突，把冲突保持在‘秩序’的范围以内；这种从社会中产生但又自居于社会之上并且日益同社会相异化的力量，就是国家。”

持有酋邦理论观念的学者把恩格斯所阐述的这种由氏族的消失而形成国家起源的模式称为“氏族模式”，而认为国家起源还有另一种“酋邦模式”。一般认为两种模式的不同在于权力集中的差异。在氏族模式中，国家形成之前的“英雄时代”或者说民族形成的时代中，权力集中形式是一种“军事民主制”；而“酋邦模式”强调的是在国家产生之前，存在一个权力集中于酋长一人的相对独立的阶段。这种差异与研究的侧重点有关系，恩格斯所强调的是国家起源的经济基础，而权力集中程度是否超过了军事民主制，这种政治方面的差别没有被作为划分社会发展阶段的标志。

当然，恩格斯在上述分析中所表现出来的思想的精髓，即以经济基础为起点，从而通过分析不同利益集团的形成以及它们之间的博弈过程来解释制度的变迁，依然是公认的制度分析的经典思想。这种以分工为逻辑出发点的分析方法，也有利于解释专业的暴力组织和以其为基础的公共权力机构的出现过程，以及其统治和服务范围突破家庭和氏族的血缘范围的演化过程。

四、新制度经济学对国家起源问题的分析

与上述国家起源的思想不同，新制度经济学主要是运用其产权、交易与契约分析来讨论国家起源的逻辑关系和演变过程。

（一）波斯纳的分析

新制度经济学也同样认为，对国家起源问题的解答，也要从无国家社会说起。关于国家形成前，人们的社会组织状况及其内在秩序安排，新制度经济学提出了一些新的解释。在关于无国家社会的讨论中，波斯纳（Posner，1980）以新制度经济学的分析方法提出了新的见解。他认为，在无国家社会，对交易或交换的分析的经济理论基础不是生产的专业化分工，因为在无国家社会，交易的主要功能是提供社会所必需的防止挨饿的保险。由于原始社会简单的生产技术加上家庭生产以及缺乏专业化分工，使得每年的产出一般刚够维持生存，自然条件的变动或许会使每家每年生产的食品有一定的波动，原始的技术却不能使丰年的产品储存起来供荒年使用，而且，在无国家社会也不能用征税和发放救济金的方法影响家庭之间的食物分配。因此，原始社会需要一种比婚姻的形成、家庭或亲属之间的交换、赠送礼品等更为复杂的交易形式，即防止饥饿的保险。原始社会的整个社会制度都有助于提供这种保险服务，剩余产品的分割、礼物的赠送、互惠的交易、无息借贷、婚姻和亲戚义务、确定亲属团体规模的习俗以及其他许多原始社会的制度都可以从保险的角度加以分析。由于原始社会的家庭规模相对太小，无法应付歉收或动物疾病等所导致的产出波动，因此大的亲戚团体就成为基本的保险单位。因为大的团体能降低单个家庭与其生活资料生产之间的相关程度，从而提供更多的保险。但是，随着社会专业化分工和交往范围的不断扩大，社会成员之间狭隘的地域性的血缘联系不断被削弱，社会需要其他更持久、更有力也更系统的力量来适应日益复杂化的交易关系，维持必要的社会秩序，为社会成员提供更为复杂的生存保险。在这些所需要的力量中最重要的就是国家。这样，随着社会需求的扩大，保险单位也逐步扩大，一步一步地由家族向社区、自治领地和国家方向转化。

波斯纳的分析从原始社会的胚胎出发，揭示了人类社会需要的大范围的生存保险，并进一步说明社会分工和交往范围的扩大，最终导致这一大范围生存保险单位转变为“国家”。

（二）诺思和托马斯的分析

在《西方世界的兴起》（1999）中，诺思和托马斯则通过对中世纪庄园制及其演变的分析，解释了民族国家的兴起。他们写道：最有特色的庄园村落“包括经济的和行政的两个不同的部分，并力求达到两个密切相关的目标，即村民的生存及领主的收益和权威……村民按照庄园的惯例（习俗）对他们有条状地进行耕种、播撒、收割……村民除自己的口粮外，他们的劳动还要供给军事统治阶级和有关神职人员的衣食之需，而这后两种人则通常给他们以短暂的安宁、公正、教导和诫谕”。这说明，习惯法是庄园不成文的“宪法”，或者说是“无政府社会”的一种重要制度安排。这种非正式的但长期存在的制度安排是早期社会向国家转化的过渡形态，是国家形成的一个重要环节。

显然，在庄园制经济中，存在一种互惠的契约关系，这种互惠的契约关系体现为农奴以劳役的方法换取领主的保护性服务。因为，在保护方面，设防的城堡和具有专门作战技术的骑兵提供了地方安全，这是任何装备简陋的农民团体不能相比的。当时的动乱加上军事技术上的特点使庄园制成为有效的保护模式，领主专门生产“保护”和“公正”，而靠农奴来消费它们。农奴则供给他们的衣食之需。但是，暴力资源的这种分配是低效的，产权的保护费用也相当高。随着各种资源与技术的相对变化，暴力资源的这种分散的配置方式必然发生变化。因而随着新的技术的出现，如新的军事技术（长弩、长矛、火药）的出现，最有效的军事单位的最优规模逐渐扩大。这样，“庄园为了效率必须扩大成为一个共同体，一个国家”。

诺思和托马斯关于中世纪庄园制的分析表明，技术及需求范围的制约维护了庄园制的长期存在，也正是技术与各种资源的相对变化又导致了庄园制的解体以及庄园制基础上的民族国家的出现。

与人类学和考古学对国家起源问题的系统分析和全面讨论不同，新制度经济学的国家起源理论尚未形成成熟、系统的理论体系，而且新制度经济学所关注的也并不是国家从无到有的发展过程，而是要通过对国家组织的分析，讨论与国家相关的各类制度安排及其变迁过程。对国家起源的认识是判断国家性质和作用的逻辑起点，新制度经济学对国家起源问题的看法，也集中体现在其对国家性质和国家作用的判断上。

五、总结：国家起源的动力和过程

上述理论对国家起源的分析，可以基本概括为对国家起源的动力和国家起源的过程的探讨。

（一）国家起源的动力

社会契约论认为，国家起源的动力在于人类社会对公共权威和公共秩序（自然法）的需要；在恩格斯的分析中，对外战争和内部统治是国家产生的直接动力；波斯纳所揭示的则是社会分工与交往范围扩大后，人们对大范围生存保险的需要，推动了国家管理机构的出现；而诺思所谓的“保护”和“公正”，所揭示的也是人们应对战争和公共秩序的需求对国家起源的推动。

一般来说，理论界把国家起源的动力归结为战争、人口压力和贸易三个方面。战争，指的是氏族和部落之间为了争夺各类资源而进行的频繁战争，这些战争使得氏族和部落之间形成兼并和奴役关系，最终被统一为超越氏族和家庭血缘范围的国家，并在战争中形成相应的国家机构。人口压力，指的是农业和大规模的定居导致人口密度提高，土地等自然资源短缺，人们在争夺自然资源的过程中，形成跨区域的竞争与合作，最终形成集中的军事和政治结构，同时集中的军事和政治权力，在人们之间调配紧缺的自然资源，规范竞争行为，化解矛盾的需要。贸易，指的是区域内和跨区域的贸易需要集中的军事和政治权力进行管理，这种管理的需要推动了区域内和跨区域的集中的军事和政治权力的形成。

（二）国家起源的过程

国家的出现，必然伴随着分工的深化、专业的暴力组织的出现和以其为基础的公共权力机构的建立。总体而言，这个过程可以从两方面来考察。

一方面，畜牧业、农业、手工业和商业的出现和巩固，使得一部分人甚至是多数人与暴力战争活动相分离，暴力战争活动落到一部分人手中。需要注意的是，暴力战争活动集中到一部分人手中，并不表明已经出现了专业的暴力战争组织，因为这一部分从事暴力战争活动的人，不一定会脱离其他各类活动。要考察其脱离其他各部门活动的过程，需要考察问题的另一方面。

另一方面，社会群落对专业暴力组织和以其为基础的公共权力机构所提供的战争和其他服务的需求越来越多、越来越稳定，导致从事暴力活动和公共管理活动的人员逐渐脱离其他各部门所从事的活动，最终形成专业的暴力战争组织和以其为基础的公共权力机构。

要理解这一问题，有两方面的疑问需要回答：一方面，专业暴力组织和以其为基础的公共权力机构即国家机构所从事的各类活动和服务有哪些？这也就是通常所指的国家的职能和作用；另一方面，哪些因素导致社会群落对这些活动和服务的需求增加？这也就是通常所指的国家起源的动力。

（三）国家的职能与国家的起源

下面我们简单概括国家机构的各项职能，并针对每一项职能简单整理一下导致社会群落对这些职能需求增加的因素，这些也是国家起源的动力因素。

1. 国家的战争职能

暴力组织所能提供的暴力战争活动可以分为对内统治战争以及对外入侵和防御战争。也就是说，国家的战争职能分为内部统治以及对外的侵略和防御。简单地说，以下因素会导致社会群落对上述职能的需求增加。

（1）导致内部统治加强的因素：①技术进步，生产形成剩余，奴隶出现后，统治奴隶的需要。②社会群落内部出现等级分化后，贵族压制，下层反对，贵族之间相互争权的需要。

（2）导致外部侵略和防御加强的因素：①农业发展，大规模定居后，人口增加，财富集中，不同部族之间相互争夺土地、资源和财富的战争增加。②技术进步，生产形成剩余，奴隶出现后，不同部族之间相互争夺奴隶的战争增加。

2. 国家的公共服务职能

国家的公共服务职能可以分为制定和维护公共秩序、对资源和财富进行再分配以及组织公众应对各类事件。

（1）制定和维护公共秩序。导致这方面需求增加的因素有：①技术进步，生产方式发生变革，资源相对价格变化，私有产权制度出现，产权制度需要获得第三方的维护。②定居与人口的增加，导致社会关系复杂化，利益冲突激烈，需要强有力的政治结构制定和维护公共秩序，规范竞争行为。③贸易的发展，需要获得有效的秩序保障。

（2）对资源和财富进行再分配。导致这方面需求增加的因素有：①技术进步，财富量增加，人口增多，资源与财富的竞争压力增强，需要强有力的公共权力机构以公共权威调整分配各类资源和财富，防止出现竞争混乱。②技术进步，社会专业化分工和交往范围扩大，导致原始的生存保险机制被打破，需要形成新的再分配机制，形成生存保障机制。③在暴力组织和以其为基础的公共权力机构的专业化程度提高的过程中，这些组织成员所从事的其他生产性活动越来越少，需要通过收入再分配，从其他部门那里获得收入。

（3）组织公众应对各类事件。这项职能包括共同抵御自然灾害，修筑各类大型工程，进行规模移民迁徙等。导致这项职能需求增加的因素有两方面，一方面是随着人类社会自身的发展，为了应对战争和其他需要进行的战争防御工程和移民开垦工程；另一方面则是为了应对大面积出现的自然灾害的需要，最典型的就是各地的水利工程修筑对国家组织功能的需求。

当然，对于国家机器的各项职能也可以从其他的角度进行归纳，同时依据不同的国家职能总结国家起源的各项动力，对此我们不再赘述。

第二节　国家的性质和作用

在上一节的讨论中我们所分析的是独立于其他各部门的专业的国家机器的产生过程，并简单总结了这一国家机器所从事的战争和公共服务职能，从而把国家定义为独立于其他部门的专业的暴力组织和以其为基础的公共权力机构。但是，这种认识只是从分工和专业化的角度简单地界定了国家机器与其他各部门的区别，并不能全面揭示国家机器的本质。因为这些暴力组织和以其为基础的公共权力机构既可以把民众奉为衣食父母，成为勤恳为民、恪尽职守、努力提高服务质量并降低各方面花费的“天使”；也可能把民众作为任意猎取的羔羊，变成实行野蛮统治，穷其所能来搜刮民脂民膏的“恶魔”。这两者之间的差别自然是国家机器的本质差别，本节讨论的国家的本质所要考察的就是国家机器在上述方面的差别。

一、国家的契约和掠夺性质

上述分析所提到的国家的本质差别，在关于国家性质的理论分析中也有着充分体现，分别是关于国家性质的契约理论和掠夺理论。

契约论有着悠久的历史，可追溯到欧洲文艺复兴时期，以斯宾诺莎、霍布斯和卢梭为代表的启蒙思想家是契约论的先驱，尤以霍布斯为代表。

霍布斯提出这样的假设：第一，国家产生以前的状态是一种被称为“霍布斯丛林”的一切人反对一切人的自然状态；第二，国家是为了摆脱自然状态的产物，即人们为了保护自己的生命和各种权利，相互合作，订立契约，将权力交给一些最能保护他们利益的人代管。

按照契约论的观点，国家是公民达成的一种契约安排，而契约的达成是广泛的社会博弈的结果。也就是说，从契约上讲，国家是被公众创造出来的保护公众权益、调解社会纠纷的制度安排。该理论认为，由国家来组织、实施各种契约或规则可以节省各种签约成本、实施成本和保护成本。因而，该理论能够对促进经济增长的有效率的产权安排或制度变迁作出较好的解释，从而对于国家的生产性能够作出较为有力的阐释。

国家掠夺论或剥削论则为一些差异极大的社会学家所持有，包括马克思主义者和一些新古典经济学家。该理论认为，国家是某一阶级或集团的代理者，它的作用是代表该阶级或集团的利益对其他阶级或集团进行压迫和剥削，榨取它们的收入。按照掠夺论的观点，国家界定了一套产权或制度安排，目的在于使权力集团的收益最大化而可能无视其他社会集团的利益，也无视它对社会整体福利的影响。这样，由于对少数团体的偏重，从长期看，产权界定或制度安排必定是无效率的。因而，这种理论便于解释不利的产权结构或制度安排为何能够存在，也就是，能够对国家的掠夺性或非生产性作出解释。

二、国家模型与暴力分配论

虽然科斯等人的理论对新制度经济学国家理论的建立作出了重大贡献，但在众多的新制度经济学家中，国家理论的集大成者当属道格拉斯·诺思。诺思试图通过改造原有的模型分析，将前面介绍的关于国家性质的契约论与掠夺论进行综合。为了便于把握诺思的国家理论，我们首先介绍芬德雷和威尔逊（Findly and Wilson，1984）的规范模型。

（一）芬德雷和威尔逊的规范模型

模型假设，Y 为国民收入，劳动力 L 和资本 K 是仅有的投入，那么，传统的生产函数为 $Y=f(L, K)$。模型认为，该经济的产出还可以被第三个要素所提高，这一投入称为公共秩序 P（由制度体系所提供的服务）。假设只有国家能有效地提供公共秩序，并且公共部门就业量即政府雇员 G 是唯一被使用的投入品，公共秩序的生产函数为 $P(G)$，这样，该社会的总生产函数可表示为 $Y=f(L, K)P(G)$。假设劳动力是同质的，其总供给量是一个常量 H，且人们只在公共与私人两部门工作，则 $G=H-L$，所以可以有

$$Y=y(G)$$

将 Y 与 G 之间的关系在坐标图里描绘出来，如图 6－1 所示。该图显示，公共部门的扩张最初使国民收入 Y 增加，然后，在达到某点后又使之降低。当公共部门的就业水平为 G^* 时，该社会的产出达到最大值 Y^*。

显然，在这一模型中，国家实际上被视为一种平等人之间的契约安排，其目的是提供生产性的公共服务。因此，模型中 G 的水平将由公共目标决定，且这一目标为社会产出最大化，完成这一目标要求 $G=G^*$。但是，国家必须征税用以支付公共部门工作人员的工资。假设国家对一切收入征收一个比例税 t，则政府税收为 tY。那么，这里的最优化问题包括：既要寻找 G^*，又要寻找相应的税率 t^*，该税率恰好能使政府支付工资，并使预算平衡。若劳动力市场是竞争性的，它将使公共和私人部门的工资相等，且等于私人部门的劳动者的边际产出价值。这样，契约型政府的收入函数和支出函数分别为 $t^*y(G)$ 和 $(1-t^*)VMP_L \cdot G$。图 6－2 表明，契约型政府将会导致社会产出的最大化，而自身没有获取任何剩余。

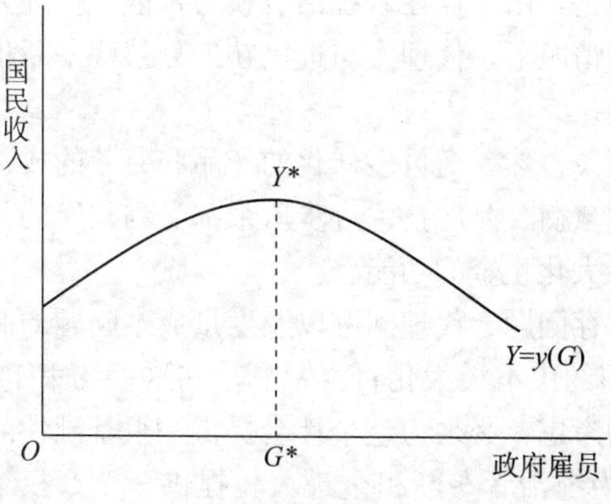

图 6－1

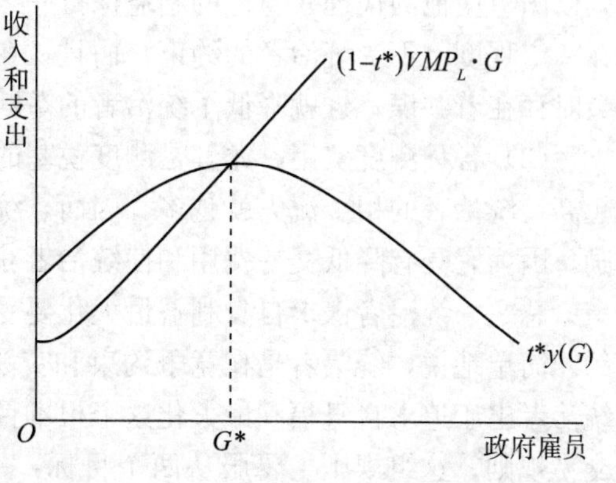

图 6－2

（二）诺思的“暴力潜能”分配论

诺思（1995）认为，虽然契约论和掠夺论两种理论都能在历史上和现实中找到佐证，但它们均不能涵盖历史和现实中所有的国家形式，因而不具有一般性和普遍性。契约论虽然可以解释为什么国家会提供一个经济地使用资源的框架，从而促进福利的增加，但是，国家既作为每一个契约的第三者，又是强制力的根源，其中的每个人必然都希望能按有利于自己集团的方式再分配福利和收入，因此，尽管契约论解释了最初签订契约的得利，但无法说明各利益集团在其后的最大化行为。掠夺论则是忽略了契约的最初签订的得利而着眼于掌握国家控制权的人从中榨取租金，不能说明在一个国家内的互利合作的关系。因此，在诺思看来，上述两种假说都似乎犯了极端化的错误，要么认为国家是万恶之源，要么将之看成全能而仁慈的上帝。

一半是天使，一半是魔鬼。诺思认为，作为个体公民作出集体决策以达到个人目的的手段和场所，国家兼有契约和掠夺两重特性，也就是国家既有生产性也有潜在掠夺性，并提出了国家的“暴力潜能”分配论。“暴力潜能”分配论认为，如果暴力潜能在公民之间进行平等分配，便产生契约性的国家；相反，如果分配是不平等的，则产生掠夺性的国家。

在诺思看来，国家是一个在行使暴力方面具有比较优势的组织，由一位追求自身福利最大化或效用最大化的统治者操纵。他垄断着暴力的行使权和公共服务的供给，而且是一个带有歧视性的垄断者。凭借其垄断地位，统治者与他的选民达成一种长期的契约关系，该契约的核心在于规定公共服务与税收的交易条件。统治者影响交易条件的能力取决于他所具有的垄断能力。具体来讲，垄断者通过影响交易条件获得垄断租金，也就是说实现其效用最大化的能力受到三个因素的制约：

（1）来自国内外潜在竞争者夺权的威胁程度，即统治者被替代的可能性。由于替代能力依不同集团本身的实力和谈判地位的差别而各不相同，他们抵制征税的能力也有差异，对于统治者来说，奉行价格歧视政策显然是较为明智的选择。例如，对那些分散的无组织的乡村人口课以重税，而对那些有重大影响力的集团如军队高级军官则予以税收优惠。

（2）统治者必须雇用从事公共服务供应和税收活动的代理人，代理人的机会主义行为则是统治者的障碍。由于代理人的效用函数与统治者并不一致，因而统治者要设立一套规则以图迫使他的代理人与他的利益保持一致。但是，由于存在着统治者权力扩散，代理人在一定程度上不受统治者的约束，而且，在某些情况下，代理人与选民在瓜分某些垄断租金时存在着共谋，这就降低了统治者的垄断租金。

（3）各种测度费用，尤其是测度税基的费用。显然，衡量多样化的产品和劳务的成本越高，统治者的租金流失就越多。因而，统一度量衡、测度技术进步历来都受到政府的鼓励，因为它具有降低交易费用和使统治者获取最大化租金的功能。

总之，统治者谋求自身利益最大化要受到生存问题、代理问题以及度量成本问题的制约。简单地说，统治者是在竞争约束和交易费用约束下最大化自身福利。在这些约束下，统治者出于追求自身福利最大化这个根本目标的考虑，必须为整个社会提供一组基础性的交易规则。这组规则主要服从两个目标：一是为统治者垄断租金最大化提供一个产权结构；二是在满足第一个目标的前提下，尽可能地减少交易费用（既包括测度产品与劳务以确定税基的费用，也包括统治者与代理人之间的代理费用)，以便促进社会产出的最大化。

如果结合上面提到的统治者面临的两种约束，即竞争约束和交易费用约束，那么很容易发现，上述两个目标并不完全协调一致，甚至存在着内在的矛盾。第二个目标包含一套使社会产出最大化的完全有效率的产权；而第一个目标则是企图确立一套基本规则以保证统治者自己收入的最大化。为了自己的利益，竞争约束会使统治者有可能向有权势的利益集团——主要的潜在竞争者作出妥协和让步，让其参与对社会收入和财富再分配的控制，即使这样做对经济增长和经济效率会产生严重的不利影响。交易费用约束则经常导致统治者无法建立有效率的产权结构与制度安排。因此，对于统治者来说，统治者（和他的集团）的租金最大化与社会产出最大化之间其实是一个不可兼得的两难选择问题。要在二者之间选择一个皆大欢喜的均衡点是很困难的，二者之间很大程度上存在着“交替”关系。如图 6-3 所示，对于统治者来说，均衡点 D 在何处确定是相当困难的。

（三）模型的比较

为了更清楚地把握诺思的观点，我们将诺思的理论与芬德雷和威尔逊的模型做一个对比。按照诺思的分析，可以假定统治者有征税权但不能控制税率。T 作为外生变量被置为 T_0，我们可以设想 T 是被某些代议制机构所控制或被比统治者更强有力的传统习俗所保护。这样，公共部门的就业人数就是统治者唯一能控制的变量。也就是说，统治者寻求其福利最大化就是通过选择一个公共部门的总就业水平来实现的。这里，统治者的利益最大化设定为追求净收入（剩余）的最大化，而这种最大化的净收入以税收收入和支出（净工资）的差额来表示。显然，在图 6-4 中，当就业量处在使税收函数和支出函数之间的垂直距离最大的 G_r 时，统治者的剩余达到最大化。

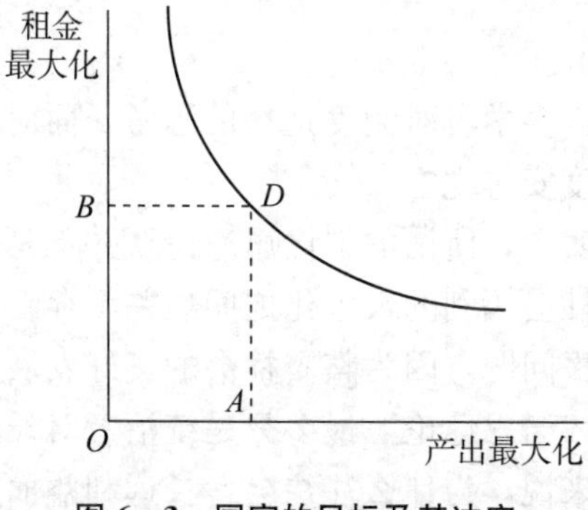

图 6-3　国家的目标及其冲突

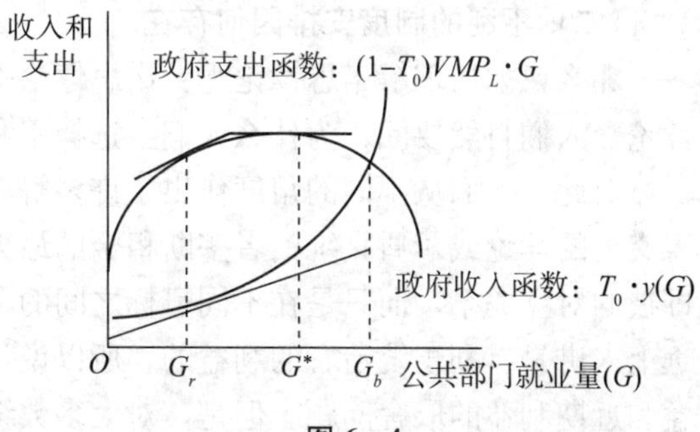

图 6-4

通过对图 6-4 的分析，我们可以得到如下几点结论：

(1) 统治者所决定的公共部门就业量 G_r 一般总是在 G^* 的左侧，意味着统治者福利最大化时的社会产出量一般会低于经济最大产出量。这说明，为了追求统治者的私人利益最大化，往往要以牺牲社会福利的最大化为前提。

(2) 由于 G_r 小于 G^*，所以统治者提供的公共服务一般是不足的，这反映了统治者的垄断者行为。我们知道，在垄断型市场中，垄断企业在获取最大化利润的同时，提供的产品产量同样是低于最佳量的。

(3) 如果统治者不能有效地控制它的代理人——公共部门的工作人员，例如国家机关的局长们可能通过增加他们自己的人员来加强他们的权力与威望，则会导致统治者的租金流失。极端情况是，政府部门人员扩充失控使公共部门就业人数扩充到 G_b 处，从而使得统治者剩余消失，这时政府向社会提供过量的公共服务，而社会还是得到 $Y<Y^*$，这也就是国家机构臃肿的经济学含义。

三、诺思悖论

相对于国家的双重性质，国家在经济增长和社会进步过程所起的作用也具有双重性，即国家既是经济进步的关键，又是人为的经济衰退的根源，这也就是所谓的“诺思悖论”。

（一）诺思悖论

具体来说，国家的作用主要是提供了一个博弈的基本规则，没有国家权力及其代理人的介入，个人的财产权利就无法有效地界定、保护和实施。所以说，国家权力是构成有效产权结构、制度安排和经济发展的一个必要条件。但是，国家在界定产权的同时，又会对个人的财产权造成侵害，造成所有权的残缺，国家又成了造成无效的产权和制度安排的根源，从而又制约了经济的发展。在一些极端的情况下，统治者的最优战略所导致的产权结构不仅会引致经济远离它的技术性生产边界，甚至足以使经济停滞和崩溃。用诺思的话说就是，**没有国家办不成事情，但是国家又会造成很多麻烦，即国家的存在是经济增长的关键，又是人为经济衰退的根源，这就是著名的“诺思悖论”。**

诺思在《经济史中的结构与变迁》中写道：“历史上知识存量的积累在很大程度上是不可逆转的，但人类经济的进步却不是这样。毋庸置疑，政治经济单位时兴时衰，整个文明更是如此。以上两个方面的截然不同，清楚地表明了一个重要观点：正是组织的成功或失败决定着社会是进步还是倒退。”

（二）不利的制度安排因何存在

那么，如何理解诺思悖论呢？诺思悖论引起了许多学者对制度选择的思考。面对这一悖论，人们自然要问：为什么人们会选择不利的制度安排呢？

对此，人们从不同的角度作出了许多解释。事实上，所谓的“诺思悖论”并不是真正意义上的悖论或矛盾，统治者垄断租金的最大化和社会福利的最大化之间也并不存在非此即彼的对立关系，而只是在不同目标之间的考虑顺序问题。因为整个社会的良好发展从长远上来讲是有利于统治者的利益的，所以说，所谓“诺思悖论”最多只是统治者对长远利益和近期利益的取舍问题。但是，对大多数统治者来说，为什么往往会舍长远利益而取近期利益呢？

归纳起来，对“诺思悖论”的解释主要有以下几点：

第一，统治者的双重目标。我们知道，统治者有两个目标，即社会福利的最大化和自己垄断租金的最大化。统治者追求社会福利的最大化是为了赢得选民的支持，这个目标促使国家去促进经济增长；而租金最大化的目标则往往会牺牲社会的总福利。在二者之间，统治者往往会因为机会主义倾向而引起经济的衰退。

第二，统治者的双重约束。统治者一般都面临着交易费用约束和竞争约束。一方面，由于交易费用的高低影响着产权结构及其演变，正的交易费用约束限制了统治者对有效率产权结构的选择。另一方面，各种利益集团的竞争压力也迫使统治者不得不选择一些无效率的产权结构。也就是说，在竞争约束下，统治者将避免触犯有势力的选民，特别是，在这些利益集团的势力达到威胁统治者利益的边界时，统治者往往会同意一个有利于这一利益集团的产权结构和制度安排而无视它对整个社会效率的影响。

第三，统治者偏好的多元性与有限理性。在统治者的偏好中，统治者可能是一个财富最大化者，但财富也可能仅仅是其效用函数中的一个变量。如果统治者可能更为关心他在国际舞台上的威望，那么他就可能牺牲国民财富而建立强化军事力量的制度安排。这也就是为什么苏联在自己的经济形势不好的情况下，仍然大量援助其他落后国家。同样地，由于边际递减规律的作用，当统治者的财富增长到一定程度后，他的其他方面的边际效用会递增。

第四，利益集团的冲突。产权的界定和制度安排的变迁通常是在不同选民间进行财富、权利和收入的重新分配。显然，包括产权制度在内的各种制度安排并不完全取决于效率原则，它们还取决于不同利益集团的规模、地位以及与统治者的关系。而国家在某种程度上讲，就是不同集团争夺利益的场所，统治者只是这些不同利益集团的“均衡者”。舒尔茨曾指出：“处于统治地位的个人在政治上依赖于特定群体集团的支持，这些集团使政体生存下去。经济政策在这个意义上讲就是维持政治支持的手段。”

第五，相对福利。相对福利理论认为，人们追求的是福利或满足的相对量而非绝对量。也就是说，经济人的“最大化行为”之中的“最大”仅表示每个人或人群处处希望与他人之间的相对差距达到最大。如果这种观点发生在统治者身上，那么只要这种制度给统治者带来的害处小于给其他人造成的损失，即使这种制度对社会所有人来说都是“有百害而无一利”，它仍可能出现并生存下去。同样，如果另一种制度安排虽然会给大多数人甚至所有人带来福利的提高，但只要它造成人们的相对福利的改变，也可能引起激烈的反对。这也就是许多良好的改革最终流产的原因。

第六，路径依赖及积累效应。许多制度安排也许在一开始是最佳的选择，但它发展下去就可能阻碍经济的发展。而且，一种制度安排一旦确定，它就可能限定了今后的选择范围。如东方的专制主义，曾经在历史上行之有效，并且持续了很长时间，但因为它的存在扼杀了个人的创造性，而影响了今后经济的发展。

第七，短期利益与长期利益的矛盾。这主要表现在财政收入上。在国家规模增长和财政支出刚性的约束下，统治者更多地是关心短期财政收入的增长，在统治者面临着较强的潜在的竞争对手时更是如此。这也就是奥尔森所解释的为什么流寇比坐寇的掠夺性更强的道理所在。另外，统治者的寿命是有限的或者说当政者有一定的任期，使得他们着眼于在位的收益而不愿变更低效的产权安排。

第八，防范心理。现代财政学原理告诉我们，随着社会的发展，国家的财政支出有日益增加的趋势。政治学、社会学的一般共识是，国家的权力有自我膨胀的倾向，只要给予国家一定的权力，它就会逐渐侵蚀个人的权利。一个具有较高强制力的政府，效率也许很高；但“一着不慎”，造成灾难性后果的“效率”同样很高。一些自由主义者（如哈耶克）甚至认为世界上最大的坏事都是由好人做的。因此，他们积极提倡“最小的政府是最好的政府”，试图通过故意建立一个效率低下的政治制度来防止一个即使效率很高但可能会干坏事的政府的危害。

此外，“搭便车”问题、合乎理性的无知、投票悖论以及制度环境系统的封闭和僵化程度都会造成制度安排的无效。在世界联系越来越密切的今天，一体化的进程日趋加强，一个地区、一个国家的制度安排的效率越来越受到其他国家或地区所发生事件的影响。

第三节　国家、产权与意识形态

国家在经济增长中起着关键性的作用。在一个社会的发展过程中，国家可以通过不断地界定和明晰产权，引导社会意识形态，在国家、产权、意识形态三者之间建立起良性的互动关系，进而有效地推动制度创新，促进经济增长。

一、国家与意识形态

诺思发现，建立在纯个人主义基础上的新古典理论，是在“个人追求自身福利最大化”的假定之上，以霍布斯意义上的社会契约论探讨国家的出现。也就是说，自私自利的个人发现建立一组支配个人行为的规则和约束是符合自身利益的，于是产生了国家这种契约安排。可是一旦考虑到测度、监督等交易费用，在许多场合，个人从私人成本—收益的计算出发违反规则也同样符合个人利益。那么，为什么日常生活中人们更多地是遵从一定的社会规则呢？而且，任何社会发展与制度变革往往都涉及大团队的统一行动，那么历史上的大团队行动是如何克服“搭便车”问题而避免一切集体行动的瓦解呢？将这些问题归结起来可以发现，从新古典的经济人模型到制度均衡与变迁理论之间存在着一道逻辑和理论的鸿沟。诺思认为，这道鸿沟只有建立一种实证性的意识形态理论才能加以弥合。

（一）意识形态是什么？

就制度安排的形式而言，意识形态属于一种非正式的制度形式。因此，它是“软性”的，具有较强的“渗透力”。意识形态属于布罗代尔所称的属于“结构”性的东西，它在历史的发展中起着根本性的作用。它的影响也弥漫在几乎所有的其他制度安排中。因此，许多人将之称为最重要的制度安排。正如托克维尔所说，“社会状态一旦得以形成，它自身便可以被认为是控制着国民行为的大部分法律、习惯和观念形成的主要原因”。他认为美国民主制取得成功的原因有三个：“第一是上帝赐予美国人的特殊和偶然的情况；第二是他们的法律；第三是他们的习惯和习俗”。而在这三个因素中，他认为，最具生命力的是第三个因素——人民的精神、感情、信念、观念，即人的心灵和思想的习惯。他说：“我相信，尽管最幸运的地理环境和最好的法律并不能够维持一种政体，但习俗能够将即使最不利的环境和最糟糕的法律转化为有利条件”。诺思则认为，无论是在个人相互关系的微观层面上，还是在有组织的意识形态的意识层面上，意识形态都提供了对过去和现在的整体性解释。由此可见意识形态对人类长期经济增长和社会发展的作用。

根据诺思的阐释，意识形态可以被定义为关于世界的一套信念，是人们关于周围世界的一种总体观点和判断，它们倾向于从道德上判定劳动分工、收入分配和社会现行制度结构，而关于现存制度公平及合法性的判断是其中最重要的组成部分。具体地说，诺思（1995）认为，意识形态有三个基本特征：（1）意识形态是个人与其环境达成协议的一种节约费用的工具，它以“世界观”的形式出现从而使决策过程简化。(2) 意识形态是与个人对其所领会的关于世界公平的道德和伦理判断纠缠在一起的，因而可以在相互对立的理性和意识形态中进行选择。(3) 当个人的经验与他的意识形态不一致时，他会改变意识形态上的看法，当然，在他改变之前，必然有一个经验和意识形态不一致的积累过程。

(二) 相对价格与意识形态的变化

诺思还认为意识形态是可以改变的。在他看来，意识形态会因人们所处的地位、所获得具体经验的不同（主要由地理位置和职业分工不同造成）而呈现显著的差异，甚至常常表现为尖锐的对立状态，尤其当相对价格发生变化而使不同要素所有者相对位置出现变化时更是如此。具体地，他提出了导致意识形态改变的四种有关相对价格的选择：(1) 产权的改变，即否定了个人对其过去一直拥有的资源的权利，而这些权利已被人们作为习惯或公正予以承认；(2) 在要素市场或产品市场上，交换的条件偏离了已为人们认为是公平交换的比率；(3) 在劳动力中，一个特殊的集团的相对收入状况发生了偏离；(4) 信息成本的降低，结果使人们相信不同的或更为优惠的交换条件可能在别处占优势。诺思强调，随着社会的专业化和分工的发展，与交易有关的测度、监督费用越来越大，因而越是需要有效的伦理道德准则来约束各自的机会主义行为。然而，职业的多样化也使得意识形态趋于多样化，制度变得越来越不稳定。

(三) 意识形态与交易费用

诺思进一步认为，成功的意识形态一般必须具有这样三个特征：(1) 能够解释历史，并对现行的所有权结构和交易条件有所说明；(2) 具有灵活性，以便能够赢得新团体的忠诚，并能够吸引少数民族和妇女等；(3) 能克服“搭便车”问题，使个人摒弃个人私利和对个人成本—收益的简单计算，为社会团体行动注入活力。可见，在诺思看来，意识形态促使交易双方决策过程简化，从而节省了交易费用。而且意识形态与产权之间也存在着互动关系。不仅产权的变化会引发意识形态的改变，而且意识形态对产权的界定有着不容忽视的影响。正是由于不同的意识形态，产生了东西方不同的社会结构、不同的产权结构，如马克思所说的东方世界的亚细亚生产方式。

正是因为意识形态具有节约交易费用的作用以及具有可改变性，因此，大多数国家都努力通过多种途径对意识形态施加影响。譬如，通过大量灌输现存制度合法性的价值观念让人们从遵从现有规则中获得额外的收益，从违反规则中承受更多的成本；或者向人们宣扬现存制度的不合理性及某种新制度的合理性，让人们产生参与制度变革的额外激励，达到克服“搭便车”的目的。而且意识形态具有公共物品的特点，对它的投资有着规模经济的性质和很强的外部性，因而意识形态应该而且只能由政府来进行投资。

二、国家与产权

虽然本章通篇已经对国家与产权的关系做了多方面阐述，但鉴于国家在产权界定和实施中的极其重要的意义，这里不妨再做一个总结。

(一) 国家与产权结构的联系

国家与产权结构有着非常紧密的内在关系。首先，国家在产权的界定及实施中具有不容忽视的影响，这是由于国家在实施一项制度安排时，具有规模经济和较高效率的特点。

按照新制度经济学派对国家的一般定义，国家是一种在某个特定地区内对合法使用强制性手段具有垄断性的制度安排，它的主要功能就是提供法律和秩序。因此，我们说，没有国家理论的产权理论是不完整的，产权分析在国家理论中的运用也是产权理论本身发展的深化。

其次，国家本身也是随着产权结构的不断演化而发展起来的。我们知道，产权理论实质上是对组织存在形式的抽象，组织无论是正式的还是非正式的都是一种产权形式，只不过是产权的清晰程度问题，正式的组织安排是对非正式的组织安排产权的清晰化、明确化。新制度经济学派认为国家作为一种组织形式，也是人与人之间互动的过程，是一系列契约形成的过程。它是一种正式的组织形式，是由非正式的组织——无国家社会——演化而来的。因此，对它的分析，同样需要借助产权理论这个工具。可以说，没有产权分析，就没有新制度经济学派的国家理论。

最后，国家理论与交易费用理论也有着千丝万缕的联系。不仅国家的演进是交易费用变化的结果，而且国家界定有效产权的一系列过程和行动，都是本着降低交易费用这一目的的。当然，如果国家在界定产权结构时发生了差错，反而增大了交易费用，则形成了无效率的产权结构。而交易费用理论与产权理论是不可分割的，事实上，交易费用理论可以看成是产权分析的一个工具。因此，就这点而言，国家理论与产权理论同样密不可分。

正是由于产权结构与国家之间有这样紧密的内在关系，诺思在分析西方史时，将分析的重点放在三个变量上：（1）对经济活动产生动力的产权；（2）界定和实施产权的单位——国家；（3）将个人观念转化为行为的道德和伦理的信仰体系——意识形态。产权理论、国家理论和意识形态理论构成诺思制度变迁理论的三大基石。

（二）国家对产权的影响

概括诺思的观点，国家在产权的形成中具有非常重要的作用，当然，国家也有可能造成低效率的产权安排。

诺思在分析国家对产权体系的影响时，还将交易成本理论和代理理论结合起来分析国家、产权和生产率之间的相互关系。他认为，社会的知识存量和资源禀赋决定了生产率和产出量的技术上限，即经济的技术性生产边界。而各种产权结构都存在一种从一切可行的组织形式中选择出来的结构性生产边界。这种结构性生产边界能使在技术边界以内成本最小而产量最大。产权体系确定了一系列可行的经济组织形式，而产权体系则依赖于社会的政治结构。移动结构性生产边界以接近技术性生产边界需要政治变革。但是他认为，国家一般不能提供能使经济接近其技术性生产边界的适宜产权结构。

简言之，国家在产权制度形成中的功能主要体现在：（1）国家凭借其暴力潜能和权威在全社会实现所有权；（2）在产权安排完全是私人之间的合约时，国家承认这种合约安排的合法性和有效性，保护依据这种合约进行正当的产权交易，这样，作为第三方来对契约双方进行约束，减少不确定性带来的风险；（3）在产权的变更和取得不是通过个人之间的交易，而是通过国家权力强制作出的安排中，可以减少一系列的费用，如度量费用、信息费用等；（4）国家还可能通过干预私人间的产权交易以使社会福利不遭受产权重新安排的冲击，如对产权交易的价格限制，对产权交易的范围限制等等。

另外，如上面所阐述的，国家也常常造成低效产权。这主要表现在：（1）国家为了自身利益的最大化而维持有利于某一集团的财产权利制度，如维系短期的财政收入或者造成短期繁荣的表象以期获得政治收益。(2) 对产权形式的选择和歧视。事实上，往往会有多种产权的收益大于产权的运作成本，而最终选择何者往往就取决于统治者的态度。(3) 国家的干预和管制常常造成所有制残缺，所有制的残缺程度与管制的程度成正比。(4) 国家常常会滥用权力，越俎代庖。一些产权本可以由市场和企业来界定，而且通过这样的安排方式可能只要更少的成本。(5) 有时统治者为了自身的利益，也有可能故意使产权模糊，以期获得更多的租金，如在一些国家一些领导者故意培植多个利益集团，形成力量均势，以巩固个人的地位。

第四节　政治市场与公共选择

前面讨论国家的相关问题时，多数情况下，我们把国家机构当作一个整体进行讨论，分析国家作为一个组织机构的性质和作用，这种讨论类似于第五章我们对企业的本质的讨论。同样，作为国家这样的组织，我们也有必要深入国家机构的组织体系内部，进一步讨论这个机构的运行以及相关的制度安排。探讨这些问题的相关理论，一般被归入公共选择理论。

通常把经济学分析应用于讨论国家机制和政府的运行，所采取的较为普遍的方式就是把政治领域的竞争与合作比作市场经济条件下的交易，相应地，也就有了“政治市场”的观念。一系列政治行为的运作与决策过程，也可以用类似市场经济条件下的相关原理和分析方法来解释，这也正是经济学原理对公共选择问题的分析。

一、政治市场

政治市场的观念是公共选择理论把经济学原理应用于政治领域时所普遍采用的一种基本观念。在公共选择理论看来，人类社会的**政治市场类似于经济市场，这个市场上的主体不是企业和消费者，而是公民、政党、政治家等；这个市场上的决策也不是通过货币选票购买行为来决定的，而是直接通过公民用民主选票作出选择；相应地，这个市场所要提供的不是简单的私人物品，而是公共秩序、法律制度和国家安全等公共物品。**

学者们认为，在这个市场上，政党、政治家、官员等主体充当了公共秩序、法律法规等公共物品的供给者，而公民则是这些公共物品的需求者，双方之间的“交易”手段就是公民手中的民主选票，公民用这些选票来选择自己需要什么样的公共物品。当然，与商品市场类似，这个市场的主体之间，尤其是供给者之间，存在着明显的相互竞争，而推崇西方民主制的学者也认为这种竞争正是西方政治体制“高效率”运行的体制保障。

诺思（North，1982）：“竞争使政治家和政党服从于投票场所这个过滤器，就像竞争使经理服从于市场这个过滤器一样”。

弗鲁博顿和芮切特（2006）：“在很一般的意义上，经济市场和政治市场表现出相同的特征。二者都是通过双边和多边的讨价还价来组织协调的。这样，在契约达成之间和之后，需要执行同样的基本活动。也就是说，要对搜寻、考察、谈判、施行、控制和执行进行考虑——在这里是政治交易。”

具体而言，艾伦·皮科克还把公共选择理论所研究的政治市场细分为三个政治市场：初级市场，即选民对政治家进行直接投票的市场，这也是讨论得最多的一个市场；政策供给市场，即政治家和官员为实现在初级市场所确立的目标，提供相应的行政手段的市场，不同的政治家和管理者也因自己的行政手段和执行作风不同引致选民对他们的支持或反对；政策执行市场，即与政府有直接关系的纳税人、供给商在执行相应政策过程中，与政府和相关机构进行利益往来的市场。

二、公共选择

明确了政治市场，我们对于公共选择也会有一个基本的了解。**所谓的公共选择，就是公民通过直接或间接的投票机制，对他们所需要的公共秩序、法律制度和国家安全等公共物品作出决策，并委派提供这些公共物品的政治家和官员执行这些决策的过程。**相应地，对于这个过程进行分析和讨论，从而进一步解析政府机构的运行机制的相关理论，也就是我们所要讨论的公共选择理论，这一理论的特点就在于，使用经济学基本原理和分析方法来解释和回答这些政府领域的相关问题。

丹尼斯·缪勒关于公共选择的界定经常被学者引用：“公共选择理论可以定义为非市场决策的经济研究，或者简单地定义为把经济学应用于政治科学。公共选择的主题与政治科学主题是一样的：国家理论，投票规则，投票者行为，政党政治学，官员政治。公共选择理论的方法仍然是经济学的方法。像经济学一样，公共选择理论的基本行为假设是，人是一个自利的、理性的、追求效用最大化的人。”

三、代议制

如果说公司治理理论所要应对的是企业所面对的委托—代理问题，那么，公共选择理论所要面对的首要问题，也是政治领域里无处不在的委托—代理问题。公民将公共权利交给政治家和官员，由议员来主张自己的利益，由官员来执行公共政策，这些都是非常明显的委托—代理问题，当然，政治领域的委托—代理问题也不仅仅是这一方面，与企业类似，政府机构各层级之间、官僚体系内部的委托—代理问题同样无处不在。当然，人们讨论得较多的是选民与政治家之间的代议民主制。

代议民主制（representative democracy），简称代议制，指的是这样一种“间接民主制”，即公民不是直接对候选人进行投票，而是投票选出相应的代表（政治上的代理人），再由这些代表来代表公民，主张相应的利益，作出公共决策。而充当这些代表的，一般被认为是政治家和政党。

四、唐斯假说

1957年，唐斯在他的《民主的经济理论》一书中提出这样的假说：**政治家或政党也是理性经济人，他们与消费者、生产者具有同样的行为动机，他们追求选票和支持率的最大化，这就是所谓的“唐斯假说”。**

唐斯（Downs，1957）：“民主政治中的政党与经济中追求利润的企业家是类似的。为了达到他们的个人目的，他们制定他们相信将能获得最多选票的政策，正像企业家生产将能获得最大利润的产品一样。”

政党从事政治活动是为了使政治支持最大化，这种政治支持最大化具体体现为获得选票最大化。作为执政党，它所追求的目标是再次当选，连选连任；作为在野党，它所追求的目标是在选举中击败执政党而夺得政权。

为了实现所追求的目标，政党必须在许多方面与不确定性作斗争。一个政党不能确定特定的政策选择将如何影响政治支持率，因为它事先不但很难确定哪些集团、哪些个人将从其政策纲领中获益，而且也很难了解在野党的政策纲领有多大的政治支持率。因此，政党在政治决策中一般遵循多数原则：政党所追求的只是能给它赢得更多选票而不是失去更多选票的那些政策；而且，它推行这些政策直至这样一个点，在这一点，由这项政策获益的人的选票的边际收益等于由这项政策而遭受损害的人的选票的边际损失，亦即政治支持最大化与利润最大化服从同样的原则。

在唐斯假说的基础上，艾纳森、赫里奇和奥德舒克进一步认为，政党的目标函数不是单一的，而是多种多样的。根据候选人的数量和选举环境的不同，政党的目标函数会有多种形式，包括追求得票数量最大化、追求得票差额最大化、追求得票率最大化、追求得票率超过一定标准的概率最大化、追求得票差额超过一定标准的概率最大化以及追求得票数超过一定标准的概率最大化等等。[①] 该理论为经济分析拓展至政治领域奠定了基础，并获得了广泛的认同。

第五节　国际社会的“国家”

在前面的讨论中，我们所关注的是国家的“对内”职能和相关问题，即国家机构如何从国内各部门中独立出来形成国家机器；国家为公众所提供的各类功能服务，以及这些服务的效率；国家机构对一国经济增长的意义，以及国家对国内制度安排的影响等。国家机构除了“对内”的职能之外，还有着明显的“对外”职能，而这些职能则反映出国家不仅是一个对内的统治和服务部门，也是“国际社会”的一员。在这个国际社会中，国家也要参与并影响国际社会的秩序与相关规则。本节我们所要讨论的就是作为国际社会的一员的国家。

一、没有“权威第三方”的国际规则

一般来说，学者们承认，国际关系秩序与国内的制度安排有着明显的不同。这种差别就是，国际社会不像一国内部一样，国际社会不存在一个超越国家范围的、类似国家机器在一国范围内那样的具有绝对权威的公共权力机构，相应地，国际社会的相关规则主要取决于国与国之间基于各自实力的相互博弈，而不是由一个具有绝对权威的公共权力机构作为“权威第三方”来实施。通常，在国际社会中，执行相关规则的“第三方”，其权威和

---

① 详细的讨论可参见方福前. 公共选择理论. 北京：中国人民大学出版社，2000：78－80。

执行能力也要取决于国与国之间的相互博弈。

弗鲁博顿和芮切特（2006）：“国际关系秩序的问题是它不为一个超级的世界权威所维护。它是无政府主义和自我组织的。国际法，无论成文与否，都不能像国内法那样加以实施。国际司法是自愿的。”

也正是由于缺少这样的“权威第三方”，国际秩序更具有“双边治理”的特点，作为国际社会中的一员，要在符合自己利益的方向上得到改变或维护国际秩序，各国都必须在这种特殊的国际环境下进行博弈。我们关注的是，这种特殊的博弈规则所带来的两个方面的影响：

一方面，既然缺失了“权威第三方”，那么，各国在互动的国际关系中，通过怎样的“交易安排”来维护各自的利益？

另一方面，没有了“权威第三方”的约束，就难以保证参与博弈的各个国家之间绝对的“地位公平”和国际规则的“绝对执行”，实力达到一种程度的国家完全有可能依据自己的利益取向改变国际规则，甚至直接侵夺小国的利益。大国意志和霸权行为在国际关系的博弈中显然难以避免，这又会对国际规则和参与各国带来怎样的影响呢？

二、国际政治交易及其“治理结构”

在这一部分，我们来回答第一个问题，在缺失了权威第三方的条件下，国际关系通过怎样的治理结构来调节各国的利益。

（一）国际政治交易

为了便于阐述制度经济学对于国际关系“治理结构”的分析，我们引入制度经济学中使用的国际政治交易概念。一般而言，国际政治交易指的是国际间的产权转让和维护。当然，由于交易的各方是独立的主权国家，这种“交易”不仅局限于经济意义上的“产权”，也涉及政治、军事和国际声誉等。简单来讲，**国与国之间就这些不同方面的“国家利益”所进行的国际间的合作和利益的相互交易等互动行为，都可以理解为“国际间政治交易”。**我们所关心的也正是这种互动的国际间“交易”中达成的相关契约，以及这些“交易”所遵守的国际规则是如何得以维持和执行的。

弗鲁博顿和芮切特（2006）：“国际政治交易关心的是国际社会的宪政和运行规则的演化、捍卫和管理。尤其是，有待处理的政治或经济产权的界：捍卫和转让。在交易过程中，形成了隐性的协议、明确的条文或任何介于二者之间的东西。换句话说，协议同管理经济市场的宪法类似，同时它们也包括关系性契约。”

（二）国际政治交易的交易费用

如果我们把国与国之间关于经济、政治、军事、国际声誉等“国家利益”的互动行为都看成是国际政治交易，那么我们也就更容易理解，在国际社会，国与国之间为了各自的利益，必须与其他国家进行合作，进行利益的相互交换，就相关行为达成相应的协议等等。这些都可以理解为“国际政治交易”行为。显然，任何交易都会形成相应的“交易费用”，而国家间的政治交易，其交易费用同样存在，甚至由于缺失了“权威第三方”的参与，其交易费用可能会更大。

对于这些交易的交易费用，以及这些交易费用的影响因素，我们原有的制度分析同样可以提供非常好的帮助。各国的有限理性、未来世界的不确定性等原因导致各国难以就国家间的交易行为达成一个完全契约，而且，即使可能达成基于相应“可证实”条款下的完全契约，由于缺失了权威第三方的监督和维护，这种完全契约也是没有意义的。契约的不完全，以及国际政治交易中的专用性投资，都会引发事后的“机会主义”行为，所有这些无疑都会使得国际政治交易面临相应的交易费用。

弗鲁博顿和芮切特（2006）：“由于存在有限理性以及对未来知识的缺乏，各方达成契约时，不可能考虑影响相互关系的未来所有可能的情况。他们也没有能力向国际潜入和向仲裁者这样的外部人证明所有相关变量。交易专用性投资一般是必需的，这样会放大各方事后的机会主义行为。”

（三）国际协议的治理结构

国际政治贸易所形成的国际协议，类似于我们在第三章所介绍的关系性契约、不完全契约，其治理结构则明显具有“双边治理”的特点。没有“权威第三方”压力下的监督和执行，参与国际协议的各方，只有按照“双边治理”的原则，建立相互约束的交易安排，通过规范契约的再谈判和交易的调整来应对交易中可能出现的各类或然情况，国家间的信誉、反复博弈的规则设计，同样也是约束交易各方、规范交易行为的重要因素。

当然具体而言，国家间协议的维护和执行，其“治理结构”，还是要取决于各国之间的相互博弈。新制度经济学家也在这一领域作出很多尝试，很多学者借鉴市场经济“双边治理”状态下节约交易费用、规范交易行为的各类手段，分析了在国际关系中国际协议的治理结构里，那些可以保障国际协议得以维护和执行的各类手段。概括而言，这些手段包括防止对方事后“机会主义行为”的各类制度安排。

事前安排一般有：持有对方的抵押和担保；各方联合发表协议，以声誉作为约束；国与国之间进行联盟，或为了应对共同的对手而走向合作，维护联盟条件下的权威，或抵制共同的对手的威胁而进行合作。

国家是长期存在的，国际政治交易也是一个最为典型的长期博弈，所以其“治理结构”事后的博弈行为也有着非常重要的意义，这些行为包括借助反复博弈的约束，提高国家间声誉对各国的约束；以终止交易作为对违约者的惩罚；在动态博弈中，通过以牙还牙的手段，甚至不惜借助军事报复来威胁对方的违约行为。

三、大国与霸权

在这一部分我们来回答，没有“权威第三方”时，各国之间失去了绝对的“平等地位”，国与国之间的实力差别对国际关系和国际协议所造成的影响。

国际政治交易与国际协议，一般来说也体现了国家之间的产权结构，反映了国家间的相对实力、目标函数、对于领导者的约束和交易费用的大小等等。国际社会对每个国家的制约同样存在着武力约束和习惯法的约束等。因此，在国际产权结构中同样有领袖国家、法和法庭、对抗同盟、仲裁等等。

（一）大国的作用

一方面，领袖大国往往充当统治者的角色，它也有其双重目标：垄断租金最大化和全世界福利最大化，这两种目标同样存在冲突。强大的国家经常侵略弱小的民族并剥夺它们的财产，但有时为了获得弱小国家的支持或维护大国的威望，或者因为受到代理问题和度量费用的困扰，大国也会给予小国一定的援助。但是，由于在国际社会中大国的地位并不牢固，而且一国的领导者的地位更大程度上是由本国内的选民决定的，因此，大国的利益可能更加短期化，这样大国就有可能更偏重于近期的垄断租金。这里的垄断租金不仅是指大国的统治者的个人私利，也要反映作为大国整体的总的可得租金，这种租金从其他国家转移而来，部分地分摊给本国的人民，为的是获取他们在政治上的支持。

另一方面，由于合作会带来剩余的收益，国与国之间也常常进行合作。这包括经济、政治、军事和社会各个方面，如国际货币基金组织、世界银行和世界贸易组织等等。国际交换也由于一些国际性公共物品的出现而大大方便了，如度量标准、时间标准甚至铁路轨道的标准化。当然，一些区域间的合作也往往会带来负的外部效应，造成其他国家的损失，这是一些无效率的国际产权产生的原因之一。这些又反映了契约论的分析法在国际社会中的运用。

在国际社会的制度变迁中一般也会产生外部性和出现"搭便车"的情况，但在合作行动的成本非常大的情况下，只要制度创新所导致的收益大于成本，一个强大的国家也往往会独自承担创新的成本。但是只要有可能，这些强大的国家也往往会通过提供选择性激励等手段来强迫弱国接受一定的产权结构，这就是盟主的形成。而这些大国的博弈特征在于信息非对称性：作为盟主比其他各方具有更大的强制力，也掌握更多的关于自身实施强制行为潜在的信息；权力与信息的不对称引起了对于声望、恫吓的投资以及其他的一些相关行为。

另外，规模经济理论也可说明小国往往会采纳大国的规则，这就如在垄断竞争性的生产者市场一样，往往会有大企业领导型的定价方式的出现。因此，大国的产权体系往往会成为国际惯例的先导，如古罗马提供了格里历；英国在其全盛时期提供了金本位和格林威治时间；大革命后的法国提供了公制体系和《拿破仑法典》；而美国提供了汇兑标准等。这些规则的推广大大降低了国际交往中的交易费用并加速了国际专业化分工。

金德尔伯格和查尔斯（Kindleberger and Charles，1982）认为，19世纪英国工业的许多领域之所以没有实现标准化，就是因为当时缺少领头的大型企业。在国际范围内，可能也是如此。如果各国的规模和地位相当，那就可能导致国际产权体制的短缺，进而导致全世界总财富的下降。如金德尔伯格（Kindle berger，1986）所认为的，正是因为英国没有起到世界领袖的作用才导致了20世纪30年代的大萧条；再如，正是欧元区大家庭里存在这样那样的结构性矛盾并缺乏一个绝对权威的家长来统一"家庭成员"的行为，才使得欧元区大家庭一次次丧失了走出经济低谷的机会；同样，也正是由于美国的实力日渐削弱，减少了对于国际公共物品的供给，致使世界秩序日渐脆弱。

（二）霸权稳定与霸权合作

霸权稳定与霸权合作，是新制度经济学在讨论大国在国际关系中的意义时所使用的两个概念。**所谓霸权稳定，指的是国际霸权已经把握在超级大国的手中，从而保证国际秩序在这些大国的要求下持续下来，保障国际秩序的稳定，推动国际合作的进行。**

弗鲁博顿和芮切特（2006）："这个体系建立在霸权的基础上，即有一个创造和保护国际秩序或国际体制的强大的国家存在。规范和规则体系被建立起来，并按有利于霸权的原则运作。”

霸权合作则由基奥恩（Keohane）提出，**指的是强有力的几个大国通过合作来发挥其国际影响，在一个国际联盟或国际体系中必须按照相应的规则来发挥其影响，这种“合作”是对单个国家的霸权意志的约束，有利于限制霸权国家在国际政治交易中的机会主义行为。**

无论是大国作用，还是霸权稳定、霸权合作，这些研究都体现了一个重要的观念，那就是，国际规则中国与国之间的实力差别，对相应的国际关系、国际秩序具有重要的影响。制度经济学承认并正面面对了国家间实力上的这种不平衡，而且通过进一步的分析指出，在这种各国实力不均衡的条件下，降低国际政治交易的交易费用同样需要相应的规则约束和相对平衡的国际格局来约束各类机会主义行为。

总而言之，新制度经济学也对国际规则的复杂结构进行了较有成效的分析：(1) 将经济行为视为国际产权、合约安排和交易费用三者的函数；(2) 从交易费用以及产权结构的角度理解国际交易中的经济组织和合约安排；(3) 分析国际秩序中政治制度的经济方面的原因（埃格特森，1996）。

本章人物：道格拉斯·C. 诺思

诺思是国家理论、制度变迁理论和新经济史学的主要代表人物，在制度经济学领域作出了突出贡献，也是科斯之后第二个获得诺贝尔经济学奖的新制度经济学家。

诺思于1920年11月5日出生于美国马萨诸塞州的坎布里奇，1942年和1952年分别获加州大学伯克利分校的经济学学士和博士学位，毕业后曾留校任教。1982年，在先后任教于华盛顿大学、赖斯大学和剑桥大学后，诺思又重新回到华盛顿大学执教，在该校经济系任鲁斯法律与自由讲座教授。他的早期代表作《1790年至1960年美国经济增长模型》(1961) 和《昔日美国的增长与福利：一种新经济史》(1966)，试图用新古典经济学和经济计量学的一般方法来解决经济史中悬而未决的一系列问题，《西方世界的兴起》(North and Thomas，1973) 则将这种尝试推向了高潮，掀起了席卷经济史学的新浪潮。《西方世界的兴起》引起了人们极大的关注和一定数量的批评，作为对于这些批评的部分反应，诺思于1981年出版了影响巨大的《经济史中的结构与变迁》。在该书中，诺思没有局限于先前的解释，而是试图提供一种关于制度变迁的更为综合的理论框架，这种框架的基础是把注意力放在三个变量上：为经济活动创造动力的产权；作为明确规定和强制维护产权的单位（国家）；影响个人观念如何被转化成行动的道德和伦理信仰体系（意识形态）。作为他的长期研究工作的总结，《制度、制度变迁与经济实绩》(1990) 也堪称经典。1993年，诺思与罗伯特·福格尔被同时授予诺贝尔经济学奖，以表彰他“用经济理论和数量方法来解释经济和制度变迁而在经济史方面的新研究”。

当然，在新制度经济学领域里还活跃着许多经济学家，他们的重要贡献同样不应被人们忘记。正如科斯在诺贝尔经济学奖授奖仪式上所说的，“纪念阿尔弗雷德·诺贝尔经济科学奖的设立，通过引起人们对某些特定的经济学领域重要性的注意，从而鼓励人们在这些领域内做进一步的研究，但易于突出表明少数学者的工作成果的同时，却埋没了其他有才华的学者的贡献的重要性，而他们的研究对于这些领域的发展是至关重要的”。

2015 年 11 月 23 日，诺思在密歇根州的家中因食道癌离世。

【本章小结】

国家是指以暴力统治为基础的，公众基本认可并服从的，具有强制性公共权力并提供相应公共服务的，各类专业的组织机构所构成的有机整体。关于国家起源的研究一般从“无国家的社会”开始，分为社会契约论和暴力掠夺论两类观点。社会契约论者将无国家的社会假设为没有任何产权约束的“霍布斯丛林”状态，认为理性的选择将促使人们争取和平，摆脱这种战争状态，为此人们放弃自己的自然权利，把绝对权利赋予君主和国家机器，从而形成相应的社会契约。洛克认为，从自然状态到国家的转变，需要人们同意形成一个“少数服从多数”的共同体。暴力掠夺论者更重视国家产生的历史分析，人类社会经历了蒙昧时代、野蛮时代和文明时代，分为氏族、部落、部落联盟几个阶段，最终形成国家，恩格斯以自然分工和三次社会大分工为主线，以经济基础为起点，通过分析不同利益集团的形成以及它们之间的博弈过程来解释国家从无到有的制度变迁过程，认为国家机器和国家制度在阶级对立中产生，也成为阶级统治的工具，这是制度分析的经典思想。

新制度经济学从产权和交易费用的角度入手解析了国家的起源问题。波斯纳从原始社会的胚胎出发揭示了人类社会需要的大范围的生存保险，并说明社会分工和交往范围的扩大，最终导致更大范围的生存保险单位转变为“国家”。诺思和托马斯通过分析庄园制经济发现，在中世纪庄园经济中存在一种互惠的契约关系，农奴以劳役的方法换取领主的保护性服务，技术及需求范围的制约维护了庄园制的长期存在，也正是技术与各种资源的相对变化又导致了庄园制的解体以及庄园制基础上的民族国家的出现。一般认为国家起源的动力包括战争、人口压力和贸易三个方面，其形成过程是社会分工不断深化、专业暴力组织逐步独立的过程，国家兼备战略职能和公共服务职能，社会族群对这两方面职能的需要推进了国家机构的最终形成。

社会契约论者和暴力掠夺论者分别对国家的性质持有社会契约论和掠夺论观点，前者倾向于认可国家对于提高经济效率推进社会进步的积极作用，后者倾向于讨论国家造成的不利产权安排以及国家的非生产性质。诺思试图发展芬德雷和威尔逊的国家模型，综合这两方面观点，提出了关于国家性质的暴力潜能分配论，认为如果暴力潜能在公民之间进行平等分配，便产生契约性的国家；如果分配是不平等的，则产生掠夺性的国家。因此，国家具有多重性，既能推进经济发展，又会造成经济的衰退，这就是诺思悖论。通过分析统治者的目标约束、利益集团行为、相对福利和路径依赖等问题可以解释诺思悖论，回答不利的制度安排为何会存在。当然，国家的作用并不是独立发生的，国家与产权和意识形态之间交互影响，形成“三位一体”的互动结构。意识形态具有节约交易费用、约束社会成员的机会主义行为的作用，有利于国家统治的稳固，国家会努力推行利于其统治的意识形态。国家在产权制度演变的过程中形成，为产权的界定、维护和转让提供暴力基础和权威保障，同时，国家也可能导致非效率的产权安排产生。

深入国家机器的内部需要讨论国家机构运行过程中形成的组织关系和委托—代理等问题，政治市场和公共选择是讨论国家机构运行机制的重要分析工具。代议制民主形成选民与代表之间的委托—代理问题，唐斯假说则认为充当选民代表的政治家也是理性经济人，其行为动机与生产者、消费者类似，追求选票和支持率的最大化。

在国际社会上，国家是国际社会的参与者和重要成员，但是由于缺乏“权威第三方”，国际社会的行为规则与一国内部的社会规则不同。在国际社会，国与国之间通过“政治交易”协调其行为和契约关系，国际协议通过各国之间的博弈进行治理和执行。在国际社会上，大国可能部分地充当管理者和利益协调者的作用，但是由于大国的地位通常不够稳定，其行为容易出现短期化。通过发挥大国的作用，大国掌握国际影响力的霸权稳定和几个大国之间的霸权合作通常会影响国际政治的走向。

【关键术语】

国家	霍布斯丛林	霍布斯法则
自然分工	第一次社会大分工	第二次社会大分工
第三次社会大分工	暴力潜能分配论	诺思悖论
政治市场	公共选择	代议制
唐斯假说	霸权稳定	霸权合作

【思考·深化】

1. 关于我国的国家起源，有学者认为禹所处的时代正是本章第一节所介绍的“英雄时代”，禹是这一时代中跨越了部落局限的英雄①，而造就禹的这一权威和声望的，正是当时的治水工程。大禹治水的过程也被认为是当时国家机器逐步形成的过程，或者说为国家机器的形成做了最后的准备。“禹的治水工程使天下重要劳动力归禹统一调配使用，于是便使天下十分分散的星罗棋布的民族部落迅速产生了向心力、凝聚力，这应是后来夏王朝发展成为早期国家的主要原因。由于治水，禹在天下人民心目中的地位提高了：《春秋左传》昭公元年云：‘美哉禹功，明德远矣！微禹，吾其鱼乎！’同时这也提高了禹在氏族部落首领之中的地位‘以治民临诸侯，禹之力也。’禹的权威便是在率领民众治水过程中形成的。《春秋左传》哀公七年载‘禹合诸侯于涂山，执玉帛者万国’，表示众多的部落首领已臣服于禹的统治。《史记·夏本纪》言‘皋陶於是敬禹之德，令民皆则禹。不如言，刑从之’，皋陶以执法官的身份要求民众效法禹的德行；禹的言语就是法令，不听从，便要以法律刑处，表明经过治水之后，禹的绝对权威已经完全建立起来了。这与《论语·卫灵公》载孔子所说‘无为而治者，其舜也与？……恭己正南面而已矣’的舜时代大不相同

---

① 有学者认为禹“‘东巡狩，至于会稽而崩’，而绝不像尧、舜那样，动辄执政八九十年”，说明的正是“关于禹在位的记载与尧、舜在位的记载不同，不是神化了的传说，而是真实可信的记录。这反映出在司马迁当时看到的材料里，禹以前的情况只存在模糊的传说，而禹以后的历史则已经有了比较清晰的轮廓”。或者说，在禹之前的尧舜执政时期更应该是某一个部落执掌政权的时期，而不是某一个人的执政时期（尧、舜、禹分属不同的部落）。参见王和. 尧舜禹时代再认识——关于国家起源的几点思考. 史学理论研究，2001（3）。

了。夏王朝早期国家政治制度及社会组织形态，也就是在禹率领民众治水的过程中逐步建立起来了。”①

从上述史书记载中可以看出，各部落为了治理洪水而实现了联合，从而赋予了禹以超越部落局限的权威；同时，“皋陶”所代表的刑罚机构也发挥了重要作用。请结合这一资料谈一谈，在你看来，我国的国家起源与本章第一节所介绍的国家起源“契约论”和“暴力说”之间有何异同？

2. 据《资治通鉴》记载，圣历元年（698年）“武承嗣、三思营求为太子，数使人说太后曰：‘自古天子未有以异姓为嗣者。’太后②意未决。狄仁杰每从容言于太后曰：‘文皇帝栉风沐雨，亲冒锋镝，以定天下，传之子孙。太帝以二子托陛下。陛下今乃欲移之他族，无乃非天意乎！且姑侄之与母子孰亲？陛下立子，则千秋万岁后，配食太庙，承继无穷；立侄，则未闻侄为天子而祔姑于庙者也。’太后曰：‘此朕家事，卿勿预知。’仁杰曰：‘王者为四海为家，四海之内，孰非臣妾，何者不为陛下家事！君为元首，臣为股肱，义同一体，况臣备位宰相，岂得不预知乎！’又劝太后召还庐陵王。王方庆、王及善亦劝之。太后意稍寤。他日，又谓仁杰曰：‘朕梦大鹦鹉两翅皆折，何也？’对曰：‘武者，陛下之姓，两翼，二子也。陛下起二子，则两翼振矣。’太后由是无立承嗣、三思之意。”③

上述材料记述了中国历史上唯一的女皇武则天的帝位传承难题。武则天贵为天子，手段狠辣，依然无法避开帝位传承问题上的悲凉处境。传帝位于李氏，难免造成政权落于异姓，形成“还唐”之势，则其所创武姓“大周”政权恐难存续；传帝位于武氏，则自己不过是未来皇族的一个姑姑而已，恐连“配食太庙”都不可得。传子，则传异姓，传侄，则帝位流落旁家。面对这一处境，这位女皇当初夺李唐天下建立大周朝的举动似乎没有了什么意义……

结合上述材料，谈一谈意识形态与国家政权的关系，并从这一角度解析一下武承嗣、武三思、武则天和狄仁杰等人的处境、决策和行为策略。

① 王晖. 尧舜大洪水与中国早期国家的起源——兼论从“满天星斗”到黄河中游文明中心的转变. 陕西师范大学学报（哲学社会科学版），2005（3）.

② 太后，就是指武则天，当时的“大周天子”，但是很明显，《资治通鉴》的作者不愿意承认她是天子，而基于唐室背景下称其为“太后”，所以下文中才会有“太后”自称为“朕”的偏差。

③ 司马光. 资治通鉴. 长沙：岳麓书社，1990：708－709.

第七章

法经济学

法律，作为典型的正式规则，也是新制度经济学家们关注的研究对象。1960年，科斯的经典论文《社会成本问题》，不仅催生了“产权经济学”这一经济学分支，也催生了“法经济学”，以制度分析研究法律问题成为重要的理论发展方向。此后，现代制度经济学家开始在法学领域里进行“帝国主义”式扩张，试图用制度经济学的逻辑和方法对法学领域的相关问题进行重新概括和解释，在很多方面也获得了较好的理论效果。

第一节　法经济学的传统与流派

法律的经济学研究是20世纪50—60年代发展起来的一门经济学与法学交叉的边缘学科。它致力于用经济学阐释法律问题，将经济学的理论和经验方法全面运用于法律制度的分析，是一门**运用现代经济理论来分析法律的形成、法律的框架和法律的运作以及法律制度所产生的经济影响的学科，在很多场合也被称为“法经济学”**。它的诞生是法学自身发展和经济学在法学领域的“帝国主义”式扩张以及二者交融的结果。

一、以经济学逻辑研究法律问题的背景和传统

进行法律的经济分析的法学家，之所以选择经济分析方法，主要是由于他们对正统法学家的“法条主义”作风的不满。他们认为，“法条主义”者往往将法律视为当然或自主的体系，在法律的弹性空间里寻找“创造性”的解释，因此带有很大的主观性。“这种研究法律的方式，从一开始就单刀直入，将法律制度的结构和法律主要规则视为理所当然，把不同时代所决定的判例全部当做似乎是昨天决定的（而不是将旧的判例视为历史的结晶）。”① 这样

① 波斯纳. 法理学问题. 北京：中国政法大学出版社，1994：3.

法律也就失去了外在的视角，法律学术也就会流于一般化。在波斯纳看来，正统的法律学术著作不仅不具创造性，而且过分注重辞章的雄辩，“狭隘地集中于教条问题，论述于联邦最高法院最近期的决定，专注于细小的短暂的区别，而不是大胆的科学的和描述性的著作。学术界没有产生出法官、律师和立法者为操作一个现代法律体系所需要的知识。”①

波斯纳的指责并不过分，无论是法律理想主义还是从概念到概念的法条主义都已面临着日益纷繁复杂的经济现实的挑战。早在19世纪末，美国大法官霍姆斯就曾预言：“法律研究的未来属于经济学家和统计学家，而非属于研究‘白纸黑字’的律师。”② 他的预言已经在当代得到了有力的回应。

法律制度和经济的关联性并非始于现代经济学家和法学家。18世纪后半叶，意大利著名刑法学家贝卡里亚（Beccaria，1764）在其名著《论犯罪和刑罚》中就表现出一种明显的经济分析的倾向。他认为，死刑的威吓作用是多余的，只要刑罚的恶果大于犯罪的收益，刑罚就可以发挥其效用。

马克思虽然在其著作中没有使用成本—收益分析方法，但他的视野更宽广，他将历史唯物主义和辩证法思想融入政治经济分析中，洞察到法律制度背后的经济根源，因此有人认为马克思也是法律经济分析的先驱（Dias，1985）。马克思早年从事法律研究，但他后来对法学感到失望，他认为，法律本身并不能说明法律的本质，他通过历史的长期分析和辩证的逻辑分析得出了法律的阶级本质说和经济决定论。不过，他没有去研究法律制度的功能性细节。

20世纪美国著名制度经济学家康芒斯对法律经济学的贡献更是不容忽视的。他从不同于马克思的视角出发，分析了资本主义法律制度运作的功能性细节，这些细节充分体现在他的名著《资本主义的法律基础》（1924）和《制度经济学》（1934）中，他甚至在《制度经济学》一书中专辟一节讨论“分析的和机能的法律和经济学”问题。

康芒斯认为，必须推究出法律和经济学的机能的关系，在这种关系中，两者都不是仅仅在各自的和稀少性的领域里独立分开，而是要相互结合。要做到这样，只有把时间因素特别是未来性和预期加入那种关系。他意在说明，仅仅像正统经济学家那样抽象掉时间因素、未来性预期和“阻力”（实质上就是科斯强调的交易费用）等因素的纯粹经济分析并不能反映经济现象的本质。上下级之间的“管理的交易”方式及法院、国家等的存在势必影响人们未来的预期行为，因此应将权利、责任、权力等因素引入经济分析。他将法律制度与未来性和预期联系起来，使法律制度成为联系过去和未来的纽带，也使法律制度成为人类作用于经济活动的最有可能有所作为的领域。他的研究同时也暗示了未来的法经济学家的研究方向——通过对经济规律的观察从事事前研究，将法律制度不仅仅看做是出现事故之后的善后补偿、救济措施，更是一种联系过去、影响未来行为的激励系统。当代法经济学的法律实证经济理论应该说与这种思想是一脉相承的。

上述法经济学研究的先驱性人物显然没有提出规范的理论结构去研究法律逻辑和经济逻辑的一致性，这些讨论离成熟的完整的理论体系还有一定的距离。当现代学者试图以经

① 波斯纳. 法理学问题. 北京：中国政法大学出版社，1994：588.

② Holmes，1897，“The Path of Law”，*Harvard Law Review* 10，p. 469.

济学逻辑对法律领域的各方面问题进行全面而具体的分析时，基于这些理论传统建立一个完整的理论体系的学术动向，催生了现代经济学中的“法经济学”分支。

二、法经济学的形成

在现代法经济学的早期，人们似乎还没有想到用经济学原理解释法律的其他领域，因此也就没有把经济学应用到宪法、家庭法及刑法领域。直到 20 世纪 60 年代经济学研究工作有了新的拓展后，经济学分析方法的广泛应用才有所体现。

20 世纪 50 年代后期至整个 60 年代，是法经济学的初创时期。1958 年，迪莱克特创办了《法和经济学杂志》，该杂志成为法经济学理论研究的阵地，有力地推动了法经济学的发展。更为重要的是，科斯教授 1960 年发表的《社会成本问题》所蕴含的丰富思想，将法律制度安排与资源配置效率二者有机地结合在一起，为运用经济学的理论与方法研究法律问题奠定了基础，标志着法经济学的问世。

此外，在法经济学的初创时期，还有两位非常重要的代表人物，一位是阿尔曼・A. 阿尔钦，另一位是戈多・卡拉布雷西。阿尔钦在 1961 年发表了《关于产权经济学》一文，运用效用理论和最大化方法研究了产权制度问题；卡拉布雷西则在同一年发表了《关于风险分配和侵权法的思考》一文，从经济学的视角比较系统地研究了侵权的法律问题。这两篇论文的研究内容涉及了普通法的两个非常重要的领域——财产法和侵权行为法，标志着经济学的分析已开始进入了传统上属于法学家的普通法研究的具体领域。

20 世纪 70 年代以后，经济学研究的新拓展又极大地推动了法经济学的发展。信息经济学在乔治・斯蒂格勒 70 年代原创性工作的基础上的发展，为法经济学提供了新的视角与方法；加里・贝克尔开拓了人力资本领域的研究，增进了税法和家庭法领域的研究；曼柯・奥尔森对集体行动问题的论述则启发了学术界对一系列法律领域有关公共物品问题的研究，如专利法、税法和劳动法等领域的研究。

这样，随着经济学在法律领域的扩散，在 20 世纪 70—80 年代法经济学经历了一个蓬勃发展的时期。在这一时期，芝加哥大学法学院的理查德・A. 波斯纳教授是最为杰出的代表人物，他的著作《法律的经济分析》（1973）是一部类似于法经济学“百科全书”的经典作品，它的出版标志着法经济学完整的理论体系的建立，同时它也明确地传达了经济学帝国主义的现代主题：“你认为是法律领域的问题，我却可以用价格理论的基本原理向你阐释其内在的经济含义”。

但是，总体而言，20 世纪 70 年代的多数法经济学研究仅在简单的两方交易领域进行。到了 70 年代末，多数涉及两方的交易和事件（包括销售、租赁、雇佣合同、医疗事故、土地所有者之间的分歧）基本都已在法经济学的分析框架里得到了细致的分析。随着对两方交易关系研究的不断深入，80 年代法经济学的研究重点转到了涉及多个参与主体的法律领域。公共资源和集体行动的问题在很多法律领域普遍存在，故法经济学被广泛应用于劳动合同中集体讨价还价问题，股东之间、官员与董事之间关系等方面的分析。这样，如何运用法律制度来应对集体行动问题便为 20 世纪 80 年代的法经济学注入了新的活力。此后，法经济学声势日渐浩大，影响更加深远，在美国甚至欧洲成为最为活跃的交叉学科之一。

三、法经济学的主要流派

在法经济学的发展过程中，一直都存在着不同的观点和意见，这种观点和意见的分歧不仅存在于经济学家和法学家之间，同样也出现在经济学家内部，从而形成了几个具有互补性或竞争性的学术流派。

（一）芝加哥学派

芝加学大学一直都是法经济学研究的中心，芝加哥学派也成为法经济学的主流学派。该派秉承了芝加哥大学的自由主义经济思想的传统，以财富最大化、效率最大化、坚定的市场观念为核心观点，在分析方法上多采用新古典主义的边际分析、均衡分析、成本—收益分析等实证的经济分析方法。其基本信条是：

第一，斯密定理：自愿交换对个人是互利的。

第二，**科斯定理：在一个零交易费用的世界里，法律对资源配置不发生影响；而在正交易成本的现实世界里，能使交易成本最小化的法律是最适当的法律。**

第三，**波斯纳定理：如果市场交易成本过高抑制交易，财产权利应赋予对它净值评价最高的人。**

第四，法律是一种影响未来行为的激励系统，法经济学应对其进行事前研究。其理由是，过去的成本不过是一种“沉没成本”。“过去的事就让它过去吧。如果让懊悔破坏决定，那么人们塑造其命运的能力就会受到损害。如果允许一个自由达成契约的当事人在产生不良后果后修改契约条款，那就不可能达成任何契约”①。

第五，在对法律制度的效率评估方面，波斯纳（1994）认为帕累托最优准则（the criterion of Pareto superiority）要求所有相关的人都一致同意，条件过于苛刻，因此，应遵循卡尔多-希克斯效率准则。

第六，**效率即正义**。主流的效率法律观常常招致保守的法学家的非议，但波斯纳（1994）认为**效率最大化即为财富最大化，而财富最大化必促进效用最大化，从而达到社会福利最大化，因此效率最大化也是正义的标准，资源浪费对于稀缺社会来说即为最大的不正义**。况且，正义有时牵涉伦理的、哲学的评价标准，带有很强的主观性，是难以客观衡量的，而用财富最大化至少可以衡量且为人们的社会福利最大化提供了现实的手段。法律对正义的诉求不应以损伤效率最大化和财富最大化为代价。

主流学派的代表人物是芝加哥大学的科斯和波斯纳。波斯纳是法经济学的集大成者，他虽然承认其思想根源是科斯，并且认为科斯定理是其名著《法律的经济分析》一书的主旋律，但是他走得更远，观点也更为极端，因此他的一些思想往往成为学术界争论的焦点。

（二）规制经济学派

规制经济学，也被称为管制经济学。

法律规制经济学派对主流的法律效率论和分权化的自由市场能够导致资源最优配置的理论表示怀疑。他们认为现实中的市场存在种种“市场失灵”，应该用包括反垄断法、税法、消费者权益保护法、公害法、医院卫生法规（药物管理法）、公用事业法规（电信法、

---

① 波斯纳. 法理学问题. 北京：中国政法大学出版社，1994：8.

铁路法、邮政法等)、环境保护法等来解决“市场失灵”。这些法规和政策措施，可用来纠正诸如公共物品、自然垄断、不完全竞争、信息不对称、外部性、风险性等市场本身不能有效解决的问题。政府可供采取的方式有价格限制、数量限制和经营许可证制度等。该学派在分析法律规制的经济理论时有以下几个思路：

第一，将规制看成经济体系的外生变量，将政府看做代表公共利益的外生机构，从而解决那些不能靠市场机制将外部性内在化的“市场失灵”问题，如：佩尔兹曼(Peltzman，1976）就认为政府规制是以社会公共利益为基础的，法律规制应以满足消费者和生产者对总剩余最大化的需求为目的；日本的著名产业组织理论家植草益（1990）以资源配置效率为基调，兼顾公正、公平等因素考察了日本的电力、煤气、自来水等公用事业和电气通信等产业的规制问题，提出了一系列纠正“市场失灵”的法律措施。

第二，将政府规制视为经济系统的内生变量，法律规制本身也就成为一种商品，由利益集团之间以及政府、立法者、司法者之间的博弈结果决定，并且政府规则很可能会有利益偏向。持这个思路的代表人物是斯蒂格勒（Stigler，1971）。

第三，反托拉斯法的经济学分析。传统的反托拉斯法经济学分析着重从“市场结构—市场行为—经济绩效”（SCP）分析范式出发，运用竞争均衡模型分析市场行为和市场效率（Mason，1964；Bain，1972)，认为垄断会造成过高的垄断定价，从而损害消费者的利益。而新的反托拉斯法的规制经济学派在分析上，则更注重法律规制的效率，他们从效率最大化角度分析传统范式的缺陷，认为反托拉斯法的目的在于保护竞争而非保护竞争者，不是要全部禁止垄断而是要禁止那些以固定价格为最终目的的垄断性兼并（Posner and Easterbrook，1981）。

反托拉斯法经济学在最近十年里又获得突飞猛进的发展，交易费用和契约分析（威廉姆森，1987）、博弈论和策略行为分析（Holt and Schefman，1989）等新方法的引入，使法律规制经济学吸收了产业组织理论、应用微观经济学中的最前沿理论。所有这些研究进展表明，反托拉斯法是一把“双刃剑”，其规制效果是极其复杂的，不能一概而论。

（三）制度分析学派

法经济学的制度分析学派有着很深的历史渊源，最早可以追溯到阿丹姆斯关于经济学和法理学的论述、制度经济学家康芒斯（Commons，1924）关于资本主义经济体制的法律基础的论述，以及法学家汉密尔顿（Hamilton，1932）的有关论述。但在当代，最著名的代表人物是塞缪尔斯和施密德以及新制度经济学交易费用分析的核心人物、耶鲁大学的威廉姆森等人。他们三人的共同之处在于，不像波斯纳那样过于强调效用最大化或极端的分权制市场理念，而是将法律制度看成是一个可供选择的过程，即对法律经济现象进行比较制度分析，以交易费用为分析切入点，在多种制度方案中选择能使交易费用最低的制度安排。但是在分析的侧重点上，他们又略有不同。

塞缪尔斯秉承旧制度经济学的演进分析传统，将法律和经济过程之间看成一个统一的系统，即法律是经济的函数，经济也是法律的函数，重在分析二者之间的互动关系及演进趋势（Samuels，1989）。

施密德（1987）则认为法律制度是协调冲突和人们偏好的规则集合，它决定一个人或集团的选择集，并对经济绩效产生影响。他在其“制度影响”（institutional impact）理论框架内讨论法律制度和经济绩效的关系。为此，他建立了关于“制度影响”理论的SSP范式，即状态（situation）—结构（structure）—绩效（performance）分析范式。他认为，物品的特性（共享性、排他性、占先性、交易成本等）和个人特性（偏好、价值观、知识、策略行为等）导致人们在经济活动中的相互依赖性和利益的冲突性，在给定的物品特性和人的特性状态下，人们会选择不同的权利结构，从而影响不同的机会集合以及财富在个人之间的分配（绩效），这样，他就为法律制度的设计提供了实证的或规范的分析框架。

施密德和塞缪尔斯在基本精神上都继承了旧制度经济学派的代表康芒斯的衣钵，将法律制度看成是协调冲突的规则体系，他们都不同意波斯纳等人的主流效率法律观，认为效率并非与利益分配无关，市场对冲突的影响也并非中性的。他们认为仅仅在产权和效率的表层联系上兜圈子，很容易陷入循环论证的结局，因此他们都主张通过揭示法律和经济的演进过程的规律，去帮助人们选择人与人之间的协调规则——法律制度。

威廉姆森也不同意波斯纳的市场本位模式，尽管他也主张法律制度的效率导向，但他采用的是比较制度分析的方法，即认为人们是选择市场模式还是纵向一体化取决于交易成本的大小，当市场契约费用大于一体化费用时，资产使用者会进行一体化。他将交易费用分析整合进对契约过程的考察，区分出古典契约、新古典契约和关系契约三种类型，对于人们理解契约法和市场治理结构具有启发意义。威廉姆森的交易费用分析方法和契约分析方法的立论基础是有限理性和机会主义行为假定，在这种假定基础上的经济组织分析，往往有助于理解企业治理结构和法律环境以及产权结构的搭配之间的关系。他对法律制度的经济分析的贡献是，提供了一种微观组织分析的理论框架和对法律制度背后隐藏的经济逻辑的深刻洞察。

除了以上提到的三位制度经济学家以外，其他制度经济学家如产权理论的代表人物阿尔钦、德姆塞茨、巴泽尔等人，虽然没有集中、系统地对法律制度进行经济分析，但都在某种程度上为法经济学提供了某种分析的视角或经济学理论基础，许多法经济学家都从他们的著作中寻找到了思想启迪和创作灵感，这体现出最近十几年法经济学和制度经济学发展的合流趋势，也体现出该学派已不满足于将法经济学仅仅看做经济学方法在法律制度分析中的运用，而是在探寻法律制度和经济系统的内在关联，并在此基础上透视法律制度背后的经济逻辑。

（四）公共选择学派

法经济学的公共选择学派认为，法律的制定和实施是一个与政治决策密切相关的过程。这就需要一个关于政府的实证经济理论来解释政府的政策偏好以及利益集团游说对政治决策过程的影响。以布坎南、图洛克、尼斯坎南、瓦格纳和罗尔斯等为代表的公共选择学派所从事的正是这样一种工作。他们将研究的触角延伸到法经济学各个领域，对宪法的选择和改革、法律程序、法规效率与公正等问题都作出了独到的分析。许多主流法经济学家将公共选择理论纳入他们的理论视野之内，从而补充和完善了主流法律经济学的市场本位模式。公共选择学派的如下一些理论命题尤其引人注目：

第一，布坎南对“科斯定理”所做的“主观契约主义”的重构。布坎南认为，科斯定理的实质在于“有关的交易双方之间的自由交易契约过程会使所有与帕累托相关的外在性都趋于消失”。但是，他认为这个论点是含混的，也就是说，他认为科斯是在强调用结果准则应用于交易过程效果的分析，没有注意交易过程本身的效率问题，因此是经不起推敲的（考特对科斯定理的挑战即是一个例子），在有策略行为存在的市场中，即使交易双方没有信息交流的障碍，也不一定使资源按其最有价值的用途进行配置。对于这一点，布坎南区分了规则约束下的效率和规则约束本身的效率两个概念。他认为，在一定的规则约束下，人们只要是自愿而未受强制地去交易即是有效率的，但对于规则本身来讲，则与众交易者的一致同意有关，如果人们一致要求改变规则，这表明修改规则对交易者来说是有利的，那么此规则是无效率的；如果人们对修改规则的意见并不一致，则现行的规则是有效率的。可见，布坎南认为检验效率的标准不是像科斯及波斯纳所强调的那样从结果去判断，而是建立在主观契约主义的一致同意基础之上，在过程中去判断。如果用这种判断标准去衡量，即使交易成本为正，也不会阻碍自愿交换活动即不会损害资源配置效率。因此，布坎南推断，规则过程的效率与公正比规则本身更重要。

第二，宪政经济论。布坎南等人认为宪法是规则中的最高层次，是规则的规则，宪法是影响其他法律的立法和执行的最重要的制度环境，也是限制政府权力、保护规则过程公正的重要因素。他认为对于立宪来说应贯穿一致同意原则。

第三，在“无知的面纱”下选择的规则才是公正的和有效率的。这是著名政治哲学家、公共选择学派另一代表人物罗尔斯的观点。他认为人们要对规则达成一致意见，必须对未来是无知的，包括对个人属性的无知，譬如个人能力、偏好、社会地位、出身等。

第四，立法、司法和法律制度变迁过程中利益集团的影响是不容忽视的，利益集团的游说、贿赂、立法机构和执法机构的“寻租”活动，都难以保证法律制度的中性、无偏以及有效率地运作。

公共选择分析使法经济学研究者打破了政治过程、立法、司法过程的理想模式，得以洞察政治内幕和集团的内部争斗，法律运作的成本更加显明，它有利于法经济学从私有产权—市场—效率的循环论证的怪圈中挣脱出来，去探讨一些规范意义上的政策命题。

以上对当代法经济学最新发展过程中出现的四个流派做了简要评价，实际上这种区分至多只能是相对意义上的，在实际研究工作中，这些流派的经济学家和法学家经常“客串”到其他流派中，或运用其他流派的成果和分析工具来完善自己的理论架构。展望未来的发展，可以说法经济学面对的是一个超越和综合的问题，而这种超越与综合必须建立在法经济学家对他们所面临的困境，或者对各流派各自的分析范式的危机的深刻认识与反省的基础之上。从这个意义上说，各流派之间的争论和分歧正好给未来的研究者提供了进一步思考和洞察的契机。

第二节　以经济学研究法律问题的基本方法和基本观点

从研究范围来看，法经济学对法律制度问题的研究基本上覆盖了整个法律领域，包括民事、刑事和行政程序；惩罚理论及其实践、立法和管制的理论及其实践；法律的实施和司法管理实践；以及宪法、海事法、法理学等各个方面，研究重点则是“普通法的中心内容——财产、合同和侵权”。本节我们就着重介绍主流法经济学家对普通法的财产法、合同法和侵权行为法所进行的经济分析。

按照波斯纳（1997）的说法，法经济学家以前对法律的研究基本局限在反托拉斯法和政府对经济实行公开管制的领域，而现代法经济学的研究重点则转向了“并不公开管制的法律领域”。

一、基本的方法论①

在《企业的性质》一文中，科斯思考了“企业为什么存在”的问题，将交易费用引入企业组织的分析中，并指出：在交易费用为零的情况下，企业的存在是多余的，一切资源配置都可以通过简单的、不复杂的合约安排来实行，而不需要通过行政管理的方式来完成；企业之所以存在，是因为真实世界的交易费用不为零。在《社会成本问题》一文中，他又通过对英美法中一系列判例的经济学分析，揭示了法律判例中蕴含的经济学意蕴，并得出结论：当交易费用为零时，不同的产权界定将不会影响资源配置的结果；反之，当交易费用不为零时，不同的产权界定会导致出现不同的资源配置结果。由科斯的两篇论文可以派生出的一个共同的结论就是：由于现实世界交易成本不能为零，因而经济制度结构，包括不同形式的合约与不同的法律制度的存在才有必要。或者更准确地说，不同的制度安排，目的正在于节约交易的成本，并努力使其成本最小。科斯的上述基本思想和案例分析方法，为现代法学家引入经济学分析和经济学家研究“真实世界”里的法律问题提供了示范性的文本，他所倡导的产权和交易费用分析方法，也成为了现代法经济学家基本的思维方式和分析工具。

秉承科斯的理论传统，主流法经济学家们以“个体理性”及相应的个体主义原则作为其研究的方法论基础，以经济学的“效率”作为核心衡量标准，以“成本—收益”及最大化方法作为基本分析工具，对真实世界的法律问题进行了广泛的研究。

加里·贝克尔在谈到法经济学成功的原因时曾指出，法经济学获得成功的重要原因之一就是它很好地运用了三个重要的经济学原则，一是个人效用最大化原则，二是市场出清原则，三是效率原则。② W. 赫希也曾指出：“尽管并非所有的研究者对法经济学的研究视角和方法都持有一致的看法，但是，绝大多数的人都认为，新古典主义经济学的分析方法——包括经济理论与计量分析工具——构成了法律和法律制度经济分析的基本特征。”③

具体地说，与传统的法学研究相比较，现代的主流法经济学研究主要具有如下特征：

1. 个体主义方法论

个体主义方法论的核心思想是：社会问题的研究必须建立在对个人意向和行为研究的基础之上，分析研究对象的基本单元是有理性的个人，集体行为不过是个人理性选择的结果。因此，从法理学的角度来看，主流法经济学实质上是研究理性选择行为模式的个体主义法学，或者说，是一种以个体理性的全面发展为前提的法学思潮。

我们知道，个体主义方法论一直是西方主流经济学基本的思维原则。因此，现代主流

---

① 详细的讨论可参见史晋川．法律经济学评述．经济社会体制比较，2003（2）。

② 关于贝克尔对这一问题的详细论述请参见 Douglas G. Barid，“The Future of Law and Economics：Looking Forward”，*University of Chicago Law Review*，Fall 1997。

③ Werner Z. Hirsch，*Law and Economics：An Introductory Analysis*（3rd ed.），Academic Press 1999，p. 1.

法经济学在采纳个体主义思维原则的同时，也就不可避免地借用了与这一方法论相一致的经济学的基本概念和分析方法，例如“效用”“效率”“机会成本”等概念，以及“成本—收益分析”“均衡分析”“边际分析”等分析方法。罗伯特·考特和托马斯·尤伦在阐述运用微观经济理论的工具来研究法律问题的理由时指出：“法律所创造的规则对不同种类的行为产生隐含的费用，因而这些规则的后果可当作对这些隐含费用的反应加以分析”，据此，“我们认为诸如最大化、均衡和效率之类的经济概念是解释社会，尤其是解释理性的人们对法律规则的反应行为的基本范畴”①。

2. *激励分析*

激励分析是现代经济学理论研究经济主体行为的一种重要分析方法，主要适用于研究分析经济主体的预期行为，主张从经济利益和实际后果的角度研究行为主体的预期，强调“事前研究”。在波斯纳看来，传统的英美法学研究主要是考察已经发生的事件及案例，是一种“事后研究”，而现代法经济学主要从事的是一种“事前研究”，因此，它必须注重分析随法律制度及相关因素变化所产生的预期行为刺激，将法律看成是一种影响未来行为的激励系统。例如，现代法经济学在讨论由于合同条文的不明确所产生的合同履行过程中偶发性风险（损失）分摊问题时，之所以要确立一种规则，把损失分配给能以最低成本承担这种损失风险的一方，其目的就是要通过警告未来的签约双方法院将利用这个规则来分配不履行合同的损失，从而利用这一法院确立的规则促使未来的签约双方设计出对损失风险作出明确分配的合同，促进经济活动效率的改善。

3. *规范分析与实证分析*

在科斯等人看来，法经济学既然是一门运用经济学的方法来研究法律问题的学科，那么，它应该也可以分成两个部分：一是所谓规范分析，即运用经济学来研究最优的或最有效率的法律规则的制定与选择问题；二是所谓实证分析，即运用经济学来研究现实中法律规则的实际效果问题。

现代法经济学的规范分析的最大特点就是，确立和突出了法律经济分析的“效率”标准，即以效率为标准来研究在一定社会制度中法律的制定和选择问题。在波斯纳等主流法经济学家看来，传统法学研究所强调和重视的是“公平”“正义”，而这一类概念本身的含义往往是模糊不清的，应该用“经济效率”去取代“正义”之类的传统法律概念，通过成本—收益分析与经济效率分析，对特定的法律安排的社会价值作出评价。可以说，在波斯纳的世界里，法律价值几乎已经淹没在经济价值的海洋之中。

从具体的效率标准来看，主流法经济学在研究中所运用的经济效率标准，主要的并不是“帕累托最优”，而是**“卡尔多-希克斯”效率标准（Kaldor-Hicks efficiency）。按照这一效率标准，在社会的资源配置过程中，如果那些从资源重新配置过程中获得利益的人所增加的利益，足以补偿（并不要求必须实际补偿）在同一资源重新配置过程中受到损失的人的利益，那么，这种资源配置就是有效率的。**现代法经济学的规范分析之所以要确立这种效率标准，主要原因在于，“帕累托最优”往往只能适用于市场中的自愿交易场合，而在许多社会活动中，法律规定的权利是无法在市场上交易的，或者是无法通过市场自愿交

---

① 考特，尤伦. 法和经济学. 上海：上海三联书店，1991：13.

易来转换的。

现代法经济学的实证分析则致力于法律实施的效果问题的研究，包括对法律的效能作定性的研究和定量的分析。主流法经济学家运用实证分析来研究法律系统的运行，预测各种可供选择的法律制度安排的效果，目的是为了更好地说明，法律的实际效果与人们对该项法律预期的效果是否一致，或是在多大程度是一致的。实证分析在法经济学中的运用，不仅促进了法经济学研究的"模型化"和研究的"精确化"，而且使得法律效果这一在法学研究中处于十分重要地位的领域取得了极大的进展。

二、财产法的经济学解析

主流法经济学家对财产法的经济分析是以产权经济学为理论基础的。在他们看来，财产法也就是财产权利和责任的配置结构，其经济功能在于为人们提供动力机制，促使人们有效地利用资源，促进社会财富最大化。

波斯纳（1994）为财产权利体系区分了三个标准：普遍性（university）、排他性（exclusivity）、可转让性（transferability）。他认为，如果撇开其他条件（财产权制度运作的成本），任何资源在其价值最大化过程中都必然具有上述三个性质。波斯纳非常重视排他性和可转让性。他认为排他权的创设是资源有效率地使用的必要条件，而要使其成为充分条件则必须加上可转让权。排他性意味着产权边界的明确性，权利主体可以排除他人侵犯或剥夺属于他自己的财产，并排除使用过程中的其他障碍，则权利主体将有足够的激励去实施其权利，使其财产最大化。

波斯纳为论证可转让性权利的重要性，举了一个例子来说明。他假设农民A拥有一块土地，农民B相信他能比A更有效地利用A的土地，那么B的预期收入流量的现值将超出A计算的现值。假设A计算的现值为1 000美元，而B的计算结果为1 500美元，那么，如果在1 000美元和1 500美元之间出售这块土地，则意味着A和B的处境都将改善，同时资源也得到了有效利用。

考特和尤伦在他们合著的《法和经济学》一书中对财产法律制度也做了精确的经济分析。他们引入博弈论和谈判论来说明财产问题，通过思想实验来论证财产制度的起源，从而论证了组建一个社会的谈判或博弈秩序的实质是创立一个法律结构，尤其是财产法结构，以使私人协议失败造成的损害达到最小，或者消除私人谈判的障碍，以促进合作的实现。这两个原则也就是所谓的规范的霍布斯定理和规范的科斯定理，二者在法律的经济分析上有着极其广泛的应用。考特和尤伦的分析表明，财产法中的许多规则都有着基本的经济逻辑，譬如，什么可以私有？所有权是怎样建立的？所有者怎样处置他们的财产？如何保护产权？如何对财产的侵犯加以补偿？等等，这些问题都可以从一个外在于法条的视角给予有说服力的回答。

在主流法经济学家看来，"什么可以私有"这一问题可以依据经济学有关私人物品和公共物品的区别来分析和回答。由于私人物品具有个人排他使用的特点，或者说在消费上具有对抗性，因此，对具有私人物品特性的资源建立和履行所有权（私人财产权）的成本比较低，且通过建立所有权所带来的利用资源的效率将会提高。所有权的建立则可以被看做是一种通过谈判来建立起一组有关资源配置及资源配置结果分配的"社会契约"的过程，只要有关建立所有权的谈判成本及所有权的建立和运作成本小于所有权的建立所带来的资源配置改善的收益，并且这种收益能够合理地分配给有关谈判各方，所有权的建立就自然而然地作为谈判的结果而出现。对于“所有者如何合法地处置其财产”和“如何保护产权及赔偿对产权的侵犯”这两个问题，可以根据经济学的外部性概念来加以分析。所有者在利用其财产时，不能因为其利用财产的行为而导致强加给别人一种非自愿成本的结果，即损害别人的利益。而当产权受到侵犯时，法律对侵权行为的制裁必须视对产权的侵犯的不同性质而采取不同的措施：“私害”适用平衡赔偿而“公害”则适用法律赔偿。

三、合同法的经济学解析

考特和尤伦（1994）认为，合同法理论是研究如何通过自愿协议以促进个人对目标的追求，而理性选择的经济学理论在处理目标行为问题的理解方面有着深刻的洞察力，譬如，理性选择的经济学概念是理解目标行为的描述性工具；均衡概念则对分析社会中各种互相作用的力量（如合同交易中的双方当事人谈判）大有用武之地；而效率概念对于评价合同法如何有效地实现其目标也是相当有益的。

他们认为，从经济学的观点来看，合同交易的实质就是承诺的交换，而承诺的交易往往是一种缓期交易，即它经常出现于交换与承诺的实现之间，形成于需要一段时间的交易过程之中。理性的决策者在约束中选择自己未来的行动，因此，随着时间的推移，合同交易中出现的两个最重要的经济学问题是：分配偶然性的风险和交换信息。合同法的经济理论分析应该有助于提供一些关于处理风险和信息规则的理解，从而使合同法的制定有助于实现双方的私人目标。

他们还考察了完全市场条件下的完备合同。按照当代福利经济学的有关定理，一个完全竞争市场会达到生产和分配的效率，那么，在完全市场上签订的合同应该是可以严格履行的。可履行的合同给受约人带来权利，对立约人产生责任，只要受约人对权利的评价大于立约人责任成本的提高，进一步交易对双方来说就都是有利的。如果从动态效率角度进行分析，则如果一份合同经过修改有可能使双方在不交换的条件下至少使一方受益，那么原来的合同就是缺乏效率的。如果合同已达到帕累托最优效率，则再修订就成为不可能。但是完备合同需要非常严格的假设条件，现实中的合同常常会出现失灵的情况，这时候就需要合同法来弥补个人理性和市场环境的缺陷，以满足那些假设条件。合同法的目的也就在于通过鼓励互利性的风险分配及对预防和信任的有效投资来调整合同双方的各种活动。如果有企图阻挠有效合同交易的情况出现，合同法就能在私人活动中进行最有效的干预。

合同法的经济学分析在立约抗辩和违约赔偿方面的论述是卓有成效的。首先，关于强迫或胁迫。大多数合同交易是互利的而且是自愿的，但是在交易中如果存在强迫或胁迫行为，则应该被禁止履行合同。对于这一点，我们可以根据规范的“霍布斯定理”作出判断。根据该定理，法律制定应用来减少由个人之间的分歧所引致的伤害，法律制度应该宣布偷窃和破坏财产是不合法的，以便使交易不成功的价值增加到最大程度，因为基于强迫的财产权转让是无效率的。其次，关于违约赔偿方面的有效违约问题。违约常常与交易成本有关。如果交易是无成本的，即不存在机会主义、有限理性、信息阻隔等因素，那么合同将会把所有可能发生的偶然情况写进合同条款，基于此，则任何违约行为都应该赔偿，法律也就没有必要再作出赔偿规定了。但是关键在于交易是有成本的，一个有效的合同不可能明确规定出所有偶然情况，此时就会出现法经济学上所说的“有效违约”问题。也就是说，当某种意外事件发生时，导致的履约要比选择其他办法花费更大，或履约成本超过各方面所获的利益，那么违约将比履约更有效。考特和尤伦考察了这种意外事件发生的两种情况：“第一，幸运的意外事件或意外收获可能使不履约比履约更有利可图；第二，不幸的意外事件或意外事故可能使履约比不履约损失更大”①。

当然，合同法在管理合同交易时其本身的运作也是有成本的，因此在这方面必须坚持一项经济原则，即只有合同法的运作成本低于其经济作用减少的交易成本时，它才构成其干预交易的正当理由。

四、侵权行为法的经济学解析

科斯的社会成本理论是对侵权行为法最早的经济学分析之一，它将交易成本引入侵权行为中有关损害赔偿责任的分析。科斯认为在存在交易成本时，不同的法律责任归属将对资源配置效率产生影响，因此，法律在制定法定权利和责任时，应考虑社会成本的大小，并以此来作为选择法律权利和责任的依据。

其实，在法律界也已有人注意到了侵权行为法背后的经济逻辑。著名的**“汉德公式”**就是这种逻辑的简洁而有力的表述。美国联邦最高法院法官汉德在对过失责任进行判断时，提出了这个著名的公式，即：**$B<PL$。B 代表被告防止致害事故的代价，P 是预期事故发生的概率，L 即预期事故的损失。其含义是，在解决过失责任的归属问题时，要考虑和权衡预防事故发生的成本和防止的预期损失，如果由侵权事件引起的由事件发生的可能性加重的损失大于被告可能采取而又没有采取的预防措施的负担，那么该被告应承担过失责任。**汉德的这一分析可以说与科斯的社会成本理论有异曲同工之妙，它们都以效率为导向来决定法律权利资源的配置。

在经典的《法律的经济分析》中，波斯纳对汉德公式的经济含义做了引申和发展。一方面，他认为，汉德公式仅仅从总成本角度去衡量成本—收益之比，这种权衡是粗略的，没有考虑追加成本和追加收益问题。他提出，法院在研究预防事故的成本和收益时，应考虑边际成本和边际收益，以此为标准来制定过失责任问题。另一方面，波斯纳认为，汉德公式没有考虑当事人的风险态度，即以当事人态度为风险中性作为前提，实际上不同的人对风险的偏好是不一致的。在汉德公式 $B<PL$ 中，B 是相对确定的因素，而 PL 则相对不稳定，那么在考虑到风险不同的人的行为时，风险厌恶的人总会千方百计地去消除损失的可能性，而甘愿多付出成本，在这种情况下，不考虑风险态度问题就显得不现实了。波斯纳在《法律的经济分析》一书中，建立了一个模型来说明如何运用汉德公式分析过失责任归属和经济效率等相关问题。其思想可用图 7－1 来表述。

在图中，横轴代表谨慎程度的衡量单位（units of care），纵轴代表金额（美元）。PL 曲线代表谨慎程度的预期事故成本的边际变化，它呈下降趋势，表示随着谨慎程度增加，事故发生的可能性降低。曲线 B 是谨慎程度的边际成本，代表随着谨慎程度增加，边际

① 考特，尤伦. 法和经济学. 上海：上海三联书店，1991：14－15.

成本递增。按照汉德公式，交点（C^*）表示最佳谨慎点，从 C^* 点往左，加害人将负过失责任，因为 B 的递增边际成本小于 PL 的递增边际成本；从 C^* 点往右，$B>PL$，加害人不负过失责任。但是，上述分析没有考虑风险性态度问题。如果将个人风险偏好纳入分析框架，则对于风险厌恶者来说，他会花比 C^* 点更大的预防事故成本以求稳妥；对于风险偏好者来说，其成本不会超过 C^* 点。因此法院可根据不同当事人的风险偏好来衡量 B 和 PL 之间的关系。①

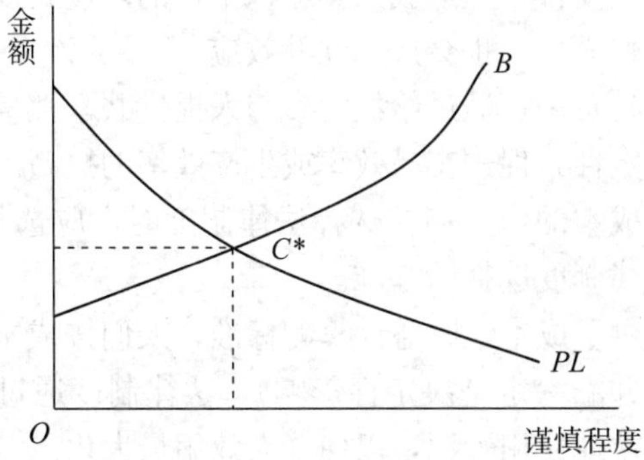

图 7-1

针对汉德公式的缺陷，考特和尤伦在其《法和经济学》一书中也为汉德公式的适用提出了一个法定的合理谨慎标准，而这个合理的标准是以效率为导向制定的，因此与波斯纳的思想基调是一致的，但他们的分析更加细化和具有可操作性。

侵权行为法的经济分析在现代法经济学的应用分析中几乎是最系统、最完备的，以至于有人认为，如果不通晓经济分析将不可能成为该领域的严肃的理论家（Hansman，1983）。需要指出的是，侵权行为法的经济分析包含的内容很多，这里限于篇幅仅仅涉及汉德公式的过失责任归属的经济分析。

五、法律制度的经济本质：一个总结

在本章，我们对历史上曾出现过的对法律制度本质探究的几种主要分析思路做了简要的回顾，尤其关注了经济学家的分析视角。尽管现在人们对法律制度的本质还不能达成统一意见，但有一点是可以肯定的：法律制度和经济密切相关。马克思当年从对法学的失望转而研究政治经济学，他试图探寻法权背后的经济根源，提出了他的法律的经济决定论。可以说，他的研究为我们编织了一个初步的理论之网。后来的制度经济学家或法经济学家都试图将这个理论之网编织得更为细密，以求捕捉到更为具体的现实细节，虽然他们在法律和经济的关系方面还存在“鸡生蛋，蛋生鸡”式的不同意见，但是他们都已论及法律—经济互动关系的不同侧面，为用经济学分析法律提供了广阔的理论发展前景。下面我们将法经济学家对法律的分析结论作一简要概括。

法律制度是对“经济关系的翻译”，最终是由经济基础决定的，并随着经济基础的变

① 波斯纳. 法律的经济分析. 北京：中国大百科全书出版社，1997：212-214.

更而演进，在一定条件下也可能会发生质的变化。

法律作为一种规范人们交往与交换的正式规则系统，追根溯源，大都是从社会现实中的人们的行事方式、习俗和惯例中演化而来的。无论是在人类历史上的任何一个文明社会，还是在当代任何一个社会，均实际上进行着或者说发生着从个人的习惯到群体的习俗、从习俗到惯例、从惯例到法律规则这样一种动态的内在发展过程。在特定时点上，法律制度是社会成员多次博弈的均衡解，作为一种正式的制度安排，它与风俗习惯、文化传统、意识形态等非正式制度安排一起形成人类赖以生存的环境，规范着人们的社会经济行为，二者之间既会产生替代效应，也会产生互补效应。

法律制度能够节省交易费用，通过给经济参与人提供共享性信息而增进其对未来的稳定性预期，从而降低不确定性，促进交易效率或生产效率的提高。

法律制度的运作是有成本的，人们在选择法律制度时，应选择成本较低的法律安排。交易费用最小化同样是法律制度选择的基准。

法律制度给行为人提供了成本—收益计算的标准，人们按成本—收益计算结果来决定他们守法与违法的决策（并不一定是决定性影响），法律制度通过给人们的行为以确定隐含的价格来指引人们更有效地使用资源，以使个人效用最大化。

已有的法律案件的判决结果能够影响未来事件发生的概率，这等于是向社会提供了一种信息，这种信息进入未来行为人的预期范围，对其决策产生影响。

法律制度作为一种公共物品，在消费上具有非排他性，而在供给上又具有外部性，因此在法律制度制定与实施过程中会不可避免地产生"搭便车"问题。如果法律由私人供给，则不仅会增大交易成本（引起冲突），而且其供给水平也会受到限制。因此，法律制度在现代社会往往由具有"规模经济"效应和"暴力潜能"的国家或其代理机构来负责制定和实施。

法律制度给人们提供了一种社会激励机制，这种激励机制有可能产生两种效应：第一，使个人从事生产性努力的收益率接近于社会收益率，从而激发个人的生产性努力的积极性；第二，鼓励人们从事"分配性"努力，即"寻租行为"，使人们互相争夺劳动果实，导致经济裹足不前。

法律制度往往被视为"正义之剑、公平之尺"，"在法律面前人人平等"也被作为一种社会"共识"而广为流传。但是事实上，法律往往是"非中性"的，在现实社会中，个人的最大化行动、利益集团的活动直接影响法律的利益偏向，使法律制度带有更多的非中性特征。

【本章小结】

新制度经济学推进了法律研究的经济分析传统，产生了运用现代经济理论来分析法律的形成、法律的框架和法律的运作以及法律制度所产生的经济影响的学科，被称为"法经济学"。这种分析也是法学研究克服原有"法条主义"思想的结果。卡里亚、马克思和康芒斯等学者的研究中就有运用经济分析研究法律的学术传统。20 世纪 60 年代是这一理论的创始期，新制度经济学的思想为法律问题提供了分析工具，20 世纪 70 年代开始出现以经济学分析法律问题的专门研究，波斯纳的《法律的经济分析》标志着完整理论体系的建立。

法律的经济学解析形成了芝加哥学派、法律规制经济学、制度分析学派和公共选择学派。芝加哥学派以新古典主义的边际分析、均衡分析、成本—收益分析等实证的经济分析方法为核心，主张效率即正义的观念。法律规制经济学则关注外部性和市场失灵问题，主张政府的规制和纠错功能，注重法律规则的效率。法律的制度分析学派则以交易费用为分析切入点，强调对法律经济现象进行比较制度分析，在多种制度方案中选择能使交易费用最低的制度安排。法律研究的公共选择学派则将法律的制定和实施视为一个与政治决策密切相关的过程，透过法律现象洞察政治内幕和集团的内部争斗，为解析法律、政府和产权的关系提供了新的视角。

在分析方法上，法律的经济学解析以自由主义方法论为中心，以激励分析研究经济主体的预期行为，综合运用规范和实证分析讨论法律问题，对财产法、合同法和侵权行为进行了具体的经济学解析。法经济学家运用产权经济学讨论了能够实现社会财富最大化的产权制度，分析了“什么可以私有”的问题，并研究了财产的处置和赔偿等问题；将合同交易的实质视为承诺的交换，具体分析了合同的实施过程，指出了节约交易成本的合同法原则。波斯纳还进一步改造了分析侵权行为的汉德公式，指出讨论侵权行为时可根据不同当事人的风险偏好来衡量预防代价和预期损失之间的关系。

法律以经济关系为基础，是反映经济关系的上层建筑，法律的实施也是有成本的，法律安排也要考虑节约交易费用、提高效率水平的资源配置问题，同时在个人的利益最大化动机和利益集团行为的影响下，法律也可能是“非中性”的。

【关键术语】

法经济学	斯密定理（法律）	科斯定理（法律）
波斯纳定理	效率即正义	激励分析
汉德公式		

【思考·深化】

高空抛物是关于执法交易费用的典型案例。高空抛物一般是指从建筑物上人为抛掷的物品引发周围相关人员的人身或财产损失。通常高层建筑物的居民较多，被抛掷的物品多为日常生活用品，往往难以确定其抛掷者。

2000 年 5 月，重庆市郝某回家途中路过学田湾正街 65 和 67 号楼下，被一个飞降下来的烟灰缸砸中头部，经治疗后留下后遗症，生活自理和工作能力基本丧失。当地公安机关无法查明抛掷烟灰缸的人。郝某遂将 65、67 号两座居民楼的开发商及一定楼层以上的 24 户居民告上法庭，要求他们共同赔偿自己 17 万元。渝中区人民法院驳回了对于开发商的诉讼请求，判决 24 户居民中，除 2 户证明家中无人外，22 户共同分担 17 万余元的赔偿责任，每户 8 101.5 元。

2001 年 6 月，山东济南市孟老太在路上被一块菜板砸伤，不治身亡，但是砸人的菜板丢失，其亲属起诉了该楼 2 层以上 15 户居民，法院裁定：因为不能确定致害人，缺乏明确具体的被告，菜板坠落之前的位置不明，驳回起诉。

在香港，房屋署于2003年成立“侦查高空掷物特别任务队”，在不同案发地点巡逻部署，利用摄像机、望远镜及夜视望远镜，在空置单位内不分昼夜监视，搜集证据，以侦破高空抛物案件。

2009年12月26日，全国人大常委会表决通过《中华人民共和国侵权责任法》，其第八十七条规定：从建筑物中抛掷物品或者从建筑物上坠落的物品造成他人损害，难以确定具体侵权人的，除能够证明自己不是侵权人的外，由可能加害的建筑物使用人给予补偿。

关于高空抛物，由于查明责任人的成本过高，或者根本无法查明，其责任归属就显得更为重要。《中华人民共和国侵权责任法》的规定在保护受害人的同时，也会造成建筑物使用人无辜承担赔偿责任。但是两者相权衡，受害人的损失更大，而且受害人避免被伤害的成本非常高。如果没有这样的规定，反而要求所有人上街都要自己承担“避免受伤害”的责任，在受到伤害后要自己承担举证的义务，其要求将无异于人们出门自配安全帽和摄像取证装置，这是很不合理的。相对而言，建筑物使用者共同承担相关责任的损失相对较小，而且证明自己“免责”的成本较小——只要在固定位置安装相应的监控和摄像等设备，就可以做到举证和免责。可见，关于“高空抛物”的立法，实际上是采取了经济学“两害相权取其轻”的效率原则。

但是，依据交易费用原则，这一案例可能还涉及其他问题。例如，对于分散的房屋使用者而言，如果每户都安装监控摄像装置，可能会造成不必要的浪费。如果集体安装相关设施，则可能出现某些受益者拒绝支付相关费用的“搭便车”现象。同时，相关设备安装后的管理费用等支出也需要在各居民户之间协商处理，因此导致较高的交易费用。如果由房地产商、物业管理部门或建筑物管理部门集中安装监控摄像装置，其成本和管理费用则相对较低。因此，规范房地产开发商、物业管理部门和相关行政管理部门的具体行为，由这些部门承担相关责任的交易费用是否会使成本更低一些？相应地，这些部门和建筑物使用者之间的责任如何界定会更合理？

请结合本章的内容，从节约交易费用的“效率”原则入手，分析一下关于“高空抛物”问题是否还存在一些更为具体可行的处理方式，应如何进一步细化相关法律和具体操作规范？

第三篇

宏观和动态理论

了解高级经济学的朋友都知道，在为“宏观理论寻找微观基础”的思潮推动下，随着动态分析和经济增长理论的发展，被视为宏观经济学标志的“总量分析”正在被“动态分析”所取代，不再被视为宏观经济学的主要标志，动态的经济增长和制度变迁正成为宏观经济学的主体内容，尤其是随着“新增长理论”的地位不断提升，制度问题已经成为“新增长理论”近年来关注的焦点。制度变迁问题是新制度经济学所关注的主要动态问题，新制度经济学的动态分析也主要集中于这一领域。本篇的制度变迁理论和新经济史学可视为这种宏观和动态分析的基本研究方法和重要应用领域。

第八章

制度变迁理论

从动态分析的角度看，任何事物都有其产生、发展和消失的过程，制度也不例外。可以说，人类社会中任何一种具体的制度安排，都有其从产生到消亡的过程。制度变迁是指制度的产生、演变和消亡的过程，新制度经济学是以经济学动态分析探讨制度变迁的基本规律。

第一节　制度起源

制度是一系列正式和非正式规则及其实施机制的结合。它来自何处？令人遗憾的是，正像人们至今仍无法令人信服地解说人类的起源一样，新制度经济学家们至今也难以令人满意地解释制度的起源。从前面所介绍的关于产权和国家的起源的分析中可以看出，学者们只能从某些制度安排已经到位的状态出发，通过一些真实的或虚构的案例，在理性世界构想制度的源流，逼近历史的真实。

在最一般的意义上，新制度经济学家们认为，制度的起源在于资源的稀缺性。在一个资源稀缺的世界上，如果不存在对于人力资本、非人力资本和自然资源的自由使用进行约束的制度安排，便没有任何社会能够生存。为了生存，为了更好地使资源发挥效率，便产生了约束人们行为的各种制度安排。从这个意义上说，制度是内生的。具体地，关于制度起源的学说主要有以下两种。

一、合作起源说

合作起源说从“囚徒困境”开始，通过博弈分析来解释制度的起源。“囚徒困境”告诉我们，强调个体理性的非合作博弈往往可能是无效率的，相反，重视团体理性的合作博弈则一般可以带来“合作剩余”。合作博弈和非合作博弈的区别就在于在人们的行为相互作用时，当事人能否达成一个具有约束力的协议。这个协议的达成过程，其实就是制度起源的过程。纳什均衡说明的是理性人的个体理性行为可能导致集体的非理性。为解决个体理性和集体理性的冲突，不是否认个人理性，而是设计一种机制，在满足个人理性的前提下达到集体理性，因此，又可以说个人理性和集体理性的冲突是制度起源的重要原因。[①]需要指出的是，由于存在着信息不完全和其他障碍，人们难以有充分理性在分享合作剩余上顺利达成一致，因此，就需要一个强有力的第三者（如国家）出面强迫当事人同意。这就是**霍布斯规范定理：通过建立法律结构，使私人协议难以达成所造成的损失最小。**这也就解释了强制性制度安排的起源。

二、交易费用说

按照科斯的理论，如果没有交易费用，那么，亚当·斯密的“看不见的手”就会指引社会资源发挥最佳效率。事实上，社会交易是有成本的，如果不对资源的利用设置一定的规则，那么，“看不见的手”引导的就不会是繁荣，而是混乱。只要交易费用存在，制度就会发生作用，制度的设立就是为了减少交易的成本。上面我们曾分析过国家的起源就是为了减少交易费用的结果，国家界定一系列的有效产权也是本着这一目的的。科斯认为企业取代市场的过程也是为了降低由于市场交易产生的交易费用的过程。这样，从科斯的理论可以得出一个基本结论：不仅企业和大量的法律文本，而且整个社会的制度结构都能够由交易费用来解释。从科斯的制度起源理论还可以引申出一种“制度选择”的思想。在科斯看来，制度选择依据的是两个层次上的比较：一个层次是不同的、可供选择的制度类型的交易费用的比较；另一个层次是制度变迁、操作的成本与所带来的收益的比较。

第二节　制度变迁的分析框架

尽管现在讨论制度变迁的文献很多，但是，对于什么是制度变迁这一基本的问题，似乎仍然没有一个明确的认识。我们从制度变迁的概念入手，介绍一下关于制度变迁的基本分析框架。

一、什么是制度变迁？

一般认为，**制度变迁是新制度产生、替代或改变旧制度的动态过程。作为替代过程，制度变迁是一种效率更高的制度替代原制度；作为转换过程，制度变迁是一种更有效率的制度的产生过程；作为交换过程，制度变迁是制度的交易过程。**

---

① 奥尔森认为，在经济学乃至整个社会科学中，实际上存在着两个基本“定律”。所谓的“第一定律”是指：在某种情况下，当个人仅仅考虑其自身利益时，集体的理性结果会自动地产生。而所谓的“第二定律”则是指：在某种情况下，第一定律是会失效的，即不管个人如何精明地追逐自己的利益，社会的理性结果也不会自发地出现，此时此刻只有借助于适当的制度安排，才能求得有效的集体结果。参见刘军宁，等. 市场逻辑与国家观念. 北京：三联书店，1995。

按照这一理解，制度变迁可以在以下意义上发生：(1) 原有的各种制度安排保存，产生新的制度安排，这样整个社会的制度结构就增加了新的构成因素，而且各种制度安排的相对地位也可能随之改变；(2) 原有的某些制度安排因失去了存在的意义而消亡，这样，整个社会的制度结构也发生改变；(3) 原有的制度安排演变为新的制度安排，也许它还保留了旧制度安排的某些特征，但已不同于原来的制度安排；(4) 在原有的制度结构中，各种制度安排的性质、种类不变，但相对地位发生变化；(5) 最后，整个社会的基本制度或基础性制度的改变当然也属于制度变迁。

二、制度的均衡与非均衡

上述关于制度变迁的理解显然是描述性的，缺乏可操作性。从模型化的需要出发，许多新制度经济学家指出，制度变迁是对制度非均衡的一种反应，从非均衡到均衡的制度结构的演变过程也就是制度变迁的过程。

(一) 制度均衡

简单地说，所谓制度均衡，就是人们对既定制度安排和制度结构的一种满足状态或满意状态，因而无意也无力改变现行制度。具体来说，**制度均衡是指，在既定的制度安排下，已经获取各种资源所产生的所有潜在收入，或者潜在利润仍然存在，但改变现有制度安排的预期成本超过潜在收入，即处于帕累托最优的制度状态。**因而，所谓制度均衡是指现有制度结构处于帕累托最优状态，在这种状态下，“现存制度安排的任何改变都不能给经济中的任何个人或任何团体带来额外的收入”。

(二) 制度非均衡

制度非均衡是指人们对现存制度的一种不满意或不满足，意欲改变而又尚未改变的状态。之所以出现了不满意或不满足，显然是由于现行制度安排和制度结构的净收益小于另一种可供选择的制度安排和制度结构，也就是出现了改变制度安排的盈利机会。

显然，在社会经济发展过程中，制度均衡只是一种理想状态或瞬时状态，而制度非均衡才是一种“常态”，制度变迁也就是对制度非均衡的一种反应。但是，需要注意，制度非均衡是制度变迁的必要条件，而非充分条件。制度变迁只可能在制度非均衡状态下发生，而制度非均衡不一定导致更不等于制度变迁。

三、制度的需求与供给

我们知道，经济学中的均衡和非均衡都是由供求及其变化决定的。从供求关系来看，制度均衡是指在影响人们的制度需求和制度供给的因素一定时，制度的供给适应制度需求。制度非均衡就是指制度供给与制度需求出现了不一致。因此，制度变迁也可以用“需求—供给”这一经典的理论框架进行分析。

(一) 制度供求的基本构架

在这方面，戴维·菲尼 (1996) 根据新制度经济学的一些文献，勾画了一个制度变迁供求分析的理论框架，见表 8-1。

表 8-1　制度安排的需求与供给的分析框架概览

制度类别
宪法秩序
制度安排
规范性行为准则
内生变量
制度安排
制度安排的利用程度
外生变量：对制度变化的需求
相对产品和要素价格
宪法秩序
技术
市场规模
外生变量：制度变化的供给
宪法秩序
现存制度安排
制度设计成本
现有知识积累
实施新制度的预期成本
规范性行为准则
公众态度
统治者的预期利益
动态顺序
变化途径/制度演变

在表 8-1 中，制度被划分为三种类型：**宪法秩序，是界定社会的产权和控制的基础性规则，是制定规则的规则；制度安排，是指在宪法秩序下界定交易关系的一系列正式规则；规范性行为准则，可以理解为植根于文化传统的非正式规则。**在这一分析框架内，宪法秩序和规范性行为准则被视为外生变量，而制度安排及其利用程度则被视为内生变量。因为前两者一经形成就不易显著变动，而后者则相对活跃，容易变动。因此，这一分析框架是在给定的制度环境下，分析具体的制度安排的创新与变迁。

（二）制度的需求

按照这一分析框架，制度安排的需求与供给的变化将会导致制度安排及其利用程度的改变。那么，是哪些因素影响着人们对制度安排的需求与供给呢？

我们知道，影响消费者对商品需求的因素有消费者的偏好、收入、价格、相关商品的价格等，类似地，影响人们对制度安排需求的因素也有很多。总的来说，正像人们对商品的需求是因为商品能够给人们带来“效用”“满足”一样，人们对制度安排的需求也是因为在现有制度安排下人们无法获得潜在的利益，而改变现有制度安排则能够使人们获得在原有制度下得不到的利益。因而，一旦人们对于创立和利用新的制度安排的预期净收益为正，就会产生对新的制度安排的需求。

具体来说，影响制度需求的因素主要有：(1) 产品和要素的相对价格。相对价格的变化改变了人们之间的激励结构，同时也改变了相互之间讨价还价的相对能力，这样就会导致重新缔约的努力。如前所述，舒尔茨在考察晚近的经济史时，就认为人的经济价值的上升是对制度产生重新安排的需求的主要原因。诺思等人也论证了人一地价格的相对变化导致了第一和第二次经济革命。(2) 宪法秩序。宪法秩序也就是一个社会的基础性的制度规则，它是制定规则的规则，因而能深刻地影响创立新的制度安排的预期成本和收益，从而会影响新的制度安排的需求。(3) 技术的变化。显然，技术的变化会影响创设新的制度安排的成本与收益，从而引致对新制度安排的需求。不仅技术变迁所释放的新的收入流是对制度变迁需求的一个重要原因，而且，新的收入流的分割所导致的与技术变迁或制度绩效的增进相联系的效率收益也是进一步的制度变迁的一个主要激励。因此，技术的进步可能会调动个人对其资源进行重新配置的积极性，以及为了再确定产权以实现新收入流的分割而组织和引进集体行动的积极性。(4) 市场规模。市场规模对制度需求的影响首先表现在，市场规模的扩大能稀释交易的固定成本（专用性投资），降低某些制度安排的运作成本；其次，市场规模的扩大会使一些与规模经济相适应的制度安排得以创立，如股份公司制度、跨国公司制度等等。

诺思曾通过对美国经济史的考察指出，在美国史上有三方面因素对新制度安排的需求产生过重大影响，并可能在将来继续起主导作用：一是市场规模的变化能改变特定制度安排的利益和费用，搜集信息和排除参与者的成本都呈现了递减的特征；二是技术对改变制度安排的利益有着普遍的影响，这是因为技术变迁首先使产出具有规模报酬递增的特征，其次技术本身还具有内在的制度效应；三是一个社会中各种团体对收入的预期的改变会导致对建立新制度安排的收益和成本的重新评价。

（三）制度的供给

制度的供给是指经济社会所提供的各项可供选择的制度。诺思通过考察指出了对制度安排的供给具有显著影响的四方面因素：一是如果一个其组织费用因某种意图已有人愿意承付的安排能够用于实现另一个这样的安排，那么安排革新的成本可以显著地降低。二是技术革新，特别是使信息成本迅速降低的技术发展（如电报、电话及计算机）。三是知识的积累、教育体制的发展导致了社会和技术信息的广泛传播，以及与工商业和政府机构的发展密切相关的统计资料储备的增长都减少了与某种安排革新相联系的成本。四是联邦政府权力的稳步上升和它对美国生活的多方面的渗透，明显减少了政府安排革新的成本，这主要包括两方面的因素：(1) 一旦一个政府性安排为人们所接受，那么它推广的政治成本就会降低；(2) 因某项计划而建立起来的现存官僚政治的基础，经常可以相对更便宜地扩展到另一个方案的使用上。

显然，在诺思看来，制度的供给主要取决于政治秩序或政治系统提供新的制度安排的能力和意愿。其中，对制度安排的供给影响最大的是制度安排的革新和操作成本。而影响制度安排供给的成本分为以下几类：（1）规划设计、组织实施的费用；（2）清除旧制度的费用；（3）清除制度变革阻力的费用；（4）制度变革及其变迁造成的损失；（5）实施成本；（6）不确定性带来的随机成本。

具体来说，影响制度供给的因素主要有以下八个方面：

（1）宪法秩序。作为制定规则的规则，宪法秩序自然地也影响制度的供给。诺曼·尼科尔森（Nicholson，1996）总结了宪法秩序影响制度安排的供给的四个方面：宪法秩序可能有助于自由的调查和社会实践，或者可能起根本的压制作用；宪法秩序直接影响进入政治体系的成本和建立新制度的立法基础的难易，如果在现有宪法秩序下利益主体无法承受进入政治体系的成本或者既得利益格局对新的立法的阻力过大，都将限制制度创新和供给；宪法秩序直接为制度安排规定了选择空间并影响着制度变迁的进程和方式；一种稳定而有活力的宪法秩序会给政治经济引入一种文明秩序的意识，也就是一种解决冲突的基本价值和程序理念，从而大大降低创新的成本和风险。

（2）现行制度安排。一般来说，初始的制度安排或现有的制度安排会影响新的制度安排的选择，这就是所谓的“路径依赖”。路径依赖形成的主要原因在于，现存制度安排造就了一种既得利益格局，形成了一种强化的稳定的均衡状态，因此，欲打破这种格局所付出的成本将是很大的。

（3）制度的设计成本。制度的设计成本主要取决于设计新的制度安排的人力资源和其他资源的要素价格。在既定的法律制度下，要作出新的制度安排，通常必须有专项法规或司法制度或两者兼得。如果维持立法机关和司法制度的费用很高，那么制度安排设计的耗费也将不菲。

（4）知识积累和社会科学知识的进步。正如科学知识进步会导致技术的供给曲线右移一样，当社会科学知识进步时，制度的供给曲线也会右移。因为社会科学研究促进了有关制度的知识的增加，能够拓宽制度安排的选择集合范围，减少某些制度安排的创新成本，并及早发现制度的不均衡。所以，拉坦曾断言，拥有的社会科学知识越多，我们设计和实施制度变迁就会干得越好。

（5）实施制度变迁的预期成本。显然，新制度的预期实施成本越小，其推行的可能性越大。

（6）规范性的行为准则或文化因素。一般而言，正式的制度安排只有与文化等非正式规则相容，方可以降低组织集体行动和制度创新的成本。

（7）公众的态度。公众对制度变迁的支持或反对，不仅会影响制度创新的成本，也会影响制度安排的选择空间。

（8）决策者的预期利益。在一个高度集权的国家，决策者处于一种控制地位，他们对制度安排的供给影响极大。如果这些决策者的效益和成本与社会效益和成本相一致，就能推进积极的制度安排的变迁。

综上所述，在制度均衡状态下，各种影响制度需求与供给的因素的变化都将导致制度非均衡状态的出现。一般来说，制度供求非均衡的情况可分为三类：一是制度供给不足，这是因为对新制度安排的需求的产生往往先于该制度的实际供给的形成，因而制度供给不足实际上主要是制度供给的“时滞”造成的；二是制度供给“过剩”，也就是相对于社会对制度的需求而言，有些制度是多余的，或者一些过时的制度以及低效的制度仍然在发挥作用，例如，在各国所实施的管制制度中，许多便属于制度供给过剩；三是制度供求的结构性失衡，也就是制度的供给不符合对制度的需求，造成了偏差，引起制度安排的低效率。显然，制度供求非均衡状态为制度变迁提供了方向。制度供给不足表明潜在利润的存在，制度创新能够弥补制度供给的不足，而制度供给过剩也表明潜在利润的存在，不过此时不是增加制度供给而是要取消一些制度。制度安排从供求均衡状态到供求非均衡状态再到供求均衡状态的动态调整过程，就是一个经济社会的制度变迁。

第三节　制度变迁的主体

制度变迁是一个无意识、无主体的自然过程，还是一个由某些行为主体推动的过程？如果存在制度变迁主体，那么是哪些行为主体推动了制度的变迁？他们是如何实现推动制度变迁的？这些就是本节所要讨论的制度变迁的主体问题。

一、制度变迁主体的存在性问题

首先需要回答的问题是，制度变迁有没有主体？在这个问题上，有两种不同的看法。

一种观点认为，制度变迁是一个自然演进的过程，因而制度变迁是无主体的，而且人本身也是受某些制度因素决定，与制度一起变迁的。这种观点可称为社会达尔文主义的变迁观或演进主义的变迁观。其最著名的代表人物是哈耶克。哈耶克曾明确指出，“在各种人际关系中，一系列具有明确目的制度的生成，是极其复杂但却又条理井然的。然而，这既不是什么设计的结果，也不是发明的结果，而是产生于诸多未明确意识到其所作所为会有如此结果的人的各自行动”。也就是说，在哈耶克看来，社会制度是在人们相互交往的行动过程中，经由“试错过程”和“适者生存”的实践而逐渐生成，并经由一个演进过程而自发扩展的。

另一种观点则认为，制度变迁完全是由人的意志来决定的，是人们设计、选择的结果。因而，制度变迁不仅有主体，而且取决于主体。这种观点可称为建构理性主义的变迁观。[①] 其最有影响的代表人物当属诺思。在 1990 年出版的《制度、制度变迁与经济实绩》一书中，诺思明确指出，“制度是人们创造出来的东西，制度演进着，亦为人们改变着”。也就是说，在诺思看来，制度是人之发明、设计和创造出来亦是能为人们的有意识的行动所任意改变的约束人们行为的规则。

二、制度变迁的主体划分

在诺思那里，制度变迁的主体不一定是制度变革运动特别是大规模运动的领导者，也

---

① 哈耶克在《法、立法与自由》第一卷中指出，“建构理性主义传统所坚持的命题之一是：人生而具有知识和道德的禀赋，这种禀赋能够使人们根据审慎的思考而型构文明”，并宣称，“所有社会制度都是而且应当是审慎思考而设计的产物”。

未必是某种制度的直接设计者或摧毁者。在诺思看来，**只要是有意识地推动制度变迁或者对制度变迁施加影响的单位，都是制度变迁的主体，可以是政府、一个阶级、一个企业或别的组织，也可以是一个自愿组成的或紧密或松散的团体，也可以是个人。**一般地，诺思借鉴熊彼特的企业家创新理论，认为“广义企业家”是制度变迁的主体。他认为，在稀缺经济下的竞争导致企业家和组织加紧学习以求生存，并在学习过程中发现潜在利润，创新现有制度。这里所说的制度既包括经济组织也包括政治组织。在诺思看来，政治组织就是政治性企业，政治家也是企业家。诺思认为，制度变迁有个人、团体和政府三个层次的变迁主体，这三个层次的制度变迁主体都是追求利润最大化的企业家，这样，诺思把政府也等同于其他主体，将政府在制度变迁方式、动力、组织实施方面的复杂性、差异性高度简化为企业家的经济行为。

具体地，诺思将制度变迁的主体区分为初级行动团体和次级行动团体。初级行动团体是一个决策单位，它的决策支配了制度安排创新的进程。因而，任何一个初级行动团体的成员至少是一个熊彼特意义上的企业家。这一团体启动了制度创新与变迁的进程，并为创新与变迁支付成本，但不一定承担全部的创新成本。次级行动团体也是一个决策单位，是用于帮助初级行动团体获取收入而进行制度变迁的团体。但是，次级行动团体也是从自身出发参与变迁的，不过其是通过迂回的收入再分配方式来追求目标的实现的，因而它应是一个“准企业家”团体。所以，“两级主体划分”并没有与“把不同主体归一为企业家”相矛盾，两级主体都是诺思定义内的“企业家”。简单地说，初级行动团体是制度变迁的创新者、策划者、推动者，而次级行动团体是制度变迁的具体实施者。

三、结论

应该说，哈耶克和诺思的观点都有一定道理但又都不完全符合实际。客观地说，制度变迁既是有主体的又不完全取决于主体的偏好，而是取决于客观因素。因为任何制度都是由人设计或选择的，即使非正式规则也是由人加以选择并内化到人们的意识中的。制度变迁无非人否定、扬弃某些规则，制定或选择新的规则，因此，制度变迁总是有主体的。但是，任何主体的制度变迁行为和变迁方案最终都不是由主体的意志而是由客观条件决定的。在这方面，马克思的观点应该说是很有道理的。他既强调客观因素——生产力对制度变迁的决定作用，也强调人的主观能动作用，强调人民群众创造历史的伟大作用。

第四节　制度变迁的动因和方式

制度变迁的动因是指推动制度变动的动力来源，通常将人们对经济利益的追求视为推动制度变迁的动力，由于人们的利益趋向不同，制度的成本和收益分布不均，制度变迁会遵循不同的变迁方式。

一、制度变迁的动因

对制度变迁的动因的分析也是诺思等新制度经济学家制度变迁理论的核心内容。新制度经济学是以现代微观经济学的框架来研究制度变迁的，因而，它是从制度变迁的主体的行为动机或追求来解释制度变迁的原因的。按照经济学的一般理论，制度变迁的主体都是财富最大化或效用最大化者。他们从事制度创新与变迁都是为了最大化自己的利益，无论政府、团体还是个人，其制度变迁行为的最终目的都是如此。也就是说，制度变迁的内在动因是主体期望获取最大的“潜在利润”，即“外部利润”。“正是获利能力无法在现在的安排结构内实现，才导致了新的制度安排的形成。”因而，只有当制度创新与变迁有利可图时，人们才会发动制度创新与变迁。也就是说，如果没有潜在利润，就不可能有制度变迁。只有当通过制度创新与变迁所获取的收益大于为此而支付的成本时，制度创新与变迁才有可能发生。正如诺思所说的，“如果预期的收益超过预期的成本，一项制度安排才会被创新。只有当这一条件得到满足时，我们才可望发现在一个社会内改变现有制度和产权结构的企图”。总之，在新制度经济学家看来，“经济人”是制度变迁主体人格结构中的基本构成因素。

例如，舒尔茨曾分析了由于人的经济价值的提高，导致对有关制度需求的改变，打破了原有的制度均衡，也就是资源相对价格的变动导致了制度需求或制度偏好的变化，提供了制度创新与变迁的动力。诺思更是将相对价格变化导致制度需求或制度偏好变化从而创造了创新与变迁的机会的思想一般化。他指出，相对价格的变化是制度变迁的动因，它提供了一个建立新的制度安排的激励。需要注意的是，“相对价格变化”在诺思那里被赋予了很广泛的含义，所有与成本—收益有关的变化都包括在里面。在他看来，制度变迁的动因在于企业家所洞察到的获利机会。“企业家将现存制度框架下重立契约所可能获得的益处进行评估，并把此收益与把这种资源用于改变既存制度框架所获收益相对比”，以此来决定制度变迁的成本，从而作出是否进行制度变迁的决策。

总之，无论是个人，还是团体、政府，都是从自身利益出发并基于自身的成本—收益计算来推动制度变迁的。但是，由于不同行为主体的效用函数和约束条件的差异，他们对同一制度安排的收益和成本可能会有不同的评价，要求全体行为主体对每一制度安排作出一致协议或一致同意往往是不可能的，由于制度变迁的成本—收益的分布往往是非对称的，也就是受益者未必承担成本或承担较少成本，这样，某些制度变迁就有可能以很多人的利益损失为代价而让少数人获益。例如，统治者为了自己的利益调整产权结构，而调整的产权结构却阻碍了经济的增长。

二、渐进式变迁与激进式变迁①

关于制度变迁的方式，从各种不同角度可以作出多种划分。比较典型的是，将制度变迁划分为渐进式变迁与激进式变迁、诱致性变迁与强制性变迁、需求主导型变迁与供给主导型变迁等不同模式。

所谓渐进式变迁是指变迁过程相对平稳、不引起较大的社会震荡、新旧制度之间衔接较好的变迁方式。这种制度变迁方式的特征决定了从启动制度变迁到完成制度变迁需要较

---

① 有人认为，制度变迁有三种“路径力量”：革命（revolution）、演进（evolution）、退化（involution）。其中，第三种“路径力量”至今未引起人们的足够重视。详细的讨论参见韦森. 社会制序的经济分析导论. 上海：上海三联书店，2001：64－69。

长时间。**所谓激进式变迁，也称为突进式变迁或革命式变迁，是相对于渐进式变迁而言的，是指在短时间内不顾及各种关系的协调，采取果断措施进行制度创新或变革的方式。**其表现一般是，强制性地废除或破坏旧制度，制定和实施新制度。这种变迁方式，无论在历史还是现实中，无论在哪个层次的制度都曾发生过。但是，需要注意的是，激进式制度变迁不能被简单地理解为：制度变迁的全部任务都在极短的时间内完成。制度变迁往往有一系列的任务，激进式变迁一般能够果断地完成关键性任务，其余非关键性任务在以后慢慢完成。所以，从这个意义上说，所谓激进式变迁一般不是一次完整的制度变迁，而只是针对关键性的任务或环节而言的。从制度变迁的完成来看，可以说不存在严格意义上的激进式变迁。任何制度变迁都有一个循序渐进的过程，即使以激进的方式解决了关键性的问题，遗留的问题还得渐进式地解决。观照现实，人们往往把中国的改革称为渐进式改革，而把俄罗斯的改革称为激进式改革。其实，中国的渐进式改革也不乏激进的措施，俄罗斯的激进式改革所遗留的许多问题也还需要现在和将来去慢慢解决。

诺思对这两种制度变迁方式也曾有过较为详细的论述。他指出，渐进式变迁是指交易双方为从交易中获取某些潜在收益而再签约，它是连续的变迁，没有大起大落或中断，而是一个演进过程。它是相对于革命式变迁或激进式变迁而言的。革命式变迁是非连续的。所谓非连续性变迁，是指正式规则的一种根本变迁，它常常是武力征服和革命的结果。他说："战争、革命、武力征服以及自然灾害都是非连续性制度变迁的源泉。"但是，他同时指出，革命式变迁是非连续的，但很少是完全非连续的，这是因为意识形态或非正式规则不会因为革命而中断联系，发生革命式变迁。非正式规则总是连续的、演进的。在《制度、制度变迁与经济实绩》的导言里，诺思明确指出，"制度变迁更典型的是渐进性的而非间断性的。制度变迁如何以及为什么是渐进性的？为什么甚至连间断性的变迁（如革命和战争入侵）从来并非完全间断性的？这主要是因为非正式约束在社会嵌存的结果。尽管正式规则可以因为政治与法律的决定而在一夜之间发生变化，但是体现于习俗、传统和行为准则中的非正式约束与刻意的政策相比更难于改变。这些文化约束不但把过去与未来连接起来，而且是我们理解历史变迁之路径的关键"。因此，诺思指出，尽管通过武力征服或革命所发生的非连续的制度变迁也是重要的，但更重要、更一般的是渐进式的制度变迁。

三、诱致性变迁和强制性变迁

中国学术界一般认为，林毅夫 1989 年发表的《关于制度变迁的经济学理论：诱致性变迁与强制性变迁》一文，首次将制度变迁区分为强制性变迁和诱致性变迁两种类型。**诱致性制度变迁是指一群（个）人在响应制度不均衡引致的获利机会时所进行的自发性变迁，也就是，它是由一群（个）人自发倡导、组织和实行的制度变迁。强制性变迁指的是由政府命令和法律引入和实行的变迁，一般把由国家或集团主导的制度变迁称为强制性制度变迁。**

（一）诱致性制度变迁

林毅夫认为，诱致性制度变迁必须由某种在原有制度安排下无法得到的获利机会引起。也就是说，要发生诱致性制度变迁，就必须要有某些来自制度不均衡的获利机会。根据上面的解释，我们知道，从初始制度均衡到制度不均衡，再到制度的新均衡，周而复始，就是人类制度变迁的一般过程。那么，从某个起始均衡点开始，是什么因素引起制度不均衡呢？林毅夫认为，引起制度不均衡的原因可以归结为四方面：（1）制度选择集合改变；（2）技术改变；（3）制度服务的需求改变；（4）其他制度安排改变。

在新制度经济学看来，一种新的制度安排是从一个可供选择的制度安排集合中挑选出来的，制度选择集合决定了制度安排的选择范围和空间。但是，制度选择集合不是固定不变的，随着外部条件的变化，制度选择集合可能随之扩大或缩小。影响制度选择集合的因素主要有社会科学方面的知识、制度的引进以及政府政策的改变等。社会科学方面知识的进步会促进人们对制度的知识的积累，提高人们领悟和创造新制度安排的能力，从而拓展制度选择集合。制度的引进也可以扩大制度选择集合。通过借用其他国家的现有制度安排可以极大降低制度创新成本。制度选择集合还可能因政府的政策的改变而扩大或收缩。政府把某些制度安排从集合中剔除会导致制度选择集合收缩，将过去被排除在外的制度安排纳入会扩大制度选择空间。

技术因素以及对制度需求的改变和其他制度安排的改变也都将导致制度的不均衡，从而产生获利机会。既然制度不均衡将产生获利机会，那么为了得到由获利机会带来的好处，新的制度安排就可能被创造出来。但是，我们知道人的理性是有限的，制度变迁主体也是一样，而且，具有不同经验和在结构中具有不同作用的个人对制度不均衡的程度和原因的认知也不同，对分割变迁收益的方式的要求也不一样。这样，要使一套新的行为规则被接受和采用，自发的变迁主体之间的谈判成本可能非常高。在诱致性制度变迁的过程中，谈判成本是一个重要的制约因素。谈判成本过高往往使一些诱致性制度变迁无法发生。

此外，诱致性制度变迁还面临的一个突出问题是外部性和“搭便车”问题。显然，制度创新不能获得专利，并具有公共性，从而产生外部性和“搭便车”问题。人们往往可以简单地模仿别人创造的合约方式或制度安排而无须付费。这样，制度创新者往往缺乏激励。

概括而言，诱致性制度变迁有这样几个特点：（1）盈利性，即只有当制度变迁的预期收益大于预期成本时，有关群体才会推进制度变迁。（2）自发性，即诱致性制度变迁是有关团体对制度不均衡的一种自发性反应。（3）渐进性。由于制度的转换、替代、扩散需要时间，从外在利润的发现到外在利润的内在化要经过许多复杂的环节，因此，诱致性制度变迁往往是一种自下而上、从局部到整体的渐进式的制度变迁过程。

（二）强制性制度变迁

与诱致性制度变迁不同，强制性制度变迁可以纯粹因在不同选民集团之间对现有收入进行再分配而发生。

既然制度安排是一种公共物品，“搭便车”便是其固有的问题。由于广泛的外部性的存在，制度创新的私人收益小于社会收益必然会使得制度短缺或者说制度供给滞后。这样，就需要国家或政府介入制度变迁的过程。

一般而言，国家作为主体介入制度变迁有如下好处：（1）具有规模经济。我们知道公共物品一般是由国家生产或提供的，按照经济学的分析，国家一般可以比竞争性组织以低得多的费用提供同等的公共物品。对于制度这一公共物品同样如此。而且，国家天然具有强制性，在制度实施和组织成本方面国家都具有优势。（2）弥补制度供给不足的问题。由于外部性和“搭便车”问题的广泛存在，必然使得个人缺乏激励去积极进行制度安排的创新。而政府就可以强制受益者分摊成本，由国家出面作为制度变迁主体，在对制度变迁总收益和总成本衡量的基础上，组织制度变迁。(3) 减少制度变迁的时间。由于个人的有限理性及受到的各种压力、面临的种种风险，制度变迁时间较长；而国家就可利用其自身的优势，缩短制度变迁的时滞。(4) 供应作为纯公共物品的制度。有些制度是纯公共物品，个人无法、无意也无须自己来创新，必须要国家来组织行动。

国家作为制度变迁的主体也会造成制度变迁的失败。如违反一致性同意原则，造成低效的制度安排等等。

强制性制度变迁引致的失败的原因一般可以归结为如下几个方面（林毅夫，1996）：(1) 统治者的偏好和有限理性。在任何一个社会，国家的权力都会被操纵在一个统治者集团手中，它也是一个财富最大化者。显然，如果它的效用函数与社会公众的效用函数一致，那么它就会有较大的动力去积极进行制度创新，以满足社会收益的最大化。但是，一般来说，统治者的效用函数与社会公众的效用函数是有偏差的，这种偏差的程度决定了制度变迁的时效性、方向和恰当性。另外，统治者理性的有限程度也会影响制度的供给。(2) 意识形态刚性。也就是新的正式规则与非正式规则的相容问题。由于统治者的权威一般是建立在原来的意识形态之上的，当随着制度不均衡的出现，意识形态和现实之间的差距越来越大时，统治者为维护自己的权威就可能不去创造新的制度安排，而是尽可能去维护旧的无效率的制度安排，并为纯洁意识形态而战。(3) 政治体制问题。由于信息传递中的信息失真和耗散以及集体决策或公共选择所导致的集体非理性，加上投票中出现的种种悖论，官僚机构常常会恶化统治者的有限理性并增加统治国家的交易费用。这样，所建立的制度安排往往是被误导的或歪曲的。(4) 集团利益的冲突。制度安排的变迁实际上经常体现了不同选民对财富、收入和政治权力的重新分配，这必然会引起不同集团的摩擦。这不仅会导致制度变迁力量的消耗，同时如果制度变迁中的受损者得不到补偿，他们就会明确反对这一变迁。而如果统治者还需要这些集团的支持，那么统治者就会因害怕自己的政治支持受到侵蚀而情愿不进行这种制度变迁。(5) 社会科学知识的局限性。一般来说，制度安排选择集合受到社会科学知识储备的束缚。如果在某个社会范围占社会统治地位的思想有很大的片面性，那么制度的安排也就会具有相当的局限性。另外，国家的外部环境也会影响到制度变迁的缓慢程度。例如，在国家遇到生存危机时，一般会爆发出更强烈的制度变迁的意向。

尽管在理论上我们可以将制度变迁区分为诱致性变迁和强制性变迁，但在实际生活中，诱致性制度变迁和强制性制度变迁是很难分开的。它们相互联系、相互制约、相互补充，共同推动着社会的制度变迁。当诱致性制度变迁满足不了社会对制度的需求时，由国家实施强制性制度变迁就可以弥补制度供给的滞后。另外，作为公共物品的制度也是有层次性、差异性及特殊性的，有些制度供给只能由国家来实施；而其他一些制度及其变迁由于其特定的适用范围，也只能由相关群体来完成。

虽然两种制度变迁方式有着密不可分的联系和许多共同点，如它们一般都是由于制度不均衡而引致的外在利润所激发的，或都是对制度不均衡的反应，都是遵循成本—收益比较的基本原则等，但它们之间也存在不少区别。首先，制度变迁的主体不同。诱致性制度变迁的主体是个人或一群人（团体），而强制性制度变迁的主体是国家或政府。诱致性制度变迁主体集合的形成主要是依据共同的利益和经济原则，而国家这个制度变迁主体进行制度变迁的诱因比竞争性组织更加复杂。其次，两种制度变迁的优势各有不同。诱致性制度变迁主要是依据一致性同意原则和经济原则，因而具有较高的效率。它比较能与不同个人的具体情况相适应，体现个人的独特需求。强制性制度变迁的优势在于，它能以最短、最快的速度推进制度变迁，充分发挥政府的强制力和“暴力潜能”等方面的优势，降低制度变迁的成本。再次，两种制度变迁面临的问题也是不同的。诱致性制度变迁主要面临的问题是外部性和“搭便车”等，而强制性制度变迁却主要面临着统治者的有限理性、意识形态刚性、官僚政治、集团利益冲突等等。最后，二者的影响因素也有所不同。一般而言，在诱致性制度变迁中，经济因素对制度变迁的成本影响较大；而在强制性制度变迁中，政治因素和意识形态因素对变革的成本影响较大。

四、需求诱致型变迁和供给主导型变迁①

需求诱致型制度变迁，指追求利益最大化的单个行为主体总是力图在给定的制度约束条件下，谋求确定预期对自己最为有利的制度安排和界定；一旦发现制度的不均衡，就会产生制度变迁的需求。这种制度变迁方式是以市场经济为基础，与分散型决策体制相适应的，一般来说是一种自下而上的制度变迁。这与西方传统的价值取向和历史文化传统相适应，所以西方的制度经济学家偏重于此种模式的研究。

但是，对制度的需求能否转化成正式的安排，涉及各种利益主体间的力量对比。而且政治的因素也将起着极为重要的作用。因此，一般认为，对一个有着长期集权和市场不发达的国家来说，供给主导型的制度变迁将起主要作用。另外，对落后的发展中国家来说，由于有了发达国家的一些经验和经过历史检验的制度安排，它们往往可以充分利用这种后发优势，积极主动地进行制度变迁，最大限度地减少制度变迁的成本。

一般说来，**供给主导型制度变迁是在一定的宪法秩序和行为的道德规范下发生的，权力中心提供新的制度安排的能力和意愿是决定制度变迁的主导因素，而这种能力和意愿主要取决于社会既得利益集团的权力结构或力量对比。**

在供给主导型制度变迁中，政府是决定制度供给的方向、形式、进程及战略安排的主导力量。而政府的这种优势地位又取决于政府集权的程度、财力集中的程度以及权力中心在国民中的威望等。也正因为如此，由于政府和非政府主体对某一新制度安排的成本与收益的预期不同，不可避免地产生两者在制度变迁中的需求差异，使在制度的供求上存在着矛盾。

第五节　制度变迁的过程

在明确了制度变迁的基本分析框架、主体、动因和变迁方式等基本问题之后，我们再

① 对于制度变迁方式的区分角度，人们往往有不同的理解。一般认为，将制度变迁划分为诱致性的和强制性的，是根据制度变迁的实施角度提出的。它主要考虑个人在实施新制度时，是主动和积极的还是被动的。而将制度变迁划分为需求诱致的和供给主导的，是从制度安排产生的方式角度提出的，主要考虑这种制度安排是因为有了需求后才产生的，还是已经有了制度安排存在而对之进行选取的。

回到动态分析的基本原则下，考察一下制度变迁发生的动态过程。

一、制度变迁的一般过程

一次制度变迁的全过程就是一个制度变迁的周期。新制度经济学家重视对制度变迁过程的具体分析，但是，对于一个变迁所经历的具体阶段，则没有一致的划分。迄今为止，为新制度经济学界较为广泛接受的是诺思的划分。他认为，完整的制度变迁的一般过程包括五个阶段：（1）形成制度变迁的初级行动集团或第一行动集团。它们是对制度变迁起主导作用的集团。也就是说，某些社会成员首先认识到变迁的条件、发现变迁机会或通过变迁而获利的机会，从而组织起来发动变迁。（2）制定有关制度变迁的方案，包括确定变迁的目标，确定选择集合。这是制度发明或借鉴的过程。（3）确定变迁方案，即作出菜单选择。根据制度变迁的原则对各种变迁方案进行评估，并作出选择。（4）形成次级行动团体，即制度变迁的第二行动集团。（5）最后阶段就是两个集团共同努力去建立新的制度安排，实现制度变迁。诺思指出，经过上述过程，制度安排会达到均衡，但由于供求因素的变化，制度安排又会出现非均衡，为此又要进行制度创新，进入一个新的制度变迁周期。

二、制度变迁的时滞

一般认为，诺思的制度变迁模型是一种“滞后供给”模型，即制度创新滞后于潜在利润的出现，潜在利润的出现和使利润内部化的制度安排建立之间存在着一定的时间间隔。这就是所谓制度变迁的时滞。结合制度变迁的过程，诺思等人将制度变迁时滞分为四部分：（1）认识和组织时滞，即从辨识外部利润到组织初级行动团体所需要的时间。（2）发明时滞，即发明新的制度安排的时间，也就是方案设计的时间。（3）“菜单选择”时滞，即在制度选择集合中选定一个能满足初级行动团体利润最大化的行动所需要的时间。（4）“启动”时滞，即可选择的最佳制度安排和开始旨在获取外部利润的实际操作之间存在着时滞。

影响制度变迁时滞长短的因素有很多，如人的有限理性、信息成本、意识形态等等。在诸因素中，诺思认为，有三个方面的因素特别重要：（1）现存的法律和制度安排。尽管法是可以变化的，但至少在短期内它制约了安排的选择；而且现存制度的残存价值会阻碍新制度的替代，即使就发明而言，如无现存制度的借鉴，则新制度的发明时滞必然很长。另外，制度创新作为一个利益调整的过程，也必然受到现存制度安排的影响。斯蒂格利茨也曾经指出，虽然民主国家任期制政府不可能约束其继任者，但事实上，规则一旦确立就很难改变，否则要付出大量的交易成本。居先的法律和其他制度安排的存在不仅影响安排革新的形态，还影响安排创新需要酝酿的时间。（2）现存的制度技术状态也以另一种方式影响供给反应的时滞。我们知道，只要在旧技术的平均可变成本还低于新技术的平均总成本期间，企业一般就不会在短期内革新一个新的技术程序。对于制度安排来说，相同的规则似乎也是成立的。（3）如果革新必须要等待新安排形式的发明，则新制度安排的供给实际也需要一个很长的过程。在这三者之中，影响制度变迁时滞的最重要的因素是现存法律和制度安排的状态。

【本章小结】

制度的起源是制度从无到有的过程。制度的合作起源说认为制度的形成过程是人们的合作博弈过程，在这个过程中通过集体理性和第三方强制纠正个体理性导致了集体非理性；交易费用说则认为制度形成于人们节约交易费用选择最优产权安排的过程。制度变迁是新制度产生、替代或改变旧制度的动态过程。在社会经济发展中，完全符合帕累托最优的制度均衡状态很少出现，存在帕累托改进空间的制度非均衡才是常态，但是制度非均衡不是制度变迁的充分条件。

制度变迁的经济学研究运用“供给—需求”分析构建制度变迁的分析框架，在给定的制度环境下，分析具体的制度安排的创新与变迁。人们对于创立和利用新的制度安排的预期净收益为正，就会产生对新的制度安排的需求，产品和要素的相对价格、宪法秩序、技术和市场规模都是影响制度需求的重要因素。决定制度供给的成本因素有规划设计组织实施的费用，清除旧制度及其变革阻力的费用，制度变革及其变迁造成的损失、实施成本和随机成本。宪法秩序、现行制度、设计成本、知识积累和科学进步以及文化和公众态度等因素都会影响制度的供给。

在社会达尔文主义和演进主义看来，制度变迁是一个没有明确行为主体的自然过程；诺思等学者则认为制度是人们设计选择的结果，制度变迁是一个人为的创造、选择和改变的过程，只要是有意识地推动制度变迁或者对制度变迁施加影响的单位，都是制度变迁的主体。制度变迁的行为主体可以分为开创性的初级行动团体和追随初级行动团体的次级行动团体，初级行动团体是制度变迁的创新者、策划者、推动者，而次级行动团体是制度变迁的具体实施者。总体而言，制度变迁总是有主体的，但是任何主体的制度变迁行为和变迁方案最终都不是由主体的意志而是由客观条件决定的。

制度变迁的内在动因是经济主体对潜在利益的追求。一般将广义上的“企业家”所发现的获利机会视为制度变迁的动因。不同行为主体对同一制度安排的收益和成本可能会有不同的评价，制度变迁的成本—收益的分布往往是非对称的，受益者未必承担成本或承担较少的成本，因此制度变迁的方式和过程相对复杂，从具体方式上分为渐进式变迁与激进式变迁、诱致性变迁与强制性变迁、需求主导型变迁与供给主导型变迁等。渐进式变迁是指变迁过程相对平稳、不引起较大的社会震荡、新旧制度之间衔接较好的变迁方式。激进式变迁指在短时间内不顾及各种关系的协调、采取果断措施进行制度创新或变革的方式，一般不是一次完整的制度变迁，而只是针对关键性的任务或环节而言的。激进式变迁是非连续的，但是由于意识形态或非正式规则不会因为革命而中断联系，因此不可能出现绝对的非连续的制度变迁。诱致性制度变迁是由一群人自发倡导、组织和实行的制度变迁。强制性变迁指的是由政府命令和法律引入和实行的变迁。谈判成本、外部性和“搭便车”等问题降低了诱致性制度变迁的效率，强制性制度变迁能够部分地解决这些问题，但统治者的有限理性、意识形态刚性以及集团利益冲突等因素也会降低强制性制度变迁的效率。具体而言，制度变迁还可以分为需求诱致型制度变迁和供给主导型制度变迁。

依据诺思的观点，制度变迁的过程可以划分为形成初级行动集团、制定有关制度变迁的方案、确定变迁方案、形成次级行动团体以及两个集团共同努力去建立新的制度安排五个阶段。由于制度创新滞后于潜在利润的出现，制度变迁存在明显的“供给滞后”性。

【关键术语】

制度变迁　　霍布斯规范定理　　制度均衡
宪法秩序　　制度安排　　规范性行为准则
制度变迁的主体　　渐进式变迁　　激进式变迁
诱致性变迁　　强制性变迁　　需求诱致型制度变迁
供给主导型制度变迁

【思考·深化】

"休克疗法"之父——曾在玻利维亚成功指导休克疗法，但是在俄罗斯遭遇失败的著名经济学家萨克斯，在谈及中国渐进式改革的成功之处时说："我并不认为中国的成功是渐进发挥了特别的作用，真正起作用的是开放农村、开放沿海地区、鼓励劳动密集型生产、允许外资与技术的输入，等等。一句话，允许足够的经济自由，从而最好地利用中国的结构，渐进与否并不是一个关键因素，因为就在这一地区，与中国经济结构状况相似的越南，1988年在面临很高的通胀和很大的危机后，大幅度地放开价格、统一汇率、紧缩财政，迅速地采取了许多所谓休克疗法的举措，结果，其工业生产不仅没有下跌，反而也出现了迅速增长的积极效果。再说，波兰、苏联等国不是没有用过渐进的改革方向，可以说正是渐进改革失败后它们才使用休克疗法的。保加利亚、罗马尼亚、斯洛伐克、乌克兰都标榜过反对激进改革，可是到1993年却陷入了比邻国更大的危机中。所以，渐进与否并不是问题的要害。"①

运用本章所介绍的制度变迁理论，结合你对我国改革开放进程的认识，评析一下萨克斯的上述观点。

① 萨克斯. 休克疗法与中国经济改革——与萨克斯对话. 战略与管理，1994（6）.

第九章

制度变迁的演化分析

第八章关于制度变迁问题的分析是在新古典经济学供求分析的框架下进行的，因此这种动态分析是围绕均衡和失衡的动态变换来讨论的，没有讨论单向不可逆的制度变迁过程。近年来兴起的演化经济学是分析这种历史演化过程的经典理论，在这种历史演化过程中，制度变迁是整个经济系统变迁的构成部分，对制度变迁过程的考察被置于整个经济系统的动态演化的分析框架之中，因此本章通过对制度变迁过程的考察，以演化分析理论解析整个经济变迁过程。本章介绍演化经济学的动态演化分析，通过探析经济系统变迁的动态演化过程，理解制度变迁的历史过程。

第一节　演化分析与演化经济学

近年来由演化经济学发起演化分析成为学术界关注的焦点，不同观点的争议较多，对于演化分析的认识也有较大差异，但是总体来说，就不同学派基本上可以接受的共识而言，**经济学的演化分析是对经济变迁过程的动态分析或历史分析，认为在中长期视角下，经济系统必然会内生变异和创新要素并传播，从而形成整个经济系统的演变，应在渐进的视角下考察经济系统演变的历史过程，并认为以新古典经济学的均衡分析为核心的主流经济学框架对此无能为力，需要构建一个动态的能够兼容创新要素的新的分析框架。**在本书第一篇我们曾介绍过，“制度—历史”分析是经济学中的重要传统，演化分析与古典经济学的历史分析传统、德国历史学派以及美国旧制度经济学派有着一定程度的联系，在某种意义上可视为经济学家对主流理论过度强调“演绎推理”和均衡分析、忽略历史研究和过程分析的不满和校正，并在近二三十年开始尝试重新组建独立于主流经济学的、更接近现实的、较为系统严密的经济学分析框架。

贾根良（2004）：“如果说新古典经济学是研究存在（being）的经济学，那么，演化经济学就是研究生成（becoming）的经济学，它可以定义为对经济系统中新奇的创生、传播和由此导致的结构转变进行研究的科学”①。

纳尔逊和温特（1997）："演化的较广的含义包括对长期的和激进的变化过程的关注。在目前的现实中可以观察到的规则性，不是被解释成静态问题的解决办法，而是被解释成可以理解的动态过程从已知的或者似乎有理地猜测到过去情况所产生的结果，而且还被解释成一个阶段的特点，从那个阶段，一种很不相同的未来将靠那些同样的动态过程而出现。”② 这里强调演化概念所描述的是一种动态的变化，一切特征都是阶段性和历史性的，必须进行动态的分析和把握。

一、什么是演化分析?

经济学演化分析到底具备哪些本质属性，或者说具备了哪些属性才会被列入演化分析的阵营？对此演化经济学代表人物霍奇逊提出的演化分析界定标准值得关注。这个标准包括新奇性本体论、反对“还原论”的方法论和生物学隐喻三个方面，其中生物学隐喻只是一个参考性标准，是否构成演化分析主要取决于前两个标准，即霍奇逊所谓的“接纳新奇性、反对还原论”③（novelty embracing anti-reductionism，NEAR）。

第一，新奇性本体论。在哲学意义上本体论通常是客观存在的最终本性，研究工作首先需要针对这些客观实在的本质属性进行判断。**所谓新奇性（novelty，也译为新事象），就是系统中突现的新要素，这种新要素在整个系统中的传播形成系统的演变，经济系统的新奇性是指人们“新发现的行动可能性”。**在演化分析过程中，学者们通常假定经济系统的新奇性是持续不断接连出现的，这一特性又称为“新奇性创生”，坚持经济系统会持续演化的本体论认识，来自对新奇性创生持续不断的基本判断。**随着经济系统的新奇性创生，即“新发现的行动可能性”出现后，其消息会传播并被模仿，如果这种“可能性”被整个系统接受成为现实，那么接受并实践这种“行动可能性”的行为就构成创新。**

上述观念来自演化经济学著名学者威特（1992）的分析：“如果演化被定义为可观察的系统历时地自我转变，那么如何才能实现这种自我转变呢？自由能的获得显然是必要但不充分的条件。例如，一个经济体（用物理学术语讲就是一个耗散结构）依赖于消耗自由能，但也完全可能经历长期的停滞阶段。一个充分条件就是其他文献所坚持的演化的一般特征，这就是新奇的创生，它在突现后会通过系统编制某些组成部分进行扩散。无疑新奇的扩散在不同学科中表现为完全不同的形式。在生物学中，新奇涉及个体群基因库中的随机突变和选择性复制。在语言学中，新奇涉及新习惯用语的出现和普及化。在经济学领域中，这个学科集中于人类行为上，新奇就是新发现的行动可能性。有关这种新奇的消息可能会传播，或者可能通过模仿而扩散。一旦一种新认识到的行动可能性被接受，所产生的

---

① 贾根良. 理解演化经济学. 中国社会科学，2004（2）.

② 纳尔逊. 温特. 经济变迁的演化理论. 北京：商务印书馆，1997：14.

③ Hodgson, G. M., 1999, *Evolution and Institutions: On Evolutionary Economics and the Evolution of Economics*, Cheltenham, UK: Edward Elgar, pp. 127 - 128.

行动就被称为创新。”①

第二，反对“还原论”的方法论。所谓还原论（reductionism），在哲学上一般是指将高级运动形式还原为低级简单运动形式以进行解释的基本理念，在经济学上还原论与个人主义方法论相联系，认为对社会经济的解释必须还原到作为元素的个体及其相互关系中。② 经济学研究中反对还原论的观点认为，在复杂系统中，任何一个层次的事物和特性都不能归结到另一个层次上而获得完全的解释，这种观念在某些场合也被认为是反对个人主义的“整体主义”，认为社会是一个有机整体，应从社会整体入手解释人们的行为和相关规律，将复杂社会系统中的特性还原到具体的个体成员的简单特性上进行解释。

第三，生物学隐喻标准。**所谓生物学隐喻，又称生物学类比，就是运用生物学之中的“基因”“遗传”“生存”“进化”等范畴和逻辑，对社会科学中的演化变迁过程进行类比，运用生物学解析有机体和生态系统的逻辑来解释社会运动，从而避免新古典经济学运用物理学机械论观念分析经济社会系统的错误。**很多演化经济学家都运用这种生物学隐喻来构建自己的理论，但是观点是否运用生物学隐喻，不是演化经济学的必要标准。

二、演化分析的理论渊源

在本书绪论部分我们曾介绍过古典经济学的制度分析和历史—制度主义分析传统，以及这些理论在马克思、德国历史学派、新历史学派以及美国旧制度经济学派、新制度主义学派之间的传承关系。实际上，这也可以视为演化分析的历史渊源和流传脉络。如果说新制度经济学是制度分析传统与新古典经济学分析方法的耦合，那么，现代演化分析和演化经济学就可以视为美国旧制度经济学派和西方马克思主义学派等坚持历史—制度主义方法的诸理论流派的新发展。虽然不同流派各有差别，但是其相近的理论渊源还是比较清晰的，在此我们不再赘述这种分析传统连续的演化历程，而是针对演化分析的“新奇性”和“自然选择”等思想，选取几个影响较大的“先驱者”进行介绍。这些也是演化分析理论比较重要的几个历史渊源。

经济学演化分析的历史较早，虽然通常人们认为演化分析思想的知识产权应归于生物学领域和达尔文的进化论，但是，也有现象表明，古典经济学演化分析的相关理论甚至被视为影响达尔文进化论思想的重要理论来源。

有学者认为古典经济学的较为系统的演化分析最早可追溯到杜尔哥 1766 年的《关于财富的形成和分配的考察》，他“从历史发展的角度考察了社会集团关系的演变……此外，杜尔哥还考察了货币资本的起源，分析了黄金和白银能够成为货币的原因，指出货币的使用大大促进了劳动分工和社会进步”③。亚当·斯密 1776 年《国富论》对于分工专业化促进技术进步和货币演变的研究也具有丰富的演化分析思想。约翰·斯图亚特·穆勒也研究了技术进步和制度变迁等演化问题。

纳尔逊和温特（1997）：“《国富论》第一篇的标题是‘论劳动生产力增进的原因并论

---

① 多普菲. 演化经济学：纲领与范围. 北京：高等教育出版社，2004：44.
② 孟捷. 演化经济学与马克思主义. 经济学动态，2006（6）.
③ 汤正仁. 西方经济演化思想研究. 武汉大学博士学位论文，2010.

劳动生产物自然而然地分配给各阶级人民的顺序’。该书一开始就讨论今天叫做技术进步的源泉和结果。像斯密一样，约翰·斯图亚特·穆勒将生产技术和经济制度的演化做了丰富的历史阐述，来确定较狭窄的经济分析的范围，他的经济理论在相当大的程度上是动态的，而不是静态的。”

古典经济学代表人物马尔萨斯在1798年发表的《人口论》中讨论了以几何级数增长的人口和以算术级数增长的生活资料的矛盾，提出了生活资料数量对于人口数量的限制，形成了生存竞争的思想。达尔文在提出其进化论的名著、1859年出版的《物种起源》中介绍过马尔萨斯的思想对于其生物学进化论思想形成的启示。

达尔文在《物种起源》中介绍："1838年8月，即我开始有系统地调查工作之后15个月，我阅读马尔萨斯的《人口论》以资消遣，同时由于长期观察动植物的习惯，当然不难认识随处可见的生存竞争的事实，于是我恍然大悟：在这种环境下，有利的变化势必保存下来，而不利的则归于消灭。这样的结果便是新种的形成。……一切生物，都有以高速率增加其个体的倾向，所以生存斗争是必然的结果。各种生物，在它的自然生活期中产生多数的卵或种子的，往往在生活的某期内，或者在某季节或某年内，遭遇到灭亡，否则，依照几何比率增加的原理，它的个体数目，将迅速地增大，以致无地可容。个体的产生，已经超过其可能生存的数目，所以不免到处有生存的斗争，或者某一个体和同种的其他个体斗争，或者和异种的个体斗争，或者和生活的物理条件斗争。这是马尔萨斯的学说，以加倍的力量，应用于整个生物界；因为在这种情形之下，我们既不能以人工的方法增加食料，更没有良好的约束，以节制婚姻。"[①] 对此，纳尔逊和温特（1997）也不无得意地认为，"我们用‘演化理论’这个词来描述正统理论的替代物，也需要讨论一下。这首先是一种选择权。由于我们的先驱马尔萨斯给达尔文思想提供的刺激，经济学家们永远有权行使这种选择权。我们已经提到过一种借来的思想，它注定是我们计划的中心——经济的‘自然选择’思想"。他们也将这种思想描述为"组织遗传学"。

马克思的经济理论深入探讨了生产力与生产关系、经济基础与上层建筑的矛盾运动，在其理论中生产力的发展与社会经济制度和上层建筑的演变是重要的研究主题，马克思分析了生产从工场手工业到机器大工业的技术变革，探讨了资本主义雇佣劳动制从无到有的过程，讨论了商业资本和信贷资本等新现象的形成，因此，马克思也被某些演化经济学家视为演化经济学的重要理论先驱。关于马克思是不是演化经济学家，学者们存在一些分歧。[②]

新古典经济学代表人物马歇尔也有崇尚生物学和动态演化的经济学思想，因此也有学者将马歇尔视为演化分析的先驱之一。

在《经济学原理》一书中，马歇尔提道："经济学的目标应当在于经济生物学，而不是经济力学。但是，生物学概念比力学的概念更为复杂；所以研究基础的书对力学上的相

① 李难．重评达尔文对马尔萨斯人口论的应用．自然辩证法通讯，1980（3）．

② 孟捷．演化经济学与马克思主义．经济学动态，2006（6）．孟捷教授对此进行了系统分析，提出马克思主义经济学与演化经济学的创造性综合，笔者关于这一问题的态度请参见胡乐明，刘刚．论马克思主义经济学与经济学诸流派的沟通：以演化经济学为例．当代经济研究，2012（12）。

似之处必须给予较大重视；并常使用‘平衡’这个名词，它含有静态的相似之意。这个事实以及本书中特别注意的近代生活的正常状态，都含有本书中的中心概念是‘静态的’，而不是‘动态的’之意。但是，事实上本书始终是研究引起发展的种种力量，它的基调是动态的，而不是静态的。”

此外，凡勃伦、熊彼特等人既可以视为演化分析和演化经济学的先驱，也是重要的开创者，在一定程度上演化经济学可视为对这些学者思想的现代表述，甚至演化经济学家也自称“制度主义者”或“熊彼特学派”，关于这些“先驱者”的思想，我们将在分析演化经济学不同流派的观点时进行介绍。

三、演化分析和演化经济学的两个主要流派

当前被归入演化分析和演化经济学范围的经济学流派较多，学术界通常使用演化经济学代表人物霍奇逊的概括：凡勃伦制度主义经济学、新熊彼特经济学、奥地利学派、演化博弈论是演化经济学的主要流派，另外西方马克思主义经济学的重要流派法国调节学派，也被有些学者视为演化经济学的重要流派。在这些流派中，旧制度经济学派和新熊彼特学派以及两者的融合构成了演化经济学的主体内容。

（一）凡勃伦传统与旧制度经济学派

在本书绪论部分我们已经具体介绍过旧制度经济学派。多数学者认为，旧制度经济学派创始人凡勃伦是演化经济学的先驱。1898 年凡勃伦发表了《经济学为什么不是一门演化科学？》①，他将演化科学视为“一种严密的理论体系，它是一种关于过程的理论，一种逐渐展露序列的理论”，尝试将经济学与生物学、心理学、人类学和文化史相结合，形成一个以经济行为作为主题的新范式。在分析方法上“累积”是凡勃伦解析动态演化过程的重要分析工具。关于人性，他认为“指导行为发生的欲望是一种气质类型”，“从科学的观点来看，它们是行为者现存心智框架的要素，是他及其前人直到他所处时点所经历的生活之结果。它们是他的遗传特性和过去经历之产物，是在既定的传统、习俗和物质条件下累积形成的”。同时他认为，“进化经济学必定是一种由经济利益所决定的文化成长过程的理论，一种用过程本身来说明的经济制度累积序列的理论”。制度主义经济学后继者缪尔达尔的“循环累积因果论”，就是继承和发展凡勃伦演化经济学分析传统的重要理论。

此外，本书在绪论部分已经介绍过，在凡勃伦看来，制度“是一种自然习俗，由于习惯化和被人广泛接受，这种习俗成为一种社会的公理化和必不可少的东西”，同时康芒斯直接将制度视为“集体行动对个体行动的控制”，这也说明制度学派强调从群体行为和整体主义入手解析人们的行为。

总之，整体主义方法、累积因果原理受历史和文化因素影响的人性观念，构成了凡勃伦传统和旧制度经济学派分析的重要内容，演化经济学的兴起在一定程度上反驳了科斯等新制度经济学认为旧制度经济学派“没有任何东西流传下来”的粗糙评价，在新古

① 凡勃伦. 经济学为什么不是一门演化（进化）科学？（原文发表于 1898 年，贾根良译）. 政治经济学评论，2004（2）：127.

典经济学框架之外，构建了强调历史和文化因素、重视遗传分析和累积因果逻辑的演化分析范式。近年来，以霍奇逊等人为代表的欧洲学者成为这一传统的分析范式的重要继承和宣传者。

20世纪六七十年代，美国旧制度经济学派成立了演化经济学学会，80年代末，旧制度经济主义者在欧洲的继承者成立以霍奇逊为秘书长的欧洲演化政治经济学协会（贾根良，2004）。

旧制度经济学派是现代演化经济学的主要流派，甚至在很大程度上充当统领和规范整个演化经济学体系的角色。

（二）熊彼特学派

一般认为，近年来演化经济学热潮的兴起，源于纳尔逊和温特的名著《经济变迁的演化理论》，纳尔逊和温特就是新熊彼特学派的典型代表，这一流派可视为运用有限理性、选择行为、创新和结构变迁现代经济学语言构建演化经济学分析范式的典型，是演化经济学现代流派的主要代表。

纳尔逊和温特（1997）："的确，'新熊彼特学派'这一名词是我们整个分析方法的适当名称，正像'演化的'一词一样适当。更为准确的是，可以合乎情理地说，为了成为新熊彼特派，我们才成为演化的理论家。"

因此，演化经济学的"新熊彼特学派"，可以通过以下三个方面认识：继承了熊彼特的哪些理论，在哪些方面"新"于熊彼特的理论，在理论谱系中处于什么地位。

（1）"新熊彼特学派"继承了熊彼特经济发展、创新和创造性毁灭等思想。要理解新熊彼特学派，需要对熊彼特的这些思想做一个较为细致的介绍，其内容包括三个方面。

首先，熊彼特提出了区别于一般经济增长的经济发展问题。他认为在原有经济"结构"下发生的数量的变化不构成"经济发展"，他将之视为原有结构下的"循环流转"，只是"数据的变化"，是"经济增长"。

熊彼特："仅仅是经济的增长，如人口和财富的增长所表明的，在这里也不能称作是发展过程。因为它没有产生在质上是新的现象，而只有同一种适应过程，像在自然数据中的变化一样"①。对此，熊彼特将分析经济发展的理论与新古典经济学的均衡分析相区别："我们所意指的发展是一种特殊的现象，同我们在循环流转中或走向均衡的趋势中可能观察到的完全不同。它是流转渠道中的自发的和间断的变化，是对均衡的干扰，它永远在改变和代替以前存在的均衡状态。我们的发展理论，只不过是对这种现象和伴随它的过程的论述。"

演化经济学继承了熊彼特所指定的这一研究方向，演化经济学著名代表人物梅特卡夫将熊彼特的这种概括称为"变化中的变化"②。

其次，熊彼特以"创新"和"新组合"理论来解析这种经济发展问题。这就是**熊彼特的创新和发展：生产是生产资料和力量的组合，如果引入了"新组合"，而且这种"新组合"不是"旧组合"渐进调整和转变的结果，而是突发的、间断性出现的，那么这种现象**

---

① 熊彼特. 经济发展理论. 北京：商务印书馆，2011：74.

② 梅特卡夫. 演化经济学与创造性毁灭. 北京：中国人民大学出版社，2007：1.

就是经济发展理论所讨论的创新。在一定程度上，可以将熊彼特的“新组合”视为演化经济学的“新奇性”和“新奇性创生”的理论来源。

熊彼特的逻辑是：虽然经济发展所讨论的区别于“循环流转”的质变可能会受到消费和需求动机的影响，但是，就其变化本身而言，必然发生在生产领域。因此，他在生产领域定义这种发展和创新。熊彼特（Schumpeter，1912）认为生产是一种“组合”：“从技术上以及从经济上考虑，生产意味着在我们力所能及的范围内把东西和力量组合起来。每一种生产方式都意味着某种这样的特定组合。不同的生产方法只有通过组合的方式才能加以区别。”“生产意味着将我们所有的原材料和力量组合起来。生产其他的东西，或者用不同的方法生产相同的东西，意味着以不同的方式把这些原材料和力量组合起来。只要是当‘新组合’最终可能通过小步骤的不断调整从旧组合中产生的时候，那就肯定有变化，可能也有增长，但是却既不产生新现象，也不产生我们所意味的发展。当情况不是如此，而新组合是间断地出现的时候，那么，有发展特点的现象就出现了。”

熊彼特将这种“新组合”和创新概括为五种情况，分别是新产品、新的生产方法、新的原料与半成品、新市场以及新组织的引入。

熊彼特（Schumpeter，1912）：“这个概念包括下列五种情况：（1）采用一种新的产品——也就是消费者还不熟悉的产品——或一种产品的一种新的特性。（2）采用一种新的生产方法，也就是在有关的制造部门中尚未通过经验检验的方法，这种新的方法决不需要建立在科学上新的发现的基础之上；并且，也可以存在于商业上处理一种产品的新的方式之中。（3）开辟一个新的市场，也就是有关国家的某一制造部门以前不曾进入的市场，不管这个市场以前是否存在过。（4）掠取或控制原材料或半制成品的一种新的供应来源，也不问这种来源是已经存在的，还是第一次创造出来的。（5）实现任何一种工业的新的组织，比如造成一种垄断地位（例如通过‘托拉斯化’），或打破一种垄断地位。”

最后，熊彼特认为经济发展的结果将会发生“新组合”对“旧组合”的代替，形成“创造性毁灭”。因此，源于熊彼特理论的**创造性毁灭是指：生产中引入新的技术和要素形成生产的“新组合”，“新组合”替代原有生产“旧组合”，将“旧组合”消灭，并由此引发整个经济系统的变革。**

（2）“新熊彼特学派”“新”于熊彼特的地方是构建了演化分析范式来解析和发展熊彼特的理论。熊彼特“强烈地反对把他的理论看做是达尔文的，反对生物学类比”（贾根良，2004）。演化经济学新熊彼特学派与熊彼特的不同之处就是运用演化分析和生物学类比来解析熊彼特所揭示的经济发展和创新等问题，纳尔逊和温特是这一学派的典型代表，惯例、技巧、组织、创新、搜寻和模仿是新熊彼特学派演化分析范式的核心思想。“组织遗传学”是纳尔逊和温特提出的演化分析的重要研究方法。①

（3）演化经济学“新熊彼特学派”不是“新熊彼特”理论的全部内容，一般认为“新熊彼特学派”是一个围绕产业、金融和公共部门等问题，涉及创新理论、演化经济学、复

① “组织遗传学”分析方法，既是“新熊彼特”学派的重要内容，同时也被视为演化分析方法的重要代表，其具体内容请见下一节。

杂科学、系统理论的庞大的理论体系①，本节介绍的“新熊彼特学派”只是其中一个运用演化分析的分支，其自身存在经验案例分析和数理模型分析两个不同的分支，其中经验案例分析与旧制度经济学派形成“合流”趋势，构成演化经济学的主体组成部分。②

第二节　演化分析方法

就分析方法而言，演化分析和演化经济学的研究方法可以概括本体论上处理新奇性的系统方法，以及行为规则上的行动依赖性分析。“新熊彼特学派”在演化分析上形成的“组织遗传学”分析，是演化分析的重要代表。

一、新奇性创生：变异—选择—发展

“经济人的偏好、生产技术和制度约束、可供使用的资源禀赋”③ 被新古典经济学视为外生因素、给定的机制、前提假定。演化经济学则把这些因素和前提假定视为内生的、可变的，这些变化，即“新偏好的形成、技术和制度的创新以及新资源的创造”，构成“新奇性创生”，演化经济学可以被定义为“对经济系统中新奇的创生、传播和由此导致的结构转变进行研究的科学”④。经济社会对新奇性进行的选择、模仿（复制）、扩散进而遗传，就是对新奇性的认可，新奇性被认可的行动构成创新；在某个新奇性被普遍选择和认可的同时，原有技术、制度和产品等要素被替代，形成熊彼特所谓的“创造性毁灭”，经济系统的多样性降低，经济系统需要不断地再生出更多的新奇性。

威特（2004）：“一个充分条件就是其他文献所坚持的演化的一般特征，这就是新奇性的创生，它的突现会通过系统或系统的某些组成部分进行扩散。……在经济学领域中，既然这个学科集中在人类行为上，新奇就是新发现的行动可能性。有关这种新奇的消息可能会传播，或者可能通过模仿而扩散。一旦一种新认识到的行动可能性被接受，所产生的行动就被称为创新。”

梅特卡夫把这种新奇性创生的演化过程概括为“变异—选择—发展”三要素（过程）：“行为变异或微观多样性；将变异转变为经济变迁形态的选择过程；产生和再生行为变异的发展过程”⑤，强调“任何选择过程都要摧毁其赖以存在的多样性……因此，演化理论不仅需要解释个体群中最初存在的大量的多样性，而且需要解释这种多样性的历时性补充。如果没有新的变异，演化过程将衰竭”。

---

① 颜鹏飞，汤仁正. 新熊彼特理论述评. 当代财经，2009（7）.

② 王晓蓉，贾根良. “新熊彼特”技术变迁理论评述. 南开经济研究，2001（1）.

③ 钱颖一. 理解现代经济学. 经济社会体制比较，2002（2），转引自贾根良. 演化经济学. 太原：山西人民出版社，2004：2.

④ 贾根良. 演化经济学. 太原：山西人民出版社，2004：2－3.

⑤ 梅特卡夫. 个体群思维的演化方法与增长和发展问题//多普菲. 演化经济学：纲领与范围. 北京：高等教育出版社，2004：131.

二、行动依赖性：满意假说—个体群思维—时间不可逆

人们的创新行为是怎样的？换言之，人们是怎样围绕新奇性的“变异—选择—发展”展开行动的？这些创新行动的动力源自何处？为什么这些行动会脱离统一的“最优解”，呈现多样性结果？演化经济学对这些问题的回答，突现了个体行动依赖性特征。

首先，演化经济学使用满意假说来描述对新奇性进行选择和遗传的个体行动。根据**满意假说，个体怀有适用性抱负，如果现实未满足这一抱负，个体会对新奇性展开搜寻。如果长时间搜寻无果，他们的抱负水平会降低，接受现有的最优状态；如果搜寻到更好的安排，抱负水平会提高到新安排的高度，他们选择这种新奇性**（威特，2004）。如果被选择的新奇性在未来满足了个体的抱负，搜寻则不会发生，新奇性会成为被认可的惯例呈现“相对稳定和惰性的品质”（贾根良，2004），被遗传下去；否则，搜寻再次形成，创新和变异重新发生。

在威特的分析中，“搜寻”是对新奇性的寻找，不同于新奇性的制造，前者一般受制于新知识的传播机制，后者更多地受制于知识的积累和知识增长的客观规律性，正是经济增长的客观规律性导致人们面对的新机遇不会穷尽，以此为基础的抱负不可能永远满足于现状，因此创新和变异不可能穷尽。

其次，演化经济学以“个体群思维”描述个体行动对群体的“频率依赖”。**类型学思维把“所有对理想类型的偏离都看做是偶然的”，把这些偏离抽象掉，把“同质性”视为常态和前提假设。相反，个体群思维认为“多样性不是隐匿在基本实在之后起干扰作用的困难；它就是基本实在本身，是变化的先决条件”**（梅特卡夫，2004）。根据个体群思维，规律性并不是体现在某个个体上，而是体现在个体群整体特征和频率的变化上。

威特（2004）：“经济演化的某些方面可以解释为与一群不同的个体相关，而不是与某个个体群中的单一个体相关。行为相对频率的变化是恰当的例证。”梅特卡夫：“决定论的过程导致了统计上的变化。”

个体的选择受个体群整体频率和其他个体行为的影响，“其成员的共时性个体决策可以被理解为行为的相对频率在个体群中产生作用的过程”，“个体的某种行为选择依赖于这种（或其他种）行为已经在个体群中出现的频率”（威特，2004）。

最后，演化经济学以**“时间不可逆”描述个体行动本身会形成的“路径依赖”，认为“系统如果发生了变化，虽然导致这种变化的力量已经消失，但系统不会回到初始状态”**（贾根良，2004）。个体的选择只能在已经形成的状态和路径中进行，这些状态和路径会通过“动态报酬递增”等机制形成“自我强化”①，摆脱现有路径所要付出的代价会降低个体的抱负水平，使个体接受现有路径的次优的、非效率的状态。总之，个体行动的依赖性表明，个体按“满意原则”进行搜寻行动，并不一定选择最优方案；从空间上，不同个体的适用性抱负和行动的频率要依赖于个体群的特征和个体群其他成员的行动；从时间上，

---

① 可参见纳尔逊对布赖恩·阿瑟等人路径依赖研究的介绍，见纳尔逊．经济增长的演化观//多普菲．演化经济学：纲领与范围．北京：高等教育出版社，2004：161-168。

不同个体的选择依赖于现有状态和路径。演化经济学从个体行动规则、行动的时间和空间依赖性三个方面解释了经济系统和不同个体为什么会分别进入区别于最优状态的其他状态，打破了理性思维和决定论传统，揭示了经济演变的多种可能性和不确定性，也为分析文化、习俗、历史和偶然因素对多样性结果的影响提供了对接渠道。

三、组织遗传学：惯例—技巧—搜寻

纳尔逊和温特系统运用生物学类比把新熊彼特学派概括为“组织遗传学”。为了更好地解释其思想，我们运用生物学类比的逻辑对“组织遗传学”的主体思想概括如下：**组织就是演化经济学所讨论的生命有机体，在组织遗传学中，组织有机体的“基因”被称为“惯例”，这些基因所承载的“信息”和“遗传密码”由组织内的“知识”构成，而且多数知识是“只可意会不可言传”的意会知识，对这些知识的掌握和运用构成企业的“技巧”和“能力”。同时，为适应环境的变化，组织会依据现有惯例作出具体调整，或者搜寻更好的安排，改变相应的惯例，从而形成“创新”，创新的过程类似于生物有机体适应环境的进化与变异。**围绕这一逻辑，这里重点介绍惯例、搜寻、技巧和知识几个核心概念和相关理论。

惯例无疑是演化分析最为关键的核心概念，**是指“一切规则的和可以预测的企业行为方式”，是企业组织的“基因”，概括了企业组织“持久不变”的特点，并通过遗传决定和塑造着未来的组织特点。**

纳尔逊和温特（1997）：“对于一切规则的和可以预测的企业行为方式，我们一般使用的名词是‘惯例’（routine）。我们使用这一名词来包括的各种特点，从明确规定的生产物品的技术惯例，经过雇用和解雇、订购新商品或逐步增加高度需求的物品的生产的这些程序，一直到关于投资研究与开发或做广告的政策，以及关于产品多样化和海外投资的商业战略。在我们的演化理论里，这些惯例是有机体的持久不变的特点，并决定它可能有的行为（虽然实际的行为也由环境来决定）。今天的有机体生产出来的明天的有机体（例如，建造一座新工厂）具有很多相同的特点，在这个意义上惯例是可以继承的。”

为了准确描述惯例对企业行为的影响，纳尔逊和温特将惯例概括为三个层次：决定短期行为规则的“标准的操作程序”惯例、决定中长期调整的投资行为惯例以及通过调整和修改决策和低层次惯例的高层次审议过程惯例。①

“标准的操作程序”惯例是指在短期，即“在企业的装置、设备和短期内不易增加的其他生产要素的现有存量既定的情况下”，“与企业在任何时候所做的事有关”的惯例，“这些支配短期行为的惯例可以叫做‘经营特点’”（纳尔逊和温特，1997）。

投资行为惯例是指“决定企业资本量从一个时期到下一个时期的增加或减少”的惯例。

审议过程惯例，又称搜寻惯例，是指“随着时间的流逝而发生作用，去修改企业经营特点的许多方面”的惯例。“企业内的某些人可能时常详细检查该企业在做什么，以及为

---

① 纳尔逊在后来的论文《经济增长的演化观》中提出上述较为标准的名称，见多普菲．演化经济学：纲领与范围．北京：高等教育出版社，2004：156.

什么做它，并想到修改，甚至急剧地改变”。“这些过程，也像其他过程一样，都是‘由规则指导的’”，这些规则是“更高层次程序的决策规则体系，它偶尔采取行动，去修改较低层次的决策”。

由决策体系惯例“指导的、改变惯例的过程”，就是“搜寻”，搜寻类似于生物学中的变异。

纳尔逊和温特（1997）：“我们的搜寻概念显然相当于生物进化中的变化①概念。我们把搜寻当作部分地决定于企业的惯例，与生物学理论中把变化当作部分地决定于有机体的遗传结构相似。”

个人是组织的成员，新熊彼特学派运用“个人的技巧”来解释“组织的惯例”，认为“个人的技巧类似于组织的惯例，因此考虑技巧在个人发挥功能中的作用，就可以理解惯例化在组织发挥功能中的作用”。**技巧是关于个人行动的规则和步骤，构成技巧的基础知识是一些“只能意会不能言传”的意会知识，运用这些技巧的过程往往会遵循技巧所设定的程序，自然而然地对自己的行动作出“选择”。**②

哲学家迈克尔·波兰尼把知识归结为两种：一种是以书面文字、图表和数学公式加以表述的符码化的知识（codified knowledge）或名言知识（articulate know ledge），另一种则是人们在做某事的行动中所拥有的知识，后者被称为默会知识（tacit knowledge）③，也译为“意会知识”。

波兰尼（1962）：“我将把一个众所周知的事实作为我这一调查的线索，这一事实是，遵守一套规则达到了有技巧地完成一件事的目的，而这套规则却是遵守它的人所不知道的。例如，游泳者保持他身体漂浮的决定性因素，是他调节自己呼吸的方式。他呼气时不把肺排空，吸气时使肺比平时膨胀，在增高的水平上保持他的浮力。可是，这不是游泳者普遍知道的。”④ 纳尔逊和温特在此基础上强调了两个方面的因素：通常知识是完全的符码知识和完全的意会知识之间的一个连续系统⑤，即知识可能存在一种“说不出来的程度”，“作为一种技巧或者说作为一种技巧的基础知识，‘说不出来’是一件程度深浅的事”。但是在很多情况下，“说不出来”可能不是“原理上”根本就不可能说出来，而是因为说出来的成本太高，导致“事实上”说不出来。⑥

以意会知识为基础的技巧往往来自实践操作，因此，对于个人来说，这些技巧需要通过运用来掌握和“记忆”，相应地，组织也通过运用来记住相应的惯例。“一个组织的活动惯例化构成储存该组织专门操作知识的重要形式”。在此基础上，新熊彼特学派认为熊彼特所指出的“创新”，就是惯例的改变，这些分析已经成为演化经济学分析方法的重要构成部分，我们将在下一节中介绍。

---

① 此处，可能译为“变异”更为准确。——笔者注

② 纳尔逊，温特. 经济变迁的演化理论. 北京：商务印书馆，1997：83.

③ 孟扬，孟捷. 默会知识和企业理论：一个演化经济学的视角. 经济学动态，2010（10）.

④ 同②87.

⑤ 贾根良. 演化经济学. 太原：山西人民出版社，2004：124.

⑥ 同②89，112.

第三节 制度变迁过程的演化分析

演化经济学不同流派都对经济变迁过程进行了系统的分析和研究，总体而言，制度变迁的过程可以概括如下：在技术变迁和经济增长的基础上形成相应的制度结构，制度结构随着生产方式的变革发生相应的转变，但是受路径依赖和报酬递增机制的影响，制度变迁在不同条件下会呈现多样性和不确定性。演化分析对于制度变迁过程的分析集中于经济增长、积累体制和路径依赖三个方面，新熊彼特学派、法国调节学派以及诺思和布赖恩的研究分别探讨了三个方面的相关问题。

一、技术变迁的经济增长理论

技术变迁是经济变迁的重要内容，也是演化分析的重要主题。演化分析的熊彼特学派尤其重视技术变迁问题。当前宏观经济学领域的经济增长理论获得了长足的发展，尤其是新增长理论强调了“技术兼容性”问题，将技术变迁纳入宏观经济学的动态分析模型。但是演化经济学学者认为，新增长理论的研究依然具有典型的“均衡分析”和“机械机制”特征，对于动态均衡和稳态路径的过度依赖，使得以新增长理论为代表的宏观经济学动态分析模型很难深入解析技术变迁的动态过程，他们运用其演化分析范式对经济增长过程的技术变迁过程进行了较为细致的演化分析，提出了更为注重技术变迁过程的经济增长理论。这里简要介绍一下纳尔逊在“新熊彼特”学派“组织遗传学”基础上对技术变迁的分析，以及相关的经济增长理论。①

三种不同的惯例决定了企业的基本行动规则，其中搜寻惯例的差异导致不同企业、企业的不同部门和不同时间点形成不同的搜寻行为，搜寻的结果对应着新的技术或对原来技术的改造，类似于其他理论的研究与开发（R&D）。如果企业搜寻并实施了更好的技术，其经营交易将获得改进，这会被其他企业注意到并对此进行模仿，从而形成技术的扩散。这一思想与新增长理论的“技术外溢”类似。但是，演化分析对这种扩散的过程进行了更为深入的剖析，其分析与新增长理论的差别主要集中于以下三个方面。

首先，技术变迁是一个动态的“马尔可夫过程”，即迭代过程。某一时点上企业的资本存量决定了其规模，而企业的主导惯例决定了其基本的行为规则，因此企业在这一时期的投入和产出效果由资本存量和主导惯例确定下来，这也是企业在下一阶段演化的基础。在下一阶段，企业依据其投资惯例确定资本规模的伸缩，形成生产的数量上的经济增长。同时企业在此基础上确定自己对新惯例的搜寻，其结果可能引入新惯例，也可能保持不变；如果新惯例被引入和保留，则企业出现实际的创新，其技术发生变迁。然后这一阶段的规模和技术成为下一阶段的迭代的基础和背景。因此，技术变迁并非必然的、机械的、均衡的过程，反而具有明显的随机性和偶然性。

其次，主导技术变迁的企业并非处于绝对的理性状态，其行为存在“有限理性”特

---

① 多普菲. 演化经济学：纲领与范围. 北京：高等教育出版社，2004：155-161.

征。依据惯例作出选择是演化分析视角下企业的基本行为特点，这也意味着演化分析假定由于具体行为细节的复杂性以及个人和企业能力的局限，企业往往难以明确知晓随机因素之外的所有相关细节，因此其行为往往是在自身现有条件（主要是企业规模和现有主导惯例）条件下进行有限的选择。

最后，技术变迁的过程受“时滞”和“模仿”的影响，其结果会有较大差异。演化分析认为，从企业搜寻获得新的惯例，到成功实施“有利可图”的新技术或技术改造，往往需要一个或长或短的过程，在此过程中，技术可能会“溢出”。如果企业实施创新的过程太久，或者技术容易“溢出”，那么，模仿者就可能超越“先行者”获得成功。

总之，通过上述过程，生产效率较高的技术最终将得到推广，技术的内容和推广的途径会有所差异。就新技术的内容而言，包括两种技术进步：通过独立的搜寻获得的新技术，通过操作和练习开发原有技术的潜力。就技术推广的途径而言，新技术对旧技术的代替则通过两种不同的机制：“一种机制是使用高生产率技术的企业得到成长。另一种机制是具有高能力的技术被其他企业竞相模仿和采用”（纳尔逊，2004）。

二、制度变迁的积累体制

法国调节学派也被视为演化经济学的主要流派之一。调节学派对制度变迁的主要分析是运用积累体制的逻辑分析了生产方式演变与制度变迁的关系，构建了一个从微观的生产方式到宏观的社会制度结构和国际社会格局的制度变迁框架。其中，法国调节学派关于福特主义积累体制和后福特主义积累体制的研究深入地影响了经济学和社会学的不同领域，是制度变迁理论的重要成果。

20世纪20年代著名马克思主义学者葛兰西用福特主义泛指资本主义的一个时代，法国调节学派的代表人物阿格里塔、利佩茨和布瓦耶沿用了葛兰西这一说法。[①] 法国调节学派运用生产范式、积累体制和调节模式等系列范畴构建了系统的分析范式，对福特主义和后福特主义的资本主义生产方式进行了全面的研究，其中积累体制是微观的生产特征与宏观的社会制度结构之间的关键范畴，我们从积累体制入手介绍他们关于制度变迁问题的演化式分析。我们对“积累”视角的关注部分地考虑到了美国积累的社会结构学派的影响。

关于积累体制（accumulation regime）的研究源自马克思的资本积累理论，在《资本论》中，剩余价值不被资本家用于消费，而是用于扩大再生产，形成的剩余价值资本化，构成资本积累。虽然关于积累体制的研究尝试“超越”马克思资本积累的传统理论，但是一般而言，他们所讨论的“积累”主要还是一种“扩大再生产”的资本积累过程，关注的焦点也是扩大再生产过程的顺利进行，即扩大了的价值生产如何解决价值的“实现问题”。关于积累体制的研究认为，不同的生产方式和积累方式往往需要相应的社会制度结构与之相匹配。虽然不同学者的表述不同，但一般采用法国调节学派代表人物利佩茨的观点，将**积累体制视为保证扩大再生产顺利进行的生产与消费之间的匹配与平衡，即生产扩张的同时能够再生产出生产扩张所需的生活条件和消费环境。**调节社会生

① 张世鹏．后福特主义时代的资本主义——关于后福特主义研究的几个问题．马克思主义与现实，1997（1）．

产和分配格局，使积累体制得以实现的行为和规则被称为“调节机制”或“调节模式”（mode of regulation）。

利佩茨（1987）认为积累体制“描述了消费和积累之间净产品分配在长期中的稳定作用；它意味着生产条件与雇佣劳动者再生产的条件两方面的转变之间的某种一致性”，积累体制的存在是因为“它的再生产的模式是连贯一致的”①。大卫·科茨（1994）：“在利佩茨那里……在他的著作中，一种积累体制本质上是一种再生产图式——即‘社会生产在消费和积累之间的长期而稳定的配置’。”②

福特主义，也称福特制，是以福特“流水线”式大规模生产为典型特征的资本主义生产组织方式，主要特征是大规模、标准化的生产模式，以及与之匹配的大众化消费和高福利社会的制度结构。具体而言，福特主义的积累体制就是大规模生产与大众化消费之间的匹配体制。

第一，实行流水线式生产，工作流程分解后每一个阶段的操作流程都大幅度简化，对工人的要求降低，使用大量半熟练工和非技术工人，就业人口大幅度增长，为标准化的大规模生产提供较广泛的消费群体。

第二，实行劳资之间的集体工资谈判体制，在工会等组织的影响下，劳动一方的谈判能力增强，使工人工资能够随着生产效率的提升而持续增长，为消费提供了收入保证。

第三，推行“大众化”消费，提供“消费文化”和“美国式生活方式”，将鼓励消费、享受生活作为一种社会文化进行推广，汽车、电视、洗衣机等耐用生活品成为生产必备的消费品，鼓励消费倾向的提高。

第四，实行国家福利制度，通过保险和财政支撑，为居民提供充足的医疗、养老和失业等社会保障，使居民可以放手消费。

第五，全球化的推进形成逐步开放的全球化市场，发达的全球化市场为吸收过剩产能、扩大销售渠道、调整生产格局提供了国际空间，并协调各国资本积累的顺利进行，与之相适应的是美元霸权以及世界贸易组织、世界银行和国际货币基金组织等国际组织推行的全球化和自由贸易体制。

综上所述，在福特主义生产方式下，其积累体制表现为与大规模生产相适应的一系列制度安排，生产规模化和标准化形成更多的消费群体，集体劳动谈判提高了劳动者的收入水平，使之“有钱可花”，大众化消费和消费文化推动居民“有钱愿花”，而社会福利体制则使居民能够做到“有钱敢花”，生产与消费之间的结构性调整也可以通过发达的全球化市场得到调节。

同时关注积累体制的学者也认为任何积累体制都有其局限性，当积累体制的制度潜能穷尽之后，经济危机将不可避免，同时经济危机也被视为一个积累体制的终结和下一个积累体制的开始。一般认为，1973 年的“滞胀”现象标志着福特主义积累体制的终结，导

---

① Lipietz，A.，1987，*Mirages and Miracles*：*The Crises of Global Fordism*，London，Verso，转引自胡海峰. 福特主义、后福特主义与资本主义积累方式——对法国调节学派关于资本主义生产方式研究的解读. 马克思主义研究，2005（2）。

② 科茨. 法国调节学派与美国积累的社会结构学派之比较//张宇，孟捷，卢荻. 高级政治经济学. 北京：经济科学出版社，2002：318.

致福特主义陷入危机的原因主要有以下几个方面：在生产方面，原有标准化和流水线生产模式的生产扩张能力逐步穷尽，技术逐步成熟，能够大规模推广的新的工业技术流水线的创新难度和推广难度相对较大，往往难以为继。在消费方面，随着人均收入水平的提高，差别化和多样化消费成为消费增长的新趋势，而大规模标准化的生产方式则难以适应多样化需求的需要，积累体制出现“脱节”。同时，在这一时期，很多发展中国家的经济发展进程也受到财政危机等因素的制约，全球化进程受阻，国际市场调节生产与消费之间差额的能力下降，也是福特主义积累体制遇阻的原因之一。于是“后福特主义”被提出，**后福特主义一般是指生产过程依赖熟练工、技术工与企业家的密切合作，形成小规模、模块化的全球产业分工格局，从而与差异化、多层级和品牌化消费相结合的资本主义生产方式。**虽然后福特主义的观念提出较早，理论界也有广泛深入的探讨，但是关于后福特主义成熟的理论体系和积累体制还有待深入研究。另外，在有些学者看来，全球性金融危机的反复爆发也说明，在“福特主义之后”，积累体制的调整尚未完成，资本主义世界正处于经济结构调整和制度变迁的“过渡状态”。

三、报酬递增和路径依赖

如前所述，不同国家的经济演进方向是不同的，经济落后国家往往长期在贫困的泥潭里挣扎。对此，诺思在其后期的研究中逐步吸收了演化分析和历史分析的研究方法，把路径依赖视为分析理解长期经济变迁的关键。**所谓路径依赖，就是由于时间的不可逆性，经济条件、制度规则和行为惯例形成后，会使经济决策主体进行选择的时候形成对现有条件的依赖，反复强化现有条件所指定的发展路径。**重视路径依赖是因为：一方面，制度变迁中时滞的产生与路径依赖有很大关系；另一方面，一个社会制度演变的路径是以前制度变迁的轨迹，它在很大程度上也就制约了制度变迁今后的发展。因此可以说，路径依赖理论是制度变迁分析中的一个极其重要的理论。在诺思看来，正是由于路径依赖的存在才导致了一些经济社会制度安排的高效率，同时导致另一些经济社会的低效率制度安排的存在。

（一）自我强化与锁定问题

在技术演变过程中存在自我强化的现象。一般认为，新技术的采用往往具有报酬递增的性质。由于某种原因首先发展起来的技术通常可以凭借先占优势，促成单位成本的降低；学习和模仿又导致普遍流行，而在市场上越是流行就越促使人们相信它会进一步流行。这样，技术的演化就实现了自我增强的循环。相反，另外一种较优的技术却可能因为晚入一步，而从此被锁定在某种被动状态下。

自我强化产生的结果有四个特征：（1）多种均衡，即解决的办法不总是唯一的；（2）一项技术可能一开始是有效的，但发展下去可能会失去效率；（3）模式的固化，一旦选择就很难放弃；（4）轨迹依赖，一旦选定某方法，就可能产生连锁反应，导致特定的进入路径。

（二）制度变迁的自我强化

诺思认为，在制度变迁中同样存在报酬递增和自我强化的机制。制度的演进一般有两个方向：一个是初始制度不断加以完善和强化；另一个是制度的转向，即旧制度被新制度所取代。前者表明制度变迁具有路径依赖的特性。正如诺思所说，“人们过去作出的选择决定了他们现在可能的选择”。在制度变迁中，自我强化机制主要表现在：（1）设计一项制度需要大量的初始设置成本，而随着这项制度的推行，单位成本和追加成本都会下降，这相当于制度安排的发生及产出效应也具有规模经济的特性；（2）制度变迁的速度是学习速度的函数，适应制度而产生的组织会充分利用制度框架提供的获利机会；（3）通过适应制度而产生的组织与其他组织会逐渐产生协同效应，而且一项规则的产生将会导致其他正式规则以及一系列非正式规则的产生；（4）由于适应性预期，随着一项制度的推行，不确定性将减少。

（三）制度变迁的路径依赖

正是基于制度变迁的这种特性，诺思总结了两条路径依赖：一是一旦一种独特的发展轨迹建立以后，一系列的外在性、组织学习过程、主观模型都会加强这一轨迹。二是一旦在起始阶段带来报酬递增的制度安排，在市场不完全、组织无效的情况下，阻碍了生产活动的发展，但由于产生了一些与现有制度共存共荣的组织和利益集团，这些集团就不会进一步投资，而只会加强现有制度，由此产生维持现有制度的政治组织，从而使这种无效的制度变迁的轨迹持续下去。

路径依赖理论有助于我们理解长期的社会经济变化，理解不同地区、不同国家的发展差异。诺思通过对一些贫困国家的分析认为，正是由于缺少进入现代法律约束和其他制度化社会的机会，才造成了现今发展中国家的经济长期停滞不前。因此，对于落后国家和转轨国家，摆脱路径依赖显然是十分重要的。渐进式制度变迁的最大困难或许就是如何摆脱路径依赖问题。**为了打破路径依赖，一个社会往往需要经历一场强烈的外来冲击、政权更迭或者战争之类的突发性事件的冲击，这就是所谓的“奥尔森震荡”。**

【本章小结】

经济学的演化分析是对经济变迁过程的动态分析或历史分析。接纳新奇性反对还原论是界定演化分析的基本标准，生物学隐喻也是很多演化分析的特点。演化分析源于古典经济学的历史—制度主义分析传统，杜尔哥、斯密和穆勒等古典经济学学者被视为演化分析思想的源头，古典经济学家马尔萨斯在《人口论》中提出的生存竞争思想为达尔文进化论提供了有益的启示。马克思、马歇尔、凡勃伦和熊彼特的分析方法包含重要的演化分析方法，是演化分析理论的主要来源。凡勃伦传统的旧制度经济学派、新熊彼特学派、奥地利学派和法国调节学派成为演化分析的主要流派，其中凡勃伦传统的整体主义和累积因果原理，以及新熊彼特学派对熊彼特创新理论的发展是演化分析的重要构成部分。

演化分析方法的核心可以概括为新奇性创生和行动依赖性两个方面。新奇性创生是变异—选择—发展三个阶段的循环累积；行动依赖性把人们的行为描述为个体在群体性思维的左右下依照满意原则进行选择和行动的不可逆的动态过程。以纳尔逊和温特为代表的新熊彼特学派将惯例与生物学的基因相类比，构建了演化分析的“组织遗传学”，这是演化分析的重要分析方法。

依据“组织遗传学”的分析方法，兼容技术变迁的经济增长过程是一个动态的马尔可夫迭代过程，经济主体的创新和新技术推广在时滞和模仿等因素的阻碍下，在有限理性的条件下依据惯例进行选择和行动，存在不确定性和失败的风险。通过动态的竞争、替代和模仿过程，技术进步和经济增长得以实现。

技术进步和经济增长的过程与制度变迁密切相关，以法国调节学派为代表的积累体制研究将技术进步、经济增长和相应的制度变迁过程纳入统一的积累体制之中，构建了动态积累的制度变迁过程理论；关于福特主义积累体制的分析是理解资本主义制度变迁过程的经典理论。

就制度变迁的动态过程而言，在路径依赖和报酬递增机制的影响下，制度变迁既可能形成“自我强化”的良性循环，也可以陷入“锁定效应”而停滞不前，这一看似矛盾的逻辑可以为制度变迁的多样性和不确定性提供较好的解释。

【关键术语】

经济学演化分析	新奇性	创新
还原论	生物学隐喻	熊彼特的创新与发展
创造性毁灭	满意假说	类型学思维
个体群思维	时间不可逆	组织遗传学
惯例	技艺	积累体制
福特主义	路径依赖	奥尔森震荡

【思考·深化】

关于本章第三节提到的路径依赖问题，也有一些经济学家对路径依赖方法在经济上的运用持保留态度。威廉姆森就认为，技术变迁中的路径依赖并无“数量上的显著性”。例如，在他看来，被阿瑟当做技术路径依赖案例的录像机技术选择和核反应堆技术选择，“尽管都是路径依赖的有趣例子，但‘获胜’的技术并不明显地劣于失败者，甚至获胜者是否劣于失败者也完全不清楚”。事实上，大卫那个 QWERTY 键盘对 DSK 键盘的经典案例已被进一步的调查和实验所推翻。威廉姆森据此指出，“在 QWERTY 键盘案例中，路径依赖对效率只有轻微的影响”。至于某些学者就某些行业的产业组织演进中的路径依赖进行的计算机模拟，威廉姆森也认为，这只是说明路径依赖的影响是存在的，但是，“将这类实验描述为对于‘偶然性和理性相对作用’的检验，尚为时过早”。他还进一步指出，尽管存在路径依赖现象，“然而，这并不能使我得出不变的键盘布置是从 1870 年至今打字机技术发展的最重要属性的印象。如何解释机械技术方面的改进？如何解释电动打字机的出现？如何解释个人计算机和激光打印机的发明？其他‘结构上优越’的技术都被忽视了”。

“事实上，一些持进化论经济学立场的西方学者，虽然认为运用路径依赖方法可以打破新古典以及新制度主义的比较静态分析框架，真正将历史引入经济分析（即所谓的‘history matters’），但也承认，由于缺少关于社会经济进化的综合理论，路径依赖的决定因素和作用机制还远未弄清，更不要说建立具有普遍意义的模型了。总之，就社会经济进化研究而言，路径依赖目前还是一种有争论的分析方法。”

结合上述分析和本章关于演化分析及路径依赖的介绍，谈一谈在你看来“路径依赖”能否成功地引入制度变迁理论，或者说要完成这一工作会面临哪些困难，其出路在哪里。

第十章

新经济史学

理论上动态的制度变迁过程，构成现实的经济史演进过程。把新制度经济学的逻辑与经济史的变迁相结合，不仅是对制度变迁理论的历史印证，也是对传统经济史观念的重新认识。以诺思为代表的新制度经济学家认为，人类经济的发展史也是经济制度持续演变的历史，他们将新制度经济学的交易费用、产权和制度变迁等理论应用于经济史研究，对经济史提出了许多新的解释，形成了独具特色的新经济史学或称新经济史观。

第一节　认识新经济史学

新经济史的观念形成于20世纪50年代末和60年代初期，其初步形成是以1957年和1958年康拉德和迈耶的著作以及1960年和1961年戴维斯·休斯和麦克杜格尔等人的著作为标志的。罗伯特·W. 福格尔的《铁路与美国经济增长：计量经济史学论文集》（1964）和道格拉斯·C. 诺思的《昔日美国的增长与福利：一种新经济史》（1966）的出版，则标志着新经济史学的正式诞生。

新经济史学的兴起，在西方经济史学界乃至整个史学界产生了巨大反响，也铸就了自身的辉煌。1993年10月14日，诺思与福格尔被同时授予诺贝尔经济学奖，以表彰他们“用经济理论和数量方法来解释经济和制度变迁在经济史方面的新研究”。

一、新经济史学的由来

长期以来，经济史研究的传统是偏重于经济发展历史史料的收集、整理和考证，经济史学的作品不论是采取编年史法还是采取主题叙述法，往往都是材料的堆砌和罗列，经济史学与历史学的其他分支科学一样，没有自己的学科特色，它们彼此之间的区别只不过是研究领域不同而已，而没有研究范式的差异。如果说，任何一门学科的“历史学家”都应有自己的哲学观和历史观，都应从自己的角度和用自己的方法去认识世界和解释历史，那么，经济学家更理应使用经济理论去认识世界和解释历史。而且在社会科学中，经济学向来是一种具有较为严密和有效分析问题的方法的学科，在对历史的研究中，也应该有所成就。

以诺思和福格尔等人领衔的新经济史学的兴起改变了经济史学本身的历史，从此经济史学家才真正开始用经济理论去研究历史，理论与历史被熔于一炉。无疑，这是一场革命。但是，“在旧经济史学与新经济史学之间也有一条清晰的连续性的线索”。

新经济史学的兴起在相当程度上要归功于历史学和经济学长期存在的密切关系在20世纪30年代之后得到加强。受20世纪30年代经济大萧条的影响，西方经济理论的中心问题从研究短期均衡转移到对长期经济发展和周期循环的研究。重视长期经济增长的趋势和动力，就不可避免地需要将重点放在历史因素之上。这样，便从定量研究方面给经济史提供了新的研究线索。而伴随“凯恩斯革命”而来的宏观经济学以及由此而形成并完善起来的国民经济核算理论、经济增长理论和经济计量学，都成为经济史学家们分析经济历史的强有力的工具。同时，对经济增长因素的重新核算必然引发对经济增长源泉的探究，而制度分析法的兴起又极大地为之拓宽了研究思路，提供了更多的研究手段。

综上所述，**所谓新经济史或新经济史学，是指运用交易费用、产权和制度变迁等新制度经济学理论和计量经济学方法，对经济社会发展史进行重新解读，突破传统经济史集中于收集、考证和叙述的局限，构建经济变迁的理论分析框架，解释经济史与现实之间的联系。**瑞典皇家科学院认为，新经济史学对经济科学的发展有两个杰出的贡献：（1）用量化的方式将这种理论结合起来；（2）重新构造或新构造了经济数据库，这就使人们可以对早期的结论提出质询和进行重新认定。

二、新经济史学的特点

具体而言，与传统经济史学相比，新经济史学主要表现出以下几个“新”的特征：

（一）方法论的革命

新经济史学保持了新古典主义的有关稀缺性的假设，并运用由此产生的竞争和微观经济理论的分析工具。由于缺乏理性分析的工具，传统经济史学不可能对经济史的演变作深层次的分析，更不可能建立一般的分析框架。而新经济史学的本质特征就在于使用了假设演绎模式，这种模式充分利用了计量经济学精心设计的技术，目的在于用数学方法建立起各种变量因素在特定的环境下相互发生作用和影响的方式。迄今为止，这种模式已广泛运用在证实新事物（如铁路）、机构（如银行）和生产方法（如炼钢）对经济发展的影响上。

（二）经济学数据库

新经济史学的研究，重新构造了经济学数据库，使对历史的分析包含了更多的“经济性”原则，从而使经济学更具科学性。新经济史学的计量化特征是由福格尔确立的。他把新经济史学“侧重于量度及其对量度和理论之间的紧张关系的认识”抽取出来作为它的基本特征。他以数学代替文字形式，使研究更加精确和准确。福格尔著作的大部分内容，就集中在更正和补充历史档案的数据上，他重建了美国经济的时间系列，诸如人口生育率和死亡率、妇女参与率、移民率、流动率以及储蓄率，等等。从这种意义上说，新“经济史学永远具有计量化的倾向”。因此，一般将新经济史学又称为计量经济史学。①

（三）突破唯心主义历史学派

唯心历史学派的核心观点是，历史学在展示证据的方式上绝不可能是科学的，因为历史事件具有独特性，所以不可能进行有控制的实验。新经济史学派则相反，他们认为建立“反事实”状态完全是可能的，至少在条件充分的情况下是可能的；借助于这个方法可以衡量实际上已经发生的事实与在不同条件下有困难发生的事情之间有多大差距。如福格尔对铁路在工业革命中的作用的分析就是一个典型的例子。

（四）突破具体历史命题

新经济史学对经济史学的影响不仅在于局部和技术的意义上，还在总体上影响了历史的研究工作。新经济史学对一些已被定性的历史重大事件做了重新解释和评价。如福格尔对奴隶制的研究，诺思对产业革命、“圈地运动”性质的重新界定，张五常对分成租佃的分析等等，在经济学界、历史学界乃至整个社会科学界都产生了巨大的反响。

总之，新经济史学的兴起不仅在经济史学上有着划时代的意义，使得经济理论的应用范围得到极大的拓展，理论应用还得出了一系列发人深省、与传统观点迥异的结论。对此，人们不能不有“重新发现历史”之感。在本章，我们就通过部分有代表性的案例分析来感受一下新经济史学对历史的独特解读，并体会新制度经济学已经取得和正在取得的成就。

第二节　源于兴衰探讨的分析方法

新经济史的分析方法起源于西方学者关于西方世界兴起、各国兴衰历程的理论思考。1973 年诺思与托马斯合著的《西方世界的兴起》成为新经济史学的纲领性和宣言性文献，该书对西方社会经济史进行考察解释，创立了新经济史学的基本分析方法。

一、制度与经济增长的关系

学者们把原有理论对经济增长的解释与各国的经济发展史相比照发现，经济增长的诸多影响因素中，制度因素非常关键。例如 17 世纪的英国、荷兰在欧洲世界的兴起就引发了学者们的兴趣。

众所周知，在西方，晚期的中世纪的世界特征是循环。先是前两个世纪的人口增长，接踵而来的是在 1300 年或 1350 年至 1475 年之间的饥荒、瘟疫和经济收缩；1475—1600 年之间的第二轮扩张后是 17 世纪的经济收缩。17 世纪的危机横扫欧洲，但对各国的影响不同。英格兰和荷兰逃脱了马尔萨斯危机，并很快走上了经济快速增长的发展之路；而法

① 严格地说，计量经济史学仅是新经济史学的一个重要的分支，福格尔为这一派别的代表人物；而另一主要的分支则是用现代的经济理论尤其是新制度经济学的理论工具去重新阐释历史，它并不主要限于运用计量的方法，诺思是这一派别的代表人物。

国和西班牙则深受其害，明显地落后于前两个国家。为什么会出现这种情况呢？

长期以来，在各种有关经济增长的理论模型中，分析经济增长的原因无外乎资本决定、技术进步主导、人力资本和人力资本积累论等四大主线。从发展趋势来看，资本决定论早已退出历史舞台，技术进步论在经济学界的影响也渐次减弱，而强调人力资本作用的“新增长理论”则逐渐成为经济增长理论中的主流。但是，不管上述哪种经济增长理论基本都将制度和时间视为“自然状态”的一部分，把制度因素排除在外。也就是，将制度视为已知的、既定的或将制度因素作为“外生变量”，主要通过物质生产要素等因素的变化去说明生产率的变化和经济增长与否。按照传统的解释，似乎当物质要素不变时，尤其是技术不变时，生产率就无法提高，经济增长就不能实现。

历史存在着太多与传统见解相反的案例。我们看到，历史上许多社会虽然具备了经济增长所需要的资本积累和技术创新，却没有取得传统增长模型所预期的结局，而许多社会或行业尽管没有发生技术进步，却获得了生产率的提高。

例如，早在14世纪，中国就已经几乎具备那些被经济学家和历史学家认为导致18世纪末英国工业革命的所有条件，但是它却迟迟未能叩开现代工业文明的大门；在1600—1850年间，世界海洋运输业中并没有发生轮船代替帆船之类的重大技术进步，但在此期间海洋运输的生产率却有了很大的提高。

二、制度重要命题

关于制度在经济史中所发挥的作用，诺思的解释是：创新、规模经济、教育、资本积累等因素并非经济增长的源泉，而是经济增长本身。教育普及、出生率降低、资本产出系数提高，都只是经济发展过程中的现象，而非原因。诺思认为，对经济增长起决定性作用的是制度性因素而非技术性因素，有效率的经济组织是经济增长的关键，一个有效率的经济组织在西欧的发展正是西方社会兴起的原因所在。有效率的经济组织的产生，能够通过建立明晰的产权和制度安排，对个人的经济活动提供一种激励效应，根据交易费用大小的权衡使私人收益率接近社会收益率。而一个社会如果没有实现经济增长，也正是因为该社会没有为经济方面的创新活动提供有效激励，没有从制度方面去保证创新主体应该得到的收益。因此，**一个社会能够实现经济增长的关键，就在于这个社会的制度安排是否有助于推进创新，使创新者获得足够的激励，一种能提供恰当激励的有效的制度安排是促进经济增长的决定性因子，**这就是经济增长的“制度重要命题”。诺思这一不同凡响的论点，从西方世界兴起的考证中寻求到了实证的支持，在考察西方经济史的过程中，他以荷兰、英国、西班牙与法国的经济发展为例从正反两方面证明了上述命题的成立。

三、对欧洲四国兴衰的分析

17世纪对于欧洲来说是一个充满各种危机的时期。经济萎缩，各国王室收入极度拮据，战争和动乱迭起。然而，正是在这种结构性危机的总体背景下，各国却出现了性质不同的结构调整以及增长格局。荷兰率先出现了经济繁荣，英国也后来居上，法国和西班牙却陷入了经济困境。我们看一下，诺思是如何解释这些国家的兴衰的。

（一）法国

只是在1422年后，法国才在名义上成为一个国家。为了从英国手中夺回被占领的疆土，皇室迫切需要增加收入，于是成立了一个称为三级会议的代理机构，对皇室开征应急特别税进行投票表决。但三级会议试图结束国内混乱状态的强烈愿望使得皇室抓住了征税权，这最终使皇室具有了转让和变更产权的排他性权利。用产权换取税收收入成为皇室增加税收的短期有效的办法，但具有破坏性的长期后果。同时，在百年战争以后，行会的权利越来越大，而皇室却也从中找到了筹集财政收入的社会基础。17 世纪在柯尔贝尔的统治下，皇室以保障地区性垄断权换取了行会的缴费，并将行会制度置于自己的控制之下。这种制度造成了极其严重的后果：(1) 劳动力的流动性到处受到抑制，结果导致进入一个行业即使不是不可能也是困难重重；(2) 资本的流动性也受到了严重限制；(3) 那些不得违背习俗的烦琐的生产过程条例使创新到处受到抑制或禁止；(4) 在许多场合，价格都是固定的。因此，尽管皇室和官僚机构增加了收入，但对生产率的影响是抑制性的。这样，法国成了一种地区性经济，而牺牲了扩大市场的收益。由于存在许多地区性垄断，从而失去竞争的益处，地区性垄断不仅使皇室巩固了自己的合法地位，而且抑制了创新。

（二）西班牙

西班牙存在着与法国相似的情况：国家转让垄断权是财政收入的主要来源。13 世纪频繁出现的财政危机使国王认为对牲畜征税比对人征税要容易得多。因此，在 1273 年，西班牙国王将牧羊人行会梅斯塔合并为一个行会，以便能向国王提供大量的收入。作为交换，牧羊人获得了一系列的特权，其中最重要的是可以在整个国土上来回放牧。结果，有效土地产权制度的建立被拖延了几个世纪。16 世纪是西班牙称霸欧洲的时代，对财政收入的需求也就变得更加至关重要。城镇的行会获得了对新增收入的排他性的地方垄断权。另外，国家还通过没收财产、出售可以免税的贵族身份来获取收入。与政府的财政政策相适应的产权结构不但抑制了人们从事多种生产性活动，而且刺激社会从事可以免向国家承担义务的非生产性活动。

（三）荷兰

与法国和西班牙相反，荷兰特别是北方七省逃脱了马尔萨斯危机，成为第一个实现经济持续增长的地区。荷兰是一个资源相对稀缺的国家，但是，荷兰人建立了比强大对手更有效率的经济组织，在欧洲第一个确立了明晰的私有产权制度，结合发现新地区及发展在印第安和美洲的贸易，发挥了扩大世界贸易的优势，克服了资源不足的困难，从而率先创造了引人注目的经济繁荣。在荷兰，没有行会和贸易的限制，因而使工商业方面的重要性得到普遍空前的提高。1463 年荷兰创立了一个代议制机构——国会。国会的建立有助于制定促进贸易和商业发展的法律，并保护私有财产的转让。鼓励自由竞争和商业发展的结果使得贸易迅速扩张，市场效率不断提高，市场运行的费用包括搜寻费用、谈判费用和实施费用则不断降低。尼德兰市场的建立有助于降低搜寻费用；永久性交易所的设立提供了标准化的交易方式，从而降低了谈判费用；由于惯例的交易方式也得到国家的保护，因此履行的费用也降低了。在农业方面，早在 15 世纪末荷兰的庄园制封建制度即被废除，取而代之的农业基本制度——私有制以及劳动力和市场的发育同样提高了农业的效率。

（四）英国

英国在加入经济角逐的开始阶段处境极为不利，一方面面临着荷兰、法国和西班牙强有力的商业挑战，另一方面耗资巨大的百年战争造成了国内经济和社会的严重困难。它既缺乏法国的规模，又没有西班牙的外部资源，也没有荷兰的有效率的制度。但它效仿尼德兰的产权制度，并逐渐形成了私有产权制度，最终成功地摆脱了17世纪的危机，成为一个时期世界上最有效率、发展最快的国家。在14世纪至15世纪，遭受百年战争和玫瑰战争之苦后，英国的几届王朝也试图靠转让产权的办法来增加财政收入。但议会表现得桀骜不驯，因此冲突不断发生，结果皇室常常失利。到15世纪晚期，在征税程度问题上形成了皇室、羊毛出口商和代表养羊售毛者利益的议会三方的妥协：皇室得到羊毛税收入，但议会有权规定羊毛的征税水平，而商人则垄断羊毛贸易。从此之后，征税权一直为议会掌握。皇室就这样把原来掌握长达两个世纪的产权的控制权交给了富有商人和议会，而后者的兴趣在于通过限制国王的权力来保护私有产权和竞争。另外，由于英国是一个岛屿国家，政府提供的保护对英国人不如对其他国家的人重要。而且国内竞争者的经常出现也限制了英国国王的权力。同时，随着市场的扩大和人口的激增，英国采用了类似荷兰人的商业、工业和农业的创新，如专利法、土地使用法、股份公司、证券公司和商品市场、保险业和银行，并发展了一套包含在习惯法中的有效的所有权。由于英国逐渐形成了优于其他欧洲国家的经济组织和政治制度环境，它最终取代了荷兰的商业霸主地位，一跃成为世界经济领袖。

概括四国兴衰的原因，诺思认为，政治和经济组织的结构决定着一个经济的实绩及知识和技术存量的增长速率，人类发展中的合作与竞争形式以及组织人类活动的规则的执行体制是经济史的核心。

第三节　历史上不同制度的新考察

新经济史学基于前面所介绍的方法论，对历史上的奴隶制、庄园制和反垄断进行了重新考察，虽然某些观念并不见得完全令人信服，但是，它们毕竟体现了新经济史学对经济史研究甚至是对传统观念带来的冲击。

一、奴隶制的效率与消亡

新经济史学家通过分析奴隶制认为，在某种历史条件下，即使是野蛮的奴隶制度，也可能是一种有效率的制度安排，当然这也引发了持续的争论，即什么条件下奴隶制才是有效率的，而奴隶制又是如何消亡的。

（一）福格尔：奴隶制是有效率的

1974年，福格尔与恩格尔曼合作出版了《为非作歹的时代：美国黑人奴隶制度》一书，重新考察了独立战争前的美国奴隶制度，对传统的观点即认为奴隶制是一种无效率和不盈利的生产方式的论点发起了挑战。

福格尔和恩格尔曼（1977）认为，美国历史上黑人奴隶制是非常有效率的，以致只有像南北战争这样的超经济力量才能够使之垮台。他们复原了历史资料，并指出，美国奴隶的平均生产率大约要比自由农高70%，在其他条件不变的情况下，前者的年生活水平归根到底要比后者高30%（即休息时间更长，“自由时间”更多）。奴隶生产率比较高，可以说是使用奴隶劳动力的大农场的组织方式效率较高的结果，而不是对劳动者剥削更重的结果。

福格尔等人的结论在经济学界、史学界乃至整个社会科学界引发了争论。它与我们一贯所受教育的常识相冲突，也与我们的道德感受不相容。避开情感不说，它也是与通常的基本经济理论相背离的。按照正统的经济理论，奴隶制在长期中是不可行的，因为奴隶只得到他生产的产品的一小部分，即他的实际劳动边际收益小于他本应可得到的，因此他会在小于他的最大化产出之前停止生产。如图 10－1 所示，奴隶的劳动必然会在 L_a 处停止劳动，低于潜在的劳动量 L_b。

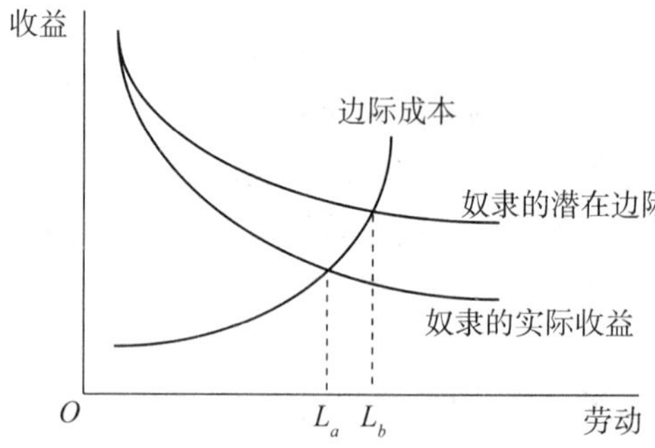

图 10－1

（二）痛苦激励

那么，福格尔的发现又作何解释呢？是福格尔的计算方法有误，还是其他原因？费诺阿尔泰亚（Fenoaltea，1984）由此提出了一个新的名词“痛苦激励”，并用之来解释福格尔的发现。所谓痛苦激励是指**施加痛苦刺激，奴隶可以产生高于平常的生产率。因为奴隶的身体完整受到直接威胁，就必然引起奴隶的焦躁、粗野的劳动，产生比自由人还高的生产率。**他的分析如下：

图 10－2 中，GP_s 是一个遭受痛苦刺激的奴隶状况；GP_f 是一个自由人驱使自己尽量艰苦工作；NP_s 是奴隶的净产品，即总产品减去他维持生活的成本，NP_f 是一个自由人的净产品。这样，奴隶主就会通过选择奴隶的净产品最大化来决定奴隶的工作时间和闲暇时间。如果奴隶主出租奴隶，他将索要 XH 的租金，如果他出卖奴隶，则奴隶的价格等于奴隶生命中所余工作日的 XH 所有的折算总和。显然一个自由人是付不清他的赎金的，因为他的净产出 NP_f 比 NP_s 低，这是因为他没有受到痛苦刺激的激励。因此，从上面的分析可以得出奴隶制是长期稳定的结论。通过引入“痛苦激励”，费诺阿尔泰亚部分解释了福格尔有关奴隶制难以自动瓦解的结论。

为什么自由人的生活水平比奴隶还要差呢？费诺阿尔泰亚解释道，如果自由人的生产率与奴隶的生产率一样大，则奴隶就能够支付得起他们成为自由人的赎金，而且他们愿意这样去赎买。一个自由人不得不把他所有超过生存需要的剩余都交给旧主人。这样，他只好在恶劣的条件下工作，虽然享有自由却得不到恶劣生活条件的补偿金。因此，自由人虽获得自由，但生活水平没有提高，工作条件也没有改善。因此，费诺阿尔泰亚又从理论上来印证福格尔的发现。

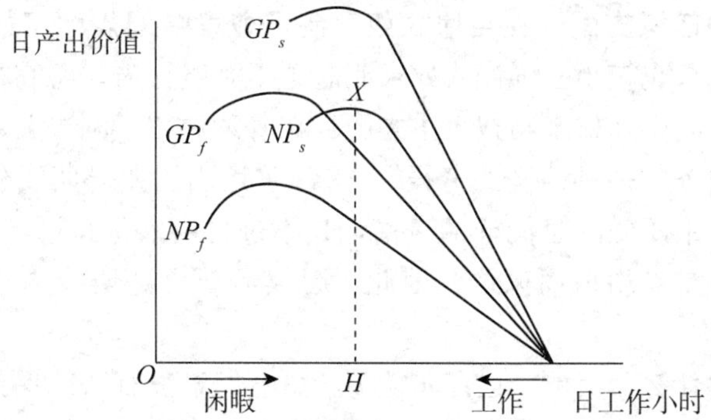

图 10-2

（三）过高的交易费用导致了奴隶制的消亡

费诺阿尔泰亚又进一步引入包括监督成本在内的正交易成本。他认为交易成本往往会削弱奴隶制的相对优势，只有奴隶制以痛苦刺激为基础，且这种痛苦刺激提高了生产率却没有引起其他问题的时候，这种奴隶制作为一种劳动力组织形式才能存在下去。但事实上，奴隶制是有交易成本的，而且交易成本还是非常巨大的。

为此，费诺阿尔泰亚提出了奴隶制条件下的四种成本项目：（1）为了使奴隶生产率最高而控制奴隶消费所付出的费用。原因在于奴隶只关心自身效用最大化而不会顾忌消费和生产率之间的关系。（2）装病自残的成本和防止这些现象发生的成本。（3）奴隶有意识地破坏成品、破坏协作投入品所引起的成本。（4）监督奴隶行为和实施奴隶制的成本，目的是防止起义和争斗。

他认为，这些成本也许正好抵消了由于痛苦刺激而获取的高收益。另外，焦虑和痛苦也会产生粗野的奴隶：被折磨的奴隶处于笨拙、无想象力和病态心理状态之中，这同样会降低奴隶的工作质量。根据这种假设，费诺阿尔泰亚认为，强迫型劳动力的比较优势只能体现在努力密集型和土地密集型的生产活动中。由此，他解释了古罗马奴隶制消失的原因，因为古罗马种植园的葡萄树和橄榄树是资本密集型和维护密集型的植物，在种植园里实施痛苦激励是相对无效的。

最后，费诺阿尔泰亚还提出了一个考察奴隶制的动态化的模型。他的假说是：（1）奴隶制会首先出现又最终消失在努力密集型部门，在这种部门痛苦激励是恰当的。（2）奴隶制延伸到精心维护和资本密集的生产活动中，必须依靠一定的补偿来缓和代理问题，特别是在这些生产活动中，严酷对待奴隶的现象将有较大的改观。（3）在绝大多数维护密集型和资本密集型的生产活动中，解放奴隶是特有的活动，发生频率也较高。

可见，虽然费诺阿尔泰亚从福格尔的观点入手，但他最终又得出了与福格尔不同的结论，认为奴隶制最终是一种交易成本很高的制度，因此，它的最终消亡也是社会经济发展的必然结果。

（四）巴泽尔：奴隶制消亡的契约与产权因素

巴泽尔（1997）则从另一个角度分析了奴隶制消亡的原因。他将奴隶制看成是一种劳动力买卖合同，不同的是赋予奴隶主支配奴隶的广泛权利。他将之分为强制式奴隶制（forced slavery）和自愿式奴隶制（voluntary slavery），**在强制式奴隶制下奴隶合同规定**

奴隶终身受奴隶主的任意支配；在自愿式奴隶制下奴隶合同规定了奴隶主支配奴隶的期限，且奴隶主的支配权也较小。强制式奴隶制起源于海盗行为，将它视为合同，是指在已经沦为奴隶以后的时间中，奴隶与奴隶主之间存在着某种“互利”关系；自愿式奴隶制是直接用劳役来偿付债务的一种“契约劳役”。巴泽尔运用无差异曲线分析了奴隶劳动的供给，认为自由人与奴隶所做的是同样的事情，只不过自由人是自愿签订了一纸合同而已，而奴隶（或其祖先）是被劫掠而来的。因此，废奴运动只是偿清债务、撤销合同的一种行动。

那么，奴隶是靠什么赎身的？巴泽尔认为，虽然奴隶没有法律保护，但是奴隶所有权本身从来都不是绝对的。通过给予奴隶一些所有权来交换奴隶主认为价值更大的奴隶劳动，这样可以增加奴隶主财产的价值。这是因为奴隶是劳动行为的信息偏在者，他们的劳动行为中同样存在着机会主义倾向，这就使得奴隶主为了监督奴隶的劳动要花费大量的监督费用。随着这笔开支越来越大，就需要尽量节约，给奴隶一些自主权。而且，这时奴隶主也只能监督奴隶的产品，而不再监督奴隶的劳动过程。因此，为了节约各种支出，奴隶主就只好允许奴隶有权得到一部分产品或一部分自由支配的时间，这就使得一些奴隶最终有能力为自己赎身。

巴泽尔还提出了一个用治安成本来解释的推测性假说：在一国之内，当警察对被迫为奴的人进行甄别并还其自由身份的成本提高，以及追捕逃亡奴隶所花的成本提高时，该国废除奴隶制的可能性就会增大。因此，巴泽尔认为，到19世纪末，美国已基本废除了奴隶制，其原因大概是保护这种制度所花费的成本已超过其净收益。

二、庄园制的争议

庄园制有三个方面一直存在许多争议：作为农奴和自由民向领主履行义务的主要形式——劳役；农奴制的基本制度特征；以及个体劳动者条状土地在敞田上的零散分布问题。

（一）劳役

一般说来，劳役的形式是很难监督，并且是很难交换的。那么，为什么劳役这种交易方式存在如此之久呢？诺思和托马斯（1995，1999）认为，劳役是形成有组织的、排斥了专业化和交换的市场所必需较高交易费用的结果。在庄园制社会中，封建贵族的职责是保证提供基本的“公共服务”，而农奴则提供自己的劳动力来交换公共服务。虽然农奴契约规定了每年每个农奴在领主土地上劳动的天数，但当时集体需要耕种的公地大量存在，个人参加集体种植公地的同时，可以有较多的时间来满足自己家庭的需要。每个家庭获得的“收入”既不是工资，也不是实物。因为那时谈不上存在市场经济，根本没有货币交易，不可能实行工资制。“实物”之所以也无法分配，是因为人们在确定度量和交换标准方面遇到了“交易费用”的障碍。尽管存在着逃避劳役的诱因，但在缺乏支付手段和货币经济的情况下，劳役仍是最有效的经济组织：农奴必须在领主的土地上服一定劳役以同当时的保护性服务相交换。

（二）农奴契约的性质

庄园制最鲜明的特征就是农奴—领主间契约实施的性质。庄园制社会中，农奴是最普遍的社会身份。一方面，农奴不同于奴隶，人们不能任意向农奴支派劳役，甚至农奴有选择领主的自由。另一方面，由于不存在公正的第三方来实施这个交易，而是由庄园领主或其代理人充当裁决者的庄园理事会来实施庄园惯例这一未成文的法律，因而，庄园领主在与农奴打交道的过程中是有利的一方。领主是否会利用这种优势来损坏农奴的利益呢？也就是说，有什么机制来保障领主—农奴的契约得到执行呢？诺思等的解释是，如上所说，由于劳动是稀缺的，而且农奴有逃跑的选择，因此，领主也面临着较大的制约因素，这促使领主去遵守包括庄园惯例在内的契约规定。

（三）土地分布的交易费用

第三个引起争议的是：零散的条状土地的持续存在对交易费用理论提出了挑战。因为根据交易费用理论，单个农民在许多分开的条状土地上劳动，而这些条状土地又零散地分布在典型庄园的几块土地上，这种做法显然是无效的。

对此，有几种解释。麦克洛斯基（McCioskey，1976）认为，这是对持有集中土地的风险作出的反应——即实行一种保险计划——的结果。在那个时代，高昂的交易成本既阻碍了资本、保险市场的发育，也限制了从贸易中获得利益，因此，庄园制就利用一定的分散化经营来替代成本更高的资本市场和保险市场。霍尔认为，零星分散土地的持续存在是领主为监督佃农和自由民的产出以便减少逃避行为而付出的努力的结果。库拉（Kula，1976）则认为这是领主为使农民占有的土地减到最少，从而增加领主领地而付出的努力的结果。

关于敞田制度，达尔曼（Dahlman，1980）有比较深入的研究。他从规模经济的角度出发，讨论了当时敞田地上放牧的二元生产函数，认为直到那时，公共财产是最有效的制度。他指出，“如果在可耕地上存在私有产权，如果外界的非所有者被排斥在外，如果每一个家庭农场进行混合耕作，如果放牧的规模存在收益递增，那么在放牧地区中的集体权利较之私人权利显然会节约交易费用。只要开采矿藏、砍伐木材和灌溉草地这类服务性生产活动存在规模收益，那么每一个农场主分别来从事这类活动就会产生额外的浪费”。达尔曼认为，敞田的条状分布恰恰是成本最低的办法，因为它“确保了进行集体决策，而这种决策是实现饲养家畜的规模收益所必需的。敞田的条状分布与其说是否定了集体决策，还不如说是实现了约束机制和激励机制的变化”。在达尔曼看来，财产（及其他）制度的选择的关键问题可以在交易费用的性质和决策集团的特定目标中发现。由此，他得出结论性的意见：“必须指出，在生产技术与交易费用之间存在着密切的关系。制度能减少交易费用，这是众所周知的。但是，交易费用本身是与生产过程的性质相关的。生产技术和交易费用这两方面都必须考虑到。”（Dahlman，1979）

三、反垄断是否合理

经济学的一般原理告诉我们，垄断会带来一系列的后果：导致资源的低效配置、降低社会总福利以及使收入再分配不利于消费者而利于垄断者，等等。因此，许多经济学家将大量的时间用于此类问题的研究，分析众多的垄断实例，估算生产和销售在少数企业的集中程度以及所导致的社会福利损失。

（一）哈伯格三角形

对垄断的批评，较为典型的是哈伯格等人的工作。**哈伯格将垄断引起的福利损失定义**

为消费者剩余超过垄断者的收益部分，在几何图形中表现为需求曲线以下成本曲线以上的部分。在图 10－3 中，垄断引起的损失定义为阴影部分，即现在所广为人知的**“哈伯格三角形”**（BDC）。

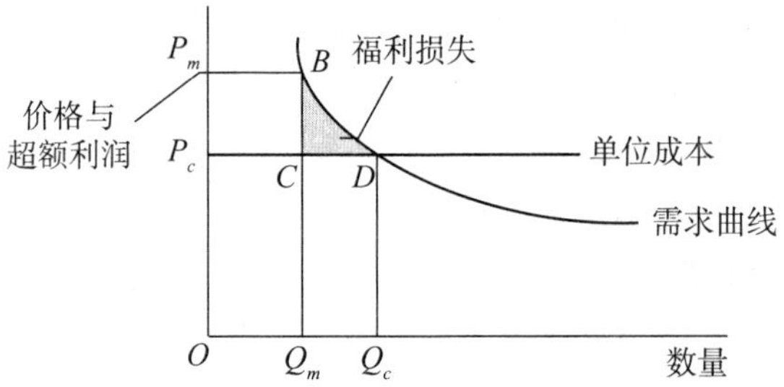

图 10－3　哈伯格对垄断引起的福利损失的衡量

（二）实证检验的失败

在哈伯格三角形提出以后，许多经济学家利用它来对现实中垄断引起的社会福利损失进行测算，结果却令人大感意外，与我们的普通感受大相径庭。

如哈伯格（Harberger，1954，1959）利用爱波斯坦 1934 年编辑整理的 73 个制造行业 2 046 家公司在 1924—1928 年有关资本收益率的统计资料，对美国经济的福利损失程度做了测算。结果发现美国由垄断引起的经济福利损失相当小，不到国民生产总值的千分之一。考虑到各方面的因素，哈伯格认为这个数字可能被低估了，正确的福利损失的数字可能略超过千分之一，但同样是微不足道的。哈伯格承认他对这个结论感到意外，并且他是在垄断对资源结构的扭曲比实际情况大得多的错觉下进行研究的。与之类似，计算许多国家因垄断和关税造成的福利损失结果也是如此，同样很低。①

塔洛克（1999）运用了相当大的数字假设：国民产出的 1/2 由垄断行业提供，垄断价格与竞争价格相差 20%，平均的需求弹性为 1.5，结果，计算下来垄断引起的福利损失也只有 1.5%。

哈伯格三角形计算出的垄断福利损失与一般人本能感受的巨大差异使整个经济学界感到震惊，也使关心垄断问题的经济学家处于尴尬的境地。因而有人调侃道，如果我们接受哈伯格的研究结论，经济学家与其去限制垄断还不如去消灭白蚁，这样对社会的贡献更大。所以蒙代尔（Mundell，1962）说，“除非对这些研究赖以建立的工具的正确性进行全面的反思，否则，人们难免会得出经济学无足轻重的结论”②。

（三）新制度经济学的挑战

一些经济学家特别是新制度经济学家对哈伯格三角形提出了根本性的挑战。

对哈伯格的第一个挑战是莱宾斯坦（Leibenstein，1966）提出的 X 非效率理论，他承认，因为配置非效率仅涉及净的边际效应，重新分配的福利影响必然很小。传统分析的基

---

① Schwartzman，D.，1960，“The Burden of Monopoly”，*Journal of Political Economy*，68，727－729；Wemelsfelder，J.，1960，“The Short-term Effect of Lowering Import Duties in Germany”，*Economic Journal*，60，94－104.

② Mundell，R. A.，1962，“A Review of L. H. Janssen：Free Trade，Protection and Customs Unions”，*American Economic Review*，52，622.

本假定是企业有效地购买和使用投入要素，其余问题是价格和数量扭曲的结果。但实际上，如果企业因管理上的困难而未能有效地购买和使用投入要素，它所引起的潜在福利损失要大得多。在免受高竞争压力的企业中，莱宾斯坦指出了引起X非效率的三个原因：(1) 不完全的劳动合约；(2) 不能完全确定和确知的生产函数；(3) 不通过市场交换的投入要素，或者即使通过市场交换，交换的条件不一视同仁的投入要素。

因此，企业和经济不可能在与资源相一致的生产可能性边界上运行；相反，它们实际上是在生产可能性边界以内运行。正如莱宾斯坦所说："在低竞争压力条件下，许多人将用更勤奋的工作、研究和控制他人活动带来的负效用来换取压力低、人际关系好的正效用……资料表明，在许多时候，由提高配置效益增加的收益相当低，而由X效率提高增加的收益却非常大。"①

公共选择学派的创始人之一塔洛克（1999）接受了莱宾斯坦重视分析配置效率以外的其他类型的效率的分析法，但他从一个全新的角度——寻租——来分析垄断引起的福利损失。他认为，在图10-3中 P_mBDP_c 是一个成功的垄断者从消费者那里榨取的转移收入，那么潜在的垄断者受如此丰厚的利润吸引，肯定会把大量的资源用于形成垄断的活动。在适当扣除风险因素之后，垄断转移的资本价值远远大于四边形表示的收入，因为后者仅表示单个时期的转移收入。即使在垄断确立以后，可以预见仍存在着打破或挤入垄断行业的努力，这又涉及投入大量稀缺资源。这种进攻行为将进一步促使垄断者投入稀缺资源以保护其垄断权力。因此塔洛克认为，在计算垄断引起的潜在福利损失时，除哈伯格三角形 BCD 外，还须全部或部分加上塔洛克四边形 P_mBDP_c。

塔洛克（1999）还讨论了转移成本问题，他认为，90%的政府收入转移都会造成稀缺资源的浪费，"它们是获益者的游说活动、捐赠者的无知和/或政府的软弱相结合的产物"，"转移博弈本质上是一种负和博弈"。

在塔洛克首开寻租行为分析后，安妮·克鲁格（Krueger，1974）也独自地运用寻租来分析有关福利成本问题，并首先提出了"寻租"这个富有魅力的词汇，她还建立了一个竞争性寻租模型，用于说明对国际贸易施加数量限制产生的租金情况。她指出：(1) 竞争性寻租使经济在转换线内运行；(2) 数量限制产生的福利损失无疑比同等数额的关税限制产生的福利损失要大；(3) 竞争性寻租使某些活动的私人成本与社会成本相背离。她对印度和土耳其因进口许可证产生的租金做了估计，发现它们与这些国家的国民生产总值相比都比较大。

第四节　历史事件的新解读

一、圈地运动与农业革命

"圈地运动"是许多人所熟悉的一个历史事件。

---

① Leibenstein, H., 1966, "Allocative Efficiency and Creation in the Theory of Economic Regulation", *Journal of Legal Studies*, 20, 73-90.

16世纪，英国出现了历史上第一次圈地运动，并一直延续到19世纪中叶。圈地运动带来了深远的影响，导致了农民份地的瓦解和生活水平的严重两极分化，大量的农民被赶出了家园，并引发农民的多次起义。因此，当时的许多人以及后来者大都对这一运动进行猛烈的抨击。如英国的人文主义学者、亨利八世的大法官托马斯·莫尔曾把圈地运动比喻成“羊吃人”。

（一）新制度经济学的解释

与传统的见解不同，新制度经济学家对“圈地运动”进行了新的解释。

首先，新经济制度学家认为，圈地运动是对当时环境变化所作出的反应，是为获取潜在利润所进行的制度变迁。

16世纪，英国出现了两种引人注目的现象：一是羊毛价格大幅度上涨；二是村镇牧场逐渐出现“羊过剩”，每公顷耕地上的牲畜头数由于牧羊收益过高而猛烈增加。显然，缺乏明确专属的牧场占有制度是造成牧场“拥挤”、地力衰退的根本原因。羊的主人也大都感受到了这一压力，于是对产权重新界定的要求也应运而生了。

其次，新制度经济学家考察历史后，认为“圈地运动”的制度变迁经历了一个从自发性的诱致性制度变迁到强制性的政府主导的制度变迁的转换过程；同时也经历了一个制度从非正式到正式的转变过程，这符合一般制度变迁的方式。因此，这是一个提高产权效率的制度变迁。

圈地运动大致经历了这样的过程：人们最初同意共同限制公地上容许放牧的牲畜头数。但是，监督和管理这类协议既困难，费用又高，于是就发展到第二阶段：在个人之间划分牧场并给每个人以经营专属权，后者就是后来通过圈地运动实现的。但是按牲畜头数来划分经营专属权显然有利于拥有最大牧群者，这必然会遭到普通小农的反对。但在人烟稀少的地区，则因这种组织成本较低，而进展较为迅速。到了17世纪，出于政治原因，政府主导推动了这一过程，该运动很快就席卷了全国。显然，在新制度经济学家看来，正是由于政府在组织制度变迁中的优势，才使得这种有利于经济增长的制度变迁得以迅速进行。

（二）目的和作用

一般认为，圈地运动有几个目的：一是合并条田，使耕地连成一片，把分散的个体经营转变为集中统一的经营，从而改良农业技术；二是扩大牧场；三是开辟领主的私人园圃、猎场和体育竞技场。因此，新制度经济学家认为，圈地运动实质上是把非排他性的共有产权界定为排他性的私人产权，圈地运动导致的产权安排有利于发挥规模经济的效应，并使得敞田制存在的外部性内部化。

圈地运动对此后经济的长期发展也产生了深远的影响：(1) 它促进了英国资本主义大农业经济的出现，提高了农业生产率。圈地运动破坏了封建的庄园制，使封建土地所有制转化为资本主义大土地所有制，有利于资本对农业的投资，有利于加强对农业的经营管理，从而有利于农业科学技术的改革。(2) 它推动了工业中资本主义因素的发展。圈地运动导致大农业经济的出现，又为工业资金积累、原料和粮食保障方面提供了条件，同时又直接为工场手工业准备了劳动力。

总之，16世纪的圈地运动引起了农业耕作制度、经营方式和土地关系等许多方面的变革。它促使农村自给自足的经济向商品经济转化，最终走上了市场经济的道路。因此，新经济史学家充分肯定圈地运动对经济发展的贡献，将之比喻为“农业革命”。

二、铁路贡献的大小

史学界一般认为，工业革命与交通运输的发展密不可分。

克拉潘的《现代英国经济史》、保尔·芒图的《十八世纪产业革命》、汉斯·豪斯赫尔的《近代经济史》等书都强调了交通运输与工业革命间的互相促进、互相推动、互为发展的因果关系。而在交通运输革命中，尤其在19世纪的陆路交通发展中，铁路和火车的诞生与工业革命关系最为密切，正如钱德勒（1997）所说，“铁路与电报提供了迅速、定期及可靠的运输与通讯方式，这对于大量生产与分配来说是必不可少的，它们也是现代大工厂和营销企业的标志”，“在新的运输形式中，铁路是数量最多、活动最复杂且影响最深远的一种”。

按照正统的观点，铁路在工业革命中至少有以下几个作用：（1）铁路降低了统一的运费，这使得开发大面积的农田在经济方面变得切实可行。（2）修筑铁路引起了对制成品的巨大需求，铁路网的建成对工业的发展起到先导作用。如鲁道夫·吕贝尔在《工业化史》中所说，“铁路的兴建意味着刺激着钢铁、工业机器制造业和建筑业的效率的提高，以及产量的增加。而这些行业又刺激着其他经济部门”。（3）铁路的飞速发展导致了一些重要革新的出现和传播。钱德勒（1997）深入地讨论了铁路对建筑业和金融业的影响，认为“铁路建筑的需求导致了美国金融业和建筑业的根本改革”。

但是，铁路与工业革命密不可分这个已成为常识性的结论却引起了福格尔的怀疑和反思。事实果真如此吗？福格尔建立了“反事实”论据，复原了当时主要的工业资料，如运费、主要农业贸易流通量的地区分布、按部门对当时冶金工业交货情况的分析，等等。在此基础上，福格尔得出结论说，以上传统观点所认定的铁路对经济发展的作用是错误的。他认为，当时只要把美国的水路运输稍加扩大，就能以同样的费用进入95%的农用土地；至于修筑铁路引起的工业需求，在1840—1860年间，它从未超过美国铸铁生产的5%，因此，不能用铁路来解释该时期美国冶金工业的迅速发展。他甚至指出，在其他条件不变的情况下，即使没有铁路，1890年的美国国民生产总值也不会比这一年的实际产值低3%以上。因此，铁路在美国经济增长中所起的作用实在是微不足道的，美国经济的发展是由于多种因素促成的。

三、“李约瑟之谜”

（一）辉煌到衰落的难题

中国在历史上曾取得过非常辉煌灿烂的成就。到14世纪，中国已经取得了巨大的技术和经济进步，已经到达通向爆发全面科学和工业革命的大门。可是，曾经的辉煌并没有带来持续的繁荣，中国这个文明古国长期徘徊在现代工业文明的大门之外。当17世纪西方的进步加快之后，中国却远远落后了，从此成了被动挨打的角色。

对于中国文明的发展，人们普遍感到困惑的是，为什么曾经的辉煌没能使中国自发产生资本主义？为什么到达工业革命大门的中国却又止步不前？

李约瑟博士将人们的困惑归纳为如下具有挑战性的两难问题：第一，为什么中国历史

上一直远远领先于其他文明？第二，为什么中国现在不再领先于外部世界（Needham，1986）？这就是通常所讲的“李约瑟之谜”。

（二）传统的解释

如何破解“李约瑟之谜”？传统的解释大都集中在以下一些方面：工业革命在中国受到抑制是由下列某一个因素或所有的因素造成的：资本不足，市场有限，妨碍发展的政治障碍（包括商人的社会地位和权力），以及所谓中国人没有能力发展大规模长久存在的企业。

如李约瑟本人就试图从中国的政治经济制度中找到原因。他认为，中国是“官僚体制”，该制度的存在主要是为了维护灌溉体系的需要；而欧洲是“贵族式封建体制”（Needham，1969），这种制度非常有利于商人阶层的产生，当贵族衰落之后，资本主义和现代化便诞生了。中国的官僚制度没有能力把工匠们的技艺与学者们发明的数学和逻辑推理方法结合在一起。而中国之所以没有经常的技术创新，是由于“商人总是被压在下层，没有办法上升到掌握国家权力的地位。他们（虽然）确实组织过行会，但是，这些行会从来没有像在欧洲的行会那样重要”。所以，他说，“在这里，我们可能指出了中国文明未能产生现代技术的主要原因，因为在欧洲（正如大家所公认的）技术的发展是同商人的上升掌权紧密联系的”。

钱文源和其他一些学者的观点与此同出一脉，但侧重点有所不同。他们认为，帝国的统一和意识形态的统一阻碍了现代科学在中国的成长。依据他们的观点，所有的前现代社会都不容异说，然而欧洲的教会与政府、教会与教会，以及政府与政府之间都存在着竞争，对新思想的排斥也不那么有效。因此，许多封建的和独立的政权存在非常有利于科学的发展。与此相反，中国却被一种与绝对政治权利紧密联系的主导意识形态体制所统治，任何有关不同体制问题的公开讨论都在被禁之列。因此，“虽然中国人在机械技能和技术方面非常具有创造力，传统的政治和意识形态障碍仍然使得他们无法为现代科学的理论方法基础作出直接的贡献”。

另外，许多其他的学者也从不同的角度提出了自己的解释。例如马克斯·韦伯（1996，1997）就从宗教的角度对之进行了解释。韦伯认为，表面上很相似的经济组织形式与一种极不相同的经济伦理结合起来，就会按照各自的特点产生一种极不相同的历史作用。而且，一种宗教一旦定了型，总会对截然不同的阶层的生活方式产生深远的影响。而西方的基督教与资本主义的劳动组织方式相互联系，如商业化、可转让证券的发展、投机的理性化以及交换等等。但儒教则将对现实的紧张关系减少到最低限度，儒教伦理的核心命题反对专业化，反对近代的专业科层和专业训练，尤其反对为营利而进行的经济训练。因此，受儒家文化的影响，就难以自发产生资本主义。

梁漱溟（1994）则从文化发展的角度来破解“李约瑟之谜”。他认为，中国的文化属于早熟现象，结果它“心思偏于理性，但短于理智”，“忽失于物，而看重人”，“科学不得成就”并“把农工商划出学术圈外”。也正是由于早熟，导致中国文化“幼稚”“老衰”“不落实”“落于消极”“暧昧不明爽”。所以，梁漱溟甚至认为，如果没有外国的冲击，中国即使再过三千年也不能自发产生资本主义。

（三）对传统解释的质疑

但是，上述传统的解释越来越受到人们的质疑，如罗斯托（1997）就认为李约瑟的解释有三处错误：第一，把中国商人的地位看得比当时实际的地位软弱；第二，行会在传统社会中的确有助于保护商人和手艺匠人的利益，但是行会不是产生和迅速推广新技术的良好媒介；第三，18 世纪欧洲技术革新的增加同贸易的扩展和商人地位的上升等因素无关，虽然商人发挥过作用；而且许多国家（如日本、俄国和土耳其）的技术创新等，主要是从上层——由官僚、军人和具有现代化思想的政治家——而不是由商人推动的。

事实上，中国自古就有许多成功的大商人和实业家，如《史记·货殖列传》中提到的白圭、刁间、程郑、蜀卓氏、端木赐、乌氏倮等。有相当一部分还掌握了国家的重要权力，如越国的范蠡、秦国的吕不韦，甚至孔子的弟子如子贡既是大商人又做大官。特别是有相当一部分还长期掌管国家的财政大权，如汉代“齐之大煮盐”东郭咸阳和“南阳大冶”孔仅担任大农丞，主管全国的盐铁事务，而出身商人家庭的桑弘羊为御史大夫，为汉武帝主持财政达 30 年之久。而且，从商鞅之时“输粟拜爵”就是中国各代王朝解决财政问题的一个主要的也是最常用的措施。因此可以说，事实上在中国古代“商而优则仕”是普遍的现象；而所谓的“农本工商末”则是只在极少数的个别时期才得到贯彻。而且，即使是名义上禁止商人参加科举的考试歧视性法律条款，至少在明清之际就已被正式取消。1451 年以后，用钱捐官、捐学位的正常渠道被正式打通。这样，财富可以直接带来社会地位，金钱成为社会地位高低的一个决定性因素。

此外，林毅夫（1995）、杜恂诚（1993）、高克力（1992）也分别对钱文源、马克斯·韦伯和梁漱溟等人的观点提出了质疑。

（四）高水平均衡陷阱

马克·埃尔文（1973）则对上述传统的因素一一做了研究，彻底否定了所有这些“常规解释”。他从中国人地失衡出发提出了“高水平均衡陷阱”的假说。他认为，中国在农业和水上运输方面的技术已经达到“高水平的一道关口”。技术进步面临着两个问题：既要让产量大幅度增加，又要使成本大大下降。而在中国这样一个在 19 世纪中叶出现马尔萨斯危机即人口过剩危机的社会里，没有要求使用节省劳动力的机器的那种压力。他（1973）写道：“被历史学家通常看做对西北欧工业革命起过主要推动作用的每一个因素，在中国几乎也曾存在过……这是缺少伽利略和牛顿的科学。从短期看，这并不重要。如果中国人具有或者发挥了 17 世纪欧洲人那种追求实验和改进的狂热，他们本来很可能根据王桢所描述的原始模型制造出高效的纺纱机……制造蒸汽机会困难些，但是对于在宋朝就已经制造出双向活塞喷火器的民族来说，这不会成为不可逾越的困难。关键问题是没有人尝试去做。农业是个例外，在基本科学知识的贫乏成为严重障碍之前，中国大部分领域的技术早已停止前进了。”因此，埃尔文认为基础科学与发明的关系是直接的，中国有足够的科学知识使发明前进，问题在于缺少经济刺激，阻止了必要的“试验和改进”。这种缺少经济激励的根源在于社会制度。

（五）技术来自经验还是专业科技

罗斯托（1997）基本同意埃尔文有关“17、18 世纪中国所缺少的东西是一种不断增长的对科学、哲学、发明和革新激情”的看法，但又有所不同。他不同意埃尔文认为的科学革命是西欧工业革命的关键因素的看法，而认为它对于发明的供应和需求，以及对革新的意志的影响是间接的。他指出，18 世纪的关键性发明并不是直接产生于这样的建议，甚至并不产生于科学家本人，它们是受过专门训练的人的产物。

林毅夫则直接反驳了埃尔文的这一假说。他指出，企业主所感兴趣的是降低总成本，而非降低劳动力成本或资本成本这样的单成本，任何降低总生产成本的技术进步都是受到企业主欢迎的，至于此技术是通过节省劳动还是通过节省资本来实现的，则无关紧要。

林毅夫（1995）提出了另一个假说：在前现代时期，大多数技术发明基本上源自工匠和农夫的经验，科学发现则是由少数天生敏锐的天才在观察自然时自发作出的。到了现代，技术发明主要是在知识的指导下通过实验获得的；科学发现则主要是通过以数学化的假设来描述自然现象以及可控实验方法而得到的，当然，这样的工作只有受过特殊训练的科学家才能完成。在前现代时期的科学发现和技术发明模式中，一个社会中人口越多，经验丰富的工匠和农夫就越多，社会拥有的天才人物就越多，因而社会的科学技术就越先进。所以说，中国在前现代社会由于人口众多，在这些方面占有比较优势。中国在现代时期落后于西方世界，是因为中国的技术发明仍然依靠经验，而欧洲在17世纪科学革命的时候就已经把技术发明转移到主要依靠科学和实验上来了。林毅夫认为中国没有成功地爆发科学革命的原因在于科举制度，它使知识分子无心于投资现代科学研究所必需的人力资本。

不管罗斯托、埃尔文、林毅夫三人对中国古代的社会制度的看法存在多大的差异，对问题的切入角度也存在怎样的不同，他们都是试图通过对制度的考察来进行解释。通过他们的解释，我们可以认为，中国在14世纪之所以没有发生工业革命，关键就在于没有建立有效的刺激人们创新并把风险降低到最小限度的产权安排和制度体系。

四、中国的合作社为何解体

中国的合作化从1952年开始，它在最初几年取得了巨大的成功：1952—1958年间，农业产出连年增长。因此，合作化一度被认为是一种能促进农业与工业同步发展的战略。这一发展的战略主要特点是：（1）动员大量的农业劳动力到一些劳动密集型的投资项目去劳动，如灌溉、防洪、土地开垦等；（2）通过传统生产方式和投入，如密植、更仔细地除草、施用更多的有机肥，来增加单位产量。因此，当时的许多经济学家认为，中国的合作运动避免了苏联1929年的集体化所造成的灾难性后果，为那些欠发达的人口密集性经济提供了一个农业发展的模式。但是，1959年后，中国的农业生产突然出现了连续三年的大幅度滑坡。1960年和1961年的谷物产量只及1958年的70%。

（一）对传统解释的质疑

为什么一度被视为引导经济成功的合作化运动又导致了深重的灾难呢？被广为接受的传统解释是：（1）连续三年的恶劣天气条件；（2）政策失误加上合作社的管理不良；（3）由于合作社的规模不当所引起的激励问题。

对于以上三个理由，林毅夫（1994）运用量化的数字逐一进行了批驳。他说，如果气候是引起经济滑坡的主要原因，那么，当气候回到正常状态时，农业的生产率也应恢复到坏天气以前的水平，然而历史事实却并非如此。如果说在合作化期间，中央和地方当局贯彻了一些错误的政策，以及在公社内存在不良管理是导致经济滑坡的主要原因，但这些问题很快就得到了认识，到1961年底，大多数政策都被纠正了：将劳动力动员到灌溉项目的政策被废止，生产的决策权被分散到平均规模为20～30户的生产队，收入分配再度转向高级社阶段普遍采用的制度，公共食堂被废除，国家强制征购的谷物降至危机前的水平。因此，这个理由也不能成立。否则，当1962年政策恢复以后，农业生产率同样应回到公社化运动前的水平。

至于说是由于规模不当引起的激励问题，如帕金斯等（Perkins and Yusuf，1984）所说的："在一个较大的生产单位下，一个人的努力与每一工分值之间相关性很小……每个工分值取决于由4 000至5 000多个家庭组成的生产单位的净产出……而由同伴社员来进行密切监督又不可能"①，因此在工作上必然存在人浮于事的现象。对此林毅夫也进行了驳斥，他说，如果说灾难是由像公社规模不当的激励问题造成的，那么，在生产队作为生产管理和核算单位后，农业生产率也应与前两者一样，不久就能恢复到公社化运动前的水平。因为一个生产队毕竟只相当于一个初级社的规模，而且生产队的收入分配方式又类似于高级社的分配方式。但是，事实也并非如此。

（二）从重复博弈到一次性博弈

在对合作化运动与农业发展回顾的基础之上，林毅夫对之又进行了更深入的考察，他发现合作化的初期是谨慎和渐进的，农民被鼓励和被积极地诱导加入各种以自愿为基础的合作社，与此同时，经济取得了巨大增长。但在1958年以后，变成了强制性的运动，也就导致了随后的经济灾难。林毅夫用博弈论解释了这一变化。他认为，合作化运动在初期取得一定成功又突然滑坡，可以从1958年秋集体化的性质从重复博弈变为一次性博弈得到解释。

在合作化的早期阶段，自愿原则得到了强调和遵守，而退出的权利是自愿主义的核心。从博弈论的观点来看，退社自由权利的剥夺对合作社的激励结构具有显著的影响。当一个合作社是以自愿原则为基础组织的时候，在每个生产周期结束时，一个合作化的成员可以决定他们在下一个周期是否参加合作社。事实上合作化能使单个农户从规模经济中获益；但同时为使合作社成为一个有效的制度又要求进行监督，因此规模经济带来的收益很可能被监督的困难所抵消。在自愿组织的合作社中，当一个成员靠机会主义从违约中获取更大利益时，其他成员就会考虑是留在合作社并允许这一成员继续违约呢，还是从合作社退出。如果他们发现由这一成员的违约导致的损失大于从规模经济中获取的收益时，合作社就会解体，这样违约的人将丧失从第二轮的规模经济中获取的收益。因此，从长远考虑，他将遵守协议。所以，林毅夫认为，一个合作社解体的威胁大大降低了偷懒的发生；这一潜在的威胁也能保证，一个以自愿为基础的合作社的产量至少同农户个别生产的总和一样大；即便是最坏的境况，合作社解体了，农户的生产也同样保持在合作社建立之前的水平。

但是当一个合作社是强制性时，从退出的可能性来看，合作社的性质就变成了一次性的博弈。人们就不能用退出来保护自己或以此来防止其他成员可能的偷懒动机，这样合作社的内在监督机制是无效的。由于农业生产中的监督相当困难，合作社的生产率水平将低于单个家庭所达到的生产率水平，合作社就会被"囚徒困境"所困扰。

---

① 张军. 合作团队的经济学：一个文献综述. 上海：上海财经大学出版社，1999.

（三）“自由退出”的意义

林毅夫的文章引起了许多争论，因为它显然与麦克洛伊德（Macleod，1988）早期发展起来的合作效率理论相悖。根据这个理论，一个合约均衡的维持需要对合作参与方的退出行为施加约束。美国的《比较经济学》杂志于1992—1993年开辟专题组织了一场讨论，其中董晓媛和道（Gregory K. Dow）在《自由退出是否减少了生产队中的偷懒?》一文中构造了一个简单的博弈论模型，讨论并比较了两种维持合作均衡的方式。他们的模型认为，报复性策略这种所谓的“相互监督”只有在退出受到限制的条件下才有效。此后讨论有逐渐扩大的趋势，在讨论中，麦克洛伊德本人还修正和补充了自己早期理论的条件假设。这个争论至今还没有结束，可以预料，争论将会进一步促进“可自我执行的协议”的博弈理论的发展，并带动其他理论的发展。①

本章人物：林毅夫

在本书第八章介绍的制度变迁方式分类，以及本章介绍的合作化运动和“李约瑟之谜”的研究方面，都提到我国著名学者林毅夫。林毅夫（Justiw Yifu Lin），原名林正义，1952年10月15日生于台湾宜兰，是一位具有传奇色彩的经济学家。1971年，林毅夫被台湾大学农学院农业工程系录取，1972年在接受军训期间申请留在军队，转至台湾凤山陆军官校就读，改名林正谊，1975年毕业，进入台湾政治大学企业管理研究所硕士班学习，1978年毕业后返回军队任金门马山连连长。1979年5月，林毅夫从金门游到厦门进入中国大陆，1980年进入北京大学经济系学习，改名为林毅夫。1979年获得诺贝尔经济学奖的著名学者舒尔茨到北京大学访问，林毅夫担任翻译，舒尔茨回国后邀请林毅夫到美国读博士。1982年，林毅夫于北京大学毕业，获得政治经济学专业硕士学位，到芝加哥大学攻读博士学位，舒尔茨担任其导师，1986年获得博士学位，毕业论文题目为《中国的农村改革：理论与实证》，同年作为博士后进入耶鲁大学经济增长中心。1987年林毅夫学成回国，成为改革开放后第一位学成回国的经济学博士，回国后担任国务院农村发展研究中心发展研究所副所长。1994年8月，林毅夫与易纲、海闻、张维迎、张帆和余明德在北京大学创建北京大学中国经济研究中心，北京大学任命林毅夫为中心主任，易纲和海闻为中心副主任，林毅夫回到北京大学任职。2008年2月，世界银行行长罗伯特·佐利克（Robert Zoellick）正式任命林毅夫为世界银行首席经济学家兼负责发展经济学的高级副行长，2012年12月林毅夫完成在世界银行的任期，回到北京大学任教。

除了本书提到的新制度经济学领域的成就外，林毅夫对于经济发展问题的研究更多。1992年，林毅夫与蔡昉、李周合作出版《中国的奇迹：发展战略与经济改革》一书，提出基于比较优势推进经济发展的“比较优势战略”，对于超出现有比较优势的“超越式战略”进行了全面的反思。研究引起了很大的反响，此后比较优势成为林毅夫一以贯之的学术核心思想之一。1995年林毅夫与张维迎之间围绕国有企业改革进行了一场著名的学术

① 张军. 合作团队的经济学：一个文献综述. 上海：上海财经大学出版社，1999.

争论，林毅夫反对张维迎关于国有企业改革以产权为核心的观点，改革的关键并非产权问题，而是要建立公平合理的竞争秩序和市场环境，其中重点强调了减轻企业负担。2002年起林毅夫与著名学者杨小凯围绕“后发优势”和“后发劣势”进行争论。杨小凯认为发展中国家进行技术模仿很难突破其后发劣势，关键在于推行以西方民主为核心的宪政体制，林毅夫则认为发挥劳动力成本优势等比较优势，后发国家具有实现“跨越式发展”和“后来居上”的机会，并认为强调私有权基础的西方式宪政体制既不是经济发展的充分条件，也非必要条件。林毅夫曾于1999年提出著名的“新农村运动”概念，是“建设社会主义新农村”的重要倡导者，同时也对某些地方政府盲目推广形象工程的“新农村建设”运动提出过明确批评。2012年林毅夫出版著作《新结构经济学：反思经济发展与政策的理论框架》，提出了关于经济发展问题和发展战略的独立思考，在学术界引起广泛关注。

【本章小结】

新经济史学起源于现代西方经济学理论对经济史的重新研究和解读。在分析方法上，新经济史学运用现代西方经济学的稀缺性假设、理性分析、演绎推理和计量经济学分析技术；在研究资料上，新经济史学运用计量方法重构了经济史演变过程中的数据库；在逻辑上，以科学推理代替唯心历史学派关于历史无法实验推理的观念。因此新经济史学对经济史上一些已经定性的问题提出了较为可信的新解读，在一定程度上影响了传统经济史学的判断。

新经济史学的研究方法形成于学者们对西方社会各国兴衰问题的研究。传统分析方法将制度视为经济增长的外生变量，但是一些现实案例则说明，制度的不同往往导致了明显不同的结果。对此，诺思认为，创新、教育和生产效率等因素是经济增长本身的内容和现象，一个有效率的组织是经济增长的关键，制度安排则决定着经济组织的效率水平。一个社会能够实现经济增长的关键就在于这个社会的制度安排是否有助于推进创新，使创新者获得足够的激励。新经济史学通过对法国、西班牙、荷兰和英国兴衰历程的分析印证了这一思想，认为人类发展中的合作与竞争形式以及组织人类活动的规则的执行体制是经济史的核心。

有学者认为美国奴隶制度时期，奴隶的生产率和生活水平高于自由农，运用“痛苦激励”可以解释这一现象，同时也指出了奴隶制生产效率较高的现象局限于努力密集型部门，就奴隶制本身而言，其交易费用很高，最终必然会被淘汰。巴泽尔通过所有权的相对性分析了奴隶的自我赎买问题。对庄园制的研究则认为，劳役制是当时市场交易条件差、交易费用过高的结果；劳动力的稀缺性则保证了处于强势的庄园主会遵守相关契约；庄园耕地实行零散分布的条状分布格局，则是降低交易费用、监督农奴劳动和劳动成果的需要。哈伯格等人关于垄断制度造成的损失“哈伯格三角”的经验度量则表明垄断造成的福利损失非常小。其他学者对传统经济学理论的观念进行了重新审视。

对于历史上出现的众多历史现象，新经济史学也进行了新解释。例如认为圈地运动实际上是一种提高生产效率的制度变迁；美国铁路的修建对经济增长的推动作用有限；中国之所以存在“李约瑟之谜”，是因为没有建立有效的刺激人们创新并把风险降低到最小限度的产权安排和制度体系；中国的合作社之所以导致低效率，则是因为合作社运动的后期限制了参与者的“退出权”。

【关键术语】

新经济史	制度重要命题	痛苦激励
强制式奴隶	自愿式奴隶	哈伯格三角形
李约瑟之谜		

【思考·深化】

学者们关于“李约瑟之谜”的解答说明：创新能否成功，关键在于社会体制能否激励创新。传统中国社会之所以会形成“李约瑟之谜”，其症结就是未能形成与创新相容的社会体制。那么，中国当下的体制是否有利于创新的推进呢？近年来关于中国教育体制的“钱学森之问”，就提出了这样的问题。

2005年7月29日，温总理探望钱学森，向他介绍新一轮科技发展计划，钱学森指出：“我要补充一个教育问题，培养具有创新能力的人才问题”，并指出“现在中国没有完全发展起来，一个重要原因是**没有一所大学能够按照培养科学技术发明创造人才的模式去办学，没有自己独特的创新的东西，老是‘冒’不出杰出人才。**这是很大的问题。”① 钱学森去世后，2009年11月11日，沈正赋等11位安徽教授在《新安晚报》发表致新任教育部部长袁贵仁及全国教育界的公开信：“让我们直面‘钱学森之问’!”，指出“我们深切缅怀钱老，缅怀他的科学精神和崇高人格，还有他的那句振聋发聩的疑问——**‘为什么我们的学校总是培养不出杰出人才?’**”。虽然公开信的表述与公开报道的钱学森的原话有些出入，但是由于“钱学森之问”在一定程度上反映了人们对现有教育体制的质疑，“钱学森之问”还是在国内引发了广泛讨论。在讨论中人们反思：为什么民国期间的大学培养了众多像钱学森、杨振宁这样的杰出人才，中华人民共和国成立之后我国高校培养的杰出人才反而相对较少呢？例如，截至2012年，国家最高科学技术奖自2000年设立以来，共有22位科学家获奖，其中就有16个是1951年前大学毕业的。

2010年5月4日，温家宝总理在北京大学与学生共度五四青年节时说，“‘钱学森之问’对我们是个很大的刺痛，也是很大的鞭策。钱学森先生对我讲过两点意见，我觉得对同学们会有用，一是要让学生去想去做那些前人没有想过和做过的事情，没有创新，就不会成为杰出人才；二是学文科的要懂一些理工知识，学理工的要学一点文史知识”，并指出“大学改革要为学生创造独立思考、勇于创新的环境。大学还是应该由懂教育的人来办。教育家办教育不是干一阵子，而是干一辈子。大学还应该逐步改变行政化，按照教育规律办学。大学应该以教学为中心，使学生德智体美全面发展。学生作为学校的主体在教育改革中处于重要地位。”

一方面，杰出人才的成长也需要一定的物质条件和制度的激励。例如与钱学森和杨振宁等学术人青年时期较为优越的家境相比，当前多数大学生在求学期间往往要承担较大的就业压力，将更多的时间用于“做那些前人没有想过和做过的事情”，或学习本专业之外

① 亲切的交谈——温家宝看望季羡林、钱学森侧记. 人民日报，2005-07-31.

的其他知识，可能是一项风险较大的“投资”。另一方面，高校教师也要面临教学、科研和职称晋升等压力，为培养“杰出人才”所投入的努力往往很难纳入考核与晋升指标。这就形成了一个“两难选择”的困境：杰出人才的成长需要为教师和学生提供较为宽松的教学和成长环境，但是就业竞争和高校之间的学术竞争则需要高校激励学生和教师积极进入一个高效率、高强度的教学和求学状态。请你结合所在高校现状，借鉴学者们对“李约瑟之谜”的解释，谈一谈：如何在激励教师和学生奋进的同时，避免高等教育陷入“急功近利”的误区？如何在高校构建与创新相容的现代大学制度？

参考文献

1. 阿尔钦. 产权：一个经典注释//科斯，等. 财产权利与制度变迁. 上海：上海三联书店，1994.
2. 埃格特森. 经济行为与制度. 北京：商务印书馆，2004.
3. 埃格特森. 新制度经济学. 北京：商务印书馆，1996.
4. 艾克纳. 经济学为什么还不是科学. 北京：北京大学出版社，1990.
5. 奥尔森. 集体行动的逻辑. 上海：上海三联书店，1996.
6. 奥斯特罗姆，等. 制度分析与发展的反思. 北京：商务印书馆，1992.
7. 巴勒克拉夫. 当代史学主要趋势. 上海：上海译文出版社，1987.
8. 巴泽尔. 产权的经济分析. 上海：上海三联书店，上海人民出版社，1997.
9. 贝卡里亚. 论犯罪和刑法. 北京：中国大百科全书出版社，1993.
10. 波斯纳. 法理学问题. 北京：中国政法大学出版社，1994.
11. 波斯纳. 法律的经济分析. 北京：中国大百科全书出版社，1997.
12. 布坎南. 自由、市场与国家. 北京：北京经济学院出版社，1989.
13. 布罗代尔. 15 至 18 世纪的物质文明、经济和资本主义. 上海：上海三联书店，1992.
14. 布罗姆利. 经济利益与经济制度. 上海：上海三联书店，1996.
15. 陈瑞华. 信息经济学. 天津：南开大学出版社，2006.
16. 陈曦文. 英国 16 世纪经济变革与政策研究. 北京：首都师范大学出版社，1995.
17. 陈郁. 企业制度与市场组织. 上海：上海三联书店，上海人民出版社，1996.
18. 程恩富，胡乐明. 新制度经济学. 北京：经济日报出版社，2004.
19. 程恩富，伍山林. 西方制度经济学：传统与现代理论. 财经研究，1998 (4).
20. 程恩富. 西方产权理论评析. 北京：当代中国出版社，1997.
21. 程恩富，张建伟. 问题意识与政治经济学革新. 经济学家，1999 (3).
22. 崔之元. "看不见的手"范式的悖论. 北京：经济科学出版社，1999.

23. 戴维斯，诺思. 制度变迁的理论：概念与原因，制度创新的理论：描述、类推与说明//科斯，等. 财产权利与制度变迁. 上海：上海三联书店，1994.
24. 德姆塞茨. 关于产权的理论//科斯，等. 财产权利与制度变迁. 上海：上海三联书店，1994.
25. 杜恂诚. 中国传统伦理与近代资本主义. 上海：上海社会科学院出版社，1993.
26. 菲吕博顿，等. 产权理论：近期文献的一个综述//科斯，等. 财产权利与制度变迁. 上海：上海三联书店，1994.
27. 菲吕博顿，瑞切特. 新制度经济学. 上海，上海财经大学出版社，1998.
28. 菲吕博顿，芮切特. 新制度经济学——一个交易费用分析范式. 上海：格致出版社，上海三联书店，上海人民出版社，2015.
29. 菲尼. 制度的供给与需求//奥斯特罗姆，等. 制度分析与发展的反思. 北京：商务印书馆，1992.
30. 弗里德曼. 弗里德曼文萃. 北京：北京经济学院出版社，1991.
31. 弗鲁博顿，芮切特. 新制度经济学. 上海：上海人民出版社，2006.
32. 傅殷才. 制度经济学派. 武汉：武汉出版社，1996.
33. 高力克. 历史与价值的张力——中国现代化思想史论. 贵阳：贵州人民出版社，1992.
34. 哈奇森. 经济学的革命与发展. 北京：北京大学出版社，1992.
35. 哈特. 企业、合同与财务结构. 上海：上海三联书店，上海人民出版社，1998.
36. 何增科. 新制度主义：从经济学到政治学//刘军宁，等. 市场社会与公共秩序. 北京：三联书店，1996.
37. 胡寄窗. 1870 年以来的西方经济学说. 北京：经济科学出版社，1988.
38. 胡乐明，等. 真实世界的经济学——新制度经济学纵览. 北京：当代中国出版社，2002.
39. 胡乐明，贾书明. 企业所有权与公司治理. 山东财政学院学报，2005 (2).
40. 胡乐明，刘刚. 新制度经济学. 北京：中国经济出版社，2009.
41. 霍奇逊. 现代制度主义经济学宣言. 北京：北京大学出版社，1993.
42. 卡西迪. 经济学的衰落. 现代外国哲学社会科学文摘，1994 (4).
43. 康芒斯. 制度经济学. 北京：商务印书馆，1981.
44. 考特. 科斯定理//伊特韦尔，等. 新帕尔格雷夫经济学大辞典. 北京：经济科学出版社，1992.
45. 考特，尤伦. 法和经济学. 上海：上海三联书店，1998.
46. 科斯. 论生产的制度结构. 上海：上海三联书店，1994.
47. 科斯. 企业、市场与法律. 上海：上海三联书店，1990.
48. 科斯. 社会成本问题//科斯，等. 财产权利与制度变迁. 上海：上海三联书店，1994.
49. 拉坦. 诱制性制度变迁理论//科斯，等. 财产权利与制度变迁. 上海：上海三联书店，1994.
50. 勒帕日. 美国新自由主义经济学. 北京：北京大学出版社，1985.
51. 李约瑟，等. 中国与西方的职业和工匠. 剑桥：剑桥大学出版社，1970.

52. 厉以宁. 非均衡的中国经济. 北京：经济日报出版社，1990.
53. 梁漱溟. 梁漱溟文选——儒家复兴之路. 上海：上海远东出版社，1994.
54. 林毅夫. 关于制度变迁的经济学理论：诱致性制度变迁与强制性制度变迁//科斯，等. 财产权利与制度变迁. 上海：上海三联书店，1994.
55. 林毅夫. 制度、技术与中国农业发展. 上海：上海三联书店，1994.
56. 刘芍佳，李骥. 超产权论与企业绩效. 经济研究，1998（8）.
57. 刘伟，李风圣. 产权通论. 北京：北京出版社，1997.
58. 卢现祥. 西方新制度经济学. 北京：中国发展出版社，1996.
59. 罗马塞特. 19 世纪夏威夷财产权和政治制度共同演变的一个例证//奥斯特罗姆，等. 制度分析与发展的反思. 北京：商务印书馆，1992.
60. 罗斯托. 这一切是怎么开始的——现代经济的起源. 北京：商务印书馆，1997.
61. 麦克内尔. 新社会契约论. 北京：中国政法大学出版社，1994.
62. 尼科尔森. 制度分析与发展的现状//奥斯特罗姆，等. 制度分析与发展的反思. 北京：商务印书馆，1992.
63. 聂辉华，杨其静. 产权理论遭遇的挑战及其演变——基于 2000 年以来的最新文献. 南开经济研究，2007（4）.
64. 诺思. 经济史上的结构和变革. 北京：商务印书馆，1992.
65. 诺思，托马斯. 西方世界的兴起. 北京：华夏出版社，1999.
66. 诺思. 制度、制度变迁与经济绩效. 上海：上海三联书店，1990.
67. 钱德勒. 看得见的手. 北京：商务印书馆，1987.
68. 钱颖一. 企业理论//汤敏，茅于轼. 现代经济学前沿专题（第一集）. 北京：商务印书馆，1989.
69. 青木昌彦，奥野正宽. 经济体制的比较制度分析. 北京：中国发展出版社，1999.
70. 青木昌彦. 比较制度分析. 上海：上海远东出版社，2001.
71. 塞缪尔斯. 制度经济学的现状. 当代经济科学，1999（2）.
72. 塞缪尔斯. 制度经济学//伊特韦尔，等. 新帕尔格雷夫经济学大辞典. 北京：经济科学出版社，1996.
73. 单伟建. 交易费用经济学：应用及偏颇//汤敏，茅于轼. 现代经济学前沿专题（第一集）. 北京：商务印书馆，1989.
74. 盛洪. 我读科斯（之二）. 读书，1996（3）.
75. 盛洪. 现代制度经济学. 北京：北京大学出版社，2003.
76. 舒尔茨. 制度与人的经济价值的不断提高//科斯，等. 财产权利与制度变迁. 上海：上海三联书店，1994.
77. 斯蒂格利茨. 社会主义向何处去. 长春：吉林人民出版社，1998.
78. 塔洛克. 寻租——对寻租活动的经济学分析. 成都：西南财经大学出版社，1999.
79. 滕祥志. 诺思的意识形态理论. 学术月刊，1999（2）.
80. 汪丁丁. 经济发展与制度创新. 上海：上海人民出版社，1995.
81. 汪丁丁. 在经济学与哲学之间. 北京：中国社会科学出版社，1996.

82. 威廉姆森. 反托拉斯经济学. 北京：经济科学出版社，1999.
83. 韦伯. 儒教与道教. 北京：商务印书馆，1997.
84. 韦伯. 新教伦理与资本主义精神，上海：上海三联书店，1996.
85. 韦森. 社会制序的经济分析导论. 上海：上海三联书店，2001.
86. 吴承明. 经济学理论与经济史研究. 经济研究，1995 (4).
87. 吴宣恭，等. 产权理论比较. 北京：经济科学出版社，2000.
88. 伍山林. 企业性质解释. 上海：上海财经大学出版社，2001.
89. 西蒙. 现代决策理论的基石. 北京：北京经济学院出版社，1991.
90. 熊彼特. 经济分析史. 北京：商务印书馆，1992.
91. 杨瑞龙，聂辉华. 不完全契约理论：一个综述. 经济研究，2006 (2).
92. 杨瑞龙. 企业理论：现代观点. 北京：中国人民大学出版社，2005.
93. 杨瑞龙，杨其静. 阶梯式的渐进制度变迁模型——再论地方政府在我国制度变迁中的作用. 经济研究，2000 (3).
94. 杨小凯. 经济学原理. 北京：中国社会科学出版社，1998.
95. 易宪容. 科斯评传. 太原：山西经济出版社，1998.
96. 赞恩. 法律的故事. 南京：江苏人民出版社，1998.
97. 张军. 合作团队的经济学：一个文献综述. 上海：上海财经大学出版社，1999.
98. 张乃根. 经济分析法学. 上海：上海三联书店，1995.
99. 张群群. 交易概念的不同理论传统及其比较. 财经问题研究（大连），1997 (11).
100. 张五常. 交易费用的范式. 社会科学战线，1999 (1).
101. 张五常. 卖桔者言. 成都：四川人民出版社，1988.
102. 周瑞华. 形式理性、制度变迁与反腐败//刘军宁，等. 经济民主与经济自由. 北京：三联书店，1997.
103. 朱民，刘俐俐. 企业金融结构之谜//汤敏，茅于轼. 现代经济学前沿专题（第一集）. 北京：商务印书馆，1989.
104. Aghion, P. and P. Bolton, 1986, "An Incomplete Contracts Approach to Bankruptcy and the Optimal Financial Structure of the Firm," Mimeo, Harvard University.
105. Aghion, P. and P. Bolton, 1992, "An Incomplete Contracts Approach to Financial Contracting," *Review of Economic Studies*, 59.
106. Alchian, A. A. and Demsetz, H. D., 1972, "Production, Information Cost, and Economic Organization," *The American Economic Review*, 5.
107. Anderson, T. L. and P. J. Hill, 1975, "The Evolution of Property Rights: A Study of the American West," *Journal of Law and Economics*, vol. 18.
108. Arrow, K., 1985, "The Economics of Agency," in J. Pratt and R. Zeckhauser (eds). *Principals and Agents: The Structure of Business*, Boston: Harvard Business School Press.
109. Barzel, Y., 1974, "A Theory of Rationing by Waiting," *Journal of Law and Economics*, 4.

110. Barzel, Y., 1989, *Economic Analysis of Property Rights*, Cambridge University Press.
111. Bates, R. H., 1987, *Essays on the Political Economy of Rura Africa*, Berkeley: University of California Press.
112. Bernheim, D. and M. Whinston, 1986, "Common Agency," *Econometrica*, 19.
113. Buchanan, J. M., 1965, "An Economic Theory of Clubs," *Economica*, 11.
114. Calvo, G. and S. Wellisz, 1979, "Hierarchy, Ability and Income Distribution," *Journal of Political Economy*, 87.
115. Chandler, A., 1962, *Strategy and Structure: Chapters in the History of the American Industrial Enterprise*, Cambridge: MIT Press.
116. Cheung, S. N. S., 1974, "A Theory of Price Control," *Journal of Law and Economics*, 17.
117. Cheung, S. N. S., 1970, "The Structure of a Contract and the Theory of a Nonexclusive Resource," *Journal of Law and Economics*, 13.
118. Cheung, S. N. S., 1969, *The Theory of Share Tenancy*, Chicago: University of Chicago Press.
119. Chueng, S. N. S., 1983, "The Contractual Nature of the Firm," *Journal of Law and Economics*, 26 (1).
120. Clark, R., 1985, "Agency Costs Versus Fiduciary Duties," in J. Pratt and R. Zeckhauser (eds.), *Principals and Agents: The Structure of Business*, Boston: Harvard Business School Press.
121. Coase, R. H., 1937, "The Nature of the Firm," *Economica*, 4.
122. Cooter, R. and T. Ulen, 1988, *Law and Economics*, New York: Harper Collins Publishers.
123. Dahlman, C. J., 1979, "The Problem of Externality," *Journal of Law and Economics*, 22.
124. De Alessi, 1983, "Property Rights, Transaction Costs and X-Efficiency: An Essay in Economic Theory," *American Economic Review*, 73.
125. Demsetz, H., 1969, "Information and Efficiency: Another Viewpoint," *Journal of Law and Economics*, 12 (No. 1).
126. Demsetz, H., 1967, "Toward a Theory of Property Rights," *American Economic Review*, 57.
127. Dore, R., 1992, "Goodwill and the Spirit of Market Capitalism", in Granovetter, M. and R. Swedberg (eds.), *The Sociology of Economic Life*, Boulder: Westview Press.
128. Elvin, M., 1973, The Pattern of the Chinese Past, California: Stanford University Press.
129. Eucken, W., 1951, *The Foundations of Economics*, Chicago: University of Chicago Press, 1951.
130. Fama and M. C. Jensen, 1985, "Organizational Forms and Investment Decisions,"

Journal of Financial Economics, 14 (No. 1).
131. Fama and M. C. Jensen, 1983, "Separation of Ownership and Control," *Journal of Law and Economics*, 26 (6).
132. Fama, E. , 1980, "Agency Problems and the Theory of the Firm," *Journal of Political Economy*, 88.
133. Fenoaltea, S. , 1984, "Slavery and Supervision in Comparative Perspective: A Model," *Journal of Economic History*, 44.
134. Friedman, D. , 1986, *Price Theory*, Cincinnati: South-Western Publishing Co.
135. Furubotn, E. G. and R. Richter, 2005, "Institutions & Economic Theory: The Contribution of the New Institutional Economics," Second Edition.
136. Granovetter, M., 1985, "Economic Action and Social Structure: The Problem of Embeddedness," *American Journal of Sociology*, 91.
137. Grossman and O. Hart, 1986, "The Costs and Benefits of Ownership: A Theory of Vertical and Integration," *Journal of Political Economy*, 94.
138. Hansman, H. B. , 1980, "The Role of Non-profit Enterprise," *Yale Law Journal*, 89 (5).
139. Harberger, A. C. , 1954, "Monopoly and Resource Allocation," *American Economic Review*, 44.
140. Harberger, A. C. , 1959, "Using the Resources at Hand More Effectively," *American Economic Review*, 49.
141. Hart, O. and J. Moore, 1990, "Property Rights and the Nature of the Firm," *Journal of Political Economy*, vol. 98.
142. Hart, O. , 1983, "The Market Mechanism as an Incentive Scheme," *Bell Journal of Economics*, 10, Fall.
143. Hirshleifer, J. , 1980, "Privacy: Its Origin, Function and Future," *Journal of Legal Studies*, 9.
144. Holmstrom, B. , 1982a, "Moral Hazard in Team," *Bell Journal of Economics*, 13.
145. Holmstrom, B. , 1982b, "Managerial Incentive Problems—A Dynamic Perspective," in Essays in Economics and Management in Honor of Lars Wahlbeck.
146. Jensen, M. and R. Ruback, 1983, "The Market for Corporate Control," *Journal of Financial Economics*, 11.
147. Jensen, M. C. , and Meckling, 1976, "Theory of the Firm: Managerial Behavior, Agency Costs and Ownership Structure," *Journal of Financial Economics*, 3.
148. Johnson, H. D. , 1958, "The Gains from Freer Trade with Europe: An Estimate," *Manchester School of Economic and Social Studies*, 26.
149. Kindleberger, C. P. , 1986, "International Public Goods Without International Government," *American Economic Review* 76. (No. 1): 1 - 13.
150. Kindleberger, C. P. , 1982, Standards as Public, Collective and Private Goods, Seminar

Paper No. 231, Stockholm: Institute for International Economic Studies.

151. Klein, B., 1985, "Self-enforcing Contracts," *Journal of Institutional and Theoretical Economics*, 141.

152. Knight, 1921, *Risk, Uncertainty and Profit*, Chicago: University of Chicago Press.

153. Kreps, D., 1990, *A Course in Microeconomic Theory*, Princeton: Princeton University Press.

154. Krueger, A. O., 1974, "The Political Economy of the Rent-Seeking Society," *American Economic Review*, 64.

155. Kula, W., 1976, *An Economic History of Feudal System*, London: New Left Books.

156. Leibenstein, H., 1966, "Allocative Efficiency and Creation in the Theory of Economic Regulation," *Journal of Legal Studies*, 20.

157. Leland, H. and D. Pyle, 1977, "Information Asymmetries, Financial Structure and Financial Intermediation," *Journal of Finance*, 32.

158. Libecap, G. D., 1993, *Contracting for Property Rights*, New York: Cambridge University Press.

159. Libecap, G. D., 1989, "Distributional Issues in Contracting for Property Rights," *Journal of Institutional and Theoretical Economics*, 145.

160. Libecap, G. D., 1978, "Economic Variables and the Development of the Law: The Case of Western Mineral Rights," *Journal of Economic History*, 38 (No. 2, June).

161. Libecap, G. D., 1986, "Property Rights in Economic History: Implications for Research," *Explorations in Economic History*, 23 (No. 3).

162. Libecap, G. D., 1985, "The Influence of Private Contractual Failure on Regulation: The Cost of Oil Field Unitization," *Journal of Political Economy*, 93 (No. 4).

163. Macleod, 1988, "Equity, Efficiency, and Incentives in Cooperative Teams," in Advance in *the Economic Analysis of Participatory and Labour Managed Firms*, vol. 3: 5–23.

164. Manne, H., 1965, "Mergers and the Market for Corporate Control," *Journal of Political Economy*, 73.

165. Martin, S. and D. Parker, 1997, *The Impact of Privatelization: Ownership and Corporate in the UK*, London: Rontledge.

166. Matthews, R. C. O., 1986, "The Economics of Institutions and the Sources of Growth," *The Economic Journal*, vol. 96.

167. McCioskey, D., 1976, "English Open Fields as Behavior Towards Risk," in P. Uselding, ed., *Research in Economic History*, vol. 1, Greenwich: JAP Press.

168. Merryman, J. H., 1974, "Ownership and Estate," *Tulane Law Review*, vol. 48.

169. Merryman, J. H., 1985, *The Civil Law Tradition: An Introduction to the Legal System of Western Europe and Latin America*, New York: Free Press.

170. Mirrlees, J. , 1976, "The Optional Structure of Incentives and Authority within an Organization," *Bell Journal of Economics*, 7, 1983.
171. Mises, F. , 1949, *Human Action*, New Haven: Yale University Press.
172. Modigliani, F. , and M. H. Miller, 1956, "The Cost of Capital, Corporation Finance and the Theory of Investment," *American Economic Review*, 48, June.
173. Mundell, R. A. 1962, "A Review of L. H. Janssen: Free Trade, Protection and Customs Unions," *American Economic Review*, 52.
174. Myers, S. and N. S. Majluf, 1984, "Corporate Financing and Investment Decisions When Firms Have Information That Investors Do Not Have," *Journal of Financial Economics*, 13, June.
175. Nedham, J., 1986, *Introduction*, in Rober, K. G. , *Temple: China Land of Discovery and Invention*. Wellingborough: Patrick-Stephens.
176. Nedham, J., 1969, *The Grand Titration: Science and Society in East and West*, London: George Allen & Unwin.
177. Nolan, P. , 1993, "China's Post-Mao Political Economy: A Puzzle," *Contributions to Political Economy*, 12.
178. North, D. C. and R. P. Thomas, 1977, "The First Economic Revolution," *Economic History Review*, 30.
179. North, D. C. , 1994, "Economic Performance Through Time," *American Economic Review*, vol. 84.
180. North, D. C. , 1989, "Institutional Change and Economic History," *Journal of Institutional and Theoretical Economics*, 145.
181. Perkins, D. , and Shahid Yusuf, 1984, *Rural Development in China*, Baltimore: The Johns Hopkins University Press.
182. Posner, R. A. , 1980, "A Theory of Primitive Society, with Special Reference to Law," *Journal of Law and Economics*, 23 (No. 1, April): 1-53.
183. Posner, R. A. , 1977, *Economic Analysis of Law*, Boston: Little Brown.
184. Pratt, J. and R. Zeckhauser, 1985, *Principals and Agents: The Structure of Business*, Boston: Harvard Business School Press.
185. Qian Wenyuan, 1985, *The Great Inertia: Scientific Stagnation in Traditional China*, London: Croom Helm.
186. Ricketts, M. , 1987, *The New Industrial Economics*, New York: S. T. Martin Press.
187. Rosen, S. , 1986, "Prizes and Incentive in Elimination Tournaments," *The American Economic Review*, 76.
188. Ross, S. , 1985, "Debt and Taxes and Uncertainty," *Journal of Finance*, 40, July.
189. Ross, S. , 1977, "The Determination of Financial Structure: The Incentive-Signalling Ap-

proach," *Bell Journal of Economics*, 8, Spring.

190. Ross, S., 1973, "The Economic Theory of Agent: The Principal's Problem," *American Economic Review*, 63.

191. Ruttan, V. W. and Y. Hayami, 1984, "Toward a Theory of Induced Institutional Innovation," *Journal of Development Studies*, 20, 203 – 223.

192. Scharfstein, D., 1985, The Disciplinary Role of Takeovers, Mimeo, MIT.

193. Schwartzman, D., 1960, "The Burden of Monopoly," *Journal of Political Economy*, 68.

194. Stiglitz, J. E., 1974, "Incentives and Risk-sharing in Share-cropping," *Review of Economic Studies*, April.

195. Tirole, J., 1986, "Hierarchies and Bureaucracies: On the Role of Collusion in Organization," *Journal of Law, Economics and Organization*, Fall.

196. Tittenbrun, J., 1996, *Private Versus Public Enterprises*, London: Janus Publishing Company.

197. Umbeck, J. M., 1981a, "Might Makes Rights: A Theory of the Formation and Initial Distribution of Property Rights," *Economic Inquiry* 20 (No. 2).

198. Umbeck, J. M., 1981b, *A Theory of Property Rights with Applications to the California Gold Rush*, Ames: Iowa State University Press.

199. Vicker, J., 1996, "Concept of Competition," Oxford Economic Paper, No. 1.

200. Wemelsfelder, J., 1960, "The Short-term Effect of Lowering Import Duties in Germany," *Economic Journal*, 60.

201. Williamson, O. E., 1988, "Corporate Finance and Corporate Governance," *Journal of Finance*, 43.

202. Williamson, O. E., 1975, *Markets and Hierarchies: Analysis and Antitrust Implications: A Study in the Economics of Internal Organization*, London and New York: Collier Macmillan.

203. Williamson, O. E., 1985, *The Economics Institutions of Capitalism*, New York: The Free Press.

204. Williamson, O. E., 1984, "The Economics of Governance: Framework and Implications," *Journal of Institutional and Theoretical Economics*, 140.

205. Williamson, O. E., 2002, "The Lens of Contract: Private Ordering," *American Economic Review*, 92.

206. Williamson, O. E., 1981, "The Modern Corporation: Origins, Evolution, Attributes," *Journal of Economic Literature*, vol. 19.

207. Williamson, O. E., 2002, "The Theory of the Firm as Governance Structure: From Choice to Contract," *Journal of Economic Perspectives*, 16.

教学支持说明

1. 教辅资源获取方式

为秉承中国人民大学出版社对教材类产品一贯的教学支持，我们将向采纳本书作为教材的教师免费提供丰富的教辅资源。您可直接到中国人民大学出版社官网的教师服务中心注册下载——http：//www. crup. com. cn/Teacher。

如遇到注册搜索等技术问题，可咨询网页右下角在线 QQ 客服，周一到周五工作时间有专人负责处理。

注册成为我社教师会员后，您可长期根据您所属的课程类别申请纸质样书、电子样书和教辅资源，自行完成免费下载。也可登录我社官网的“教师服务中心”，我们经常举办赠送纸质样书、电子样书、线上直播、资源下载、全国各专业培训及会议信息共享等网上教材进校园活动，期待您的积极参与！

2. 购书联系方式

网上书店咨询电话：(010) 82501766

邮购咨询电话：(010) 62515351

团购咨询电话：(010) 62513136

3. 全国各地区营销中心联系方式

请登录以下网址查询：

http：//www. crup. com. cn/Market

中国人民大学出版社经济分社

地址：北京市海淀区中关村大街甲 59 号文化大厦 1506 室　100872

电话：010－62513572

传真：010－62514775

E-mail：jjfs@crup. com. cn

图书在版编目（CIP）数据

新制度经济学原理/胡乐明，刘刚，李晓阳著. —2 版. —北京：中国人民大学出版社，2019. 7
21 世纪经济学系列教材
ISBN 978-7-300-27111-8

Ⅰ. ①新… Ⅱ. ①胡… ②刘… ③李… Ⅲ. ①新制度经济学-高等学校-教材 Ⅳ. ①F019. 8

中国版本图书馆 CIP 数据核字（2019）第 138247 号

21 世纪经济学系列教材
新制度经济学原理（第二版）
胡乐明 刘 刚 李晓阳 著
Xinzhidu Jingjixue Yuanli

出版发行	中国人民大学出版社		
社　址	北京中关村大街 31 号	**邮政编码**	100080
电　话	010－62511242（总编室）		010－62511770（质管部）
	010－82501766（邮购部）		010－62514148（门市部）
	010－62511173（发行公司）		010－62515275（盗版举报）
网　址	http://www. crup. com. cn		
经　销	新华书店		
印　刷	北京溢漾印刷有限公司	**版　次**	2014 年 5 月第 1 版
开　本	787 mm×1092 mm 1/16		2019 年 7 月第 2 版
印　张	17. 5	**印　次**	2025 年 7 月第 4 次印刷
字　数	391 000	**定　价**	39. 00 元